U0578757

中国社会科学院 学者文选

顾颉刚集

中国社会科学院科研局组织编选

中国社会科学出版社

图书在版编目（CIP）数据

顾颉刚集／中国社会科学院科研局组织编选. —北京：中国社会
科学出版社，2001.10（2018.8 重印）
（中国社会科学院学者文选）
ISBN 978 - 7 - 5004 - 2967 - 8

Ⅰ.①顾…　Ⅱ.①中…　Ⅲ.①顾颉刚—文集②史学—中国—文集
Ⅳ.①K207 - 53

中国版本图书馆 CIP 数据核字（2001）第 022907 号

出　版　人	赵剑英	
责任编辑	冯广裕	
责任校对	林福国	
责任印制	张雪娇	

出　　版	中国社会科学出版社
社　　址	北京鼓楼西大街甲 158 号
邮　　编	100720
网　　址	http：//www.csspw.cn
发 行 部	010 - 84083685
门 市 部	010 - 84029450
经　　销	新华书店及其他书店

印刷装订	北京市十月印刷有限公司
版　　次	2001 年 10 月第 1 版
印　　次	2018 年 8 月第 2 次印刷

开　　本	880×1230　1/32
印　　张	14.125
字　　数	338 千字
定　　价	79.00 元

凡购买中国社会科学出版社图书,如有质量问题请与本社营销中心联系调换
电话:010 - 84083683

出 版 说 明

一、《中国社会科学院学者文选》是根据李铁映院长的倡议和院务会议的决定，由科研局组织编选的大型学术性丛书。它的出版，旨在积累本院学者的重要学术成果，展示他们具有代表性的学术成就。

二、《文选》的作者都是中国社会科学院具有正高级专业技术职称的资深专家、学者。他们在长期的学术生涯中，对于人文社会科学的发展作出了贡献。

三、《文选》中所收学术论文，以作者在社科院工作期间的作品为主，同时也兼顾了作者在院外工作期间的代表作；对少数在建国前成名的学者，文章选收的时间范围更宽。

中国社会科学院

科研局

1999 年 11 月 14 日

目　　录

编 者 的 话

　　顾颉刚先生，原名诵坤，字铭坚，江苏省苏州市人。1893年5月8日生于苏州。1913年考入北京大学预科，1920年毕业于北京大学哲学系。历任北京大学助教、讲师，厦门大学、中山大学、燕京大学、云南大学、齐鲁大学、中央大学、复旦大学、兰州大学等校教授，中山大学语言历史学研究所主任，北平研究院史学研究会主任，齐鲁大学国学研究所主任，中央研究院人文组院士，中国科学院（后改为中国社会科学院）历史研究所研究员。1980年12月25日于北京病逝。

　　先生是我国著名历史学家，在上古史、民俗学、历史地理学等领域取得了杰出的成就。

　　先生出身于书香门第，自幼便打下了旧学的根柢。在北大期间，又经受了新文化运动的洗礼，思想得到解放，能大胆破除对于传统学说的迷信，并敢于将民间的歌谣、戏剧、故事、风俗等等与高文典册中的经学、史学置于平等的地位上作研究的题材。他承受了胡适"历史演进"的治学方法，结合自己平时对于戏剧、故事格局的认识，很快深入到古史古籍的研究中。在我国历代学者疑辨工作的基础上，于1923年提出"层累地造成的中国古史"观，推翻历代相传的三皇五帝系统，在学术界引起一场大论战，从而改写了传统的古史。先生并提出推翻非信史必须打破民族出于一元、地域向来一统、古史人化、古代为黄金世界四个传统观念，以后再具体化为打破帝系、王制、道统、经学四个偶像，在此设想下写出一系列重要著作。先生的这一业绩，将古代的经典由人们所信仰的对象变为供人研究的史料，促成中国史学步入了新时代。先生将自己与他人讨论古史古籍的文章编为《古史辨》陆续出版，由此产生了"古史辨学派"，在国内外学术界之影响历久不衰。

先生以民俗学材料印证古史，是其治学的一大特点。古史记载中本来包含着许多神话传说的成分，相互冲突，难以在考古学上得到直接的印证，而借用民俗学的研究便可作出合理的解释。他以孟姜女故事来论证古史的演变，以考察东岳庙诸神以及妙峰山香会来探讨古代神道及社祀，以歌谣来论证《诗经》是古代诗歌总集，其中有大量的民间创作，都是为古史研究开辟了一个新天地，并且开拓了我国的民俗学研究。先生对孟姜女故事的研究，已成为中国现代民俗学史上最有分量的文章，"能够奠定中国现代民俗学的理论基础"（钟敬文《建立中国民俗学派》，黑龙江教育出版社，1999）。20 年代后期在广州中山大学期间，先生主编《民俗周刊》，创办我国第一个正式的民俗学会，出版《民俗学会丛书》，将民俗学运动由北京推进到南方。

30 年代先生因在大学讲授《禹贡》，进而研究历史地理；又随着民族危机的加深，由研究沿革地理转而侧重研究边疆地理与民族演进史。1934 年春联合燕大、北大、辅仁三校师生创办《禹贡半月刊》，为学生选题目、找材料、改论文，甚至将学生论文重作而仍以其名义发表。又成立禹贡学会，编印《地图底本》，出版《边疆丛书》，组织边地考察团。学会依靠先生的捐款、会员的会费和社会的资助得以维持，三年中取得巨大成绩：胜友如云，成果剧增，"在中国现代史学史上堪称胜事"（韩儒林语，见《历史地理》2 辑，1982）；其中《禹贡半月刊》每期字数由起初的二三万字增至 14 万，每期印数也由起初的 500 册增至 1500 册，内容早已超出学生习作的范围而成为社会上颇有声誉和地位的学术刊物。先生所创立的"禹贡学派"为历史地理这一新兴学科培养了整整一代人才，影响深远。因此《历史地理》创刊号（1981）卷首曰："我国当代的历史地理研究，是在先生倡导下开展起来的。"

抗战期间，先生转入西北、西南，在考察边疆教育，调查当地民族与社会现状的同时，又以所见所闻之边疆风尚证中原古史，破旧立新，为民族考古学开了先河。

50 年代起，先生在北京任历史研究所职，主持标点《资治通鉴》、二十四史，并深入研究《尚书》，以数年之力撰写《〈尚书·大诰〉译证》，将校勘、训释、译述、考证相结合，涉及几乎所有的先秦古籍，吸取清代及当代学人的研究成果，以及甲金文材料，成 70 万字巨著，体现了《尚书》整理研究的新水平，对商周史的研究做出了重大贡献。学术界对此评价为"在《尚书》学史上还没有过先例"（李平心语，《历史研究》1962 年 5 期），"合疑古、辨伪，考信为一"的"一生最圆熟的严谨之作"（许冠三《新史学九十年》，香港中文大学出版社，1986）。

先生一生嗜学如命，为追求真理，不崇拜偶像，亦不加入任何家派，但求研究材料之正确而不辞劳苦，不贪名利，诚恳地欢迎他人的驳诘，勇于修正自己的错误，不遗余力地提携、培育后学。

顾　潮

与钱玄同先生论古史书*

　　我二年以来，蓄意要辨论中国的古史，比崔述更进一步。崔述的《考信录》确是一部极伟大又极细密的著作，我是望尘莫及的。我自知要好好的读十几年书，才可追得上他。但他的著作有二点我觉得不满意。第一点，他著书的目的是要替古圣人揭出他们的圣道王功，辨伪只是手段。他只知道战国以后的话足以乱古人的真，不知道战国以前的话亦足以乱古人的真。他只知道杨、墨的话是有意装点古人，不知道孔门的话也是有意装点古人。所以他只是儒者的辨古史，不是史家的辨古史。第二点，他要从古书上直接整理出古史迹来，也不是妥稳的办法。因为古代的文献可征的已很少，我们要否认伪史是可以比较各书而判定的，但要承认信史便没有实际的证明了。崔述相信经书即是信史，拿经书上的话做标准，合的为真，否则为伪，所以整理的结果，他承

　　* 此文写于 1923 年 2 月，自选其中一部分并加按语发表于同年 5 月 6 日《努力周报·读书杂志》第 9 期，题为《与钱玄同先生论古史书》。后收入《古史辨》第一册。又收入《顾颉刚选集》（天津人民出版社，1988）、《顾颉刚古史论文集》第一册（中华书局，1988）、《中国现代学术经典·顾颉刚卷》（河北教育出版社，1996）等。

认的史迹亦颇楚楚可观。但这在我们看来，终究是立脚不住的：因为经书与传记只是时间的先后，并没有截然不同的真伪区别；假使在经书之前还有书，这些经书又要降做传记了。我们现在既没有"经书即信史"的成见，所以我们要辨明古史，看史迹的整理还轻，而看传说的经历却重。凡是一件史事，应当看它最先是怎样的，以后逐步逐步的变迁是怎样的。我们既没有实物上的证明，单从书籍上入手，只有这样做才可得一确当的整理，才可尽我们整理的责任。

我很想做一篇《层累地造成的中国古史》，把传说中的古史的经历详细一说。这有三个意思。第一，可以说明"时代愈后，传说的古史期愈长"。如这封信里说的，周代人心目中最古的人是禹，到孔子时有尧、舜，到战国时有黄帝、神农，到秦有三皇，到汉以后有盘古等。第二，可以说明"时代愈后，传说中的中心人物愈放愈大"。如舜，在孔子时只是一个"无为而治"的圣君，到《尧典》就成了一个"家齐而后国治"的圣人，到孟子时就成了一个孝子的模范了。第三，我们在这上，即不能知道某一件事的真确的状况，但可以知道某一件事在传说中的最早的状况。我们即不能知道东周时的东周史，也至少能知道战国时的东周史；我们即不能知道夏、商时的夏、商史，也至少能知道东周时的夏、商史。

但这个题目的范围太大了，像我这般没法做专门研究的人，简直做不成功。因此，我想分了三个题目做去：一是《战国以前的古史观》，二是《战国时的古史观》，三是《战国以后的古史观》。后来又觉得这些题目的范围也广，所以想一部书一部书的做去，如《诗经中的古史》，《周书中的古史》，《论语中的古史》……。我想，若一个月读一部书，一个月做一篇文，几年之后自然也渐渐地做成了。崔述的学力我固是追不到，但换了一个方法做去，也足以补他的缺陷了。

这回适之先生到上海来，因为不及做《读书杂志》的文字，嘱我赶做一篇。我当下就想做一篇《论语中的古史》，因为材料较少，容易做成。但今天一动笔之后，又觉得赶不及，因为单说《论语》自是容易，但若不与他书比较看来，就显不出它的地位，而与他书一比较之后，范围又大了，不是一二天内赶得出的。因此，想起我两月前曾与玄同先生一信，论起这事，固然是信笔写下，但也足以说出一点大纲。所以就把这篇信稿抄在这里，做我发表研究的起点。我自己知道既无学力，又无时间，说不上研究；只希望因了发表这篇，引起了阅者的教导和讨论，使我可以把这事上了轨道去做，那真是快幸极了！

十二，四，二十七。

玄同先生：

（上略）

先生嘱我为《国学季刊》作文，我也久有这个意思。我想做的文是《层累地造成的中国古史》。现在先对先生说一个大意，——我这些意思从来没有写出，这信恐怕写得凌乱没有条理。

我以为自西周以至春秋初年，那时人对于古代原没有悠久的推测。《商颂》说："天命玄鸟，降而生商。"《大雅》说："民之初生，自土沮漆。"又说："厥初生民，时维姜嫄。"可见他们只是把本族形成时的人作为始祖，并没有很远的始祖存在他们的意

想之中。他们只是认定一个民族有一个民族的始祖，并没有许多
民族公认的始祖。

　　但他们在始祖之外，还有一个"禹"。《商颂·长发》说："洪
水芒芒，禹敷下土方，……帝立子生商。"禹的见于载籍以此为
最古。《诗》《书》里的"帝"都是上帝（帝尧、帝舜等不算，详
见后。《尚书》里可疑的只有一个帝乙，或是殷商的后王尊他的
祖，看他和上帝一样，加上的尊号，也说不定）。这诗的意思是
说商的国家是上帝所立的。上帝建商，与禹有什么关系呢？看这
诗的意义，似乎在洪水芒芒之中，上帝叫禹下来布土，而后建商
国。然则禹是上帝派下来的神，不是人。《小旻》篇中有"旻天
疾威，敷于下土"之句，可见"下土"是对"上天"而言。

　　《商颂》，据王静安先生的考定，是西周中叶宋人所作的
（《乐诗考略》、《说商颂下》）。这时对于禹的观念是一个神。到鲁
僖公时，禹确是人了。《閟宫》说："是生后稷，……俾民稼穑；……
奄有下土，缵禹之绪。"（按：《生民》篇叙后稷事最详，但只
有说他受上帝的保卫，没有说他"缵"某人的"绪"。因为照
《生民》作者的意思，后稷为始事种植的人，用不到继续前人之
业。到《閟宫》作者就不同了，他知道禹为最古的人，后稷应该
继续他的功业。在此，可见《生民》是西周作品，在《长发》之
前，还不曾有禹一个观念。）这诗的意思，禹是先"奄有下土"
的人，是后稷之前的一个国王，后稷是后起的一个国王。他为什
么不说后稷缵黄帝的绪，缵尧、舜的绪呢？这很明白，那时并没
有黄帝、尧、舜，那时最古的人王（有天神性的）只有禹，所以
说后稷缵禹之绪了。商族认禹为下凡的天神，周族认禹为最古的
人王，可见他们对于禹的观念，正与现在人对于盘古的观念一
样。

　　在这上，我们应该注意的"禹"和"夏"并没有发生了什么

关系。《长发》一方面说"洪水芒芒，禹敷下土方"，一方面又说汤"韦、顾既伐，昆吾、夏桀"，若照后来人说禹是桀的祖先，如何商国对于禹既感他敷土的恩德，对于禹的子孙就会翻脸杀伐呢？按《长发》云："玄王桓拨，受小国是达，受大国是达。"又云："相土烈烈，海外有截。"是商在汤以前国势本已发达，到汤更能建一番武功，把韦、顾、昆吾、夏桀打倒罢了。禹是他们认为开天辟地的人，夏桀是被汤征伐的一个，他们二人漠不相关，很是明白。

　　至于禹从何来？禹与桀何以发生关系？我以为都是从九鼎上来的。禹，《说文》云："虫也，从厹，象形。"厹，《说文》云："兽足蹂地也。"以虫而有足蹂地，大约是蜥蜴之类。我以为禹或是九鼎上铸的一种动物，当时铸鼎象物，奇怪的形状一定很多，禹是鼎上动物的最有力者；或者有敷土的样子，所以就算他是开天辟地的人。（伯祥云：禹或即是龙，大禹治水的传说与水神祀龙王事恐相类。）流传到后来，就成了真的人王了。九鼎是夏铸的，商灭了夏搬到商，周灭了商搬到周。当时不过因为它是宝物，所以搬了来，并没有多大的意味；但经过了长时间的保存，大家对它就有了传统的观念，以为凡是兴国都应取九鼎为信物，正如后世的"传国玺"一样。有了传统的观念，于是要追溯以前的统，知道周取自商，商取自夏，自然夏、商、周会联成一系。成了一系，于是商汤不由得不做夏桀的臣子，周文王不由得不做殷纣的臣子了。他们追溯禹出于夏鼎，就以为禹是最古的人，应做夏的始祖了。（书中最早把"夏""禹"二字联属成文的，我尚没有找到。）

　　东周的初年只有禹，是从《诗经》上可以推知的；东周的末年更有尧、舜，是从《论语》上可以看到的。（尧、舜的故事从何时起，这个问题很难解决：《左传》是战国时的著作；《尚书》

中的《尧典》、《皋陶谟》也靠不住；《论语》较为可靠，所以取了它。）《论语》中二次连称尧、舜（尧、舜其犹病诸），一次连称舜、禹（巍巍乎舜、禹之有天下也），又接连赞美尧、舜、禹（大哉尧之为君——舜有臣五人而天下治——禹吾无间然矣），可见当时确以为尧、舜在禹之前。于是禹之前有更古的尧、舜了。但尧与舜，舜与禹的关系还没有提起，或者当时人的心目中以为各隔数百年的古王，如禹和汤，汤和文、武之类，亦未可知。（《论语·尧曰》篇虽说明他们的传授关系，但《论语》经崔述的考定，自《季氏》至《尧曰》五篇是后人续入的。《尧曰》篇的首章，在文体上很可见出有意摹古的样子，在宗旨上很可见出秉着"王道"和"道统"两个主义，是战国时的儒家面目。）

　　在《论语》之后，尧、舜的事迹编造得完备了，于是有《尧典》、《皋陶谟》、《禹贡》等篇出现。有了这许多篇，于是尧与舜有翁婿的关系，舜与禹有君臣的关系了。《尧典》的靠不住，如梁任公先生所举的"蛮夷猾夏"，"金作赎刑"都是。即以《诗经》证之，《閟宫》说后稷"奄有下国"，明明是做国王，它却说成舜的臣子（后稷的"后"字原已有国王之义，《尧典》上舜对稷说"汝后稷"，实为不辞）。《閟宫》说后稷"缵禹之绪"，明明是在禹后，它却说是禹的同官。又以《论语》证之，（1）《论语》上门人问孝的很多，舜既"克谐以孝"，何以孔子不举他做例？（2）《论语》上说"舜有臣五人"，何以《尧典》上会有九人？《尧典》上既有九人，各司其事，不容偏废，何以孔子单单截取了五人？（3）南宫适说"禹、稷躬稼而有天下"，可见禹、稷都是有天下的，为什么《尧典》上都是臣而非君？（4）孔子说舜"无为而治"，《尧典》上说他"五载一巡守，群后四朝"，又说他"三朝考绩，三考，黜陟幽明"，不相冲突吗？这些问题，都可以证明《尧典》出于《论语》之后。（我意，先有了禅让的学说而后有《尧典》、《皋陶谟》出来，当作禅让的实证，禅让之说是儒家本了尊贤的主义鼓吹出来的。）作《论语》时，对于尧舜的观念还是空空洞洞，只推尊他们做两个道德最高，功绩最大的古王；作了《尧典》等篇，于是尧、舜的"文章"都有实事可举了。

从战国到西汉，伪史充分的创造，在尧、舜之前更加上了多少古皇帝。于是春秋初年号为最古的禹，到这时真是近之又近了。自从秦灵公于吴阳作上畤时，祭黄帝（见《汉书·郊祀志》。秦国崇奉的神最杂，名目也最诡，秦文公梦了黄蛇作鄜畤，拾得了一块石头作陈宝祠，实在还是拜物教。黄帝之祀起于秦国，说不定黄帝即是"黄龙地蟥"之类），经过了方士的鼓吹，于是黄帝立在尧、舜之前了。自从许行一辈人抬出了神农，于是神农又立在黄帝之前了。自从《易·系辞》抬出了庖牺氏，于是庖牺氏又立在神农之前了。自从李斯一辈人说"有天皇，有地皇，有泰皇，泰皇最贵"，于是天皇、地皇、泰皇更立在庖牺氏之前了。自从《世本》出现，硬替古代名人造了很像样子的世系，于是没有一个人不是黄帝的子孙了。自从《春秋命历序》上说"天地开辟，至《春秋》获麟之岁，凡二百二十六万年"，于是天皇十二人各立一万八千岁了。自从汉代交通了苗族，把苗族的始祖传了过来，于是盘古成了开天辟地的人，更在天皇之前了。时代越后，知道的古史越前；文籍越无征，知道的古史越多。汲黯说："譬如积薪，后来居上"，这是造史很好的比喻。看了这些胡乱伪造的史，《尧典》那得不成了信史！但看了《诗经》上稀疏的史，更那得不怀疑商以前的史呢！

这些意思如果充分的发挥，准可著成数十卷书。古代的史靠得住的有几，崔述所谓"信"的又何尝是信！即如后稷，周人自己说是他们的祖，但有无是人也不得而知。因为在《诗》、《书》

上看，很可见出商的民族重游牧，周的民族重耕稼，所谓"后稷"，也不过因为他们的耕稼为生，崇德报功，追尊创始者的称号。实际上，周人的后稷和许行的神农有什么分别？这两个倡始耕稼的古王，很可见出造史的人的重复。他们造史的人为什么要重复？原来禹的上面堆积的人太多了，后稷的地位不尊重了，非得另创一个神农，许行一辈人就不足以资号召了！

（下略）

颉刚敬上。十二，二，二十五。

答刘胡两先生书[*]

埰藜
董人 先生：

由努力社转到两位先生的质问，披读一过，真使我高兴得很。我本来的意思，是要先把与古史有关的书一部一部的读了，把内中说及古史的地方钞出，归纳成为一篇"某书中的古史"；等到用得着的书都读完了，它们说着的古史都抽出了，再依了它们的先后关系，分别其真伪异同，看出传说中对于古史的变迁，汇成一篇《层累地造成的中国古史》。不幸豫计中的许多篇"某书中的古史"还没有做，而总括大意的《与玄同先生书》先已登出，以至证据不充，无以满两位先生之意，甚以为愧。

但我觉得我这一文的疏漏是有的，至于这个意思总不能轻易认为错误，所以我想把胸中所有的意见详细写出，算做答文，与两位先生讨论下列诸项问题：

（1）禹是否有天神性？（2）禹与夏有没有关系？（3）禹的来

• 此文写于1923年6月，发表于同年7月1日《努力周报·读书杂志》第11期。后收入《古史辨》第一册。又收入《顾颉刚古史论文集》第一册等。

历在何处?(4)《禹贡》是什么时候做的?(5)后稷的实在如何?(6)尧、舜、禹的关系如何?(7)《尧典》、《皋陶谟》是什么时候做的?(8)现在公认的古史系统是如何组织而成的?

以上的题目当在一二月内做毕,登入《读书杂志》。

本期《读书杂志》限于篇幅,不能登载我的答文;我现在仅把我对于古史的态度说了。研究古史自应分析出信史和非信史两部分。信史的建设,适之先生上月来书曾说一个大旨,抄录于下:

我对于古史的大旨,是:

1.商民族的时期,以河南为中心。此民族的来源不可考。但《商颂》所记玄鸟的神话当是商民族的传说。关于此一时期,我们应该向"甲骨文字的系统的研究"里去寻史料。

2.周民族的时期,约分三时期:

(a) 始兴期,以甘肃及陕西西境为中心。

(b) 东侵期,以陕西为中心,灭了河南的商民族的文化而代之。周公之东征,召公之南下,当在稍后。

(c) 衰落期,以东都为中心,仅存虚名的共主而已,略如中古时代之"神圣罗马帝国"。

3.秦民族的时期,也起于西方,循周民族的故迹而渐渐东迁,至逐去犬戎而占有陕西时始成大国。

以时间言之,可得下表(见下页):

至于以山西为中心之夏民族,我们此时所有的史料实在不够用,只好置之于"神话"与"传说"之间,以俟将来史料的发现。

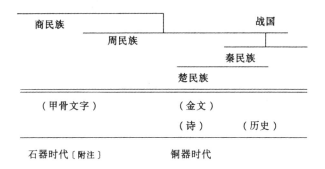

〔附注〕发见渑池石器时代文化的安特森（J.G.Andersson）近疑商代犹是石器
　　　时代的晚期（新石器时代）。我想他的假定颇近是。

适之先生这段话，可以做我们建设信史的骨干。

在推翻非信史方面，我以为应具下列诸项标准：

（一）打破民族出于一元的观念。在现在公认的古史上，一统的世系已经笼罩了百代帝王，四方种族，民族一元论可谓建设得十分巩固了。但我们一读古书，商出于玄鸟，周出于姜嫄，任、宿、须句出于太皞，郯出于少皞，陈出于颛顼，六、蓼出于皋陶、庭坚，楚、夔出于祝融、鬻熊（恐是一人），他们原是各有各的始祖，何尝要求统一！自从春秋以来，大国攻灭小国多了，疆界日益大，民族日益并合，种族观念渐淡而一统观念渐强，于是许多民族的始祖的传说亦渐渐归到一条线上，有了先后君臣的关系，《尧典》、《五帝德》、《世本》诸书就因此出来。中国民族的出于一元，俟将来的地质学及人类学上有确实的发见后，我们自可承认它；但现在所有的牵合混缠的传说我们决不能胡乱承认。我们对于古史，应当依了民族的分合为分合，寻出他们的系统的异同状况。

（二）打破地域向来一统的观念。我们读了《史记》上黄帝的"东至于海，西至于空桐，南至于江，北逐荤粥"，以为中国的疆域的四至已在此时规定了；又读了《禹贡》、《尧典》等篇，地域一统的观念更确定了。不知道《禹贡》的九州，《尧典》的四罪，《史记》的黄帝四至乃是战国时七国的疆域，而《尧典》的羲、和四宅以交阯入版图更是秦、汉的疆域。中国的统一始于秦，中国人民的希望统一始于战国；若战国以前则只有种族观念，并无一统观念。看龟甲文中的地名都是小地名而无邦国种族的名目，可见商朝天下自限于"邦畿千里"之内。周有天下，用了封建制以镇压四国——四方之国，已比商朝进了一步，然而始终未曾没收了蛮貊的土地人民以为统一寰宇之计。我们看，楚国的若敖、蚡冒还是西周末东迁初的人，楚国地方还在今河南、湖北，但他们竟是"筚路蓝缕，以启山林"。郑国是西周末年封的，地在今河南新郑，但竟是"艾杀此地，斩之蓬蒿藜藋而共处之"。哪时的土地荒芜如此，那里是一统时的样子！自从楚国疆域日大，始立县制；晋国继起立县，又有郡；到战国时郡县制度普及，到秦并六国而始一统。若说黄帝以来就是如此，这步骤就乱了。所以我们对于古史，应当以各时代的地域为地域，不能以战国的七国和秦的四十郡算做古代早就定局的地域。

（三）打破古史人化的观念。古人对于神和人原没有界限，所谓历史差不多完全是神话。人与神混的，如后土原是地神，却也是共工氏之子；实沈原是星名，却也是高辛氏之子。人与兽混的，如夔本是九鼎上的罔两，又是做乐正的官；饕餮本是鼎上图案画中的兽，又是缙云氏的不才子。兽与神混的，如秦文公梦见了一条黄蛇，就作祠祭白帝；鲧化为黄熊而为夏郊。此类之事，举不胜举。他们所说的史固决不是信史，但他们有如是的想像，有如是的祭祀，却不能不说为有信史的可能。自春秋末期以后，诸子奋兴，人性发达，于是把神话中的古神古人都"人化"了。人化固是好事，但在历史上又多了一层的作伪，而反淆乱前人的想像祭祀之实，这是不容掩饰的。所以我们对于古史，应当依了那时人的想像和祭祀的史为史，考出一部那时的宗教史，而不要希望考出那时以前的政治史，因为宗教是本有的事实，是真的，政治是后出的附会，是假的。

（四）打破古代为黄金世界的观念。古代的神话中人物"人化"之极，于是古代成了黄金世界。其实古代很快乐的观念为春秋以前的人所没有；所谓"王"，只有贵的意思，并无好的意思。自从战国时一班政治家出来，要依托了古王去压服今王，极力把"王功"与"圣道"合在一起，于是大家看古王的道德功业真是高到极顶，好到极处。于是异于征诛的禅让之说出来了，"其仁如天，其知如神"的人也出来了，《尧典》、《皋陶谟》等极盛的人治和德化也出来了。从后世看唐、虞，真是何等的美善快乐！但我们返看古书，不必说《风》、《雅》中怨苦流离的诗尽多，即官撰的《盘庚》、《大诰》之类，所谓商、周的贤王亦不过依天托祖的压迫着人民就他们的轨范；要行一件事情，说不出理由，只会说我们的占卜上是如此说的，你们若不照做，先王就要"大罚殛汝"了，我就要"致天之罚于尔躬"了！试问上天和先王能有什么表示？况且你既可以自居为天之元子，他亦可以自说新受天命，改天之元子；所谓"受命""革命"，比了现在的伪造民意还要胡闹。又那时的田亩都是贵族的私产，人民只是奴隶，终年服劳不必说，加以不歇的征战，死亡的恐怖永远笼罩着。试问古代的快乐究在哪里？我们要懂得五帝、三王的黄金世界原是战国后的学者造出来给君王看样的，庶可不受他们的欺骗。

以上四条为从杂乱的古史中分出信史与非信史的基本观念，我自以为甚不误。惜本期篇幅甚短，不能畅说。

颉刚敬上。十二，六，二十。

《古史辨》第一册自序

两年前，我在《努力周报》附刊的《读书杂志》里发表辨论古史的文字时，朴社同人就嘱我编辑成书，由社中出版。我当时答应了，但老没有动手。所以然之故，只因里面有一篇主要的辨论文字没有做完，不能得到一个结束；我总想把它做完了才付印。可是我的生活实在太忙了，要想定心研究几个较大的题目，做成一篇篇幅较长的文字，绝不易找到时间，这是使我永远怅恨着的。

去年夏间，上海某书肆中把我们辨论古史的文字编成了《古史讨论集》出版了。社中同人都来埋怨我，说："为什么你要一再迁延，以致给别人家抢了去。"我对于这事，当然对社中抱歉，

• 此文写于 1926 年，《古史辨》第一册于同年 6 月由北平朴社出版。此文后收入 1935 年上海良友图书印刷公司出版、周作人编选之《散文一集》（《中国新文学大系》第六集）。《顾颉刚选集》、《顾颉刚古史论文集》第一册等都曾收入。又台湾远流出版事业公司 1989 年出版，改题《走在历史的路上》。1931 年，荷兰莱顿的布利尔出版公司出版美国学者恒慕义（A.W.Hummel）的英文译本，题为《一位中国历史学家的自传——中国古代史论文集（古史辨）序》。1940 年，日本创元社出版平冈武夫的日文译本；经译者改译后，1953 年由岩波书店出版，题为《一位历史学家的成长——古史辨自序》，1987 年再版。

并且看上海印本错字很多，印刷很粗劣，也不爽快，就答应道："我立刻编印就是了！"哪知一经着手编纂，材料又苦于太多了，只得分册出版。现在第一册业已印刷就绪，我很快乐，我几年来的工作得到一度的整理了。

这第一册分作三编。上编是在《读书杂志》中作辨论以前与适之、玄同两先生往返讨论的信札，是全没有发表过的。这些信札只就手头保存的写录，当然遗失的还有很多。在这一编里，可以知道《杂志》中文字的由来和我对于怀疑古史一件事所以有明了的意识的缘故。中编所录全是在《读书杂志》中发表的。其中许多问题虽都没有讨论出结果来，但是我们将来继续研究的骨干却已在这几篇文字中建立起来了。下编除首二篇外全是《读书杂志》停刊以后的通信及论文，有一部分是没有发表过的。在这一编里，可以见出我现在对于研究古史所走的路途的趋向。

第二册的稿子约略辑成，也分作三编。上编是讨论古代史实及传说的。中编是说明经书真相及批评注解得失的。下编是辨伪者的传记和评论。这些文字都是数年来在各种刊物上零碎发表的，其中待讨论修正的地方很多。只要第一册出版后有销场，社中同人容许我继续出版，我就可写定付印。

以后我的环境如果不至迫逼我废学，我的胸中所积蓄而且渴望解决的问题正多，自当陆续研究，作文发表，第三册以下也尽有出版的希望。但不知道我的为生活而奋斗的能力能打出一个境界，完成这个志愿与否。

现在辑成的两册，范围并不限于古史。所以仍用古史署名之故，只因我的研究的目的总在古史一方面，一切的研究都是要归结于古史的。（例如辨论《诗经》与歌谣的文字虽与古史无直接关系，但此文既为辨明《诗经》之性质，而《诗经》中有古史材料，《诗经》的考定即可辅助古史的考定，故仍收入。）没有枝叶固然可以把本干看得清楚，但有了枝叶也更可以把本干的地位衬托出来，所以我不想把枝叶删芟了。

这几年中，常有人问我："你们讨论古史的结果怎样?"我屡次老实答道："现在没有结果。因为这是一个大问题，它的事实在二三千年以前，又经了二三千年来的乱说和伪造，哪里是一次的辨论所能弄清楚的! 我们现在的讨论只是一个研究的开头呢，说不定我们一生的讨论也只是一个研究的开头咧!"

也有人对我说："你为什么不把几年来的讨论的文字重做一番系统的整理，作成一篇齐整的论文呢?"这话固然是好意，但我决不敢答应。我现在在研究上所走的路途的短，成绩的少，是大家看得见的，实在没有把这种一目可尽的东西再做一番系统的整理的必要。况且我所提出的论题全没有讨论出结果来，也无从加以断定。我并不是没有把我的研究构成一个系统的野心；如果我的境遇真能允许我作继续不断的研究，我到老年时一定要把自己的创见和考定的他人之说建立一个清楚的系统。但现在还谈不到此，还只能见到一点写一点，做零碎的发表和溷杂的编集。

我非常地感谢适之、玄同两先生，他们给我各方面的启发和鼓励，使我敢于把违背旧说的种种意见发表出来，引起许多同志的讨论。这个讨论无论如何没有结果，总算已向学术界提了出来，成为学术界上的公同的问题了。我又非常地感谢刘楚贤（挟藜）、胡堇人、柳翼谋（诒徵）诸先生，他们肯尽情地驳诘我，逼得我愈进愈深，不停歇于浮浅的想像之下就算是满足了。我永远要求得到的幸运，就是常有人出来把我痛驳，使得我无论哪个小地方都会亲自走到，使得我常感到自己的学力不足而勉力寻求智识。我在生活上虽是祈祷着安定，但在学问上则深知道这是没有止境的，如果得到了止境即是自己的堕落，所以愿意终身在彷徨觅路之中，不希望有一天高兴地呼喊道："真理已给我找到了，从此没有事了!"

我自在《读书杂志》中发表了推翻相传的古史系统的文字之后，一时奖誉我的人称我"烛照千载之前，发前人之所未发"；反对我的人便骂我"想入非非，任情臆造"；对我怀疑的人也就笑我抨击古人只不过为的趋时成名。也有爱我的前辈肫挚地劝告道："你是一个很谨厚的人，何苦跟随了胡适之、钱玄同们，做这种不值得做的事情!"我听了这种种的议论，禁不住在腹中暗好笑。我自己知道，我是一个平常的人，决不会比二千年来的人特别聪明，把他们看不清楚的疑窦由我一起看出。我也知道，我是一个很胆小的人，苟非确有所见，也决不敢猖狂地冒了大不韪，自己提出一种主张来疑经蔑古。至于成名之心，我固然不能说没有，但总可以说是很淡薄的，我也决不愿无故凌辱古圣先贤来造成自己的名誉。适之、玄同两先生固是我最企服的师，但我正因为没有崇拜偶像的成见，所以能真实地企服他们；若把他们当做偶像一般而去崇拜，跟了他们的脚步而做应声虫，那么，我用了同样的方式去读古书时，我也是古人的奴隶了，我还哪里能做推翻古代偶像的事业呢。老实说，我所以有这种主张之故，原是由于我的时势，我的个性，我的境遇的凑合而来。我的大胆的破坏，在报纸上的发表固然是近数年的事，但伏流是与生命俱来的，想像与假设的构造是一点一滴地积起来的。我若能把这个问题研究得好，也只算得没有辜负了我的个性和环境，没有什么了不得。若是弄得不好，不消说得是我的罪戾，或是社会给与我的损害了。因为我对于自己的地位有了这种的了解，所以我对于自己的见解（给一般人诧为新奇的）常以为是极平常的，势所必然的，我只顺着自然的引导，自己无力于其间，誉我和毁我的话都是废话而已。但誉我和毁我的人，我也不嫌怪，因为他们只见到我的主张的断面，而不能深知道我的个性和环境，也是当然如此。

我读别人做的书籍时，最喜欢看他们带有传记性的序跋，因为看了可以了解这一部书和这一种主张的由来，从此可以判定它们在历史上占有的地位。现在我自己有了主张了，有了出版的书籍了，我当然也愿意这样做，好使读者了解我，不致惊诧我的主张的断面。

因为这样，所以现在就借了这一册的自序，约略做成一部分的自传。我很惭愧，我的学问还没有成熟，就贸贸然来做这种自传性的序文，实在免不了狂妄之罪。但社会上已经等不到我的学问的成熟而逼迫我发表学术上的主张了，已经等不到我的主张的讨论出结果来而逼迫我出书了，我为求得读者对于我的出版物的了解，还顾忌着什么呢。

我是 1893 年生的。当我出生的时候，我的家中已经久不听见小孩子的声息了，我是我的祖父母的长孙，受到他们极浓挚的慈爱。我家是一个很老的读书人家，他们酷望我从读书上求上进。在提抱中的我，我的祖父就教令识字。听说我坐在"连枷交椅"（未能步行的小孩所坐）里已经识得许多字了；老妈子抱上街去，我尽指着招牌认字，店铺中人诧异道："这怕是前世带来的字吧！"因为如此，所以我了解书义甚早，六七岁时已能读些唱本小说和简明的古书。但也因为如此，弄得我游戏的事情太少，手足很不灵敏，言语非常钝拙，一切的技能我都不会。这种的状态，从前固然可以加上"弱不好弄"的美名，但在现在看来，只是遏抑性灵，逼作畸形的发展而已。

在这种沉闷和呆滞的空气之中，有一件事足以打破这寂寥而直到近数年来才从回忆中认识的，就是民间的故事传说的接近。

我的本生祖父和嗣祖母都是极能讲故事的：祖父所讲大都属于滑稽一方面，如"诸福宝（苏州的徐文长）"之类；祖母所讲则大都属于神话一方面，如"老虎外婆"之类。除了我的祖父母之外，我家的几个老仆和老女仆也都擅长这种讲话，我坐在门槛上听他们讲"山海经"的趣味，到现在还是一种很可眷恋的温煦。我虽因言语的钝拙，从未复述过，到后来几乎完全忘记了，但那种风趣却永远保存着，有人提起时总觉得是很亲切的。祖父带我上街，或和我扫墓，看见了一块匾额，一个牌楼，一座桥梁，必把它的历史讲给我听，回家后再按着看见的次序写成一个单子。因此，我的意识中发生了历史的意味，我得到了最低的历史的认识：知道凡是眼前所见的东西都是慢慢儿地积起来的，不是在古代已尽有，也不是到了现在刚有。这是使我毕生受用的。

当我读《论语》的时候，《孟子》已买在旁边；我随手翻着。我在《论语》中虽已知道了许多古人的名字，但这是很零碎的，不容易连接。自从看了《孟子》，便从他叙述道统的说话中分出了他们的先后，我初得到这一个历史的系统，高兴极了，很想替它做一个清楚的叙述。以前曾在祖父的讲话中，知道有盘古氏拿了斧头开天辟地的故事，有老妪和犬生出人类的故事；到这时就把这些故事和书本上的尧、舜、禹的记载联串了起来了。我记得那时先着一家起了几个早晨，在朝暾初照的窗下写成一篇古史，起自开辟，讫于《滕文公》篇的"孔子没，子夏、子张、子游以有若似圣人，欲以所事孔子事之；强曾子，曾子不可"的一段事。孟子叙述道统到孔子为止，我作历史也到孔子没后为止，这是很分明的承受了孟子的历史观了。这篇古史约有五页，那时还没有练习过小楷，衬了红格纸写得蝇头般的细字，写好了放在母亲的镜匣里。从我所读的书和母亲的病状推来，那时我是七岁（依旧法算应是八岁）。可惜后来母亲死了，这篇东西就失去了。

就是这一年的冬天，我读完了《孟子》。我的父亲命我读《左传》，取其文理在《五经》中最易解，要我先打好了根柢然后再读深的。我读着非常感受兴趣，仿佛已置身于春秋时的社会中了。从此鲁隐公和郑庄公一班人的影子长在我的脑海里活跃。但我的祖父不以为然，他说，"经书是要从难的读起的；《诗经》和《礼记》中生字最多，若不把这两部书先读，将来大了就要记不清了。"所以在1901年的春天，命我改从一位老先生读《诗经》。《左传》只读了一册，就搁下了。

我读《国风》时，虽是减少了历史的趣味，但句子的轻妙，态度的温柔，这种美感也深深地打入了心坎。后来读到《小雅》时，堆砌和严重的字句多了，文学的情感减少了，便很有些儿怕念。读到《大雅》和《颂》时，句子更难念了，意义愈不能懂得了。我想不出我为什么要读它，读书的兴味实在一点也没有了。这位老先生对付学生本来已很严厉，因为我的祖父是他的朋友，所以对我尤为严厉。我越怕读，他越要逼着我读。我念不出时，他把戒尺在桌上乱碰；背不出时，戒尺便在我的头上乱打。在这种的威吓和迫击之下，长使我战栗恐怖，结果竟把我逼成了口吃，舍得我的一生永不能在言语中自由发表思想。我耐不住了，大着胆子向先生请求道："我读《左传》时很能明白书义，让我改读了《左传》罢!"先生听了，鼻子里嗤的一声，做出很傲慢的脸子回答我道："小孩子哪里懂得《左传》!"好容易把一部《诗经》捱完，总算他们顺了我的请求，没读《礼记》而接读《左传》。这位老先生要试一试我以前类于夸口的请求，令我讲解华督杀孔父的一段。我一句句地讲了。他很诧异，对我的祖父说道："这个小孩子记性虽不好，悟性却好。"我虽承蒙他奖赞，但已做了他的教育法的牺牲了!

我的生性是非常桀骜不驯的。虽是受了很严厉的家庭教育和私塾教育的压抑，把我的外貌变得十分柔和卑下，但终不能摧折我的内心的分毫。所以我的行事专喜自作主张，不听人家的指挥。翻出幼时所读的《四书》，经文和注文上就有许多批抹。例如《告子上》篇《天爵》章末有"终亦必亡而已矣"句，《仁之胜不仁》章末又有"亦终必亡而已矣"句，我便剔去了中间《欲贵》章首的"〇"号，批道："不应有〇，下文有'亦终必亡而已矣'之语，可见两段相连。"又如《离娄下》篇《逢蒙学射》章"孟子曰：'是亦羿有罪焉'，公明仪曰：'宜若无罪焉'"，我疑心"羿"与"宜"因同音而致误，就批道："宜，当作羿。"这一类的批抹，在现在看来确是极度的武断，但我幼年读书就不肯盲从前人之说，也觉得是不该妄自菲薄的。

约在十一岁时，我初读《纲鉴易知录》，对于历史的系统更能明白认识。那时，我便自立义法，加上许多圈点和批评。我最厌恶《纲目》的地方，就是它的势利。例如张良和荆轲一样的谋刺秦始皇，也一样的没有成功，但张良书为"韩人张良"，荆轲便书为"盗"。推它的原因，只因荆轲的主人燕太子丹是斩首的，而张良的主人刘邦乃是做成皇帝的。我对于这种不公平的记载非常痛恨，要用我自己的意见把它改了。可惜我读的一部《易知录》是石印小字本，上边写不多字，只得写上小纸，夹在书里。前年理书时检得一纸条，是那时的笔迹，写道：

> 书"秋，秦王稷薨，太子柱立。"至明年冬，又书"秦王薨，子楚立。"下《目》书曰："孝文王即位，三日而薨。"夫秋立而至明冬薨，亦十七八月矣，何《目》书"三日而薨"耶？此其史官之讹也。

现在知道，这个批评错了，因为孝文王的即位在他的除丧之后，和上一年秋的"立"是不冲突的。只是我敢于写出疑问，也算值得纪念。

儿时的佚事，现在还记得几桩。有一次，我看见一个饭碗，上面画着许多小孩，有的放纸鸢，有的舞龙灯，有的点爆竹，题为"百子图"。我知道文王是有一百个儿子的，以为这一幅图一定是画的文王的家庭了，就想把文王的儿子考上一考。可是很失望，从习见的书中只得到武王、周公、管叔、蔡叔、康叔数人；《左传》上较多些，但也只有"文昭"十六国。我在那时很奇怪：为什么这样一个大名人的儿子竟如此的难考？后来知道文王百子之说是从《诗经》的"太姒嗣徽音，则百斯男"来的，而"百斯男"的话正与"千秋万岁"，"千仓万箱"相类，只是一种谀颂之词，并非实事，心始释然。

又有一次，不知在什么地方见到孔子有师七人的话，替他一考居然如数得到。但现在想得起的只有老聃、师襄、苌弘、郯子、项橐五人，尚有二人反而查不出了。又因谥法的解释不同，想做一种《谥法考》，把《左传》上的谥法抄集起来，比较看着。结果，使我知道"灵、幽、厉"诸谥未必是恶谥，孟子所说"孝子顺孙百世不能改"的话并不十分可靠。有一回偶然在《汉书》上看到汉高祖为赤帝子，斩白帝子，心想赤帝、白帝不是和黄帝一样的吗，为什么黄帝为人而赤帝、白帝为神？又在某书上看见三皇五帝的名号和《易知录》上所载的不一致，考查之后，始知三皇五帝的次序原来有好几种不同的说法。那时见到的书甚少，这种考据之业现在竟想不起是怎样地做成的。

我们顾家是吴中的著姓，自汉以下的世系大都可以稽考。但我们一支的家谱只始于明代成化中，又标上唯亭的地名。我的十一世祖大来公（其蕴）序道：

人各有所自，必自其所自而后即安。苟忽其所自而妄萌一焜耀之思，指前之一二显人曰："吾所自者某某也"，则世之人亦因其所自而自之矣。然反之心究有所不安。以己之不

安而知祖先之必不安，且念子孙之亦未必安也，何可以煜耀
之思累先后之不安乎！……此尼备从侄（嗣曾）之近谱所以
不宗鹿城（昆山）而宗唯亭也。唯亭距鹿城不数十里，有农
家者流繁衍于上二十一都之乡，地名顾港，此吾支之所自。
乡之先达巳蒙称述，信为文康公（顾鼎臣）之支矣。而尼备
以宗其所疑不若宗其所信，宗其所信而苟有一毫之可疑无庸
宗也，所以宁维亭而不敢曰鹿城，重原本也。

这种信信疑疑的态度，在现在看来固是非常正当，但幼年的我哪
里能懂得呢。我只觉得他们的胸襟太窄隘了：我们和昆山一支既
经是一族，为什么定要分成两族？偶然见到一部别宗的谱牒，以
西汉封顾余侯的定为始祖；又列一世系表，起于禹、启、少康，
中经无馀、勾践，讫于东海王摇和他的儿子顾余侯期视，约有三
十余代。（这个表不知道从哪里抄来的，现在遍查各种古书竟查
不到。）我快乐极了，心想我家的谱牒可以自禹讫身写成一个清
楚整齐的系统来了！又想禹不是祖黄帝的吗，黄帝又不是少典氏
之子吗，那么，岂不是又可以推算自己是少典氏的几百几十世孙
了！我真高兴，对着我的同学夸口道：“我要刻三方图章：一是
‘勾践后人’，一是‘大禹子孙’，一是‘少典云初’。”这位同学
也赞叹道：“你家真是一个古远的世家！”于是我援笔在谱上批
道：

　　甚哉谱必以大宗言也！不以之言，则昧于得姓传递之迹
　　而徒见十数世而已。吾族之谱始自允斋公，遂谓允斋公为始
　　祖。夫公非始得顾姓者，而曰始祖，亦太隘矣！

一个人的思想真是会得变迁的：想不到从前喜欢夸大的我现在竟
变得这般严谨，要把甘心认为祖先的禹回复到他的神话中的地
位，要把尼备公创立家谱的法子来重修国史了！

在私塾中最可纪念的，是有两年没有正式的教师。起先，我的父亲在城北姚家教馆，我随着读书。去了不久，我父考取了京师大学堂，到北京去，馆事请人代着。可是代馆的总不得长久，代者又请代，前后换了七八人，有几个月简直连接着没有先生。只因姚家待我很厚，他们的小主人和我的交情也很挚，所以我家并不逼我换学塾。这两年中，为了功课的松，由得我要怎样做就怎样做。我要读书，便自己到书铺里选着买；买了来，便自己选着读。我看了报纸，便自己发挥议论。有什么地方开会，我便前去听讲。要游戏，要胡闹，要闲谈遣日，当然也随我的便。这两年中的进境真像飞一般的快，我过去的三十年中吸收知识从没有这样顺利的：我看无论哪种书都可以懂得一点了，天地之大我也识得一个约略了。这时候，正是国内革新运动勃发的时候，要开学校，要放足，要造铁路，要抵制美国华工禁约，要请求政府公布宪法开国会，梁任公先生的言论披靡了一世。我受了这个潮流的涌荡，也是自己感到救国的责任，常常慷慨激昂地议论时事。《中国魂》中的《呵旁观者文》和《中国之武士道》的长序一类文字是我的最爱好的读物，和学塾中的屈原《卜居》、李华《吊古战场文》、胡铨《请斩王伦秦桧封事》等篇读得同样的淋漓痛快。在这种热情的包裹之中，只觉得杀身救人是志士的惟一的目的，为政济世是学者的惟一的责任。塾师出了经义史论的题目，我往往借此发挥时论，受他们的申斥；但做时务策论时，他们便不由得不来赏赞我了。

1906年，地方上开办第一班高等小学，考题是《征兵论》，我竟考取了第一。我刚进去时，真是踏到了一个新世界。我在私塾中虽是一个新人物，自己已看了些科学方面的教科书，但没有实物的参证，所谓科学也正与经义策论相同。到了新式学校中，固然设备还是贫之得很，总算有了些仪器和标本了，能做些实验和采集的工夫了。我在学校里最欢喜做的事情是"修学旅行"，因为史地教员对于经过的名胜和古迹有详细的说明，理科教员又能伴我们采集动植物作标本；回来之后，国文教员要我们作游记，图画教员要我们作记忆画：使我感到这种趣味的活动，各科材料的联络，我所受的教育的亲切。但除了这一件事之外，我的桀骜不驯的本性又忍不住要发展了，我渐渐地对于教员不信任了。我觉得这些教员对于所教的功课并没有心得，他们只会随顺了教科书的字句而敷衍。教科书的字句我既已看得懂，又何劳他们费力解释！况且教科书上错误的地方，他们也不能加以修正。例如地理教科书中说教主出于半岛，举孔、佛、耶为证，理由是半岛的海岸线长，吸收文明容易；地理教员也顺着说。我听得时就很疑惑，以为道教的张道陵就很明白不是从半岛上起来的，孔、佛、耶的出在半岛不过是偶然的巧合。海岸线的吸收文明应当在海上交通便利之后，在古时则未必便可增进新知（至少在中国是这般）。即如孔子时，江、淮、河、济的交通胜于海洋，江、淮、河、济的吸收文明也应当过于海洋；孔子所以能够特出，或者就靠在河、济的交通上，和半岛及海岸线有何关系。但地理教员就咬定了这句话，大张其半岛出教主论了。这种的教员满眼皆是，他们都只会食人家的唾余，毫没有自己的真知灼见，都只想编辑了一种讲义作终身的衣食，毫不希望研究的进展，使得我一想到时就很鄙薄。

在小学时曾经生了两个月的病，病中以石印本《二十二子》和《汉魏丛书》自遣，使我对于古书得到一个浮浅的印象。又在报纸上见到《国粹学报》的目录，里面有许多新奇可喜的文题；要去买时可惜苏州的书肆里没有。直到进了中学堂，始托人到上海去买了一个全分。翻读之下，颇惊骇刘申叔、章太炎诸先生的博洽；但是他们的专门色彩太浓重了，有许多地方是看不懂的。

在这个报里，除了种族革命的意义以外，它给与我一个清楚的提示，就是：过去的中国学问界里是有这许多纷歧的派别的。

十六岁那一年，我在中学二年级，我的祖父对我说："《五经》是总该读全的。你因进了新法学堂，只读得《诗经》、《左传》和半部《礼记》。我现在自己来教你罢。"于是我每晚从学校里归来，便向祖父受课。他先教我《尚书》，再教我《周易》。《周易》我不感到什么趣味。《尚书》的文句虽古奥，但我已经有了理解力，能够勉强读懂，对于春秋以前的社会状况得到了一点粗疏的认识，非常高兴。祖父教我时，是今古文一起读的。我本不知道今古文是怎样一个重大的讼案，也就随着读。后来感到古文很平顺，它的文字自成一派，不免引起了些微的怀疑。偶然翻览《先正事略》，从阎若璩的传状里知道他已把《古文尚书》辨得很明白，是魏、晋间人伪造的。一时就想读他所做的《尚书古文疏证》，但觅不到。为安慰自己的渴望计，即从各家《书》说中辑出驳辨《伪古文》的议论若干条，寻绎他们的说法。哪知一经寻绎之后，不但魏、晋间的古文成问题，就是汉代的古文也成了问题了。那年上海开江苏学校成绩展览会，我和许多同学前往参观，就独到国学保存会的藏书楼上看了两种书：一是龚自珍的《泰誓答问》，一是胡秉虔的《尚书叙录》。

我既约略知道了这一些问题，我的勇往的兴致又要逼迫我佚出前人的论辨之外了。我感到《今文尚书》中《尧典》、《皋陶谟》诸篇的平易的程度并不比《伪古文》差了多少，我又感到汉人《尚书》注的不通，都想由我辨去。十七岁时，江苏存古学堂招生，我知道里面很有几位博学的教员，也报名应考。出的题目是《尧典》上的，现在已记不起了，只记得我的文字中把郑玄的注痛驳了一回。发榜不取；领落卷出来，签条上面批着："斥郑说，谬"四个大字。我得到了这回教训，方始知道学术界上的权威是惹不得的。

要是我能够从此继续用功，到现在也许可以做成一个专门的经学家了。但我的祖父逝世之后，经学方面既少了一个诱导的人，文学方面的吸引力又很大，我不自觉的对于经书渐渐地疏远了下去。

我的祖父一生欢喜金石和小学，终日的工作只是钩模古铭，椎拓古器，或替人家书写篆隶的屏联。我父和我叔则喜治文学和史学。所以我幼时看见的书籍，接近的作品，都是多方面的，使我在学问上也有多方面的认识。可是我对于语言文字之学是不近情的，我的祖父的工作虽给我瞧见了许多，总没有引起我的模仿的热忱。我自己最感兴味的是文学，其次是经学（直到后来才知道我所爱好的经学也即是史学），我购买书籍就向那两方面进行。买书这一件事，在我十一二岁时已成了习惯，但那时只买新书；自从进了中学，交到了几个爱收旧书的朋友，就把这个兴致转向旧书方面去了。每天一下课，立刻向书肆里跑。这时的苏州还保留着一个文化中心的残状，观前街一带新旧书肆约有二十余家，旧书的价钱很便宜。我虽是一个学生，只能向祖母和父亲乞得几个钱，但也有力量常日和他们往来。我去了，不是翻看他们架上的书，便是向掌柜们讨教版本的知识。所见的书籍既多，自然引诱我去研究目录学。《四库总目》、《汇刻书目》、《书目答问》一类书那时都翻得熟极了。到现在，虽已荒废了十余年，但随便拿起一册书来，何时何地刻的还可以估得一个约略。

我对于学问上的野心的收不住，自幼就是这般。十二岁时曾作成一册自述，题为《恨不能》：第一篇是"恨不能战死沙场，马革裹尸"，第二篇是"恨不能游尽天下名山大川"，其三便是"恨不能读尽天下图书"。到这时，天天游逛书肆，就恨不能把什么学问都装进了我的肚子。我的痴心妄想，以为要尽通各种学问，只须把各种书籍都买了来，放在架上，随心翻览，久而久之自然会得明白通晓。我的父亲戒我买书不必像买菜一般的求益，我的祖母笑我买书好像瞎猫拖死鸡一般的不拣择，但我的心中坚强的执拗，总以为宁可不精，不可不博。只为翻书太多了，所以各种书很少从第一字看到末一字的。这样的读书，为老辈所最忌，他们以为这是短寿促命的征象。我也很想改过来，但是求实效的意志终抵抗不过欣赏的趣味。我曾对友人说："我是读不好书的了！拿到一部书想读下去时，不由得不牵引到第二部上去，以至于第三部、第四部。读第二第三部书时，又要牵引到别的书上去了。试想这第一部书怎样可以读得完？"这种情形，在当时确是很惆怅的，但在现在看来也可以说由此得到了一点益处。因为这是读书时寻题目，从题目上更去寻材料，而不是读死书。不过那时既只随着欣赏的趣味而活动，并没有研究的自觉心，就是见到了可以研究的题目，也没有实作研究的忍耐心，所以不曾留下什么成绩。

中学校时代，实在是我的情感最放纵的时代，书籍的嗜好在我的生活中虽占着很重要的一部分，但并不能制伏我的他方面的生活。我爱好山水，爱好文学，爱好政治活动。

游览的嗜好似乎在我很幼的时候已经发端，记得那时看扫墓是一件趣味最丰富的乐事。我家的坟墓不在一处，有的地方要三天才来回，我坐在船里，只觉得望见的东西都新鲜得可爱。有时候走近一座山，要拉了老妈子一同上去，哪知山基还远着，久久走不到，船已将开了。自从进了中学，旅行的地方远了一点，有时出府境，有时出省境，我高兴极了，无论到什么地方总要尽了我的脚力走。别人厌倦思归了，我还是精神奋发，痛骂他们阻住了我的兴致。每星期日，几乎必约了同学到郊外远足去，苏州城外的山径都给我们踏遍了。我在那时，爱好自然，为自然的美所吸引的一种情趣，在现在的回忆中更觉得可以珍重。

叶圣陶先生（绍钧）是我的老朋友，从私塾到小学和中学都是同学。他是一个富于文艺天才的人，诗词篆刻无一不能；没有一件艺术用过苦功，但没有一种作品不饶于天趣。我在中学里颇受到他的同化，想致力于文学，请他教我作诗填词。我们的同志三四人又立了一个诗社，推他做盟主。我起先做不好，只以为自己的工夫浅。后来永远不得进步，无论我的情感像火一般的旺烈，像浪一般的激涌，但是表现出来的作品终是软弱无力的。有时也偶然得到几句佳句，但要全篇的力量足以相副就很困难。有许多形式，我已学像了，但自省到底没有"烟士披里纯"——文艺品的魂灵。怀了创作的迷梦约有十年，经过了多少次的失败，方始认识了自己的才性，恍然知道我的思想是很质直的，描写力是极薄弱的，轻倩美妙的篇章和嵌奇豪壮的作品本来都没有我的分儿，从此不再妄想"吃天鹅肉"了。

我在中学校时，正是立宪请愿未得清廷允可，国民思想渐渐倾向到革命的时候，使得我也成了这个倾向下的群众的一个。看着徐锡麟、熊成基、温生才等人的慷慨牺牲生命，真觉得可歌可泣。辛亥革命后，意气更高张，以为天下无难事，最美善的境界只要有人去提倡就立刻会得实现。种族的革命算得了什么！要达到无政府、无家庭、无金钱的境界时方才尽了我们革命的任务呢。因为我醉心于这种最高的理想，所以那时有人发起社会党，我就加入了。在这一年半之中，我是一个最热心的党员，往往为了办理公务，到深夜不眠。很有许多亲戚长者劝我，说："这班人都是流氓，你何苦与他们为伍呢！这不是你的事呵！"这种势利的见解我是早已不承认了，我正以为流氓和绅士不过是恶制度之下分出来的两种阶级，我正嫌恶绅士们做种种革新运动的阻碍，要把这个阶级铲除了才快意。但入党多时之后，我瞧着一班同党渐渐的不像样了。他们没有主义，开会演说时固然悲壮得很，但会散之后就把这些热情丢入无何有之乡了。他们说的话，永远是几句照例话，谁也不想把口头的主义作事实的研究。他们闲空时，只会围聚了长桌子坐着谈天、讲笑话，对于事业的进行毫没有计划。再不然，便是赌钱、喝酒、逛窑子。我是一个极热烈的人，同时也是一个极不懂世事的人，对于他们屡屡有所规诫，有所希望，但是他们几乎没有一个能承受的。我对于事业虽有极彻底的目标，但我自己知道我的学识是很浅薄的，远够不上把主义发挥；然而在同党中间，他们已经把我看做博学的文豪，凡有发表的文字都要拉我动笔了。在这到处不如意的境界之中，使我得到了一个极清楚的觉悟，知道这班人是只能给人家用做喽啰小卒的，要他们抱着主义当生命般看待，计划了事业的步骤而进行是不可能的。我先前真把他们看得太高了！我自己知道，我既不愿做别人的喽啰小卒，也不会用了别人做我的喽啰小卒，那么我永在党中混日子也没有什么益处，所以我就脱党了。可喜这一年半中乱掷的光阴，竟换得了对于人世和自己才性的认识。从此以后，我再不敢轻易加入哪个党会。这并不是我对于政治和社会的改造的希望歇绝了，我知道这种改造的职责是应当由政治家、教育家和社会运动家去担负的，我是一个没有这方面的发动的才力的人。我没有这方面的才力也不觉得有什么可耻，因为我本有我自己能做的工作，一个人原不必件件事情都会干的。

在热心党会的时候，早把书籍的嗜好抛弃了。这时又把党会抛弃之后，精神上不免感到空虚。民国二年，我考进了北京大学的预科。我在南方，常听得北京戏剧的美妙，酷好文艺的圣陶又常向我称道戏剧的功用。我们偶然凑得了几天旅费，到上海去看了几次戏，回来后便要作上几个月的咬嚼。这时我竟有这般福分，得居戏剧渊海的北京，如何忍得住不大看而特看。于是我变成了一个"戏迷"了！别人看戏必有所主，我固然也有几个极爱看的伶人，但戒不掉的好博的毛病，无论哪一种腔调，哪一个班子，都要去听上几次。全北京的伶人大约都给我见到了。每天上课，到第二堂退堂时，知道东安门外广告板上各戏园的戏报已经贴出，便在休息的十分钟内从译学馆（预科所在）跑去一瞧，选定了下午应看的戏。学校中的功课下午本来较少，就是有课我也不去请假。在这戏迷的生活中二年有余，我个人的荒唐和学校课业的成绩的恶劣自不消说；万想不到我竟会在这荒唐的生活中得到一注学问上的收获（这注收获直到了近数年方因辨论古史而明白承受）。上面说的，我曾在祖父母和婢仆的口中饱听故事，但这原是十岁以前的事情。十岁以后，我读书多了，对于这种传说便看做悠谬无稽之谈，和它断绝了关系。我虽曾恨过绅士，但自己的沾染绅士气确是不能抵赖的事实。我鄙薄说书场的卑俗，不屑去。我鄙薄小说书的淫俚，不屑读。在十五岁的时候，有一种赛会，唤做现圣会，从乡间出发到省城，这会要二十年一举，非常的繁华，苏州人倾城出观，学校中也无形的停了课，但我以为这是无聊的迷信，不屑随着同学们去凑热闹。到人家贺喜，席间有妓女侍坐唱曲，我又厌恶她们声调的淫荡，唱到我一桌时，往往把她谢去。从现在回想从前，真觉得那时的面目太板方了，板方得没有人的气味了。因为如此，我对于社会的情形隔膜得很；就是故事方面，也只记得书本上的典故而忘却了民间流行的传说。自从到了北京，成了戏迷，于是只得抑住了读书人的高傲去和民众思想接近，戏剧中的许多基本故事也须随时留意了。但一经留意之后，自然地生出许多问题来。现在随便举出数条于下（久不看戏，所记恐有错误，请读者指正）：

（1）薛仁贵和薛平贵的姓名和事迹都极相像。仁贵见于史；

平贵不见，而其遇合更为奇诡，直从叫化子做到皇帝。可见平贵的故事是从仁贵的故事中分化出来的，因为仁贵的故事还不淋漓尽致，所以造出一个平贵来，替他弥补了。

（2）戏剧的本事取于小说，但很有许多是和小说不相应的。例如《黄鹤楼》是"三国"戏，但不见于《三国演义》；《打渔杀家》是"水浒"戏（萧恩即是阮小五），但不见于《水浒传》；《盗魂铃》是"西游"戏，但不见于《西游记》。可见戏剧除小说之外必另有取材的地方，或者戏剧与小说同是直接取材于民间的传说而各不相谋。

（3）《宇宙疯》又名《一口剑》，什么缘故，大家不知道。有人说，赵高的女儿装疯时说要上天，要入地，宇宙即天地之谓。但戏中凡是遇到装疯时总要说这两句，未必此戏独据了此句命题。后来看见梆子班中演的全本，方知戏名应是《宇宙锋》，宇宙锋就是一口剑的名字。戏中情节，是赵高之女嫁与邝洪之子；邝洪疾恶如仇，不为赵高所容；赵高就与李斯同谋害他，派刺客到邝家盗取了他们世传的宝剑，投入秦皇宫中；邝家既破，赵高之女遂大归（尚有下半本，未见）。这出戏不知道根据的是什么小说，也许并没有小说。皮黄班中不演全本，只截取了装疯的一段，于是戏名的解释就变成了猜谜了。

（4）《小上坟》中的刘禄敬夫妇在剧本里原是很贞洁的，情节亦与《雪杯圆》相同，应当由老生与青衣串演。不知何故，改用小丑与花旦演了，作尽了淫荡的态度，但唱的依旧是贞洁的字句。唱的字句给演的态度遮掩了，听客对于戏中人的观念也就变成了小丑与花旦的调情了。

（5）《草桥关》与《上天台》同是姚刚击死国丈的事，又同是皮黄班中的戏。但《草桥关》是光武命斩姚期父子，马武闻信，强迫光武赦免的；《上天台》是姚期请罪时，光武自动的赦免，并没有马武救援之事。

（6）《杨家将》小说中只有八妹，并无八郎。但戏剧中的《雁门关》则系八郎之事，八郎亦是辽国驸马，尚二公主。其他表述杨门功绩的戏词也都以"四、八郎"并称。看来八郎是从四郎分化的。

（7）《辕门斩子》一剧，在皮黄班中，一挂斩杀剑，佘太君即出帐；一斩马蹄，八贤王亦即出帐。在梆子班中，则挂剑后佘太君跪在帐前，六郎出而陪礼；及将斩马蹄，八贤王与之争辨，六郎献印求免官，始无精打采而去。在这种地方，可见编戏者看描写人物的个性比保存故事的原状为重要。因为各就想像中描写，所以各班的戏本不必一律。

（8）司马懿在《逍遥津》中是老生，因为他的一方面的人，曹操是净，华歆是小丑；且他在三人中比较是好人。但到了《空城计》中，与老生诸葛亮对阵时，他便是净了。曹操在别的戏中都是净，但在谋刺董卓的《献剑》中却是生。可见戏中人的面目不但表示其个性，亦且表示其地位。

这种事情，简单说来，只是"乱"和"妄"。在我的中学校时代，一定不屑齿及，不愿一顾的。但在这时正是心爱着戏剧，不忍把它拒绝，翻要替它深思。深思的结果，忽然认识了故事的格局，知道故事是会得变迁的，从史书到小说已不知改动了多少（例如诸葛亮不斩马谡而小说中有挥泪斩谡的事，杨继业绝食而死而小说中有撞死李陵碑的事），从小说到戏剧又不知改动了多少，甲种戏与乙种戏同样写一件故事也不知道有多少点的不同。一件故事的本来面目如何，或者当时有没有这件事实，我们已不能知道了；我们只能知道在后人想像中的这件故事是如此的纷歧的。推原编戏的人所以要把古人的事实迁就于他们的想像的缘故，只因作者要求情感上的满足，使得这件故事可以和自己的情感所预期的步骤和结果相符合。作者的预期，常常在始则欲其危险，至终则欲其美满；所以实在的事情虽并没有这样的危险，而终使人有"不如意事什八九"的感叹，但这件事成为故事的时候就会从无可挽回的危险中得到天外飞来的幸运了。危险和幸运是由得人想像的，所以故事的节目会得各各不同。这是一桩；其余无意的讹变，形式的限制，点缀的过分，来历的异统，都是可以详细研究的。我看了两年多的戏，惟一的成绩便是认识了这些故事的性质和格局，知道虽是无稽之谈，原也有它的无稽的法则。当时很想搜集材料，做一部《戏剧本事录》，把各出戏的根据加以考证，并评骘其异同之点；可惜没有成书。这不得不希望于将来了。

在北京大学的同学中，毛子水先生（準）是我最敬爱的。他是一个严正的学者，处处依了秩序而读书；又服膺太炎先生的学说，受了他的指导而读书。我每次到他斋舍里去，他的书桌上总只放着一种书，这一种书或是《毛诗》和《仪礼》的注疏，或是数学和物理的课本。我是向来只知道翻书的，桌子上什么书都乱放。"汗漫掇拾，茫无所归"，这八个字是我的最确当的评语。那时看见了这种严正的态度，心中不住地说着惭愧。我很想学他；适在读《庄子》，就用红圈的戳子打着断句，想勉力把这部书圈完。可是我再不能按着篇次读下，高兴圈哪一篇或哪一页时便圈到哪篇哪页。经过了多少天的努力，总算把《庄子》的白文圈完了。这是我做有始有终的工作的第一次，实在是子水在无形中给我的恩惠。白文圈完之后，又想把郭象注和陆德明音义继续点读。但这个工作太繁重了，仅仅点得《逍遥游》的半篇已经不胜任了。

民国二年的冬天，太炎先生在化石桥共和党本部开国学会讲学，子水邀我同往报名听讲。我领受了他的好意，与他同冒了雪夜的寒风而去。讲学次序，星期一至三讲文科的小学，星期四讲文科的文学，星期五讲史科，星期六讲玄科。我从蒙学到大学，一向是把教师瞧不上眼的，所以上了一二百个教师的课，总没有一个能够完全摄住我的心神。到这时听了太炎先生的演讲，觉得他的话既是渊博，又有系统，又有宗旨和批评，我从来没有碰见过这样的教师，我佩服极了。子水对我说："他这种话只是给初学的人说的，是最浅近的一个门径呢"，这便使我更醉心了。我自愿实心实意地做他的学徒，从他的言论中认识学问的伟大。

那时袁世凯存心做皇帝，很奖励复古思想，孔教的声势浩大得很。有一夜，我们到会时看见壁上粘着一张通告，上面写道：

　余主讲国学会，踵门来学之士亦云不少。本会本以开通智识，昌大国性为宗，与宗教绝对不能相混。其已入孔教会而复愿入本会者，须先脱离孔教会，庶免薰莸杂糅之病。

　　　　　　　　　　　　章炳麟白。

我初见这个通告，一时摸不着头路，心想太炎先生既讲国学，孔教原是国学中的一部分，他为什么竟要这样的深恶痛绝？停了一刻，他演讲了：先说宗教和学问的地位的冲突，又说现在提倡孔教的人是别有用心的；又举了王闿运、廖平、康有为等今文家所发的种种怪诞不经之说，他们如何解"耶稣"为父亲复生，如何解"墨者巨子"即十字架，如何解"君子之道斯为美"为俄罗斯一变至美利坚；他们的思想如何起原于董仲舒，如何想通经致用，又如何妄造了孔子的奇迹，硬捧他做教主。我听了这些话真气极了，想不到今文家竟是这类的妄人！我以前在书本里虽已晓得经学上有今古文之争，但总以为这是过去的事情，哪里知道这个问题依然活跃于当世的学术界上！我真不明白，为什么到了现在科学昌明的时代，还有这一班无聊的今文家敢出来兴妖作怪？

古文家主张《六经》皆史,把孔子当做哲学家和史学家看待,我深信这是极合理的。我愿意随从太炎先生之风,用了看史书的眼光去认识《六经》,用了看哲人和学者的眼光去认识孔子。

很不幸的,国学会开讲还没有满一个月,太炎先生就给袁政府逮捕下狱。我失掉了这一个良师,自然十分痛惜;但从此以后,我在学问上已经认清了几条大路,知道我要走哪一条路时是应当怎样走去了。我以前对于读书固极爱好,但这种兴味只是被动的,我只懂得陶醉在里边,想不到书籍里的东西可以由我的意志驱遣着,把我的意志做它们的主宰。现在忽然有了这样一个觉悟,知道只要我认清了路头,自有我自己的建设,书籍是可备参考而不必作准绳的,我顿觉得旧时陶醉的东西都变成了我的腕下的材料。于是我有了烦恼了:对于这许多材料如何去处置呢? 处置之后做什么用呢? 处置这些材料的大目的是什么呢? 这些问题时时盲目地侵袭我的心,我一时作不出解答来,很感着烦闷。不知是哪一天,这些模糊的观念忽然变成了几个清楚的题目:“(1)何者为学? (2)何以当有学? (3)何以有今日之学? (4)今日之学当如何?”我有了这四个问题,每在暇闲中加以思索,并且搜辑他人的答案而施以批评:大约民国三年至六年,这四载中的闲工夫都耗费在这上面了。当我初下“学”的界说的时候,以为它是指导人生的。“学了没有用,那么费了气力去学为的是什么!”普通人都这样想,我也这样想。但经过了长期的考虑,始感到学的范围原比人生的范围大得多,如果我们要求真知,我们便不能不离开了人生的约束而前进。所以在应用上虽是该作有用与无用的区别,但在学问上则只当问真不真,不当问用不用。学问固然可以应用,但应用只是学问的自然的结果,而不是着手做学问时的目的。从此以后,我敢于大胆作无用的研究,不为一班人的势利观念所笼罩了。这一个觉悟,真是我的生命中最可纪念的;我将来如能在学问上有所建树，这一个觉悟决是成功的根源。追寻最有力的启发，就在太炎先生攻击今文家的"通经致用"上。

我当时愿意在经学上做一个古文家，只因听了太炎先生的话，以为古文家是合理的，今文家则全是些妄人。但我改不掉的博览的习性总想寻找今文家的著述，看它如何坏法。果然，《新学伪经考》买到了。翻览一过，知道它的论辨的基础完全建立于历史的证据上，要是古文的来历确有可疑之点，那么，康长素先生把这些疑点列举出来也是应有之事。因此，使我对于今文家平心了不少。后来又从《不忍杂志》上读到《孔子改制考》，第一篇论上古事茫昧无稽，说孔子时夏、殷的文献已苦于不足，何况三皇五帝的史事，此说即极惬心餍理。下面汇集诸子托古改制的事实，很清楚地把战国时的学风叙述出来，更是一部绝好的学术史。虽则他所说的孔子作《六经》的话我永不能信服，但《六经》中参杂了许多儒家的托古改制的思想是不容否认的。我对于长素先生这般的锐敏的观察力，不禁表示十分的敬意。我始知道古文家的诋毁今文家大都不过为了党见，这种事情原是经师做的而不是学者做的。我觉得在我没有能力去判断他们的是非之前，最好对于任何一方面也不要帮助。于是我把今古文的问题暂时搁起了。

又过了数年，我对于太炎先生的爱敬之心更低落了。他薄致用而重求是，这个主义我始终信守，但他自己却不胜正统观念的压迫而屡屡动摇了这个基本信念。他在经学上，是一个纯粹的古文家，所以有许多在现在已经站不住的汉代古文家之说，也还要替他们弥缝。他在历史上，宁可相信《世本》的《居》篇、《作》篇，却鄙薄彝器钱物诸谱为琐屑短书；更一笔抹杀殷虚甲骨文字，说全是刘鹗假造的。他说汉、唐的衣服车驾的制度都无可考了，不知道这些东西在图画与明器中还保存得不少。在文学上，他虽是标明"修辞立诚",但一定要把魏、晋文作为文体的正宗。在小学上,他虽是看言语重于文字,但声音却要把唐韵为主。在这许多地方,都可证明他的信古之情比较求是的信念强烈得多,所以他看家派重于真理,看书本重于实物。他只是一个从经师改装的学者!

我的幼年,最没有恒心。十余岁时即想记日记,但每次写不到五六天就丢了。笔记亦然,总没有一册笔记簿是写完的。自从看戏成了癖好,作《论剧记》,居然有始有终地写了好几册。后来读书方面的兴致渐渐超过了看戏的兴致了,又在《论剧记》外立《读书记》。《读书记》的第一册上有这样一段小叙:

余读书最恶附会,更恶胸无所见,作吠声之犬。而古今书籍犯此非鲜,每怫然有所非议。苟自见于同辈,或将诮我为狂。……吾今有宏愿在:他日读书通博,必举一切附会影响之谈悉揭破之,使无遁形,庶几为学术之豸。……

这是民国三年的下半年。这一年的国文教师是马幼渔先生(裕藻),文字学教师是沈兼士先生,他们都是太炎先生的弟子,使我在听了太炎先生的演讲之后更得到一回切实的指导。因此,我自己规定了八种书,依了次序,按日圈点诵读。这一年,是我有生以来正式用功的第一年。可是做得太勇了,常常弄到上午二时就寝,以至不易入眠,预伏了后来失眠症的根基。我的读书总欢喜把自己的主张批抹在书上,虽是极佩服的人像太炎先生,也禁不住我的抨击。(别人读《国故论衡》时,每以为《文学总略》是最好的一篇,我却以为其中除了"经、传、论、业"一段考证以外几乎完全是废话,既不能自坚其说,即攻击别人的地方也反覆自陷。例如萧统《文选》本为自成一家之选文,不必要求完备,其序中亦只说选文体例,不是立文学界说,而太炎先生斥其

不以文笔区分而登无韵之文，又说他遗落汉、晋乐府为失韵文之
本。曾国藩的《经史百家杂钞》要完备各方面的体制了，他从经
史中寻出各类篇章的根原，可谓得文之本矣，但又斥他"经典成
文布在方策，不虞溃散，钞将何为！"）这等读书时的感想，逢到
书端上写不下，便写入笔记簿里。写的时候也只大胆顺着意见，
不管这意见是怎样的浅薄。到现在翻开看时，不由得不一阵阵地
流汗，因为里边几乎满幅是空话，有些竟是荒谬话；又很多是攻
击他人的话，全没有自己学问上的建设。但一册一册地翻下去
时，空虚的渐渐变成质实了，散乱的也渐渐理出系统来了，又渐
渐倾向到专门的建设的方面了，这便使我把惭愧之情轻减了多
少。因此使我知道，学问是必须一天一天地实做的，空虚和荒谬
乃是避免不了的一个阶级；惟其肯在空虚和荒谬之后做继续不断
的努力，方有充实的希望。又使我知道，我现在所承认为满意
的，只要我肯努力下去，过了十年再看也还是一样的羞惭流汗。
所以我对于我的笔记簿，始终看做千金的敝帚。

　　以前我弄目录学时，很不满意前人目录书的分类，例如《四
库全书总目》为要整齐书籍的量，把篇帙无多的墨家和纵横家一
起并入了杂家。我的意思，很想先分时代，再分部类，因为书籍
的部类是依着各时代的风尚走的。换句话说，我就是想用了学术
史的分类来定书籍的分类。大概的分法，是周、秦为一时代，两
汉为一时代，六朝又为一时代……；再从周、秦的时代中分为经
（如《诗》、《书》），传（如《易传》），记（如《礼记》），纬（如
《乾凿度》），别经（如《仪礼》），别传（如《子夏易传》），别记
（如《孔子家语》），别纬（如《乾坤凿度》）等。又分别白文于注
释之外，使得白文与注释可以各从其时，不相牵累，例如《诗
经》就可不必因为有了《毛传》而称为《毛诗》。这些见解固然
到现在已经迁变了许多（各时代的中心虽各有显著的差异，至于

各时代的两端乃是互相衔接的，必不能划分清楚），但中国的学问是向来只有一尊观念而没有分科观念的，用历史上的趋势来分似乎比较定了一种划一的门类而使古今观点不同的书籍悉受同一的轨范的可以好一点。

民国四年，我病了，休学回家。用时代分目录的计划到这时很想把它实现，就先从材料最丰富的清代做起。《书目答问》的《国朝著述诸家姓名略》是一个很好的底子，又补加了若干家，依学术的派别分作者，在作者的名下列著述，按著述的版本见存佚，并集录作者的自序及他人的批评，名为《清代著述考》（即本册上编第一篇中所说的《清籍考》）。弄了几个月，粗粗地成了二十册。同时在《著述考》外列表五种：（1）《年表》，（2）《师友表》，（3）《籍望表》，（4）《出处表》，（5）《著述分类表》，用来说明清代学者的自然环境和社会环境；但编成的只有《籍望表》一种。从这种种的辑录里，使我对于清代的学术得有深入的领会。我爱好他们的治学方法的精密，爱好他们的搜寻证据的勤苦，爱好他们的实事求是而不想致用的精神。以前我曾经听得几个今文家的说话，以为清代的经学是"支离、琐屑、饾饤"的，是"束发就傅，皓首难穷"的，到这时明白知道，学问必须在繁乱中求得的简单才是真实的纲领；若没有许多繁乱的材料作基本，所定的简单的纲领便终是靠不住的东西。今文家要从简单中寻见学问的真相，徒然成其浅陋而已。

那几年中读书，很感受没有学术史的痛苦，因此在我的野心中又发了一个弘愿：要编纂《国学志》，把《著述考》列为《志》的一种。当时定的计划，《国学志》共分七种：（1）仿《太平御览》例，分类抄录材料，为《学览》；（2）仿《经世文编》例，分类抄录成篇的文字，为《学术文抄》；（3）仿《宋元学案》例，编录学者传状，节抄其主要的著述，为《学人传》；（4）仿《经义考》例，详列书籍的作者、存佚、序跋、评论，为《著述考》；（5）仿《群书治要》例，将各书中关于学术的话按书抄出，为《群书学录》；（6）仿《北溪字义》例，将学术名词详释其原义及变迁之义，为《学术名词解诂》；（7）集合各史的纪传、年表，以及各种学者年谱，为《学术年表》。这个计划，在现在看来，依旧是很该有的工作，但已知道这是学术团体中的工作，应当有许多人分工做的，不是我一个人可以担当的责任了。可是那时意气高张，哪里有这等耐性去等待不知何年的他人去做：既已见到，便即动手。《学览》的长编，每天立一题目，钉成一册，有得即抄。《学术文抄》也雇人抄写了百余篇。《著述考》则清代方面较有成稿，《目录书目》和《伪书疑书目》也集得了许多材料。其余诸种，至今还没有着手。

那时的笔记中写有几段《学览》的序意，抄录于此，以见我当日治学的态度：

> 此书拟名《学览》。凡名览者，如《吕览》、《皇览》、《御览》，皆汇集众言以为一书，非自成者也。其义则在博学明辨，故不以家派限。章先生曰："史之于美恶，若镜之照形，不因美而显，因恶而隐。"吾辑此书，比于学术之史，故是非兼收，争论并列。老子曰："善人者不善人之师；不善人者善人之资。"故有害求是，正可为求是之资，况是与非有难以遽断者乎！古来诸学，大都崇经而黜子，崇儒学而黜八家，以至今古文有争，汉、宋学有争，此亦一是非，彼亦一是非。欲为调人，终于朋党。盖不明统系而争，则争之者无有底，解之者无可藉。使其明之，则经者古史耳，儒者九流之一家耳，今古文者立学官异耳，汉、宋学者立观点异耳，各有其心思，各有其面目，不必己学而外无他学也，不必尊则如天帝而黜则如罪囚也。韩愈之《原道》，苏轼之

《荀卿论》，一人倡之，千万人和之，虽绝无根据，反若极有力之学说，不可磨灭之铁案。圣哲复生，亦不敢昌言驳斥。盖事理之害，莫甚于习非胜是矣。章先生曰："古之学者观世文质而已矣；今之学者必有规矩绳墨，模形惟肖，审谛如帝，用弥天地而不求是则绝之。"予谓虽绝之于心，必存之于书；绝之为是非也，存之为所以是非也。故虽韩、苏之谬说，亦在写录。

有友人过我，见案头文庙典礼之书，叱嗟曰："乌用此！是与人生无关系者，而前代学者斤斤然奉之以为大宝，不可解甚也！"予谓不然。前代学者之误在执旧说为演绎之资，以新为不可知，以旧为不可易，称述圣贤而徒得其影响，依附前人而不能有所抉择，所以起人厌恶。苟其不有主奴之见，长立于第三者之地位，则虽在矢溺，亦资妙观；况典礼之制为宗法所存，可考见社会心象者乎！予前称为学，始观终化：观者，任物自形而我知之，为内籀之法；化者，我有所主而以择物，为外籀之法。本此以治学，虽委巷小说极鄙滥者亦不能绝去之矣。

旧时士夫之学，动称经史词章。此其所谓统系乃经籍之统系，非科学之统系也。惟其不明于科学之统系，故鄙视比较会合之事，以为浅人之见，各守其家学之壁垒而不肯察事物之会通。夫学术者与天下共之，不可以一国一家自私。凡以国与家标识其学者，止可谓之学史，不可谓之学。执学史而以为学，则其心志囿拘于古书，古书不变，学亦不进矣。为家学者未尝不曰家学所以求一贯，为学而不一贯是滋其纷乱也。然一贯者当于事实求之，不当于一家之言求之。今以家学相高，有化而无观，徒令后生择学莫知所从，以为师之所言即理之所在，至于宁违理而不敢背师。是故，学术之不明，经籍之不理，皆家学为之也。今既有科学之成法矣，则此后之学术应直接取材于事物，岂犹有家学为之障乎！敢告为家学者：学所以辨于然否也，既知其非理而仍坚守其家说，则狂妄之流耳；若家说为当理，则虽舍其家派而仍必为不可夺之公言，又何必自缚而不肯观其通也。

是书之辑，意在止无谓之争，舍主奴之见，屏家学之习，使前人之所谓学皆成为学史，自今以后不复以学史之问题为及身之问题，而一归于科学。此则余之志也。

这几段文字的意思，我至今还觉得大体不错。因为我有了这一种见解，所以我常常自以为我的观物是很平恕的。

我在那时，虽是要做这种大而无当的整理国学的工作，但我的中心思想却不在此，我只想研究哲学。我所以有这种要求，发端乃在辛亥革命。那时的社会变动得太剧烈了，使我摸不着一个人生的头路。革命的潮流既退，又长日处于袁世凯的暴虐和遗老们的复古的空气之中，数年前蕴积的快感和热望到此只剩了悲哀的回忆，我的精神时时刺促不宁，得不到安慰，只想在哲学中求解决。但我是一个热烈的人，不会向消极方面走而至于信佛求寂灭的，我总想以心理学和社会学为基础而解决人生问题。加以年岁渐长，见事稍多，感到世界上事物的繁杂离奇，酷想明了它们的关系，得到一个简单的纲领，把所见的东西理出一个头绪来：这只有研究哲学是可以办到的。因此，我进大学本科时就选定了哲学系。

我的野心真太高了，要整理国学就想用我一个人的力量去整理清楚，要认识宇宙和人生就想凭了一时的勇气去寻得最高的原理。现在想来，我真成了"夸大狂"了！但在那时何曾有这种觉悟，只觉得我必须把宇宙和人生一起弄明白，把前人未解决的问题由我的手中一起解决，方才可以解除我的馋渴。我挟了吸吞河岳的豪气而向前奔驰，血管也几乎迸裂了。曾于笔记中记道："明知夸父道渴而死，然犹有一杖邓林之力，非蜩蟷鸴鸠所知已。"又云："学海虽无涯，苟大其体如龙伯，亦一钓贯六鳌耳。"这样卤莽地奔驰了许久，我认识了宇宙的神秘了，知道最高的原理原是藏在上帝的柜子里，永不会公布给人类瞧的。人之所以为人，本只要发展他的内心的情感；理智不过是要求达到情感的需求时的一种帮助，并没有独立的地位。不幸人类没有求知的力量而有求知的欲望，要勉强做不能做的事情，于是离了情感而言理智。但是这仅是一种妄想而已，仅是聊以自慰而已，实际上何曾真能探得宇宙的神秘。用尽了人类的理智，固然足以知道许多事物的真相，可是知道的只有很浅近的一点，决不是全宇宙。神学家和哲学家傲然对科学家说："你们的眼光是囿于象内的，哪能及得到我们'与造物者游'的洞见理极呢！"话虽说得痛快，但试问他们的识解是从什么地方来的？不是全由于他们的幻想吗？幻想的与造物者游，还不及科学家的凭了实证，以穷年累月之力知道些懴戳的真事物。所以我们不做学问则已，如其要做学问，便应当从最小的地方做起。研究的工作仿佛是堆土阜，要高度愈加增先要使得底层的容积愈扩大。固然堆得无论怎样高总不会有扪星摘斗的一天，但是我们要天天去加高一点却是做得到的。想到这里，我的野心又平息了许多。我知道最高的原理是不必白费气力去探求的了，只有一粒一粒地播种，一篑一篑地畚土，把自己看做一个农夫或土工而勤慎将事，才是我的本分的事业。

我有了这一个觉悟，知道过去的哲学的基础是建设于玄想上的，其中虽有许多精美的言论，但实际上只是解颐之语而已，终不成以此为论定。科学的哲学，现在正在发端，也无从预测它的结果。我们要有真实的哲学，只有先从科学做起，大家择取了一小部分的学问而努力；等到各科平均发展之后，自然会有人出来从事于会通的工作而建设新的哲学的。所以我们在现在时候，再不当宣传玄想的哲学，以致阻碍了纯正科学的发展。

那时大学中宋代理学的空气极重。我对于它向来不感兴味，这时略略得了一些心理伦理的常识之后再去看它，更觉得触处都是误谬。例如他们既说性善情恶，又说性未发情已发，那么，照着他们的话讲，善只在未发，等到发出来时就成了恶了，天下哪里有见诸行事的善呢！又如他们既说喜怒哀乐之情要在已发后求其中，但是又说动而未形曰几，几是适善适恶的分点，已形则有善恶，有善恶就有过不及，不是中，那么，照着他们的话讲，所谓中者又只能在未发中去求了，天下又哪里有得其中的喜怒哀乐之情呢！称他们的心，求至于圣人的一境，必有性而无情，有未发而无已发，养其几而不见其形。如此，非不作一事，如白云观桥洞中趺坐的老道士，未见其可。但若竟如槁木死灰，他们便又可以用了"虚冥流入仙释"的话相诋了。他们要把必不可能之事归之于圣人，见得圣人的可望而不可即；更用迷离惝恍的字句来摇乱学者的眼光，使得他们捉摸不着可走的道路，只以为高妙的境界必不是庸愚之质所可企及：这真是骗人的伎俩了！我对于这种昏乱的思想，可以不神秘而竟神秘的滑头话，因课业的必修而憎恨到了极点，一心想打破它。

即在这个时候，蔡子民先生任了北京大学校长，努力破除学校中的陈腐空气。陈独秀先生办的《新青年杂志》以思想革命为主旨，也渐渐地得到国民的注意。又有黄远庸先生在《东方杂志》上发表《国人之公毒》一文，指斥中国思想界学术界的病根非常痛切。我的一向隐藏着的傲慢的见解屡屡得到了不期而遇的同调，使我胆壮了不少。以前我虽敢作批评，但不胜传统思想的压迫，心想前人的话或者没有我所见的简单，或者我的观察也确有误谬。即如以前考存古学堂时，给试官批了"斥郑说，谬"四字，我虽在读书时依旧只见到郑玄的谬处，但总想以清代学者治学的精密，而对于他还是如此恭敬，或者他自有可以佩服之点，不过这一点尚不曾给我发见罢了。到这时，大家提倡思想革新，我始有打破旧思想的明了的意识，知道清代学者正因束缚于信古尊闻的旧思想之下，所以他们的学问虽比郑玄好了千百倍，但终究不敢打破他的偶像，以致为他的偶像所牵绊而妨碍了自己的求真的工作。于是我更敢作大胆的批评了。

哲学系中讲《中国哲学史》一课的，第一年是陈伯弢先生（汉章）。他是一个极博洽的学者，供给我们无数材料，使得我们的眼光日益开拓，知道研究一种学问应该参考的书是多至不可计的。他从伏羲讲起；讲了一年，只到得商朝的"洪范"。我虽是早受了《孔子改制考》的暗示，知道这些材料大都是靠不住的，但到底爱敬他的渊博，不忍有所非议。第二年，改请胡适之先生来教。"他是一个美国新回来的留学生，如何能到北京大学里来讲中国的东西？"许多同学都这样怀疑，我也未能免俗。他来了，他不管以前的课业，重编讲义，辟头一章是"中国哲学结胎的时代"，用《诗经》作时代的说明，丢开唐、虞、夏、商，径从周宣王以后讲起。这一改把我们一班人充满着三皇、五帝的脑筋骤然作一个重大的打击，骇得一堂中舌挢而不能下。许多同学都不以为然；只因班中没有激烈分子，还没有闹风潮。我听了几堂，听出一个道理来了，对同学说："他虽没有伯弢先生读书多，但在裁断上是足以自立的。"那时傅孟真先生（斯年）正和我同住在一间屋内，他是最敢放言高论的，从他的言论中常常增加我批评的勇气，我对他说："胡先生讲得的确不差，他有眼光，有胆量，有断制，确是一个有能力的历史家。他的议论处处合于我的理性，都是我想说而不知道怎样说才好的。你虽不是哲学系，何

妨去听一听呢?"他去旁听了，也是满意。从此以后，我们对于
适之先生非常信服；我的上古史靠不住的观念在读了《改制考》
之后又经过这样地一温。但如何可以推翻靠不住的上古史，这个
问题在当时绝没有想到。

很不幸的，就是这一年（民国六年），先妻吴夫人得了肺病；
我的心绪不好，也成了极度的神经衰弱，彻夜不眠。明年，我休
学回家；不久她就死了。以前我对于学问何等的猛进，但到了这
时候，既困于疾病，复伤于悲哀，读书和寻思的工作一时完全停
止，坐候着一天一天的昼夜的推移，就是不愿意颓废也只得颓废
了。恰巧那时北京大学中搜集歌谣，由刘半农先生（复）主持其
事，每天在《北大日刊》上发表一二首。《日刊》天天寄来，我
看着很感受趣味，心想这种东西是我幼时很多听得的，但哪里想
得到可以形诸笔墨呢。因想，我现在既不能读书，何妨弄弄这些
玩意儿，聊以遣日。想得高兴，就从家中的小孩的口中搜集起，
渐渐推到别人。很奇怪的，搜集的结果使我知道歌谣也和小说戏
剧中的故事一样，会得随时随地变化。同是一首歌，两个人唱着
便有不同。就是一个人唱的歌，也许有把一首分成大同小异的两
首的。有的歌因为形式的改变以至连意义也随着改变了。试举一
例：

（一）

忽然想起皱眉头，自叹青春枉少年。
"想前世拆散双飞鸟，断头香点在佛门前。
今世夫妻成何比，细丝白发垂绵绵。
怨爹娘得了花银子；可恨大娘凶似虎。
日间弗有真心话；夜间寂寞到五更天。
推开纱窗只看得凄凉月；拨转头来只看得一盏孤灯陪

我眠。

今日大娘到了娘家去，结发偷情此刻间。"

急忙移步进房间，只见老相公盖了红绫被，花花被褥香微微。

还叫三声"老相公！你心中记着奴情意？"

抬起头来点三点，"吾终记着你情意。"

拔金钗，掠鬓边，三寸弓鞋脱床边。

"吾是紫藤花盘缠你枯树上；秋海棠斜插在你老人头。

花开花落年年有；陈老之人呒不吾再少年！"

（二）

佳人姐妮锁眉尖，自叹青春枉少年。

"想起前生修不得，断头香点在佛门前，

故此姻缘来作配，派奴奴正身作偏配。

上不怨天来下不怨地，只怨爹娘贪了钱。

可恨大娘多利害，不许冤家一刻见。

□□□□□□□，梦里偷情此刻间。"

抬转身，到床檐：只听丈夫昏昏能，背脊呼呼向里眠。

三寸金莲登拉踏板上颤。

抬转身，到窗前：手托香腮眼看天。

抬头只见清凉月；夜来只怕静房间。

好比那木犀花种在冷坑边；好比那紫藤花盘缠在枯树中；

狮子抛球无着落，□□□□□□□

这二首都是小老婆怨命的歌，都是从一个地方采集来的；又都以皱眉起，而自叹青春，而推想前生，而埋怨爹娘，而咒诅大娘，而伺得偷情的机会，末尾也都以紫藤花盘缠枯树作比喻：可见是从一首歌词分化的。但中间主要的一段便不同了：上首是老相公承受了她的情意而她登床；下首是丈夫酣睡未醒而她孤身独立，看月自悲。究竟这首歌的原词是得恋呢，还是失恋呢，我们哪里能知道。我们只能从许多类似的字句里知道这两歌是一歌的分化，我们只能从两歌的不同的境界里知道这是分化的改变意义。

我为要搜集歌谣，并明了它的意义，自然地把范围扩张得很大：方言、谚语、谜语、唱本、风俗、宗教各种材料都着手搜集起来。我对于民众的东西，除了戏剧之外，向来没有注意过，总以为是极简单的；到了这时，竟愈弄愈觉得里面有复杂的情状，非经过长期的研究不易知道得清楚了。这种的搜集和研究，差不多全是开创的事业，无论哪条路都是新路，使我在寂寞独征之中更激起拓地万里的雄心。

那数年中，适之先生发表的论文很多，在这些论文中他时常给我以研究历史的方法，我都能深挚地了解而承受；并使我发生一种自觉心，知道最合我的性情的学问乃是史学。九年秋间，亚东图书馆新式标点本《水浒》出版，上面有适之先生的长序；我真想不到一部小说中的著作和版本的问题会得这样的复杂，它所本的故事的来历和演变又有这许多的层次的。若不经他的考证，这件故事的变迁状况只在若有若无之间，我们便将因它的模糊而猜想其简单，哪能知道得如此清楚。自从有了这个暗示，我更回想起以前做戏迷时所受的教训，觉得用了这样的方法可以讨究的故事真不知道有多少。例如"蝴蝶梦"，它的来历是《庄子》上的"庄子妻死，鼓盆而歌"；这原是他的旷达，何以后来竟变成了庄子诈死，化了楚王孙去引诱他的妻子的心，以至田氏演出劈棺的恶剧来呢？又如"桑园会"，《列女传》上原说秋胡久宦初归，路上不认识他的妻，献金求合，其妻羞其行，投水而死，何以到了戏剧中就变成了秋胡明知采桑妇是自己的妻，却有意要试她的心而加以调戏，后来他屈膝求恕，她就一笑而团圆呢？这些故事的转变，都有它的层次，绝不是一朝一夕之故。若能像适之先生考《水浒》故事一般，把这些层次寻究了出来，更加以有条不紊的贯穿，看它们是怎样地变化的，岂不是一件最有趣味的工作。同时又想起本年春间适之先生在《建设》上发表的辨论井田的文字，方法正和《水浒》的考证一样，可见研究古史也尽可以应用研究故事的方法。因此，又使我想起以前看戏时所受的教训。薛平贵的历尽了穷困和陷害的艰难，从乞丐而将官，而外国驸马，以至做到皇帝，不是和舜的历尽了顽父嚚母傲弟的艰难，从匹夫而登庸，而尚帝女，以至受了禅让而做皇帝一样吗？匡人围孔子，子路奋戟将与战，孔子止之曰："歌！予和汝"，子路弹琴而歌，孔子和之；曲三终，匡人解甲而罢：这不是诸葛亮"空城计"的先型吗？这些事情，我们用了史实的眼光去看，实是无一处不谬；但若用了故事的眼光看时，便无一处不合了。又如戏中人的好坏是最容易知道的，因为只要看他们的脸子和鼻子就行；然实际上要把自己的亲戚朋友分出好坏来便极困难，因为一个人决不会全好或全坏；只有从古书中分别好人坏人却和看戏一样的容易，因为它是处处从好坏上着眼描写的。它把世界上的人物统分成几种格式，因此只看见人的格式而看不见人的个性。它虽没有开生净丑的脸相，但自有生净丑的类别。戏园中楹联上写的"尧、舜生，汤、武净，五霸、七雄丑末耳"，确是得到了古人言谈中的方式。我们只要用了角色的眼光去看古史中的人物，便可以明白尧、舜们和桀、纣们所以成了两极端的品性，做出两极端的行为的缘故，也就可以领略他们所受的颂誉和诋毁的积累的层次。只因我触了这一个机，所以骤然得到一种新的眼光，对于古史有了特殊的了解。但是那时正在毕业之后，初到母校图书馆服务，很想整理书目，对于此事只是一个空浮的想像而已。

就在这时候，适之先生以积劳得病，病中翻览旧籍，屡次写信给我，讨论书中的问题。十一月中，他来信询问姚际恒的著述。姚际恒这人，我在十年前读《古今伪书考》时就知道，那时并因他辨《孝经》为伪书说得极痛快而立了一册《读孝经日钞》，去搜寻它的伪证。后来草《清代著述考》时，找不到他的传状，他的著述除了一册很简单的《伪书考》之外也见不到别的，所以不曾列入。这时适之先生询问及他，我就在图书馆中翻检了几部书，前后写了两封回信。他看了很高兴，嘱我标点《伪书考》。这一来是顺从我的兴趣，二来也是知道我的生计不宽裕，希望我标点书籍出版，得到一点酬报。《伪书疑书目》本是我已经着手的工作，这件事我当然愿意。标点的事是很容易的，薄薄的一本书费了一二天工夫已可完工。但我觉得这样做去未免太草率了，总该替它加上注解才是。这书篇帙既少，加上注解也算不得困难，大约有了二十天工夫也可藏事了。不料一经着手，便发生了许多问题：有的是查不到，有的虽是查到了，然而根上还有根，不容易追出一个究竟来。到了这时候，一本薄极的书就牵引到无数书上，不但我自己的书不够用，连北京大学图书馆的书也不够用了，我就天天上京师图书馆去。做了一二个月，注解依然没有做成，但古今来造伪和辨伪的人物事迹倒弄得很清楚了，知道在现代以前，学术界上已经断断续续地起了多少次攻击伪书的运动，只因从前人的信古的观念太强，不是置之不理，便是用了强力去压服它，因此若无其事而已。现在我们既知道辨伪的必要，正可接收了他们的遗产，就他们的脚步所终止的地方再走下去。因为这样，我便想把前人的辨伪的成绩算一个总账。我不愿意单单注释《伪书考》了，我发起编辑《辨伪丛刊》。

从伪书引渡到伪史，原很顺利。有许多伪史是用伪书作基础的，如《帝王世纪》、《通鉴外纪》、《路史》、《绎史》所录，有许多伪书是用伪史作基础的，如《伪古文尚书》、《古三坟书》、《今本竹书纪年》等。中国的历史，普通都知道有五千年（依了纬书所说已有二百二十七万六千年了），但把伪史和依据了伪书而成立的伪史除去，实在只有二千余年，只算得打了一个"对折"！想到这里，不由得不激起了我的推翻伪史的壮志。起先仅想推翻伪书中的伪史，到这时连真书中的伪史也要推翻了。自从读了《孔子改制考》的第一篇之后，经过了五六年的酝酿，到这时始有推翻古史的明了的意识和清楚的计划。计划如何？是分了三项事情着手做去。第一，要一件一件地去考伪史中的事实是从哪里起来的，又是怎样地变迁的。第二，要一件一件地去考伪史中的事实，这人怎样说，那人又怎样说，把他们的话条列出来，比较看着，同审官司一样，使得他们的谎话无可逃遁。第三，造伪的人虽彼此说的不同，但终有他们共同遵守的方式，正如戏中的故事虽各各不同，但戏的规律却是一致的，我们也可以寻出他们的造伪的义例来。我为要做这三项工作，所以立了三册笔记簿，标题《伪史源》、《伪史对鞫》、《伪史例》，总题为《伪史考》，下手搜集材料。

我的推翻古史的动机固是受了《孔子改制考》的明白指出上古茫昧无稽的启发，到这时而更倾心于长素先生的卓识，但我对于今文家的态度总不能佩服。我觉得他们拿辨伪做手段，把改制做目的，是为运用政策而非研究学问。他们的政策，是：第一步先推翻了上古，然后第二步说孔子托古作《六经》以改制，更进而为第三步把自己的改制引援孔子为先例。因为他们的目的只在运用政策作自己的方便，所以虽是极鄙陋的谶纬也要假借了做自己的武器而不肯丢去。因为他们把政策与学问混而为一，所以在学问上也就肯轻易地屈抑自己的理性于怪妄之说的下面。例如夏穗卿先生（曾佑）在《中国历史教科书》的正文中说："孔子母徵在，游于大泽之陂，梦黑帝使请己，己往，梦交，语曰'汝乳必于空桑之中'；觉则若感，生丘于空桑之中，故曰玄圣"，注中说明道："案此文学者毋以为怪，因古人谓受天命之神圣人必为上帝之所生，孔子虽不有天下，然实受天命，比于文王，故亦以王者之瑞归之；虽其事之信否不烦言而喻，然古义实如此，改之则《六经》之说不可通矣；凡解经者必兼纬，非纬则无以明经，此汉学所以胜于宋学也。"他明知道"其事之信否不烦言而喻"，但为要顺从汉人之说解释《六经》，便不得不依了纬书中的怪诞之说，这真是自欺欺人了！这班自欺欺人的人，说来也可怜。他们并不是不要明白古代的事实，只为汉学是如此说的，所以宁取其不信者。他们并不是没有常识，只为汉学是如此说的，所以虽是应怪而终于不敢怪。究竟汉学为什么有这样大的权力，可以改变古代的事实而屈抑今人的理性？这个答案当然没有第二句话：是为有了几个没出息的人甘心屈抑了自己的理性而做汉人的奴隶，更想从做奴隶中得到些利益的缘故。我们惭愧没有这种受欺的度量，但我们也很欣快没有这种奴隶的根性；我们正有我们自己的工作在，我们的手段与目的是一致的！

那时我排列过几个表。一个是依了从前人的方法编排史目，看书上说的什么时代就放在什么时代，例如置《三五历年记》、《春秋命历序》于太古，置《尧典》、《舜典》、《皋陶谟》于唐、虞，置《逸周书》、《穆天子传》于西周。一个是依了我们现在的眼光编排史目，看它们在什么时代起来的就放在什么时代，例如置《虞夏书》于东周，置《易传》、《竹书纪年》、《胠箧》篇于战国、秦、汉间，置《命历序》、《五帝德》于汉，置《帝王世纪》、《伪古文尚书》于晋，置《路史》、《三坟》于南宋。这两个表实在是平平无奇，但比较看时，便立刻显出冲突的剧烈和渐次增高的可惊了。这使我明白，以前人看古史是平面的，无论在哪个时候发生的故事，他们总一例的看待，所以会得愈积愈多；现在我们看古史是垂线的，起初一条线，后来分成几条，更后又分成若干条，高低错落，累累如贯珠垂旒，只要细心看去就分得出清楚的层次。因为我见到了这一层，所以我对于古史的来源有了较清楚的认识。

那时又起了一个问题：上古史既茫昧无征，这些相传的四千或五千的年数是从什么地方出来的呢？光复时，不是大街小巷中都张贴着"黄帝纪元四千六百零九年"的告示吗，这个历历可数的年岁是依据的什么书？我很想考出它的来历，可惜这方面的工作至今没有做完，不能把结果发表。就抄出来的看，例如夏代的年数，最长的是《路史》，凡四百九十年；最短的是《今本竹书纪年》，只有三百六十五年多（内有未详的数年）；最普通的是《古今纪要》，为四百三十九年。其余四百七十一年，四百四十一年，四百三十二年的都有。各个编纂古史的人的闭着眼睛的杜造，到此完全证实。

崔述的《东壁遗书》整理古代史实，刊落百家谬妄，这是我以前读《先正事略》时知道的，但这部书却没有见过。十年一月中，适之先生买到了，送给我看。我读了大痛快。尤其使我惊诧的，是他在《提要》中引的"打碎沙锅纹到底"一句谚语。"你又要'打碎乌盆问到底'了！"这是我的祖母常常用来禁止我发言的一句话；想不到这种"过细而问多"的毛病，我竟与崔先生同样地犯着。我弄了几时辨伪的工作，很有许多是自以为创获的，但他的书里已经辨证得明明白白了，我真想不到有这样一部规模弘大而议论精锐的辨伪的大著作已先我而存在！我高兴极了，立志把它标点印行。可是我们对于崔述，见了他的伟大，同时也见到他的缺陷。他信仰经书和孔、孟的气味都嫌太重，糅杂了许多先入为主的成见。这也难怪他，他生长在理学的家庭里，他的著书的目的在于驱除妨碍圣道的东西，辨伪也只是他的手段。但我们现在要比他进一步，推翻他的目的，作彻底的整理，是不很难的；所难的只在许多制度名物及细碎的事迹的研究上。在这上面，他已经给与我们许多精详的考证了，我们对于他应该是怎样地感谢呢！

即在十年初春，我的祖母骤然病了偏中，饮食扶掖一切需人。我是她的最爱的孙儿，使我不忍远离，但北京的学问环境也使我割舍不得；这一年中南北道途往返了六七回，每回都携带了许多书，生活不安定极了。但除了继续点读辨伪的书籍之外，也做了两件专门的工作：其一，是讨论《红楼梦》的本子问题和搜集曹雪芹的家庭事实；其二，是辑录《诗辨妄》连带研究《诗经》和搜集郑樵的事实。《红楼梦》问题是适之先生引起的。十年三月中，北京国立学校为了索薪罢课，他即在此时草成《红楼梦考证》，我最先得读。《红楼梦》这部书虽是近代的作品，只因读者不明悉曹家的事实，兼以书中描写得太侈丽了，常有过分的揣测，仿佛这书真是叙述帝王家的秘闻似的。但也因各说各的，考索出来的本事终至互相牴牾。适之先生第一个从曹家的事实上断定这书是作者的自述，使人把秘奇的观念变成了平凡；又从版本上考定这书是未完之作而经后人补缀的，使人把向来看做一贯的东西忽地打成了两橛。我读完之后，又深切地领受研究历史的方法。他感到搜集的史实的不足，嘱我补充一点。那时正在无期的罢课之中，我便天天上京师图书馆，从各种志书及清初人诗文集里寻觅曹家的故实。果然，从我的设计之下检得了许多材料。把这许多材料联贯起来，曹家的情形更清楚了。我的同学俞平伯先生正在京闲着，他也感染了这个风气，精心研读《红楼梦》。我归家后，他们不断的来信讨论，我也相与应和，或者彼此驳辨。这件事弄了半年多，成就了适之先生的《红楼梦考证改定稿》和平伯的《红楼梦辨》。我从他们和我往来的信札里，深感到研究学问的乐趣。我从曹家的故实和《红楼梦》的本子里，又深感到史实与传说的变迁情状的复杂。《诗辨妄》本是预备放在《辨伪丛刊》里的，最早从周孚《非诗辨妄》里见到他所引的碎语，就惊讶郑樵立论的勇敢；后来又从《图书集成》内搜到一卷。但两种书中的话冲突的很多，《集成》中的几篇有许多议论竟成了"《诗》护妄"，使我很疑惑。后来才知道《集成》中标为《诗辨妄》的原即《六经奥论》里的《诗经》一部分，《奥论》这书就是靠不住的。再用各书中记述的郑樵事实与《宋史·郑樵传》合看，《宋史》中的话便几乎没有一句可信。这种向不会发生问题的事情，经过一番审查之后，竟随处发生了问题（《红楼梦》的本子和《随园诗话》所记曹雪芹事也是如此），这不得不使我骇诧了。想我幼年时，看着书中的话，虽也常常引起怀疑，但总以为这是经过前代学者论定的，当不致有大错，常说考证之业到清儒而极，他们已经考证清楚了，我们正可坐享其成，从此前进探求事理之极则，不必再走他们的老路了。后来怀疑了古书古史，也只以为惟有古书古史是充满着靠不住的成分的。哪知这年做了几个小题目的研究，竟发见近代的史籍，近人的传记也莫不是和古书古史一样的糊涂；再看清代人的考证时，才知道他们只是做了一个考证的开头！从此以后，我对于无论哪种高文典册，一例地看它们的基础建筑在沙滩上，里面的漏洞和朽柱不知道有多少，只要我们何时去研究它就可以在何时发生问题，把它攻倒。学海无涯，到这时更望洋兴叹了！

因为辑集《诗辨妄》，所以翻读宋以后人的经解很多，对于汉儒的坏处也见到了不少。接着又点读汉儒的《诗》说和《诗经》的本文。到了这个时候再读汉儒的《诗》说，自然触处感到他们的误谬，我更敢作大胆的批抹了。到了这个时候再读《诗经》的本文，我也敢用了数年来在歌谣中得到的见解作比较的研究了。我真大胆，我要把汉学和宋学一起推翻，赤裸裸地看出它的真相来。这半年中所得的新见解甚多，今试举分化的两例，作为上面征引的小老婆怨命之歌的印证。《邶风》中的《谷风》，是向来说为"夫妇失道"的；《小雅》中的《谷风》，是向来说为"朋友道绝"的。其实，这两首在起兴上都是说"习习谷风"，在写情上都是说在穷苦的时候如何相依（《小雅》"将恐将惧，惟予与女"，《邶风》"昔育恐育鞠，及尔颠覆"），安乐的时候如何见弃（《小雅》"将安将乐，女转弃予"，《邶风》"既生既育，比予于毒"），末了又都以人我的命运终于类同作慨叹的自慰（《小雅》"无草不死，无木不萎"，《邶风》"我躬不阅，遑恤我后"），遣词命意十分相同，当亦由于一首的分化。《邶风》的《谷风》既为弃妇之词，《小雅》的一篇就不会写的是朋友（《小雅》诗中有"置予于怀"之语，更不是朋友的行径）。至于所以一在《邶风》，一在《小雅》之故，乃是由于声调的不同而分列，正如《玉堂春》的歌曲，京腔中既有，秦腔中也有，大鼓书中也有。《诗经》既是集合各种乐调的歌词而成，它有这种现象绝不足奇。又如《小雅》的《白驹》和《周颂》的《有客》，都是说客人骑了一匹白马来（《小雅》"皎皎白驹，食我场苗"，《周颂》"有客有客，亦白其马"），主人替他系上，留他住下（《小雅》"絷之维之，以永今朝；所谓伊人，于焉逍遥"，《周颂》"有客宿宿，有客信信，言授之絷，以絷其马"），他不肯住，逃走了（《小雅》"勉尔遁思"，"毋金玉尔音而有遐心"，《周颂》"薄言追之"），主人去追他，唤他道："您回来，我们有给您的好处呢!"（《小雅》"皎皎白驹，贲然来思；尔公尔侯，逸豫无期"，《周颂》"薄言追之，左右绥之；既有淫威，降福孔夷。"）这明明都是留客的诗，或是宴客而表示好意的诗。《小雅》说"尔公尔侯"，《周颂》说"既有淫威"，当是周天子款待诸侯的诗。此等诗或是由于一首的分化，或是由于习用留客的照例话，都未可知。其所以一在《小雅》，一在《周颂》，亦因声调不同之故。但说《诗》的人总给诗篇的地位缚死了：他们认定《小雅》的后半部为刺诗，所以说《白驹》是刺宣王的不能用贤；他们认定《周颂》为宗庙中所用的诗，而宗庙中的客人只有胜国的诸侯，所以说《有客》是微子来见祖庙。这真是闭着眼睛的胡说！但这些东西若没有歌谣和乐曲作比较时，便很不易看出它们的实际来，很容易给善作曲解的儒者瞒过了。

玄同先生，我虽在《新青年》上久读他的文字，又同处在一校，可是没有认识；自与适之先生计划《辨伪丛刊》之后，始因他的表示赞同而相见面。在九年冬间，我初做辨伪工作的时候，原是专注目于伪史和伪书上；玄同先生却屡屡说起经书的本身和注解中有许多应辨的地方，使我感到经部方面也有可以扩充的境界。但我虽读过几部经书，也略略知道些经学的历史，并且痛恨经师的曲解已历多年，只因从来没有把经书专心研究过一种，所以对于他所说的话终有些隔膜。到这时，在《诗经》上用力了半年多，灼然知道从前人所作的经解真是昏乱割裂到了万分，在现在时候决不能再让这班经学上的偶像占据着地位和威权，因此，我立志要澄清谬妄的经说。数年来，对于《诗经》的注解方面作了几篇批评，对于《诗经》的真相方面也提出了几个原则。现在都编集在本书第二册里。

我本来专在母校图书馆任编目之职；十年春间，校中设立研究所国学门，幼渔、兼士二先生招我兼任助教；秋间又兼任大学预科国文讲师。在学问兴趣极浓厚的时候，我怎能再为他人分去时间。勉强上了几堂，改了几本卷子，头便像刀劈一样的痛。我耐不住了，只得辞职。惟有研究所却是很有兴味的：四壁排满了书架，看书比图书馆还要方便些；校中旧存的古物和新集的歌谣也都汇集到一处来了。我这也弄弄，那也翻翻，不觉夜色已深，在黑暗的巨厦中往往扶墙摸壁而出。人家说我办公认真，哪知我只是为了自己！在这翻弄之中，最得到益处的是罗叔蕴先生（振玉）和王静安先生（国维）的著述。叔蕴先生在日本编印的图谱，静安先生在广仓学宭发表的篇章，为了价钱的昂贵，传布的寡少，我都没有见过。到这时，研究所中备齐了他们的著述的全分，我始见到商代的甲骨文字和他们的考释，我始见到这二十年中新发见的北邙明器、敦煌佚籍、新疆木简的图象，我始知道他们对于古史已在实物上作过种种的研究。我的眼界从此又得一广，更明白自己知识的浅陋。我知道要建设真实的古史，只有从实物上着手的一条路是大路，我的现在的研究仅仅在破坏伪古史的系统上面致力罢了。我很愿意向这一方面做些工作，使得破坏之后得有新建设，同时也可以用了建设的材料做破坏的工具。我读了他们的书，固然不满意于他们的不能大胆辨伪，以致真史中杂有伪史（例如静安先生《殷周制度论》据了《帝系姓》的话而说"尧、舜之禅天下以舜、禹之功，然舜、禹皆颛顼后，本可以有天下；汤、武之代夏、商固以其功与德，然汤、武皆帝喾后，亦本可以有天下"，全本于秦、汉间的伪史），但我原谅他们比我们长了二三十年，受这一点传统学说的包围是不应苛责的；至于他们的求真的精神，客观的态度，丰富的材料，博洽的论辨，这是以前的史学家所梦想不到的，他们正为我们开出一条研究的大路，我们只应对于他们表示尊敬和感谢。只恨我的学问的根柢打得太差了，考古学的素养也太缺乏了，我怎能把他们的研究的结果都亲切地承受了呢! 从此以后，我的心头永远顿着一笔债，觉得在考古学方面必须好好读几部书。但境遇的困厄，使得我只有摩挲了这些图籍而惆怅而已!

我的祖母的病态渐渐地沉重，我再不能留在北京了，便于十一年春间乞假归家，作久居之计。生计方面，由适之先生的介绍，为商务印书馆编纂《中学本国史教科书》，预支些酬金。我的根性是不能为他人做事的，所以就是编纂教科书也要使得它成为一家著述。我想了许多法子，要把这部教科书做成一部活的历史，使得读书的人确能认识全部历史的整个的活动，得到真实的历史观念和研究兴味。上古史方面怎样办呢? 三皇五帝的系统，当然是推翻的了。考古学上的中国上古史，现在刚才动头，远不能得到一个简单的结论。思索了好久，以为只有把《诗》、《书》和《论语》中的上古史传说整理出来，草成一篇《最早的上古史的传说》为宜。我便把这三部书中的古史观念比较看着，忽然发见了一个大疑窦，——尧、舜、禹的地位的问题! 《尧典》和《皋陶谟》我是向来不信的，但我总以为是春秋时的东西；哪知和《论语》中的古史观念一比较之下，竟觉得还在《论语》之后。我就将这三部书中说到禹的语句抄录出来，寻绎古代对于禹的观念，知道可以分作四层：最早的是《商颂·长发》的"禹敷下土方，……帝立子生商"，把他看做一个开天辟地的神；其次是《鲁颂·閟宫》的"后稷……奄有下土，缵禹之绪"，把他看做一个最早的人王；其次是《论语》上的"禹、稷躬稼"和"禹……尽力乎沟洫"，把他看做一个耕稼的人王；最后乃为《尧典》的"禹拜稽首，让于稷、契"，把后生的人和缵绪的人都改成了他的同寅。尧、舜的事迹也是照了这个次序：《诗经》和《尚书》(除首数篇)中全没有说到尧、舜，似乎不曾知道有他们似的；《论语》中有他们了，但还没有清楚的事实；到《尧典》中，他们的德行政事才灿然大备了。因为得到了这一个指示，所以在我的意想中觉得禹是西周时就有的，尧、舜是到春秋末年才起来的。越是起得后，越是排在前面。等到有了伏羲、神农之后，尧、舜又成了晚辈，更不必说禹了。我就建立了一个假设：古史是层累地造成的，发生的次序和排列的系统恰是一个反背。

我立了这个假设而尚未作文的时候，我的祖母去世了。心中既极悲痛，办理丧事又甚烦忙，逼发了失眠的旧病，把半年的光阴白白地丢掉。编辑教科书的限期已迫，成稿却没有多少，不得已去函辞职。承馆中史地部主任朱经农先生的盛情，邀我到馆任职，许由同事人帮助编纂。年底到沪后，和旧友王伯祥先生（钟麒）同居；他也是喜欢历史的，谈论间常常说到古史，颇有商榷之乐。馆课每日六小时，在沪杂务亦少，又获得些余闲。我便温了几遍《尚书》，把里面关于古史的话摘出比较，由此知道西周人的古史观念实在只是神道观念，这种神道观念和后出的《尧典》等篇的人治观念是迥不相同的。又知道那时所说的"帝"都指上帝，《吕刑》中的"皇帝"即是"上帝"的互文；《尧典》等篇以"帝"为活人的阶位之称，是一个最显明的漏洞。又如"苗"，《尚书》中说到他们的共有七处，可以分作三个时期。第一个时期是《吕刑》，它说蚩尤作乱之后，这个坏品性传染给平民，弄得苗民成了残忍的民族，动不动就要杀人；被杀的人到上帝前控告，上帝哀怜他们的冤枉，就降下他的威灵，把苗民绝灭了。在这一时期之中，苗的结果是何等的不幸。第二时期是《尧典》的"窜三苗于三危"和"分北三苗"，《皋陶谟》的"何迁乎有苗"和"苗顽弗即工"，《禹贡》的"三危既宅，三苗丕叙"，说舜时三苗顽强不服，舜把他们搬到三危，分开住着，他们也就很安定了。在这时期中，他们虽失掉了居住的自由，还无妨于生活，这个刑罚就轻松多多。第三时期是《伪古文》的《大禹谟》，说有苗昏迷不恭，以致民怨天怒，舜令禹往征，打了一个月还不服；益劝禹修德感之，禹听了他就班师回去；舜于是大布德教，两阶上舞着干羽；过了七十天，有苗就自来降服了。在这个时期中，舜和苗两方面都是极美满的，没有一些儿火辣气了。这种变迁，很可以看出古人的政治观念：在做《吕刑》的时候，他们决想不到有这样精微的德化；在做《大禹谟》的时候，他们也忘却了那个威灵显赫的上帝了。这种政治观念的变迁，就是政治现象从神权移到人治的进步。拿了这个变迁的例来看古史的结构的层次，便可以得到一个亲切的理解。我们何以感到一班圣君贤相竟会好到这般地步？只为现在承认的古史，在它凝结的时候恰是德化观念最有力的当儿。我们若把这凝结的一层打破时，下面的样子就决不是如此的了。

十二年二月中，玄同先生给我一封长信，论经部的辨伪。我和他已经一年不相通问了，忽然接读这一封痛快淋漓的长信，很使我精神上得着一种兴奋。我就抽出一个星期日的整天工夫，写了一通复书，除讲《诗经》的工作之外，又把一年来所积的古史见解写出了一个大概。想不到这一个概要就成了后来种种讨论的骨干！四月中，适之先生到上海来，他编辑的《读书杂志》需要稿件，嘱我赶作一文。我想我答玄同先生的信已经寄了两个月，还没有得到回音，不知道他对于我的意见究竟作何批评，很想借此逼上一逼，就把讨论古史的一段文字抄出寄去。这文在《杂志》第九期中发表之后，果然第十期上就有他的很长的回答：他赞同我的对于古史的意见，更把《六经》的真相和孔子与《六经》的关系说了许多从来未有的实话。

十二年春夏间是我的身体最坏的时候。因为我久居北方，受不住上海的潮湿的空气，生了一身湿疮，痛痒交作，脓血沾濡。

兼以服务的地方即在工厂里面，邻近也都是工厂，这充满着烟煤的空气使得我精神疲倦，食量减少，又患咳嗽，几乎成了肺病。假使我没有学问上的安慰，我真要颓废了。于是我请了长假，回家养了四个多月的病。在这四个多月之中，我对于我的生活真是见情到了万分。庭中的绿草，园中的小树，花坛上的杂花，都成了有情的伴侣。妻女们的相亲相依，使我触处感到家庭的温存的乐趣。向来厌恶为闭塞的苏州，这时也变作了清静安逸的福地了。我在家读书，轻易不出门；别人知道我有病，也不来勉强我作什么事。我安闲地读了好些书，写了好些笔记。本来我对于学问虽是深嗜笃好，但因所好太多，看书太纷乱，精神容易旁逸斜出，所以笔记上什么东西都有得记录。到了这时候，我的笔记几乎成了"古史清一色"了。这个问题，自从与玄同先生信中把数年来的庞杂的见解汇聚了一下，成立了一个系统，我就再从这个系统上生出若干题目，依了这些题目着手搜集材料。向时所要求而未得实现的"由博返约""执简御繁"的境界到这时竟实现了，有了一种新的眼光再去看书时就满目是新材料了：我真是想不尽的喜乐，把身上的疾苦一起丢向九霄云外去了！

自从《读书杂志》上发表了我和玄同先生两篇文字之后，刘楚贤、胡堇人二先生就来书痛驳。我很高兴地收受；我觉得这是给与我修正自己思想和增进自己学问的一个好机会，只当做好意的商榷而不当以盛气相胜的。因为在家养病，所以容我徐徐草答。可惜文字未完，四个月的生计负担已压迫我回复馆职了，一篇答复的长文只作成了一半。

我是一个生性倔强的人，只能做自己愿意做的事情而不能听从任何人的指挥的。商务印书馆中固然待我并不苛刻，但我总觉得一天的主要的时间为馆务牺牲掉了未免可惜。我不是教育家，便不应编教科书；馆中未尝许我作专门的研究，又如何教我作无本的著述：精神上既有这般苦痛，所以在这年的冬间又辞了出来，回复北京大学研究所的职务。在研究所中，虽是还不能让我称心适意地把所有的时间给我自己支配，但比较了他种职务，我可以自己支配的时间实在是多一点了。过去的二年里头，我的惟一的大工作是标点《东壁遗书》。因为它牵涉的古书大多，古书的解诂有许多地方是极难捉摸的，所以费去了我的很多的时间。

我自民国六年先妻得疾，中经先妻的丧，自身的续娶，祖母的病，祖母的殁，自身的职业的变更，居住地的迁移，到十三年接眷到京，这七年中的生活完全脱去了轨道：精神的安定既不可求，影响到身体上就起了种种病症。他种病症虽痛苦，尚是一时的，只有失眠症无法治愈，深夜的煎熬竟成了家常便饭！因此面目尪瘠，二十余岁时见者即疑为四十岁人。我一意的奋斗，一意的忍耐，到这时刚才勉强回复到轨道上。我所以一定要到北京的缘故，只因北京的学问空气较为浓厚，旧书和古物荟萃于此，要研究中国历史上的问题这确是最适宜的居住地；并且各方面的专家惟有在北京还能找到，要质疑请益也是方便。我自己有书二万册，以前分散在京、苏两处；后来到了上海，又分做三处。无论住什么地方，为了一个问题要去参考时，往往是觅一个空。自己有书而不能用，这是何等的烦闷！加以数年中每上行程，书籍总占了行李的大部分，不知道整理了多少次，费去了多少精神，花去了多少运费。这把我磨折得苦极了！自从十二年冬间到京，下了决心，一起搬走。又以寓舍未定，迁移了几回；每搬动一回便作上十数天的整理，弄得口苦舌干，筋骨疼痛。我真劳倦了，急要得到一个安心立命的境界，从事于按日程功的专门的工作。妻女既北来，寓中事有人主持，不再纷心杂务，精神上亦得安慰，这两年中，失眠渐渐地成为例外，夜中也稍稍可以工作了。只是熟人日众，人事日繁，大家以为我是能做些文章的，纷纷以作文见嘱。固然有许多是随我自己选择题目的，尽不妨把胸中积着的问题借来作些研究，但现烧热卖的东西终究挣不得较高的价值，而且此去彼来，勒迫限期，连很小的问题也不能从容预备，更哪里说得到大问题的讨论。因为这样，所以前年养病时遗下的半篇文债至今还没有动手清偿。这种牵掣的生活，我想到时就怨恨。

二年以来，我对于古史研究的进行可以分了三方面作叙述。

其一，是考古学方面。十二年秋间，我到北京来，地质调查所的陈列室已经开放；我进去参观，始见石器时代的遗物，使我知道古代的玉器和铜器原是由石器时代的东西演化而成的：圭和璋就是石刀的变相，璧和瑗就是石环的变相，铜鼎和铜鬲也就是陶鼎和陶鬲的变相。那时河南仰韶村新石器时代的遗物发现不久，灿然陈列，更使我对于周代以前的中国文化作了许多冥想。

就在这年八月，河南新郑县发现大批古物，江苏教育厅委托我和陈万里先生前往调查。我们在开封见到出土古物的全分。器物的丰富，雕镂的精工，使我看了十分惊诧，心想掘到一个古墓就有这许多，若能再发见若干，从器物的铭文里漏出古代的事迹，从器物的图画里漏出古人的想像，在古史的研究上真不知道可以获得多少的裨益。我们又顺道游洛阳，到魏故城（通称金埔城）中，随便用脚踢着，就可以拾得古代的瓦当。心想自周代建了东都以后，累代宅京于此，如果能做大规模的发掘，当可分出清楚的层次，发见整批的古物。去年，万里游敦煌归来，说起陕西、甘肃一带有许多整个埋在地下的古城，正待我们去发掘，使我更为神往。

近数年来，国立学校经费愈窘；研究所中考古学会在十分困难里勉强进行，时有创获，孟津出土的车饰数百种尤为巨观。我虽没有余力加入研究，但向往之情是极热烈的，倘使在五六年前见了，我一定要沉溺在里边了。现在既深感研究学问的困难，又甚悲人生寿命的短促，知道自己在研究古史上原有专门的一小部分工作——辨伪史——可做，不该把范围屡屡放宽，以致一无所成。至于许多实物，自当有人作全力的研究，我只希望从他们的研究的结果里得到些常识而已。在研究古代实物的人，我也希望他们肯涉猎到辨伪方面。例如章演群先生（鸿钊）所著的《石雅》，不愧为近年的一部大著作，但里边对于伪书伪史不加别择，实是一个大缺点。他据了《拾遗记》的"神农采峻锾之铜以为器"，《史记》的"黄帝采首山铜铸鼎"，说中国在神农、黄帝时已入铜器时代；又据了《禹贡》的"厥贡璆铁银镂"，《山海经》的"禹曰：出铁之山三千六百九十"，说三代之初已知用铁。这种见解，很能妨碍真确的史实的领受。若能知道神农、黄帝不过是想像中的人物，《禹贡》和《山海经》都是战国时的著作，那么，在实证上就可以剔出许多伪妄的证据，不使它迷乱了真确的史实的地位了。

其二，是辨证伪古史方面。这二年中，除了承受崔述的辨证以外，这方面的工作做得很少。就发表的说，曾经考了商王纣和宋王偃的故事，略见积毁之下的恶人模样和诋毁恶人的方式；又用了白话翻译了几篇《尚书》，使人把商、周间的圣君贤相的真面目瞧一下，知道后世儒者想像中的古圣贤原不是那一回事。没有发表的，就笔记上归并起来，有以下许多题目：

春秋、战国时的神祇和宗教活动（如郊祀、祈望、封禅等）。

古代的知识阶级（如巫、史、士大夫）的实况。

秦、汉以后的知识阶级的古史（承认的古代传说）和非知识
　　阶级的古史（民间自由发展的传说）。

春秋、战国间的人才（如圣贤、游侠、说客、儒生等）和因

了这班人才而生来的古史。

春秋、战国、秦、汉间的中心问题（如王霸、帝王、五行、
德化等）和因了这种中心问题而生出来的古史。

春秋、战国、秦、汉间的制度（如尊号、官名、正朔、服
色、宗法、阶级等）和因了这种制度而生出来的古史。

春秋时各民族的祖先的传说和战国以后归并为一系的记载。

春秋、战国、秦、汉人想像中的太古（如开辟、洪水及各种
神话）。

战国、秦、汉时开拓的疆土和想像的地域（如昆仑、弱水及
《山海经》所记）。

战国、秦、汉人造伪的供状。

汉代人为了"整齐故事"而造出的古史。

春秋、战国时的书籍（著作、典藏、传布、格式等）。

汉初的经书和经师。

《尚书》各篇的著作时代和著作背景。

孔子何以成为圣人和何以不成为神人。

古史中人物的张扬的等次。

古史与故事的比较。

以上许多题目，有的是已经聚集了许多材料，有的还不过刚立起
几条假设。如果让我从容地做去，想来平均每个题目经过半年的
研究总可以得到一些结果。我对于这项研究有一个清楚的自觉，
就是：我们要辨明伪古史必须先认识真古史。我的目的既在辨论
东周、秦、汉间发生的伪史，所以对于东周、秦、汉间的时势、
思想、制度、史迹等等急要研究出一个真相来。前年作的《研究
古史的计划》要在这六年中细读《左传》、《史记》、两《汉书》
等，就为了这个原因。但是很可悲的，荏苒两载，《左传》还没
有好好地点读过一页，虽则为了作文的参考每星期总要翻上几

回。这种不切实的读书，我一想着便心痛！我很知道，以前开首发表主张的时候尽不妨大刀阔斧，作粗疏的裁断；但一层一层地逼进去时，便不得不做细针密缕的工作，写一个字也应该想几遍了。为我自己的学问计，为对于学问界作真实的供献计，最好暂时只读书，不作文；等到将来读出了结果之后，再"水到渠成"般写出来。但这个境界哪里许我踏到呢，社会上正要把我使用得筋疲力尽咧！

前年作的《计划》，大致的意思，是一方面增进常识，一方面从事研究。在研究上，要先弄明白了古代的史实，然后再考各种书籍的时代和地域，考明之后便在里面抽出那时那地的传说中的古史，加以系统的整理；更研究了考古学去审定实物，研究了民俗学去认识传说中的古史的意义。这确是一条最切实的道路，必须把这条道路按部就班地走完了之后，始可把我的研究古史的责任脱卸。但我一来感于境遇的不如意，觉得以有涯之生长日飘荡于牵掣的生活中，希望作严守秩序的研究终是做不到的事情，二来又是感于学问领域的广漠和个人力量的渺小，知道要由我一个人把一种学问作全部的整理是无望的，所以不由得不把当时的野心一步一步地收缩了下来。去年春间答李玄伯先生时，说自己愿意担任的工作有两项：一是用故事的眼光解释古史的构成的原因，二是把古今的神话与传说作为系统的叙述，这自然是在研究所中多接近民俗学方面的材料之故，但我收缩范围的苦心亦已可见。在以上所列的题目中，如神祇，神话，巫史，宗教活动，非知识阶级的古史，故事与古史的比较等题，都是进行这方面的研究的。所苦的，研究学问不能孤立，如果得不到研究他种学问的人的帮助，自己着手的一部分必然研究不好。在现在这般的民穷兵乱的国家之中，许多有希望的人都逼向浅薄浮嚣中讨生活，研究学问的事又如何提倡得起来。我虽在这困苦的境界中竭尽挣扎之力，也不过发出数声孤寂的呻吟，留几滴眼泪在昏黄大漠中而已！所以我即使把研究的范围损之又损，损到只研究一个问题，也怕未必能达到我的愿望。何况我的心中原有无数问题，总想把一种学问研究得好好的，那么，恐怕我的一生只有在愤悱怅惘之中度尽了！

这二年中，继续搜得的材料颇发见我前半文中的讹误，但也颇增加我前半文中的证据。试举禹为社神的一例。我前因《尚书·吕刑》说禹"主名山川"，疑禹是穆王时的山川之神。又因《小雅·甫田》与《大雅·云汉》皆言祀社，《大、小雅》为宣王前后时诗，疑社祀是西周后期起来的。《鲁语》说"后土能平九土，故祀以为社"，禹绩正与之同，疑禹是社神。综合以上三说，下一假设云："西周中期，禹为山川之神；后来有了社祭，又为社神。"这句话在去年发见了错误了。《召诰》云：

> 越翼日乙卯，周公朝至于洛，则达观于新邑营。越三日丁巳，用牲于郊，牛二。越翼日戊午，乃社于新邑，牛一，羊一，豕一。

如果我不能发见《召诰》在时代上的疑窦，则社祀起于西周后期之说当然由我自己推翻。至禹为社神之说，当时因古书中常以"禹、稷"连称，疑与"社稷"的连称有关系；又《周语》把共工氏放在伯禹的上面，和《鲁语》把烈山氏放在周弃的上面正同，那么《鲁语》说后土是共工氏之子，后土当即是禹。刘楚贤先生看了，斥为"少见多怪而臆测的牵强附会"。但近来收得的几条新证据则颇足以助成我的主张：

> 今世之祭井、灶、门、户、箕、帚、臼、杵者，非以其神为能飨之也，特赖其德烦苦之无已也。是以时见其德，所以不忘其功也。……故炎帝于火而死为灶，禹劳天下而死为社，后稷作稼穑而死为稷，羿除天下之害而死为宗布。此鬼

神之所以立。(《淮南子·氾论训》)

自禹兴而修社祀,后稷稼穑故有稷祠,郊社所从来尚矣。
(《史记·封禅书》)

圣汉兴,礼仪稍定,已有官社,未立官稷;遂于官社后
立官稷。以夏禹配食官社;后稷配食官稷。(《汉书·郊祀志》
引王莽奏文)

汉初,除秦社稷,立汉社稷。其后又立官社,配以夏
禹。(《三辅黄图》卷五)

上面所举,前二条明白说禹为社,后二条又说禹配食官社,可见
汉代人确以禹为社神。读者不要以为这些话全是后起之说,须知
越是配享越见得是先前的正祀。《左传》上不说吗:

共工氏有子曰勾龙,为后土;……后土为社。……周
弃……为稷。(昭二十九年)

可是到了后来就不然了:

后魏天兴二年,置太社、太稷;……勾龙配社,周弃配
稷。(《通典》卷四十五)

仲春仲秋上戊,祀太社、太稷,配以后土勾龙氏、后稷
氏,以祈报。(《大清会典》卷五十三)

太社、太稷姓甚名谁,没有人能回答;但以前正任社稷的勾龙和
周弃却退而为配享了,这是很显著的。所以如此之故,只因旧说
旧祀到没有权威的时候自然大家忘怀了,一个新朝起来,就随顺
了民众的新偶像而建立国家的新祀典;可是旧说旧祀在书本上还
瞧得见,于是只得屈抑已倒的偶像作为配享。这种"新鬼大而故
鬼小"的现象,实亦适用古史系统的成例,是积薪般层累起来
的。禹既在汉配社,当然是汉以前的正社神(说不定即是勾龙)。
惟其他是社神,所以土地所在就是他的权力所在:南山、梁山是
他所甸,丰水是他所注,洪水是他所湮,宋国人说下土是他所

敷，秦国人说宅居所在是他的迹，鲁国人说后稷奄有下土是缵他的绪，齐国人说成汤咸有九州是处在他的堵，王朝人说方行天下至于海表都是陟他的迹。

刘先生在文中说："纵或祀禹为社，亦是后人尊功报德之举，加之之名，岂为神职？"近日冯芝生先生（友兰）在《大人物之分析》一文中也说："大人物到了最大的时候，一般人把许多与他本无直接关系的事也归附于他，于是此大人物即成一个神秘，成为一串事物的象征。如大禹之于治水，释迦之于佛教等皆是。有人疑释迦之果否有其人；顾颉刚先生疑大禹之果否有其人。我以为此等人诚已变为一串事物的象征，但未可因此即谓其人之不存在。近来中山亦渐成中国革命之象征，但中山之人之存在固吾人之所知也。"（《现代评论》三卷六十七期）类于这样的批评，我听见得很多，大致都以为禹的历史上的地位不当因其神化而便推翻。我觉得他们对于我的态度颇有误解，现在趁此简略地一辨。禹之是否实有其人，我们已无从知道。就现存的最早的材料看，禹确是一个富于神性的人物，他的故事也因各地的崇奉而传布得很远。至于我们现在所以知道他是一个历史上的人物，乃是由于他的神话性的故事经过了一番历史的安排以后的种种记载而来。我们只要把《诗》、《书》和彝器铭辞的话放在一边，把战国诸子和史书的话放在另一边，比较看着，自可明白这些历史性质的故事乃是后起的。所以我说禹由神变人，是顺着传说的次序说的；刘、冯诸先生说禹由人变神，乃是先承认了后起的传说而更把它解释以前的传说的。再有一层，在实际上无论禹是人是神，但在那时人的心目中则他确是一个神性的人物。例如现在民间大都祀关帝和灶神，我们固然知道灶神是纯粹的神，关帝是由人变神的，但在这一班奉祀的人的心目中原没有这个分别。他们只觉得神是全知全能而又具有人格的（玉皇也姓着张呢）！神如要下凡做人也随着他的意念。因为神人不分，所以神人可以互变。我们知道，关羽、华佗、包拯、张三丰、卜将军是由人变神的。我们又知道，文昌本是北斗旁的星，但到后来变成了晋将蜀人张恶子了；湘君、湘夫人本是湘水的神，但后来也变成了尧的二女了。可见从神变人和从人变神是同样的通行，我们不能取了人的一方面就丢了神的一方面，我们只能就当时人的心目中的观念断说他的地位而已。禹尽可以是一个历史上的人物，但从春秋上溯到西周，就所见的材料而论，他确是一个神性的人物。更古的材料，我们大家见不到，如何可以断说他的究竟。至于春秋以下的材料，我早已说过，他确是人了。

这数年中，又有人批评我，说我所做的文字不过像从前人的翻案文章一样，翻来覆去总是这几句书。这个责备自然是该有的：我的学力既不充足，发表的文字也不曾把见到的理由完全写出，而且没有得到实物上的帮助，要拿出证据确只有书上的几句。但我所以敢于这样做，自有我的坚定的立足点——在客观上真实认识的古史，——并不是仅仅要做翻案文章，这是我敢作诚信的自白的。我的惟一的宗旨，是要依据了各时代的时势来解释各时代的传说中的古史。上边写的题目，如疆域、信仰、学派、人才、时代的中心问题……等，都是解决那时候的古史观念的最好的工具。举一个例罢。譬如伯夷，他的人究竟如何，是否孤竹君的儿子，我们已无从知道。但我们知道春秋时人是欢喜讲修养的，人格的陶冶以君子为标的，所以《论语》中讲到他，便说不念旧恶。不肯降志辱身。我们又知道战国时的君相是专讲养士的，士人都是汲汲皇皇地寻求主人而为之用，所以《孟子》上说他听得文王有了势力，就兴起道："盍归乎来，吾闻西伯善养老者！"我们又知道，自秦皇一统之后，君臣之义无所逃于天地之间，忠君的观念人盛，所以《史记》上也就说他叩马谏武王，义不食周粟，饿死于首阳山了。汉以后，向来流动的故事因书籍的普及而凝固了，他的人格才没有因时势的迁流而改变。（上面举的《尚书》上的苗，也是这样的一例。）所以我们对于那时的古史应当和现在的故事同等看待，因为这些东西都是在口耳之间流传的。我们在这上，不但可以理出那时人的古史观念，并且可以用了那时人的古史观念去看出它的背景——那时的社会制度和思想潮流。这样的研究有两种用处，一是推翻伪史，二是帮助明了真史。至于我在上面所说的《伪史源》、《伪史例》、《伪史对鞫》三种书如果都能著成，大家自会明白认识我的主张，不致笑为翻案文章了。

　　总之，我在辨证伪古史上，有很清楚的自觉心，有极坚强的自信力，我的眼底有许多可走的道路，我的心中常悬着许多待解的问题；我深信这一方面如能容我发展，我自能餍人之心而不但胜人之口。至于现在这一点已发表的东西，本来不算什么。画家作画，自有见不得人的"粉本"。"良工不示人以朴"，也是一句可以玩味的古语。我现在在学力未充足时发表这种新创的主张，有许多错误浅薄的地方乃是当然的，只要读者用了粉本的眼光看而不用名画的眼光看，用了朴的眼光看而不用精品的眼光看，就可以见出这本书的实际。至于将来能否使它成为名画或精品，这是全赖于我自己的努力和社会上给与我的帮助，现在是不能预断的。

　　其三，是民俗学方面。以前我爱听戏，又曾搜集过歌谣，又曾从戏剧和歌谣中得到研究古史的方法，这都已在上面说过了。但我原来单想用了民俗学的材料去印证古史，并不希望即向这一方面着手研究。事有出于意料之外的，十年冬间，我辑集郑樵的《诗》说，在《通志·乐略》中读到他论《琴操》的一段话：

　　　　《琴操》所言者何尝有是事！琴之始也，有声无辞，但善音之人欲写其幽怀隐思而无所凭依，故取古之人悲忧不遇之事而以命操：或有其人而无其事，或有其事而非其人，或得古人之影响从而滋蔓之。君子之所取者但取其声而已。……又如稗官之流，其理只在唇舌间，而其事亦有记载。虞舜之父，杞梁之妻，于经传所言者不过数十言耳，彼则演成万千言。……

杞梁之妻即孟姜女，孟姜女有送寒衣和哭长城的故事，这是我一向听得的，但没有想到从经传的数十言中会得演成了稗官的万千言。我读了这一段，使我对于她的故事起了一回注意。过了一年多，点读姚际恒的《诗经通论》，在《郑风·有女同车》篇下见到他的一段注释：

《序》……谓"孟姜"为文姜。文姜淫乱杀夫，几亡鲁国，何以赞其"德音不忘"乎！……诗人之辞有相同者，如《采唐》曰"美孟姜矣"，岂亦文姜乎！是必当时齐国有长女美而贤，故诗人多以"孟姜"称之耳。

这几句话又给与我一个暗示，就在简端批道："今又有哭长城之孟姜。"经了这一回的提醒，使我知道在未有杞梁之妻的故事时，孟姜一名早已成为美女的通名了。我惊讶其历年的久远，引动了搜辑这件故事的好奇心。事情真奇怪，我一动了这个念头，许多材料便历落地奔赴到我的眼前来。我把这些材料略略整理，很自然地排出了一个变迁的线索。十三年冬间，研究所中歌谣研究会出版的《歌谣周刊》要出歌谣和故事的研究文字的专号，嘱我撰文，我就选定了《孟姜女故事的转变》一题；费了三天工夫，写成一万二千字，一期的《周刊》撑满了，但故事还只叙述到南宋的初叶。我正因事务的忙冗未得续做下去时，许多同志投寄来的唱本、宝卷、小说、传说、戏剧、歌谣、诗文、……已接叠而至，使我目迷耳乱，感到世界的大，就是一件故事也不是我一个人的力量所能穷其涯际的，于是我把作成一篇完整文字的勇气打消了。我愿意先把一个一个的小问题作上研究，等到这许多小问题都研究完了时再整理出一篇大论文来。（以下本将二年来搜集到的孟姜女故事分时分地开一篇总账，为研究古史方法举一旁证的例，但材料太多了，竭力节缩，终有三万余言。文成，自己觉得仿佛犯了腹蛊之疾，把前后文隔断了；只因费了两星期的工夫所整理，不忍删芟。后来陈通伯先生（源）看了，力劝我删去，我听了他的劝告，便把这一部分独立为一文。）

研究孟姜女故事的结果，使我亲切知道一件故事虽是微小，但一样地随顺了文化中心而迁流，承受了各地的时势和风俗而改变，凭借了民众的情感和想像而发展。又使我亲切知道，它变成的各种不同的面目，有的是单纯地随着说者的意念的，有的是随着说者的解释故事节目的要求的。更就这件故事的意义上看去，又使我明了它的背景和替它立出主张的各种社会。

上面一段话，没有举出证据，说得太空洞了。现在我试把这件故事比拟传说中的古史。江、浙人说孟姜女生在葫芦、冬瓜或南瓜中，这不像伊尹的生于空桑中吗？广西唱本说范杞郎是火德星转世，死后归复仙班，这不像傅说的"乘东维骑箕尾而比于列星"吗？厦门唱本说孟姜女升天后把秦始皇骂得两脚浮浮，落在东海里做春牛，这不像"尧殛鲧于羽山，其神化为黄熊以入于羽渊，实为夏郊"吗？厦门唱本说范杞郎死后化为凤凰，这也不像女娃溺死而化为精卫（帝女雀）吗？广西唱本说孟姜女寻夫经过饿虎、毒蛇、雨雪诸村，这也不像《山海经》上有食人的窫窳的少咸之山，有攫人的孰湖的崦嵫之山，冬夏有雪的申首之山吗？（用《楚辞》中的《招魂》和《大招》看更像。）读者不要疑惑我专就神话方面说，以为古史中原没有神话的意味，神话乃是小说不经之言；须知现在没有神话意味的古史却是从神话的古史中筛滤出来的。我们试退让一百步，把流行于民众间的孟姜女故事的唱本小说等抛开，只就士人的著述中看这件故事的情状：

> 杞梁之妻……就其夫之尸于城下而哭之。内诚感人，道路过者莫不为之陨涕。十日而城为之崩。（汉刘向《列女传》）

> 良已死，并筑城中。仲姿既知，悲咽而往，向城号哭，其城当面一时崩倒。死人白骨交横，莫知孰是。仲姿乃刺指血以滴白骨，云："若是杞良骨者，血可流入！"……果至良骸，血径流入。（唐人《琱玉集》引《同贤记》）

> 姜女……归三日而范郎赴长城之役；其后赍寒衣至城所，寻问范郎，已埋版筑中矣。女乃绕城哭，城隅为隳。隳所，范郎见像；女即其处求骸，……遂负之归。……夫长白其事，主将命追之。女至宜君山同官界所，登山，渴甚，痛哭，地涌甘泉；今其地名曰哭泉。时女倦甚，不能奔，而追将及，忽山峰转移，若无径然；追者乃返。（明马理《姜女诗序》）

以上数则，神话的意味何等丰富。但试看清刘开的《广列女传》：

> 杞植之妻孟姜。植婚三日，即被调至长城；久役而死。姜往哭之，城为之崩。遂负骨归葬而死。

这不但把民间的种种有趣味的传说删去了，就是刘向、马理一班士大夫承认的一小部分神话性的故事也删去了，剩下来的只有一个无关痛痒的轮廓，除了"崩城"——这件故事的中心——之外确是毫没有神话的意味了。更进一步，就是崩城的神话也何尝不可作为非神话的解释，有如王充所云"或时城适自崩，杞梁妻适哭下"（《论衡·感虚》篇）呢。所以若把《广列女传》叙述的看做孟姜的真事实，把唱本、小说、戏本……中所说的看做怪诞不经之谈，固然是去伪存真的一团好意，但在实际上却本末倒置了。我们若能了解这一个意思，就可历历看出传说中的古史的真相，而不至再为学者们编定的古史所迷误。

我很想俟孟姜女故事考明之后，再着手考舜的故事。这一件故事是战国时的最大的故事（战国以前以禹的故事为最大，可惜材料很少，无从详考），许多古史上的故事都以它为中心而联结起来了。后世儒者把其中的神话部分删去，把人事部分保存，就成了极盛的唐、虞之治。这件故事又是古代最有趣味的故事。宋芸子先生（育仁）在《虞初小说序例》上说：

> 帝舜之贤，则行为大孝，德为圣人；帝舜之才，则自耕稼陶渔，所在成都成邑。其初遭遇之厄，则不得于亲，至于捐阶掩井；其后遭遇之隆，则先得于君，至于登庸在位。妃匹之爱，则二妃皆帝女；风云之会，则五臣皆圣贤。成治水之大功；狩苍梧而仙去。实古今中外环球五洲空前绝后所绝无仅有，说部家所穷思极想而万难虚构者，乃于帝之实事得之！

他虽不知道帝舜的故事所以能成为"古今中外环球五洲空前绝后所绝无仅有"的故事原由于"说部家所穷思极想"的"虚构"，但他对于它发生惊怖之情确是不错。这件故事如果能研究明白，一方面必可对于故事的性质更得许多了解，一方面也可以对于伪古史作一个大体的整理。本书第二册中的《虞初小说回目考释》一篇，就是想把它作一回鸟瞰的。

民俗学方面，除了故事以外，这二年中着手的工作又有三事：神道、社会和歌谣。我在《研究古史的计划》中，把民俗学的研究放在最后，希望先辨明了外表，然后再去探求内部的意义。现在我的环境是适于研究民俗学的，我只得先从此入手了。

研究神道的兴趣，是给东岳庙引起的。我游了苏州和北京两处的东岳庙，见到许多不同的神名，知道各地方的神道虽同属于道教之下，但并没有统一。从这种不统一的神道上，可以窥见各地方的民众的信仰。更看道教里受进的佛教的影响，以至佛教自身所受的影响，也可以明白宗教的激荡的势力。例如东岳，本来是齐国的上帝（《汉书·郊祀志》云："八神，或云太公以来作之齐"，又云："天主祀天齐"），只因齐国的文化发达，声望甚高，没有被别国的上帝压倒；汉以后，他的势力依旧存在，掌管生杀之权。自佛教侵入，它自有一个东岳——阎罗王。因为中国人并不抵抗佛教，所以东岳大帝与阎罗王可以并存，死人受着二重的管束。寖假而道教的东岳庙中也雕塑十殿阎罗，把他们压做了岳帝说属吏。但阎罗王也不是印度所固有，乃是受的埃及的影响。阎罗王大约即是尼罗河（Nile）之神乌悉立斯（Osiris）。看"阎罗"与"尼罗"的声音相合，甚为可信。埃及人承认一个人死了之后，须受尼罗河神的裁判，随着生前行事的善恶判定赏罚，坏人就罚变为畜类，愈坏的便变得愈低下，等到罚尽之后再变做人。这些原则到了中国阎罗王法典《玉历钞传》里还没有变。我们如果能搜集许多材料作研究，一定可以得着许多想不到的创见。（一部《道藏》，用实用的眼光看固然十之八九都是荒谬话，但若拿它作研究时，便是一个无尽的宝藏；我们如果要知道我们民族的信仰与思想，这种书比了儒学正统的《十三经》重要得多。）

我对于这方面研究的步骤，拟先从《楚辞》、《国语》（包《左传》）、《山海经》、《汉书·郊祀志》等书入手，认识道教未起时的各地的神道。更把佛教的神和道教的神作比较，将受了佛教影响而成立的道教的神道认识了。再把各地的神道互相比较，认识在不统一的道教之下的各种地方性的神道。这种事情，不说出时似乎没有问题，但一加思考之后它们变迁的情形便很显著。例如碧霞元君为北方的女神，她的势力由于泰山的分化；天妃为南方的女神，她的势力由于海神的结合：这是含有地方性的。道教

中本来只应崇奉玉帝（即《诗》、《书》中的上帝）为最高无上的
主宰，但因佛教中有三世佛，所以又摹拟了它而建立三清天尊，
他们的地位与玉帝不相上下：这是承受佛教的影响的。古代的神
有生有死，有嗜欲，有攻伐（看《山海经》等书可知），和希腊
的神话差不多。那时的女神几乎全为爱情颠倒，所以《楚辞·九
歌》对于湘夫人等所致之辞多是相思惆怅之言，《高唐》、《神女》
两赋又说巫山神女荐枕席，《洛神赋》写宓妃又极绸缪缱绻之
致。固然这些都是文人的托言，但至少在当时民众的意想之中是许得
如此的。（试问现在谁会对于碧霞元君作荐枕之想？）自从佛教流
入，看神道成了超绝的人格，一切的嗜欲都染不到，生死更说不
上，爱情变成了猥亵，于是女神和男神就同具了严正的性格，风
流艳冶之事全付与狐精花怪们了！（看《聊斋志异》等书可知。）
这是道教未成立时的神道，和后世的神道的不同的样子。我深信
这一方面的研究如可有些结果，必能使古史的考证得到许多的便
利。只是这一方面研究必须亲到各地搜集材料，不能单靠书籍：
像我这样的拮据，调查考察的事业又从何说起？二年来，我到过
的庙宇只有东岳庙、白云观、财神庙、碧霞元君庙等处。

社会的研究，是论禹为社神引起的。社会（祀社神之集会）
的旧仪，现在差不多已经停止；但实际上，乡村祭神的结会，迎
神送祟的赛会，朝顶进香的香会，都是社会的变相。我见到了这
一层，所以很想领略现在的社会的风味，希望在里边得到一些古
代的社祀的暗示。北京城西北八十里的妙峰山是一个北方的有名
的香主，每年阴历四月初一至十五为进香之期。去年会期中，我
就和研究所风俗调查会同人前往调查了三天，对于香会的情形知
道了一个大概。他们都是就一种职业或一处居住的地方联络结
会，除了祀神之外更布施一切用具食物，如茶、盐、面、粥、馒
头、路灯、拜垫、掸帚、茶瓢、膏药等；或尽了自己的技能去娱

乐神灵，帮助香客，如五虎棍、自行车、杠子、秧歌、音乐、舞狮、戏剧、修路、补碗、缝绽等。到了那里，一切有人招呼，仿佛进了另一个世界，崎岖的山岭便化成了理想的乐国了。这些香会的经费，在乡下的是按亩抽捐，同皇粮一般的缴纳；在城里的是就本业捐输，或向人募化。这些会名，我只就刊有会启（进香时的招贴）的抄，已抄到了九十余个，其余没有会启的恐还不止四五百呢。他们的香会的组织是极有秩序的：先设立了会所，议定了会规，排好了守晚、起程、上山、朝顶、回香的日期，又分配了引善、催粮、请驾、钱粮、司库、哨子、车把、厨房、茶房等都管，所以人数虽多而不致芬乱。进香的人诚心极了，有的是一步一拜的，有的是提着臂炉的，听说还有跳涧的（他们以为只要诚心便可由神灵护送回家，成其心愿，其实只有活活地跌死）。到了这种地方，迷眼的是香烟，震耳的是鼓乐，身受的是款待，只觉得神秘、壮健、亲善的可爱，却忘记了他们所崇奉的乃是一种浅薄的宗教。这使我对于春秋时的"祈望"，战国后的"封禅"得到一种了解。我很愿意把各地方的社会的仪式和目的弄明白了，把春秋以来的社祀的历史也弄清楚了，使得二者可以衔接起来。

　　社是土地之神。从天子到庶民立有各等的社。但看春秋、战国间人的称述，社神的权力甚大；大水大旱不用说，日食亦用牲于社，决狱和处罚亦在社，祈求年谷和年寿也都在社，军旅中又有军社，似乎社是宗庙以外的一个总庙。后来总务与土地分开了：总务方面有道观和佛寺，它们也可以做祈雨祈年的法事；土地方面有社坛、城隍庙和土地堂。社坛所祭没有指实的神人。城隍神有省、府、县之别，有指实姓名的，也有不指实的。土地神或一村落一个，或一城市多少个，指实与否也与城隍神同。这些神人就很可以研究一下。例如我在清代是江苏省苏州府元和县人，江苏省城隍和苏州府城隍我都不知道是谁，听说是三年一任，由龙虎山天师府札委的。元和县城隍我知道是张老爷，不知其名，听说是永远不换的；看他的封号是"敕封显应王北极驱邪司"，又号"武安君"。我家在苏州的东城，依道士所定的地名唤作道义乡；这一乡的土地是任大明王，说是梁朝的任昉，也是永远不换的。任昉既非苏州人，又未做过苏州的官（他做过义兴太守，义兴即今江苏宜兴），不知道为什么会得做苏州东城的土地神。苏州城中约有三十余个土地神，道士们也记不清楚，因为东城的道士观只做东城的生意，西城的又专做西城，并无完全知道的必要。据我所知，尚有凤凰乡的春申君、大云乡的安齐王、永定乡的茅亭司等。这些神是如何成立的，是否由于天师的委派，还是由于民众的拥戴，实在很有研究的价值。倘使由于天师的委派，这不过是道士们的弄鬼，只要寻到了他们的簿册便可完事。若出于民众们的拥戴，那么，这里边自有复杂的因缘，不是可以急遽了解的了。依我的推想，似乎后说合理，因为听说山东、湖北等省的土地神统统是韩愈，与江苏的办法不同，如果由天师委派，这制度料想不致如此参差。或者江苏的文化发达，民众要求奉祀的神复杂了，所以一城中就有许多名人做土地神。我很愿意把城隍神和土地神的人物历史弄明白，上接春秋以来有功而祀的人物，并看出民众的信仰的旨趣。

歌谣方面，因《歌谣周刊》的撰稿的要求，研究《诗经》的比较的需要，以及搜集孟姜女故事的联带关系，曾发表了多少篇文字。七八年前笔受的苏州歌谣，也先写定了一百首，加上了注释，编成《吴歌甲集》一种。只因校中经费支绌，至今尚未出版。我很感谢玄同先生和魏建功先生，他们为了这一本歌谣集，用精密的方法整理出苏州方音的声韵的部类，在方音的研究上开了一个新纪元。

　　老实说，我对于歌谣的本身并没有多大的兴趣，我的研究歌谣是有所为而为的：我将借此窥见民歌和儿歌的真相，知道历史上所谓童谣的性质究竟是怎样的，《诗经》上所载的诗篇是否有一部分确为民间流行的徒歌。关于下一问题，我已于《论诗经所录全为乐歌》一文中作一个约略的解答，就歌词的复沓，方面的铺张，乐曲的采集，民歌的保存上说明《诗经》所录悉为乐曲；又从典礼所用与非典礼所用的歌曲上证明程大昌和顾炎武依据了《仪礼》所载的乐章而定诸国诗为徒歌的谬误。关于上一问题，我们可以知道历史上所谓应验的童谣一半是有意的造作，一半是无意的误会。所谓有意的造作，如宋明帝疑忌王景文和张永，自造谣言道："一士不可亲，弓长射杀人。"（《宋书·王景文传》）唐董昌称帝越州时，山阴老人献谣道："欲识圣人姓，千里草青青；欲知天子名，日从日上生。"（《新唐书·董昌传》）从这种种伪造的童谣上可以反映出许多不曾破露的号称应验的童谣。《左传》所记，如"丙之晨，龙尾伏辰，均服振振，取虢之旗；鹑之贲贲，天策焞焞，火中成军，虢公其奔"等童谣，无论史官所记不可靠，就使所记确有其事，这童谣的来历也还可疑。所谓无意的误会，如王莽末天水童谣云："出吴门，望缇群，见一蹇人，言欲上天；令天可上，地上安得民！"（《续汉书·五行志》）吴天纪中童谣云："阿童复阿童，衔刀游渡江；不畏岸上兽，但畏水中龙。"（《晋书·五行志》）晋太宁初童谣云："恻恻力力，放马山侧；大马死，小马饿；高山崩，石自破。"（《晋书·五行志》）这些歌词都是很单纯的民歌或是无意义的儿歌。但给深信童谣为有关休咎的人听得了，便解释"蹇人"是隗嚣，"欲上天"是欲为天子；"大马小马"是司马氏，"高山"是苏峻，"石"是苏硕，苏峻逼成帝，死后其弟硕被杀；甚至因王濬小字阿童，晋武帝特加为龙骧将军，以符"水中龙"的谶语。这都是庸人的自欺。若要附会，哪里不可附会；正如求签测字，无论何人得到一签或一字，详签测字的人总可以从他的身分遭际上解释得相像。我很想就用了这个方法，将现在流行的儿歌和民歌解释各时各种的不同的事实，打破这种历史上的迷信。

因为我在歌谣方面发表的文字较多，所以知道我研究歌谣的人也最多，常有人称我为歌谣专家。这种不期之誉我很不愿承受。我的搜集歌谣的动机是由于养病的消遣，其后作了些研究是为了读《诗经》的比较；至于我搜集苏州歌谣而编刊出来，乃是正要供给歌谣专家以研究的材料，并不是公布我的研究歌谣的结果。数年以来，北京大学的歌谣研究会收到了各地的歌谣、谚语、谜语等二万余首，真是一个民众文艺的宝库；可是我诸事乱忙，也没有翻览过多少。我自己知道，我的研究文学的兴味远不及我的研究历史的兴味来得浓厚；我也不能在文学上有所主张，使得歌谣在文学的领土里占得它应有的地位：我只想把歌谣作我的历史的研究的辅助。这个态度，希望大家能够了解，不要敦促我做非分的工作。

我这几年中的工作范围和将来的进行计划，大致如此。

从以上所写的看来，我的时势、个性、境遇，都可以得到一个结论了。

先从时势说。清代的学风和以前各时代不同的地方，就是：以前必要把学问归结于政治的应用，而清代学者则敢于脱离应用的束缚；以前总好规定崇奉的一尊，而清代学者为要回复古代的各种家派，无意中把一尊的束缚也解除了。清末的古文家依然照了旧日的途径而进行；今文家便因时势的激荡而独标新意，提出了孔子托古改制的问题做自己的托古改制的护符。这两派冲突时，各各尽力揭破对方的弱点，使得观战的人消歇了信从家派的迷梦。同时，西洋的科学传了进来，中国学者受到它的影响，对于治学的方法有了根本的觉悟，要把中国古今的学术整理清楚，认识它们的历史的价值。整理国故的呼声倡始于太炎先生，而上轨道的进行则发轫于适之先生的具体的计划。我生当其顷，亲炙他们的言论，又从学校的科学教育中略略认识科学的面目，又因性喜博览而对于古今学术有些知晓，所以能够自觉地承受。古史古书之伪，自唐以后书籍流通，学者闻见广博，早已致疑；如唐之刘知幾、柳宗元，宋之司马光、欧阳修、郑樵、朱熹、叶适，明之宋濂、梅鹭、胡应麟，清之顾炎武、胡渭、毛奇龄、姚际恒、阎若璩、万斯大、万斯同、袁枚、崔述等人都是。不过那些时代的学术社会处于积威的迷信之下，不能容受怀疑的批评，以致许多精心的创见不甚能提起社会的注意，就是注意了也只有反射着厌恶之情。到了现在，理性不受宗教的约束，批评之风大盛，昔时信守的藩篱都很不费力地撤除了，许多学问思想上的偶像都不攻而自倒了。加以古物出土愈多，时常透露一点古代文化的真相，反映出书籍中所写的幻相，更使人对于古书增高不信任的意念。长素先生受了西洋历史家考定的上古史的影响，知道中国古史的不可信，就揭出了战国诸子和新代经师的作伪的原因，使人读了不但不信任古史，而且要看出伪史的背景，就从伪史上去研究，实在比较以前的辨伪者深进了一层。适之先生带了西洋的史学方法回来，把传说中的古代制度和小说中的故事举了几个演变的例，使人读了不但要去辨伪，要去研究伪史的背景，而且要去寻出它的渐渐演变的线索，就从演变的线索上去研究，这比了长素先生的方法又深进了一层了。我生当其顷，历历受到这三层教训，加上无意中得到的故事的暗示，再来看古史时便触处见出它的经历的痕迹。我固然说不上有什么学问，但我敢说我有了新方法了。在这新方法支配之下的材料，陡然呈露了一种新样子,使得我又欣快,又惊诧,终至放大了胆子而叫喊出来,成就了两年前的古史讨论。这个讨论何尝是我的力量呢,原是在现在的时势中所应有的产物!

再从个性上看。我是一个桀骜不驯的人,不肯随便听信他人的话,受他人的管束。我又是一个历史兴味极浓重的人,欢喜把一件事情考证得明明白白,看出它的来踪和去迹。我又是一个好奇心极发达的人,会得随处生出了问题而要求解答,在不曾得到解答的时候只觉得胸中烦闷的不可耐。因为有了这几项基本的性质,所以我敢于怀疑古书古史而把它作深入的研究,敢于推倒数千年的偶像而不稍吝惜,敢于在向来不发生问题的地方发生出问题而不丧气于他人的攻击。倘使我早生了若干年,处于不许批评又没有研究方法的学术社会中,或者竟要成了一个公认的妄人,如以前人对于刘知幾、郑樵们的看法。但现在是不必过虑的了!

更从境遇上看。要是我不生在科举未废的时候,我的幼年就不会读经书。要是我的祖父不给我随处讲故事,也许我的历史兴味不会这样的深厚。要是我不进新式学校,我也未必会承受这一点浅近的科学观念。要是我在幼年没有书籍的嗜好,苏州又没有许多书铺供我闲游,我也不会对于古今的学术知道一点大概,储藏着许多考证的材料。要是我到北京后不看两年戏,我也不会对于民间的传说得到一个大体的领略。要是我不爱好文学、哲学和政治运动,在这种方面碰到多少次的失败,我也不会认识自己的才性,把我的精力集中于考证的学问上。要是不遇见子水和太炎先生,我就是好学,也不会发生自觉的治学的意志。要是不遇见孟真和适之先生,不逢到《新青年》的思想革命的鼓吹,我的胸中积着的许多打破传统学说的见解也不敢大胆宣布。要是北京大学中不征集歌谣,我也不会因写录歌谣而联带得到许多的风俗材料而加以注意。要是我没有亲见太炎先生对于今文家的痛恨,激动我寻求今文学著述的好奇心，我也不会搜读《孔子改制考》，引起我对于古史的不信任的观念。要是我不亲从适之先生受学，了解他的研究的方法，我也不会认识自己最近情的学问乃是史学。要是适之、玄同两先生不提起我的编集辨伪材料的兴趣，奖励我的大胆的假设，我对于研究古史的进行也不会这般的快速。要是我发表了第一篇文字之后没有刘楚贤先生等把我痛驳，我也不会定了周密的计划而预备作毕生的研究。要是我不到北京大学研究所国学门服务，没有《歌谣周刊》等刊物替我作征求的机关，我要接近民众的材料也不会这样的容易。总括一句，若是我不到北京大学来，或是子民先生等不为学术界开风气，我的脑髓中虽已播下了辨论古史的种子，但这册书是决不会有的。

我能承受我的时势，我敢随顺我的个性，我肯不错过我的境遇：由这三者的凑合，所以我会得建立这一种主张。

我自己知道，我是一个初进学问界的人。初进学问界的人固然免不了浅陋，但也自有他的骄傲。第一，他能在别人不注意的地方注意，在别人不审量的地方审量。好像一个旅行的人，刚到一处地方，满目是新境界，就容易随处激起兴味，生出问题来。至于那地的土著，他们对于一切的东西都接触惯了，仿佛见闻所及尽是天造地设的一般，什么也引不起他的思索力了。第二，他敢于用直觉作判断而不受传统学说的命令。他因为对于所见的东西感到兴味，所以要随处讨一个了断；不像学术湛深的人，他知道了种种难处，不敢为了立一异议，害得自己成了众矢之的。初生之犊为什么不畏虎？正因它初生，还没有养成畏虎的观念之故。这固然是不量力，但这一点童稚的勇气终究是可爱的。我真快乐：我成了一个旅行的人，一头初生之犊，有我的新鲜的见解和天真的胆量。我希望自己时时磨炼，使得这一点锐猛的精神可以永永保留下去。如果将来我有了丰富的学问之后，还有许多新问题在我的胸中鼓荡，还有独立的勇气做我的判断力的后盾，那么我才是一个真有成功的人了！

我的心目中没有一个偶像，由得我用了活泼的理性作公平的裁断，这是使我极高兴的。我固然有许多佩服的人，但我所以佩服他们，原为他们有许多长处，我的理性指导我去效法；并不是愿把我的灵魂送给他们，随他们去摆布。对今人如此，对古人亦然。惟其没有偶像，所以也不会用了势利的眼光去看不占势力的人物。我在学问上不肯加入任何一家派，不肯用了习惯上的毁誉去压抑许多说良心话的分子，就是为此。固然有人说，一个人的思想总是偏的，不偏于甲派便偏于乙派，但我觉得要保持客观的态度，用平等的眼光去观察种种不同的派别，也不是不可能的事。即使不能完全不偏，总可以勉力使它少偏一点。也有人说，为学不能不投入家派，正如不能不施用假设，有了假设才有入手的路，所以家派是终该选定的，尽不妨俟将来深入之后而弃去。这种话在以前是可以说的，因为那时各种学问都不发达，学问的基础既不建筑于事实上，研究学问又苦于没有好方法，除了投入家派之外得不到一点引路的微光，为寻求一个下手处计，也有选择家派的需要。例如你要非薄《诗》毛氏学，便当从齐、鲁、韩三家或其中的一家研钻下去；等到自己的学问足以自树了，再脱离家派而独立。但到了现在，学问潮流已经很明白地昭示我们，应该跳出这个圈子了。我们自有古文字学、古文法学、古器物学、古历史学等等直接去整理《诗经》，《毛传》固要不得，就是《三家诗》也是《毛传》的"一丘之貉"，又何尝要得！至于我们为要了解各家派在历史上的地位，不免要对于家派有所寻绎，但这是研究，不是服从。我很怕别人看了我表章郑樵、崔述诸人的文字，就说我做了他们的信徒而来反对毛公、郑玄，所以现在在此附带声明一句：我对于郑樵、崔述诸人决无私爱；倘若他们的荒谬有类于毛公、郑玄，我的攻击他们也要和对于毛公、郑玄一样。希望读者诸君看了我的文字也作这等的批判，千万不要说"承你考辨得很精细，我有所遵循了"这一类话！

《老子》说"自知者明"，希腊的哲学家多劝人知道自己：在这一方面，我"当仁不让"，自认为无愧的。我既不把别人看做神秘，也同样的不把自己看做神秘。我知道我是一个有二重人格的人：在一切世务上，只显得我的平庸、疲乏、急躁、慌张、优柔寡断，可以说是完全无用的；但到了研究学问的时候，我的人格便非常强固，有兴趣，有宗旨，有鉴别力，有自信力，有镇定力，有虚心和忍耐：所以我为发展我的特长计，愿意把我的全生命倾注于学问生活之内，不再旁及它种事务。我知道固有的是非之心的可贵，所以不受习惯的束缚，不怕社会的威吓，只凭了搜集到的证据而说话。我知道自己的凭借，故不愿没却他人的功绩；也知道自己的缺点，故不愿徇着一时的意气。我知道学问是一点一滴地积起来的，一步不走便一步不到，决没有顿悟的奇迹，所以肯用我的全力在细磨的工夫上，毫不存侥幸取巧之心。我知道学问是只应问然否而不应问善恶的，所以我要竭力破除功利的成见，用平等的眼光去观察一切的好东西和坏东西。我知道我所发表的主张大部分是没有证实的臆测，所以只要以后发见的证据足以变更我的臆测时，我便肯把先前的主张加以修改或推翻，决不勉强回护。因为我有了以上种种的自觉，所以我以为我现在固然学力浅薄，不足以解决多少问题，但我的研究的方法和态度是不错的，我的假设虽大胆而绝不是轻举妄动，只要能从此深入，自可驯致于解决之途。

说了上面一段话，或者读者诸君要疑我是一个傲睨万状的人，自满到极度的。其实我的心中只压着沉重的痛苦和悲哀。我

的个性固然适于研究学问，我的环境固然已经指给我一个研究的
新方向，但个性和环境原只是学问的凭借而不即是学问的实质。
譬如造屋，个性是基础，环境是梁柱，实质是砖石。虽则有了基
础和梁柱可说具备了屋子的规模，但尤要紧的是砌成墙壁的砖
石。倘使四壁洞然，这空架子要它干么，翻不如穴居巢处的可以
得到简陋的实用了！我对于实质的要求渴热已极，可是数年以来
只有得到失望。每一回失望之后，心中便留着刀刺一般的痛苦；
日子愈久创伤也愈深。我自己知道，我没有辜负我的个性，只是
我的环境太不帮助我了。它只替我开了一个头，给了我一点鲜
味，从此便任我流浪了，饥饿了！

　　我的学问生活，近年和以前不同的地方，是：以前常有把范
围放得极大的要求，现在则毕意把它收缩，希望集中我的全副精
神到几个问题上面去。但痛苦即由这方面起来了！其一，许多学
问没有平均发展时，一种学问也要因为得不到帮助而不能研究
好。在现今这般民不聊生的中国，谁能安心从事研究；就是能安
心研究也苦于研究的设备的不完全，终于废然而返。我就是万分
的努力，想在一种学问上创造出一个基础来，但可以由他种学问
帮助的地方也须仍归自己动手。正如到蛮荒垦殖的人，他的"筚
路蓝缕以启山林"的劳力不必说，就是通常的农人可以随便使用
的一切东西他也都得不到。要喝水只得自己掘井；要穿衣只得自
己织布；要睡觉只得自己盖屋。比了住在都市中的人，要什么有
什么的，固然差得天高地远，就是比了掘井盖屋的土木匠，织布
制衣的织工缝工，他们因机械的进步而能得到各种便利的，也是
可望而不可即。所以我的研究，我自己料到是要事倍功半的。我
只得废弃可以不必废弃的时间到他种研究上，这也做一点，那也
做一点，终至造成一个又乱又浅的局面，远难和理想中的期望相
符合。其二，从前人对于学问，眼光太短，道路太窄，只以为信

守高文典册便是惟一的学问方法。现在知道学问的基础是要建筑于事实上的了，治学的方法是不要信守而要研究的了，骤然把眼光放开，只觉得新材料的繁多乱目，向来不成为问题的一时都起了问题了。好像久因于高墙狭弄中的犯人，到处撞头碰鼻，心境本是很静谧的，忽然一旦墙垣倒塌，枷锁也解除，站起一望，只见万户千门的游览不尽，奇花异兽的赏玩无穷，翻要不知道自己的生活该怎样办才好，新境界的喜悦与手足无措的烦闷一时俱来到了。我是一个极富于好奇心的人，一方面固是要振作意志，勉力把范围缩小，作深入的研究，一方面又禁不住新材料的眩惑，总想去瞧它一瞧。等到一瞧之后，问题就来了；正在试作这个问题的研究时，别种问题又接二连三的引起来了。不去瞧则实为难熬，一去瞧又苦无办法。这真是使我最感痛苦的一件事。要是研究学问的人多了，我感得到的问题别人也感得到，大家分工去做，我的本分以外的问题就可由他人去解决，我只要把他人研究的结果用来安慰我自己的好奇心就够了。但在现在这样的生活之下，又哪里可以盼望这种境界的实现呢！

上条所述的不能分工治学的烦闷，原是现在中国许多有志学问的人所公同受到的。至于在生活上，我所受的痛苦也特多，约略可作下列的叙述。

我生平最可悲的事情是时间的浪费和社会上对于我的不了解的责望。但这应加上一个说明：我随顺了自己的兴味而费去的时间并不在浪费之内，因为这是多少得到益处的。例如买书、看戏、听鼓词等等嗜好，当时固然完全为的是欣赏，但到了现在，在研究上都受用了。就是赌博、喝酒、逛窑子、坐茶馆等等，我也都犯过，但这只使我知道大家认为嗜好的不过是这么一回事，使我知道这些事情是不足以激起我的兴味的，从此再不会受它们的引诱，时间的破费也不是徒然。一个人自幼年到成长原只在彷

徨觅路之中：走的路通，就可永远走下去；走的路不通，也可以
不再费力去走。惟其当时肯耗废觅路的功夫，才能在日后得到该
走的大道。所以只要自己有兴味去尝试，总与自己有益。我在这
些事上耗废的时间，是决不怨的。只有十余年来在新式学校中过
的上课生涯，使得我一想着就要叫屈。学校教员的知识大都是不
确实的，他们自己对于学问也没有什么乐趣，使我看着他们十分
的不信任，几乎没有在课业中得到什么。中小学时代，我尚未发
生爱惜时间的观念，随班上课，只是坐待钟点的完毕。在这熬耐
钟点的时候，逢着放任的教员我就看课外的书，逢着严厉的教员
我就端坐冥思，上天下地般瞎想。这样的生活过了多少年，造成
了我的神经衰弱的病症，除了极专心读书作文之外，随时随地会
得生出许多杂念，精神上永远没有安静。进了大学之后，因为爱
好学问，不由得不爱惜时间。但是教员仍不容我，我恨极了！看
我民国初年的笔记，满幅是这等的牢骚话。我以为我们所以要有
学问，原要顺遂自己的情性，审察外界的事物；现在所学的只有
一些模糊影响之谈，内既非情，外亦非物，为的只是教员的薪金
和学生的文凭，大家假借利用，捱延过多少岁月。他们各有所为
而捱延，却害苦了真正愿意自己寻求学问的我，把我最主要的光
阴在无聊的课堂上消磨掉了！固然我也在学校教育中得到些粗疏
的科学观念，但要得到这一点粗疏的观念只消自己看几本科学
书，做上几次实验也就够了，何必化去十余年的大功夫呢！他们
在那里杀青年真可恨，青年们甘心给他们杀也可鄙！

　　自从出了学生界，免去了无聊的上课，我总以为可以由我自
己支配时间了，哪知道又不然。现在中国的做事的人不知道为什
么会得这样少，在社会上跳动的老是这几个人；这几个人似乎是
万能的，样样事情都须他们经手。我因为屡屡受了他人的邀约而
发表些文字，姓名为世所知，所以一般人也以为我是有意活动

的；结合什么团体，每承招致。我尝把和我发生关系的团体（不管是实际的或名义的）写出一看，竟有二十余个；分起类来，有历史、古物、文学、图书馆、教育、哲学、政治、社会、商业、编辑十种。这真使我惊骇极了！我一个人如何有这么多的技能，又如何有这么强的精力！在社会上活动固然有出锋头的乐趣，但我哪里爱出这种锋头呢。要是我永久这样的做下去，我的将来的能力至多不过像现在一样罢了，我的一生也就完了！再想我在社会上是到处退避的，尚有这许多牵掣，那么，这些自告奋勇的人，他们名下的团体又要有多少？社会上多的是团体，有了团体的名目再从事于分头拉人。无论拉进的人必不能实心实意地做，就是愿意做切实的工作的也要不胜别方面的拉拢，做了一点就停止了。这样做去，是永久活动而永久得不到结果的。

我感到生命的迫促，人智的短浅，自己在学问上已竭力节缩欲望，更何能为他人夺去时间，所以要极力摆脱这种旋涡，开会常不到，会费常不缴，祈求别人的见舍。可是时代的袭击到底避免不尽，我的肩膀上永远担负着许多不情愿的工作。我只得取一点巧，凡是和我有关的事情总使它和自己愿意研究的学问发生些联络：例如文学方面的要求，我就借此作些民众艺术的文字应付过去；政治方面的要求，我又作了些历史的文字应付了。这样干去，颇有些成效。这二年中，我所以和民俗学特别接近，发表的东西也最多之故，正因我把它与研究所的职务发生关系。研究所中有风俗调查会和歌谣研究会，我便借此自隐了。这当然是很不该的，但我深知道研究与事务的不相容，终不愿为了生计的压迫而把自己的愿望随人牺牲。只是这样做去，虽不致完全埋没了自己，而所做的工作总是"鸡零狗碎"的，得到的成绩决不是我的意想中的成功。我心中有许多范围较广的问题，要研究出一个结果来，须放下几个月或几年的整功夫的，它们老在我的胸膈间乱撞，仿佛发出一种呼声道："你把我们闷闭了好久了，为什么还不放我们出来呢？"我真是难过极了。所以我常对人说："你们可怜了我吧！你们再不要教我做事情吧！我就是没有一丝一毫的职务，我自己的事情已经是忙不过来的了！"

我记得幼时常见人圈点一部书（如《史记》、《汉书》、《文选》等），圈完了一遍之后买一部新的再圈下去。我很瞧不起这班人的迂拘和迟缓，以为读书只要翻翻就是了，照这样的读法，一生能够读得几部。那时我的胸中既没有宗旨，也没有问题，所以看书虽多，时间依然是宽裕的；因时间的宽裕而把学问看得更轻易。现在有了宗旨，许多问题都引起来了，无论看哪种薄薄的书，只觉得里面有许多是可供旧有问题的研究材料的，有许多是可以发生新问题的。因为都是有用的材料，都不忍弃去，抄出既没有空闲，不抄出又似乎负上了一笔债，所以我到现在，真不敢随便翻动哪一本书，除了我要把它自首至尾读一遍。我始回忆先辈的读书方法，很想拣出几部必须精熟的基本书籍，一字一字地读去，细细咀嚼，消化成自己的血肉。可恨现在的时势只许人发议论而不许人读书，所谓读书也只是浮光掠影地翻览，像我幼年的行径一般，我怀了正式读书的愿望久久无法使它实现。岂但是读书呢！我的袖珍笔记册积了一抽屉了，里面有许多是见闻所及的抄撮，有许多是偶然会悟的见解，很有誊入红格本笔记簿的价值。但是铅笔的影子已经渐渐地澌灭了，急写的字体也有许多认不清了，却还没有动手抄写。我真悲伤，难道我的过去的努力竟不由得我留下一些残影来吗？

这几年，社会上知道我有志研究历史的很多，对于这方面的期求也特别重，许多人属望我编成一部中国通史。我虽没有研究普通史的志愿，只因没有普通史，无论什么历史问题的研究都不易得到一种凭借，为自己研究的便利计，也愿意从我的手中整理出一个大概来。我的心中一向有一个历史问题，渴想借此得一解决，即把这个问题作为编纂通史的骨干。这个问题是：中国民族是否确为衰老，抑尚在少壮？这是很难解决的。中国民族的衰老，似乎早已成为公认的事实。战国时，我国的文化固然为了许多民族的新结合而非常壮健，但到了汉以后便因君主的专制和儒教的垄断，把它弄得死气沉沉了。国民的身体大都是很柔弱的；知识的浅陋，感情的淡薄，志气的卑怯，那一处不足以证明民族的衰老。假使没有五胡、契丹、女真、蒙古的侵入，使得汉族人得到一点新血液，恐怕汉族也不能苟延到今日了。现在世界各强国剧烈地压迫我们，他们的文化比我们高，他们再不会像以前的邻族一般给我们同化；经济侵略又日益加甚，逼得我们人民的生计困苦到了极端；又因他们的经济侵略诱起我们许多无谓的内争，人民死于锋镝之下的不计其数：眼看一二百年之中我们便将因穷困和残杀而灭种了！在这一方面着眼，我们民族真是衰老已甚，灭亡之期迫在目前，我们只有悲观，只有坐而待亡。但若换了一种乐观的眼光看去，原还有许多生路可寻。满、蒙、回、藏诸族现在还在度渔猎畜牧的生活，可以看做上古时代的人民。就是号称文明最早的汉族所居的十八省中，苗、瑶、僮、爨等未开化的种族依然很多，明、清两代"改土归流"至今未尽。这许多的种族还说不到壮盛，更哪里说得上衰老。就是汉族，它的文化虽是衰老，但托了专制时代"礼不下庶人"的福，教育没有普及，这衰老的文化并没有和民众发生多大的关系。所以我们若单就汉族中的知识阶级看，他们的思想与生活确免不了衰老的批评，但合了全中国的民族而观，还只可说幼稚。现在国势如此贫弱，实在仅是病的状态而不是老的状态。只要教育家的手腕高超，正可利用了病的状态来唤起国民的健康的要求。生计固然困苦，但未经开发的富源正多，要增加生产，享用数千年来遗弃的地利，并不是件难事。内争固然继续不已，但或反足以激动人民参预政治的自觉心，使得他们因切身的利害而起作内部的团结。（例如四川的民团因军阀的残暴而发生，现已力足抵制军阀。河南、山东的红枪会也是由于自卫的要求而起，可惜知识太低，以至流于义和团一类的行径，这是须教育家补救的。）体质固然衰弱，但教育方法和生育观念的改变也足以渐渐造成强壮的青年，或者过了几代之后可以一改旧观。因此，如这一方面着眼，只要各民族能够得到相当的教育，能够发生自觉的努力，中国的前途终究是有望的。这真是关系我们的生死存亡的一个最重大的历史问题。这个问题究竟如何，非费多年的功夫去研究决不能清楚知道。我生丁离乱之际，感触所及，自然和他人一样地有志救国；但是我既没有政治的兴趣，又没有社会活动的才能，我不能和他人合作，我很想就用了这个问题的研究做我的惟一的救国事业，尽我国民一份子的责任。我在研究别种问题时，都不愿与实用发生关系；惟有这一个问题，却希望供给政治家、教育家、社会改造家的参考，而获得一点效果。至于研究的方法，我很想先就史书、府县志和家谱中寻取记载的材料，再作各地的旅行，搜集风俗民情的实际的材料。可是我的生活如不能使我作安定的研究，这个计划是无从进行的；社会上固然期望我，但空空地期望而不给我以实现的境遇，也是望不出结果来的。（前年承沈尹默先生的好意，嘱为孔德学校编纂历史讲义，我即想向着这一方面走去；只因诸务忙冗，到今没有编了多少，很使我怅恨不安。）

我的第二种痛苦是常识的不充足和方法的不熟练。我幼年在翻书中过日子，以为书多自然学富，心中很自满。二十后读章学诚的《文史通义》，在《横通》篇中见到以下一节议论：

> 老贾善于贩书，旧家富于藏书，好事勇于刻书，皆博雅名流所与把臂入林者也。……然其人不过琴工碑匠，艺术之

　　得接于文雅者耳；所接名流既多，习闻清言名论，而胸无智
　　珠，则道听途说，根底之浅陋亦不难窥。周学士长发以此辈
　　人谓之"横通"，其言奇而确也。……学者陋于见闻，接横
　　通之议论，已如疾雷之破山，遂使鱼目混珠，清浊无别，而
　　其人亦嚣然自命，不知其通之出于横也！……

读了这一段，自想我的学问正是横通之流，不觉得汗流浃背。从
此想好好地读书，但我这时只把目录平议一类书算作我的学问的
标的。过了几年，又使我羞愧了。民国五年的笔记中有一则道：

　　　　自章实斋以来，学者好言校雠，以为为学始于目录，故
　　家派流变，区以别矣。然目录者，为学之途径，非其向往之
　　地也。今得其途径而止，遂谓纲目条最之事足以尽学，而忘
　　其原本，此则犹诵食谱而废庖厨矣。太炎先生与人书云：
　　"往见乡先生谭仲修，有子已冠，未通文义，遽以《文史》、
　　《校雠》二种教之。其后抵掌说《庄子·天下》篇，刘歆《诸
　　子略》；然不知其义云何。"按：此即任目录而废学之弊也。
　　予初诵实斋《通义》，即奋力求目录书；得其一勺，以为知
　　味。自受业于伯弢先生，颇愿为根本之学，以执简御繁，不
　　因陋就简。乃校课逼迫，不得专攻；所可致力，仍继前轨。
　　思之辄汗颜不止。

到这时，我才真想读原本书而不再满足于目录平议所载的纲要
了。但我的心中还没有生出问题，以为整理国故只要专读故书好
了，若与世界学问打通研究，恐有"古今中外派"的附会的危
险。直到近数年，胸中有了无数问题，并且有了研究问题的工
作，方始知道学问是没有界限的，实物和书籍，新学和故书，外
国著作和中国撰述，在研究上是不能不打通的。无论研究的问题
怎样微细，总须到浑茫的学海里去捞摸，而不是浮沉于断港绝潢
之中所可穷其究竟。于是我需要的基本的知识和应用的方法乃大

感不足!

我自小学到大学，为了对于教员的不信任，大都没有用过功。犹记在中学时初学几何，我不懂得它的用处，问同学，问教员，都说不出一个所以然来。我以为这不过是算学上的一套把戏而已，并没有实际的需要，就不去注意。到了现在，除了书首的几条定义还有些影子之外，其余完全模糊了。他种科学也都这样，翻开来时有些面善，要去应用时便觉得隔膜。我很想得到二三年工夫，把以前所受的课业统统温理一遍，因为这些都是不可减少的常识，要在现在时代研究学问是不应不熟习的。外国文我虽读过四种，只因都不曾出力去读，也没有一种读好。近数年来，我用了极度的勉力，从没有空闲中硬抽出些时间来自修，结果却总是"一曝十寒"，没有多大的效验。我也想得到二三年工夫，把它读好两种。所以我惟一的想望，便是如何可以获得五六年的闲暇，让我打好一个学问的根底，然后再作研究，再在文坛上说话。我相信社会上如要用我，也是让我在现在时候多读书比较多做书为更有益。如果我能够打好了这个根底，我的研究和主张才可达到学问界的水平线上，我的学问才可成为有本的源泉。像现在这样，固然也可以发表些研究的成绩，但这是唐花篘中烘开来的花，提早的开放只换得顷刻的萎谢罢了。

我虽有这样的渴望，可是我很明白，这仅仅是我的"单相思"，社会上是不能容许我的。他们只有勒逼我出货，并不希望我进货。更质直地说，他们并不是有爱于我，乃是有利于我。他们觉得我到了大学毕业，已经教养得很足够了，可以供他们的驱使。一头骡子，到它长成的时候，就可由蓄养它的主人把它驾到大车上，拖煤、拖米、拖砖石，不管有多少重量，只是死命地堆积上去。堆积得太多到拖不动了，也惟有尽力鞭扑；至于它的毛尽见皮，皮开见血，这是使用它的人不瞧见的。直到用尽了它的气力而倒毙时，才算完了它的任务。啊！现在的我真成了一头拖大车的骡子了吗？就是不要说得这样的惨酷，只说社会上推重我，切望我做出些成绩来，也好有一比。好比我要从西伯利亚铁道到欧洲去，在海参崴起程时，长途万里，满怀的高兴，只觉得层云积雪的壮观，巴黎、伦敦的繁华，都将直奔我的眼底来了。车到赤塔，忽然有许多人蜂拥上车，乱嚷乱挽道："你的目的地已达到了，请下车罢！"我正要分辨我的行程发轫不久时，已经七手八脚地拖我下去了。我向他们陈述旅行的目的和打断兴趣的烦闷，大家笑道："你已经出了国了，路走得很远了，很劳顿了，还是将就些罢！"在这时，试问我的心要悲苦到怎样？

年来称我为"学者"的很多。我对于这个称谓决不辞让，因为它可以用来称有学的人，也可以用来称初学的人：初学是我的现在，有学是我的希望中的将来，他们用了这个名词来称我，确是我的知己（纵然在现今看学者与名流政客等字样同为含有贬意的时候）。但他们称赞我的学问已经成就，这便使我起了芒刺在背的不安，身被文绣而牵入太庙的觳觫。我知道，若把我与汉代经师相较，我的学问确已比了他们高出了若干倍。可是小学的及格不即是大学的及格，我们正要把一时代的人物还给一时代，犹之应把某等学校的学生还给某等学校，不该摊平了看。汉代的刘向、郑玄一流人，现在看来固甚浅陋，而在当时的极浅陋的学术社会中确可以算做成就了。至于在二十世纪的学问界上，则自有二十世纪的成就的水平线，决不是像我这样的人所能滥竽充数。惟其我要努力达到水平线上，所以我希望打好我的知识的根底而从事于正式的研究。若在现在时候即说我已经成就，固然是一番奖励的好意，但阻止我的发展，其结果将与使用我拖大车的相同，所以这个好意我是不愿领受的。

我常说我们要用科学方法去整理国故，人家也就称许我用了科学方法而整理国故。倘使问我科学方法究竟怎样，恐怕我所实知的远不及我所标榜的。我屡次问自己："你所得到的科学方法到底有多少条基本信条？"静中温寻旧事，就现出二十年来所积下的几个不可磨灭的印象。十二三岁时，我曾买了几部动物植物的表解，觉得它们分别种类的清楚，举出特征和形象的细密，都是很可爱的。进了小学，读博物理化混合编纂的理科教科书，转嫌它的凌乱。时有友人肄业中学，在他那边见到中学的矿物学讲义，分别矿物的硬度十分明白，我虽想不出硬度的数目字是如何算出来的，但颇爱它排列材料的齐整，就借来抄录了。进了中学，在化学堂上，知道要辨别一种东西的原质，须用它种原质去试验它的反应，然后从各种不同的反应上去判定它。后来进了大学，读名学教科书，知道惟有用归纳的方法可以增进新知；又知道科学的基础完全建设于假设上，只要从假设去寻求证据，更从证据去修改假设，日益演进，自可日益近真。后来听了适之先生的课，知道研究历史的方法在于寻求一件事情的前后左右的关系，不把它看做突然出现的。老实说，我的脑筋中印象最深的科学方法不过如此而已。我先把世界上的事物看成许多散乱的材料，再用了这些零碎的科学方法实施于各种散乱的材料上，就欢喜分析、分类、比较、试验，寻求因果，更敢于作归纳，立假设，搜集证成假设的证据而发表新主张。如果傲慢地说，这些新主张也可以算得受过科学的洗礼了。但是我常常自己疑惑：科学方法是这般简单的吗？只消有几个零碎的印象就不妨到处应用的吗？在这种种疑问之下，我总没有作肯定的回答的自信力。因此，我很想得到些闲暇，把现代科学家所用的方法，弘纲细则，根本地审量一下，更将这审量的结果把自己的思想和作品加以严格的批判，使得我真能用了科学方法去作研究而不仅仅是标榜一句空话。

　　我在幼时，读了孔孟书和《新民丛报》一类文字，很期望自己做一个政治家；后来又因兴趣的扩张和变迁而想治文学和哲学。哪里知道到了近数年，会得发见我的性情竟与科学最近！我最是自己奇怪的，是我的爱好真理的热心和对于工作的不厌不倦的兴味。中国的学问虽说积了二三千年没有断，可是梦乱万状，要得到确实的认识非常困难。我今日从事研究整理，好似到了造纸厂中做拣理破布败纸的工作，又多，又臭，又脏，又乱，又因拣理的家伙不完备，到处劳着一双手。但是我决不厌恶，也决不灰心，我只照准了我的理想的计划而进行。所吃亏的，只是自己的技能不充足，才力受限制，常感到眼高手低的痛苦。如果我的技能能够修习得好，使得它可以和我的才力相应合，我自信我的成就是决不会浅薄的。

　　我的第三件痛苦是生计的艰窘。我没有金钱的癖好，薪金的数目本来不放在我的心上。我到北京来任事，也明知在欠薪局面之下，生计是不安的；只为要满足我的学问的嗜好，所以宁可投入淡泊的生活。但近年以来，中央政府的财政已陷绝境，政费屡屡数月不发，就是发出也是"一成二、二成三"这般敷衍，连淡泊的生活也维持不下了。以前学生时代，我向祖母和父亲乞得些钱钞，常常到书肆里翻弄；哪知道现在自己有了职业，反而失去了这个福分。在研究上，有许多应备的参考书，但没有法子可以得到。例如《二十四史》，是研究历史的人何等切要的工具，以前我不能买全部，尚可搜罗些零种，现在连零种也不许问津了。有许多急需的书，熬到不可熬时，也只有托人去买，因为免得见了他种可爱的书而不能买时，害苦了我的心。有许多地方，在研究上是应该去的，但也没有旅行的能力。不必说辽远的长安、敦煌、于阗诸处，就是我研究孟姜女故事，山海关和徐水县两处都是近畿的这件故事的中心，并且是京奉、京汉两线经过的，大约有了四五十元也尽够作调查费了，可怜想了一年半，还只是一个空想！

为了生计的不安定，要什么没有什么，一方面又受家人的谴谪，逼得极好学的我也不能安心治学。有时到了十分困苦之境，不免想作了文稿出卖，因为我年来得了些虚名，稿子确也卖得出去，在这一方面未始不可救一点急。但一动笔时，又使我懊丧了：我觉得学问原是我的嗜好，我应当尊重它，不该把它压做了我的生计的奴仆，以至有不忠实的倾向而生内疚。然而学问的忠实谈何容易，哪能限定了一天写几千字，把生计靠在上面。与其对于学问负疚，还不如熬着困苦：这是我的意志的最后的决定。所以我虽困穷到了极端，卖稿的事情却始终没有做过几回。卖稿且如此，要我去讲敷衍应酬，钻营职务，当然益发没有这种的兴会了。来日大难，或者要"索我于枯鱼之肆"吧？

我记得我的幼年，因顽强而为长者所斥责，他们常说："你现在的脾气这等不好，将来大了，看你如何可以吃人家的饭！"到二十岁左右时，我初见到社会上种种阢隉不安的现象，初知道个人的适存于社会的艰难，又读了些《老》、《庄》的书，知道天真与人事的不相容，就很肯屈抑自己，对人装像一个乡愿。向来说我固执的亲族长者一时也称誉道："颉刚很随俗了！"哪知道现在又抑不住我的本性了，只觉得必须从我的才性上建设的事业才是我的真实的事业，我只应当受自己的支配于事业的工作上，若迁就了别人就是自己的堕落。无论怎样受生计的逼迫，只是不能溶解我的坚硬的癖性。看来我的长者斥责我的话是要应验的了！

我的第四件痛苦是生活的枯燥。我在社会里面，自己知道是一个很枯燥的人，既不能和人敷衍，也不能和人争斗。又感到人事的复杂，自己知识的渺小，觉得对于任何事件都不配作批评，因此我处处不敢发表自己的主张。要我呼斥一个仆人，和强迫我信从一个古人一样的困难。到了交际场中，又因与日常的生活不同，感到四围空气的紧张，自己既局促若辕下之驹，又怕他人因了我的局促而有杀风景之感。看着许多人在我的面前活动，只觉得他们的漂亮、伶俐、劈脱、强健、豪爽的可羡，更感到自己的干枯、寂寞、沉郁、拘谨的可厌，像一枚烂柿子的可厌。我自己知道，我的处世的才能是愈弄愈薄弱了。这种在旧教育之下和长日的书房生活之中压迫而成的习惯，恐怕已是改不掉的；并且这种习惯和我的学问事业不生关系，也没有立志痛改的必要。我所悲感的，是我的内心生活也渐渐地有干涸的倾向了。

许多人看了我的外表，以为我是一个没有嗜欲的人，每每戏以"道学家"相呼。但我自己认识自己，我是一个多欲的人，而且是一个敢于纵欲的人。我对于自然之美和人为之美没有一种不爱好，我的工作跟着我的兴味走，我的兴味又跟着我所受的美感走。我所以特别爱好学问，只因学问中有真实的美感，可以生出我的丰富兴味之故。反过来说，我的不信任教师和古代的偶像，也就因为他们的本身不能给我以美感，从真理的爱好上不觉地激发了我的攻击的勇气。但一株树木的荣茂，须有蔓延广远的根荄。以前我对于山水、书画、文辞、音乐、戏剧、屋宇的装饰等等的嗜好，就是许多条根荄，滋养着我的学问生活的本干的。我对于民俗的理解力固然甚浅，但在向来没有人理会之中能够辟出这一条新路，实在就是无意中培养出来的一点成绩。我说这句话，并不是说凡是我所欣赏的都要在里边得到实效，我很知道挟了受用的心思而作的欣赏决不能成为真的欣赏。我的意思，不过要借此说明不求实效的结果自能酝酿出一些成绩来，这些成绩便不是在实效的目标之下所能得到的而已。所以我们若要有伟大精美的创造，必须任着作者随了自己的嗜欲和兴会而发展，愈不求实效愈可得着料想不到的实效。

　　但是我很可怜，从前的嗜欲现在一件一件地衰落了。去年一年中，我没有到过一个新地方；音乐场和戏园子总共不过去了四五次，又是受着友人的邀约的。家里挂的书画，以前一星期总要换一次，现在挂了两年还没有更动，成了照例文章，把欣赏美术的意味完全失去了。从前喜欢随便翻书，每于无意中得到会心之乐，近来不是为了研究的参考竟不触手了。要说好，也是好，因为我的精力集中到学问上，在学问上又集中到那几科，以至那几个问题。但我敢说嗜好的衰落决不是我的幸福。再用树来比喻。我们要使得一株树木增高，自然削去旁逸斜出的枝条是惟一的办法；但稍加芟削则可，若统统斩去，把它削成了电杆一般细长的东西，无论在事实上不会生存，就使生存了也是何等可怕的一件东西呵！我自己知道，我并不是一个没有情趣的人，我年纪虽过了三十，但还保存得青年的豪兴，向日徘徊留恋的美感也没有丧失分毫。只是事情忙了，胸中的问题既驱迫我走遥远的程途，社会上又把许多负担压积到我的肩上。以前没有目的的人生忽地指出目的来了，以前优游自得的身子又猛被社会拉去做苦工了，愈走愈难，愈担愈重，我除了我的职务之外再不能分出余力到我所爱好的东西上去了。于是我的生趣日趋于枯燥遂成为不可避免的事实！

　　我现在忙得真苦！我也知道，我的事务的种类并不比别人多，只是做成一件事情要求惬心的不容易。别人半天可以做完的事情，我往往迁延到五六天。要草写一篇文字，总得作多少日子的酝酿。朋友们探望的不答，来信的不复，以至过了一年半载而作复，成了很平常的事。我的大女儿住在校里，屡屡写信归来，说："请爹爹给我一封信罢！"我虽是心中很不忍，但到底没有依她的请求。二女儿写好一张字帖，要我加上几圈，我连忙摇手道："送给你的母亲去罢！"我的忙甚至使我对于子女的疼爱之心也丢了，这真太可怜了！记得以前与友人下五子棋，十局中输了九局。他道："我看准了你的短处了！你不肯下一个闲空的棋子，所以常常走入死路，不能作灵活的运用。"我自想我的现在的生活颇有些像我的下棋了，因为一些时间不肯轻易让它空过，过于务实，以至生活的趣味尽失。文化原是在闲暇中养成的，像我这种迫不及待的生活，只配做一个机械性的工匠，如何可以在学林艺海之中啸吟容与，认识宇宙的伟大呢。精神方面既因此而受损害，使得我的思想渐窒实，眼光渐钝短，身体方面也是同样的伤坏。我现在除了读书作文颇能镇定之外，无论做什么事情，仿佛背后有人追赶着，越做越要快，以至心跳心悸。照这样下去，或者草书可以不用练习而自然名家，长途竞走也可以考上第一。假使我能够准了钟点做事，此心原可安定得多；无如别人没有定时做事的观念，遂害得我不能画出做事的定时。我正在从事工作时，忽然人事来了，别人看得时间是很轻的，他们把我的时间随便浪费了。我只要一起了爱惜光阴之念，立刻心窘。回到工作时，就刺促不宁了。因为这样，所以几乎没有一天的日子不短，没有一天的工作不欠，没有一天的心情不悲伤。但这有什么法子可以得到别人的原谅呢？没有法子，只得把应该游息的时间也改隶到工作之下。从此以后，我就终年没有空闲了。有时在室内蹲伏了数天，走到街上，只觉得太阳亮得耀眼，空气的清新仿佛到了山顶。这类境界，在做专门研究的时候固然是逃不了的，但永久处于这种生活之下终不是个办法。我很想得到一种秩序的生活，一天总是工作几小时，游息几小时，不多也不少，像小孩子的食物一样的调匀，使得我可以作顺适的成长。但在现在的社会之下，这个希望能超过了空想吗！

　　以上几种痛苦，时时侵袭我的心，掣住我的肘，我真是十分的怨望。我要忠实于自己的生命，则为社会所不容；若要改作委蛇的生存，又为内心所不许：这真是无可奈何的了！我自己觉得，我有这一点粗略的科学观念，有这一点坚定的志愿和不畏难的勇气，我的眼下有许多新问题，我的胸中没有一个偶像，在现在轻忽学问的中国社会上，我已是一个很难得的人，我所负的责任是很重的。社会上固然给我以种种的挫折，但是我竟不能用了我的热情打出一个学问的地位来吗！我将用尽我的力量于挣扎奋斗之中，为后来人开出一条大道！就是用尽了我的力量而到底打不出一条小径，也要终其身于呼号之中，希望激起后来人的同情而有奋斗的继续者！

我的作文本来就有"下笔不能自休"的毛病，近数年尤甚。我读别人做的文字虽也觉得含蓄的有味，但自己做文总须说尽了才痛快。这篇序文的起草，适在北方军事紧张之际，北京长日处于恐怖的空气之中：上午看飞机投弹，晚上则饱听炮声。我的寓所在北海与景山之间，高耸的峰和塔平时颇喜其风景的秀美，到这时竟成了飞机投弹的目标。当弹丸落到北海的时候，池中碧水激涌得像白塔一般的高，我家的窗棂也像地震一般的振动了。每天飞机来到时，大家只觉得死神在自己的头上盘旋不去。家人惊恐之余，连水缸盖和门户的开阖的声浪也变成了弹声炮声的幻觉。等到炮声停止之后，市上更加寂静了，普通铺户都是"清理账目"，饭店酒馆又是"修理炉灶"，阔气一点的铺子则是"铁门有电"，比了阴历元旦的歇业还要整齐。北京大学的薪金，这两个多月之中只领到一个月的一成五厘，而且不知道再领几成时要在哪一月了。友朋相见，大家只有皱眉嗟叹，或者竟要泪随声下。在这又危险又困穷的境界里，和我有关系的活动一时都停止了；就是印刷所中，也因交通阻绝，纸张缺乏，不来向我催稿子。我乐得其所，终日埋头在书房里，一天一天的从容不迫地做下去，心中想到什么就写什么，实足写了两个月，成了这篇长文，——我有生以来的最长最畅的文。胸中郁勃之气借此一吐，很使我高兴。我妻在旁边笑道："你这篇文字不成为序文了！一篇《古史辨》的序，如何海阔天空，说得这样的远？"但我的意思，原要借了这篇序文说明我的研究古史的方法和我所以有这种主张的原因，一件事实是不会孤立的，要明了各方面的关系不得不牵涉到无数事实上去；至于体裁上像不像序，这是不成问题的，因为我原不想作文学的文章。（其实就是文学的文章，也何尝不可随了作者的意念而改变体裁。）

这册书于去年九月中付印。本来在一二个月内可以出版，只为临时增加了些篇幅，延至本年二月中方将本文印完。又因等待这篇序文，再延了两个月。假使没有朴社同人的宽容，是决不会听我如此纡徐的。我敬对于社中同人致谢！

末了，我再向读者诸君唠叨几句话。第一，这书的性质是讨论的而不是论定的，里面尽多错误的议论（例如《古今伪书考跋》中说清代无疑《仪礼》者，又如与玄同先生信中讥今文家，谓依了章学诚《易教》的话，孔子若制礼便为僭窃王章）。现在为保存讨论的真相计，不加改正。希望出版之后，大家切切实实地给以批判，不要轻易见信。第二，古史的研究现在刚才开头，要得到一个总结论不知在何年。我个人的工作，不过在辨证伪古史方面有些主张，并不是把古史作全盘的整理，更不是已把古史讨论出结果来。希望大家对于我，能够知道我的学问的实际，不要作过度的责望。第三，我这本书和这篇序文中提出了多少待解决的问题。像我这般事忙学浅的人，不知道什么时候才可把这些问题得到一个约略的解决，说不定到我的生命终止时还有许多现在提出的问题不曾着手。读者诸君中如有和我表同情，感到这些问题确有研究的价值的，请便自己动手做去。总结一句话，我不愿意在一种学问主张草创的时候收得许多盲从的信徒，我只愿意因了这书的出版而得到许多忠实于自己的思想，敢用自力去进展的诤友。

　　　　顾颉刚。
　　　　十五年一月十二日始草，四月二十日草毕。

《古史辨》第四册序*

宇之广，宙之久，材料是找不尽的，问题是提不完的。何况一种学问已有了二千余年的积聚，现在刚把传统的态度彻底改变，开手作全盘的清理之时，其困难烦乱之状岂是想像得出的。我编印了三册《古史辨》，每每有人问我："《古史辨》出齐了吗?"我只得笑应之曰："这书没有出齐的日子，希望到我死后还有人继续编下去呢。"因想起三年前在广东时，有一位青年选修了我的课，耐不住了，焦躁地喊道："我对于古史愈疑愈多，更碰更繁，越深入越不见底了! 我看你找了无数材料，引了无数证据，预料定有断然的结论在后头，但末了仍是黑漆一团。如何你十年前的怀疑，到此刻仍未确定呢? 我等待不及了!"他说的话是真心话，定然代表一部分人对我的感想。我惭愧我没有法子使他们满意，因为我的工作本来不是一服急效的药剂，供应不了他们的需要。

秦、汉间的方士常说海上三神山可望而不可即。我们对于古

　• 此文写于1933年2月，《古史辨》第四册于同年3月出版。后收入《顾颉刚古史论文集》第一册等。

史，正有同样的感觉。在许多条件没有比较完备的时候，要找得
一个系统也是可望而不可即的。条件是什么？许多现存材料，应
当依着现在的历史观念和分类法去整理一过，此其一。许多缺着
的材料，要考古学家多多发见，由他们的手里给与我们去补缀，
此其二。以前学者提出的问题，哪些是已解决的，哪些是待解决
的，哪些是不能解决的，应当审查一下，结一清账，此其三。现
在应当提出的新问题是什么，这些新问题应当怎样去谋解决，应
当计划一下，此其四。这旧材料和旧问题的整理已经够许多人的
忙了，何况加以新材料和新问题的出现，更哪里是少数人的力量
所能包办的！至少的限度，必须对于旧的有了过半数的认识，对
于新的有了大体的预测，才可勉强搭起一座架子来，称之为假设
的系统。这件事，现在能做吗？数年以来，一般人不耐没有系
统，但也不耐费了大功夫去搜集材料和推敲问题，于是只在传统
的文献里兜圈子，真的不足，把伪的续，只要给渺茫的古人穿上
了一身自己想像中的衣服，就自以为找到新系统了。唉，除了自
欺欺人之外，世界上还哪里有这样容易的事情！我尽可以给他们
同情心，因为"慰情聊胜于无"是人类的通性。但我的治学的责
任心不许我这样干：它只愿我一块砖一块瓦地造起屋子来，不愿
海市蜃楼在弹指之顷立现，也在弹指之顷消失。如果青年们因此
而唾骂我为落伍者，那也只得听之。

　　可是系统和结论，我虽不急急地寻求，究竟它们也常在我的
心底盘旋，酝酿了好几年了。今就作这序文的方便，略述所酝酿
的如下：

　　我的研究古史的经历甚简单。幼年读过几部经书；那时适值
思想解放的运动，使得我感到经书中有不少可疑的地方。其后又
值整理国故的运动，使得我感到这方面尽有工作可做。因为年轻

喜事，所以一部分的材料尚未整理完工，而议论已先发表。遭逢时会，我所发表的议论想不到竟激起了很多人的注意，盗取了超过实际的称誉。在友朋的督促之下，编印了《古史辨》第一册。我向来对于学问的嗜好是很广漠的，到这时，社会迫着我专向古史方面走去；我呢，因为已出了书，自己应当负起这个责任来，所以也把它看做我的毕生工作的对象。

自从发表了几篇古史论文之后，人家以为我是专研古史的，就有几个大学邀我去任"中国上古史"的课；我惟有逊谢。这不是客气，只因担任学校的功课必须具有系统的知识，而我仅作了些零碎的研究：自问图样未打，模型未制，就造起渠渠的夏屋来，岂不危险。若说不妨遵用从前人的系统，那是违背了我的素志，更属不可。可是受着生计的驱策，使我不得不向大学里去讨生活。民国十六年的秋天，我到广州中山大学。到的时候已开课了，功课表上已排上了我的"中国上古史"了，而且学生的选课也选定了。这一急真把我急得非同小可：这事怎么办呢？没有办法，只得不编讲义而专印材料，把许多零碎文字抄集一编，约略组成一个系统。那时所印的材料分作五种：

甲种——上古史的旧系统（以《史记》秦以前的本纪世家为代表）。

乙种——甲种的比较材料（一，《史记》本纪世家所根据的材料；二，其他真实的古史材料。现在看来，这两类不应合在一起）。

丙种——（一）虚伪的古史材料；（二）古代的神话传说与宗教活动的记载。

丁种——古史材料的评论。

戊种——预备建立上古史的新系统的研究文字。

那时搜集到的材料约有二百万言，在一个学校的功课里已不能算少，但自问把这些材料系统化的能力还差得远；而且范围太大，一个人也不能同时注意到许多方面。因此，我觉得有分类编辑《古史材料集》的需要。但这是一个学术团体的事，或是一个人的长期工作，决不是教书办事终日乱忙的我所能担负的。

为了北平的环境适宜于研究，所以十八年就回到这旧游之地来，进了燕京大学。来的时候，"中国上古史研究"的课目也早公布了。幸而我有了两年来的预备，不致像那时般发慌。但年前编的是些零碎材料，没有贯穿的，现在则不该如此了。计划的结果，拟就旧稿改为较有系统的叙述，凡分三编：

甲编——旧系统的古史。

乙编——新旧史料的评论。

丙编——新系统的古史。

可是不幸得很，编了一年，甲编尚未编完，更说不到乙、丙两编。所以然者何？只因旧系统方面，我想编四个考：（一）辨古代帝王的系统及年历、事迹，称之为《帝系考》。（二）辨三代的文物制度的由来与其异同，称之为《王制考》。（三）辨帝王的心传及圣贤的学派，称之为《道统考》。（四）辨经书的构成及经学的演变，称之为《经学考》。这四种，我深信为旧系统下的伪史的中心；倘能作好，我们所要破坏的伪史已再不能支持其寿命。我很想作成之后合为《古史考》，与载零碎文字的《古史辨》相辅而行。可是一件事情，计划容易，实做甚难。《帝系》、《道统》两考比较还简单；而《王制》和《经学》的内涵则复杂万状，非隐居十载简直无从下手。因此，在燕大所编的《上古史讲义》，只成了《帝系考》的一部分；《五德终始说下的政治和历史》（《清华学报》六卷一期）即是这一部分中的一部分。此后为了预备作《王制考》，改开了《尚书研究》一课，一篇篇地教读，借它作中心而去吸收别方面的材料。工作的情况，诚有如某君所云：

"愈疑愈多，更碰更繁，越深入越不见底。"不过，我不像他那样急性，决不以"黑漆一团"而灰心。我总希望以长时间的努力，得到一部分的"断然的结论"，来告无罪于读者。

这一个计划，蓄在我的心头已三年多了。我自信这是力之所及，只要肯忍耐便有成就之望的。所以没有发表之故，只因怕惹起了急性的读者们的盼望和责备。现在强邻逞暴，国土日蹙，我们正如釜中之鱼，生死悬于人手，不知更能读几天书，再得研究几个题目。就算苟全了性命，也不知道时势逼着我跑到什么地方，热情逼着我改变了什么职业。如果不幸而被牺牲了，那在民族与国家的大损失中也算不了一回事。但中国不亡，将来这方面的研究是一定有本国的同志起而继续之的，我很愿他参考我的计划。所以现在略略写出我对于这四种的意见：

我们的古史里藏着许多偶像，而帝系所代表的是种族的偶像。所谓华夏民族究竟从哪里来，它和许多邻境的小民族有无统属的关系，此问题须待人类学家与考古学家的努力，非现有的材料所可讨论。但我们从古书里看，在周代时原是各个民族各有其始祖，而与他族不相统属。如《诗经》中记载商人的祖先是"天命玄鸟"降下来的，周人的祖先是姜嫄"履帝武"而得来的，都以为自己的民族出于上帝。这固然不可信，但当时商、周两族自己不以为同出于一系，则是一个极清楚的事实。《左传》上说："任、宿、须句、颛臾，风姓也，实司太皞与有济之祀"，则太皞与有济是任、宿诸国的祖先。又说："陈，颛顼之族也"，则颛顼是陈国的祖先。至于奉祀的神，各民族亦各有其特殊的。如《左传》上说鲧为夏郊。又如《史记·封禅书》上说秦灵公于吴阳作上畤，祭黄帝；作下畤，祭炎帝。这原是各说各的，不是一条线上的人物。到了战国时，许多小国并合的结果，成了几个极大的国；后来秦始皇又成了统一的事业。但各民族间的种族观念是向来极深的，只有黄河下流的民族唤做华夏，其余的都唤做蛮夷。疆域的统一虽可使用武力，而消弭民族间的恶感，使其能安居于一国之中，则武力便无所施其技。于是有几个聪明人起来，把祖先和神灵的"横的系统"改成了"纵的系统"，把甲国的祖算做了乙国的祖的父亲，又把丙国的神算做了甲国的祖的父亲。他们起来喊道："咱们都是黄帝的子孙，分散得远了，所以情谊疏了，风俗也不同了。如今又合为一国，咱们应当化除畛域的成见!"这是谎话，却很可以匡济时艰，使各民族间发生了同气连枝的信仰。本来楚国人的鴃舌之音，中原人是不屑听的，到这时知道楚国是帝高阳的后人，而帝高阳是黄帝的孙儿了。本来越国人的文身雕题，中原人是不屑看的，到这时知道越国是禹的后人，而禹是黄帝的玄孙了。（《国语》中记史伯之言，越本芈姓；但到这时，也只得随了禹而改为姒姓了。）最显著的，当时所谓华夏民族是商和周，而周祖后稷是帝喾元妃之子，商祖契是帝喾次妃之子，帝喾则是黄帝的曾孙，可见华夏的商、周和蛮夷的楚、越本属一家。借了这种帝王系统的谎话来收拾人心，号召统一，确是一种极有力的政治作用。但这种说法传到了后世，便成了历史上不易消释的"三皇五帝"的症瘕，永远做真史实的障碍。（如有人说：中国人求团结还来不及，怎可使其分散。照你所说，汉族本非一家，岂不是又成了分离之兆。我将答说：这不须过虑。不但楚、越、商、周已混合得分不开，即五胡、辽、金诸族也无法在汉族里分析出来了。要使中国人民团结，还是举出过去的同化事实，积极移民边陲，鼓励其杂居与合作。至于历史上的真相，我们研究学问的，在现在科学昌明之世，决不该再替古人圆谎了。）除了种族的混合之外，阴阳五行的信仰也是构成帝系说的一个重大原因。

王制为政治的偶像，亦始创于战国而大行于汉。古代对于先朝文献本不注意保存，执政者又因其不便于自己的行事，加以毁坏。所以孔子欲观夏、殷之礼，而杞、宋已不足征；北宫锜问周室班爵禄事，而孟子曰："其详不可得闻也，诸侯恶其害己也而皆去其籍。"但战国的诸子同抱救世之心，对于时王之制常思斟酌损益；而儒家好言礼，所改造的制度尤多。又虑其说之创而不见信，则托为古代所已有。《淮南子·修务训》所谓"世俗之人多尊古而贱今，故为道者必托之于神农、黄帝而后能入说。乱世阇主高远其所从来，因而贵之。为学者蔽于论而尊其所闻，相与危坐而称之，正领而诵之"，直是说尽了这班造伪和信伪的人的心理。所以三年之丧厕之于《尧典》，五等之爵著之于《春秋》，而人遂无有疑者。同时出了一个邹衍。他杜撰五德终始说，以为"五德转移，治各有宜"，政治制度应由五德而排成五种。他们说，黄帝为土德，夏为木德，商为金德，周为火德，秦为水德，汉又为土德；这各代的制度遂各不相同，惟汉与黄帝以同德而相同。稍后又出了一种三统说，截取了五德说的五分之三而亦循环之，于是政治制度又分为三种。他们说，夏是黑统，商是白统，周是赤统，继周者（春秋与汉）又为黑统。有了这样的编排，而古代制度不必到古国去寻，也不必向古籍里找，只须画一五德三统的表格，便自会循次地出现。例如《礼记·檀弓》中说："夏后氏尚黑，大事敛用昏，戎事乘骊（黑马），牲用玄。殷人尚白，大事敛用日中，戎事乘翰（白马），牲用白。周人尚赤，大事敛用日出，戎事乘騵（赤马），牲用骍。"懂得了三统说的方式，就知道这一个礼制单是这样地推出来的。如《月令》十二纪，则是五德说支配下的礼制。其中所谓五时、五方、五帝、五神、五祀、五虫、五畜、五数、五音、五色、五味、五臭、……莫不是从五行上推出来的。人事哪能这样整齐，又哪能这样单调！董仲舒所作的《三代改制质文》篇，写的推求的方式尤为明显。照他所说，自神农至春秋十代的礼制俱可一目了然；不但如此，推上推下可至无穷，真是"虽百世可知也"！照他所说，古代帝王尽不必有遗文留与后人，只要把他们的代次传了下来，即可显示其一切。以我们今日的理智，来看他们的古史，不禁咋舌。但是都假了吗？那也不然，他们总有一些儿的依傍。如上所举，周人尚赤，牲用骍，乃由《洛诰》"文王骍牛一，武王骍牛一"及《论语》"犁牛之子骍且角，虽欲勿用，山川其舍诸"来。是则《檀弓》所言，别的均假，惟此不假。推想其他单子，亦当如此。即如明堂，《月令》中说得轰轰烈烈的当然是假，后儒把许多不相干的什么文祖、太庙、衢室、总街、……都说成明堂也当然是附会，但《孟子》里的齐宣王欲毁明堂一事则不假。究竟《三礼》中有多少是真的，多少是假的，这是一件极难断定的事情。这种的分析，将来必须有人费了大功夫去做。其术，应当从甲骨文中归纳出真商礼，从金文、《诗》、《书》、《春秋》、《左传》、《国语》中归纳出真周礼，《史记》、《汉书》中归纳出汉礼，而更以之与儒家及诸子所传的礼书礼说相比较，庶几可得有比较近真的结论。

　　道统是伦理的偶像。有了道统说，使得最有名的古人都成了一个模型里制出来的人物；而且成为一个集团，彼此有互相维护的局势。他们以为"天不变，道亦不变"，凡是圣人都得到这不变之道的全体。圣与圣之间，或直接传授，或久绝之余，以天宣聪明而绍其传。最早的道统说，似乎是《论语》的末篇："尧曰：'咨尔舜，天之历数在尔躬！允执其中！四海困穷！天禄永终！'舜亦以命禹。"见得尧传舜，舜传禹，圣圣传心，都在"执中"一言。下面记汤告天之词，记武王大赉之事，见得汤与武王虽不能亲接尧、舜、禹，而心事则同，足以继其道统。但《论语》末数篇本有问题，此所谓"天之历数"颇有五德转移的意味，"允执其中"亦是儒家中庸之义,疑出后儒羼入,非《论语》本有。推测原始,当在《孟子》。《尽心》篇的末章说,尧、舜后五百余岁,汤闻而知之;汤后五百余岁,文王闻而知之;文王后五百余岁,孔子闻而知之:见得孔子的道即是尧、舜的道,相去千五百余年没有变过。孔子以后,他以为没有闻道的了,所以以一叹结之。然孟子常说"私淑诸人","乃所愿则学孔子",可见他是闻孔子之道的,也就是直接尧、舜之传的。他说这番话,不过为自己占地位。后人读到这一章,辄不自期地发生思古之幽情,有志远绍圣绪。如司马迁说:"自周公卒,五百岁而有孔子;孔子卒后,至于今五百岁,有能绍明世,正《易传》,继《春秋》,本《诗》、《书》、《礼》、《乐》之际:意在斯乎!意在斯乎!小子何敢让焉!"(《史记·自序》)这就可见孟子的话发生了有力的影响。其后扬雄、王通、韩愈等各欲负荷这道统,不幸没有得到世人的公认。到宋代理学兴起,要想把自己一派直接孟子,以徒党鼓吹之盛,竟得成功,而濂、洛、关、闽诸家就成了儒教的正统,至今一个个牌位配享在孔庙。这个统,自尧、舜至禹、汤,至文、武、周公,至孔、孟,又至周、程们,把古代与近代紧紧联起。究竟尧、舜的道是什么?翻开经书和子书,面目各各不同,教我们如何去确定它?再说,孔、孟之道是相同吗?何以孔子称美管、晏而孟子羞道之;何以孔子崇霸业而孟子崇王道?即此可见孔、孟之间相去虽仅百余年,而社会背景已绝异,其道已不能不变,何况隔了数千百年的。至于宋之周、程们,其道何尝得之于孔、孟。周敦颐的学问受于陈抟,他是一个华山道士。《太极图》是他们的哲学基础,而这图乃是从仙人魏伯阳的《参同契》里脱化出来的。所以要是寻理学的前绪,这条线也不能挂在孔、孟的脚下。他们又从《伪大禹谟》中取出"人心惟危,道心惟微;惟精惟一,允执厥中"十六字算做尧、舜以来圣人相传的心法;但这是从荀子所引的《道经》加上《尧曰》杂凑起来的，《道经》是道家的东西，依然不是尧、舜之言，儒家之语。至于尧、舜以前，他们又要推上去，于是取材于《易系辞传》的观象制器之章，而加上伏羲、神农、黄帝。只是这章文字非用互体说和卦变说不能解释，而这两种学说乃西汉的《易》家所创造，不是真的古代纪载。道统说的材料如此的一无可取，然而道统说的影响竟使后人感到古圣贤有一贯的思想，永远不变的学说，密密地维护，高高地镇压，既不许疑，亦不敢疑，成为各种革新的阻碍：这真是始作俑的孟子所想不到的成功。

经学是学术的偶像。本来古代的知识为贵族所独占，知识分子只是贵族的寄生者。贵族有乐官，他们收聚了许多乐歌，所以有《诗经》。贵族有史官，他们纪载了许多事件，所以有《尚书》和《春秋》。贵族有卜官，他们管着许多卜筮的繇辞，所以有《周易》。贵族有礼官，他们保存许多礼节单，所以有《仪礼》。实在说来，几部真的经书都是国君及卿大夫士们的日常应用的东西，意义简单，有何神秘。《诗》、《书》、《礼》、《乐》，是各国都有的。《易》和《春秋》，是鲁国特有的。(《左传》上记韩宣子聘鲁，见《易象》与《鲁春秋》，曰："周礼尽在鲁矣"，这句话大概可信。《孟子》上说："晋之《乘》，楚之《梼杌》，鲁之《春秋》，一也：其事则齐桓、晋文，其文则史。"可见同样的纪载春秋时代的史书，在晋的叫做《乘》，在楚的叫做《梼杌》，在鲁的叫做《春秋》。)孔子生在鲁国，收了许多弟子，把鲁国所有的书籍当做教科书，这原是平常的事。他死了之后，弟子们造成一个极大的学派，很占势力，就把鲁国的书加以润饰（如《仪礼》的《丧服》，《春秋》的名号和褒贬诸端），算做本学派的经典，这也是平常的事。战国时，平民取得了政治上的地位，都要吸收知识，而当时实无多书可读，只有读儒家的经。孔子之所以特别伟大，《六经》之所以有广远的流传，其原因恐即在此。到了汉代，孔子定为一尊，大家替他装点，于是更添出了许多微言大义。他们把不完全的经算是孔子所删，把完全的算做孔子所作。于是经书遂与孔子发生了不可分解的关系，几乎每一个字里都透进了他的深意。这还不管，尊孔之极，把经师们所作的笔记杂说也算做经，把儒家的学说也算做经，把新出现的伪书也算做经，而有"十三经"的组织。《十三经》，何尝连贯得起，只是从西周之初至西汉之末一千一百年中慢慢地叠起来的。(若加《伪古文尚书》则历一千三百余年。)一般人不知道，以为《十三经》便是孔子，也便是道德，只要提倡读经，国民的道德就会提高，这真是白日做梦。讲起一班西汉的经师，会占卦，会求雨，开口是祯祥，闭口是灾异，结果造成了许多谶纬，把平凡的人物都讲成了不平凡的妖怪。东汉的经师讲训诂，当然好得多，可是穿凿附会的工夫也到了绝顶。例如郑玄，他是一个极博的学者，却有一个毛病，最喜欢把不一致的材料讲成一致。这类的事极多，试举其一。《礼记·王制》说"公侯田方百里，伯七十里，子男五十里"，是一种封国说。《周官·职方氏》则谓公方五百里，侯方四百里，伯方三百里，子方二百里，男方百里，又是一种封国说。这两种说广狭悬殊(前说的公国只一万方里，后说的便有二十五万方里)，决合不在一起。但他想，《周官》出于周公已无疑，《王制》虽未标明时代，既在《礼记》中则亦必出周人，于是为调和之说曰："周武王初定天下，……犹因殷之地(指《王制》)，以九州之界尚狭也。周公摄政致太平，斥大九州之界(指《周官》)，制礼成武王之意。"(《王制注》)照他所说，是武王时的疆域计广九百万方里(《王制》："四海之内九州，州方千里")，而周公时的疆域则广一万万方里(《职方氏》，王畿方千里，外九服各方五百里)。何以周公时的国土会大于武王时十一倍余？要是作史的人照他所说的写在书上，岂不成了周初历史的一件奇迹。然而学者相传：
"宁道周、孔误，讳言服、郑非。"郑玄在经学上的权威直维持到
清末。所以经学里面不知道包含了多少违背人性和事实的说话，
只是大家不敢去疑它。既不能把它推翻，而为了叙述历史的需要
去使用它时又只能从这里面去抽取材料，这几何而不上他们的
当。所以为要了解经书的真相和经师的功罪，使古史不缠绊于经
学，我们就不得不起来作严正的批评，推倒这个偶像。

　　这四种偶像都建立在不自然的一元论上。本来语言风俗不
同，祖先氏姓有别的民族，归于黄帝的一元论。本来随时改易的
礼制，归于五德或三统的一元论。本来救世蔽，应世变的纷纷之
说，归于尧、舜传心的一元论。本来性质思想不一致的典籍，归
于孔子编撰的一元论。这四种一元论又归于一，就是拿道统说来
统一一切，使古代的帝王莫不传此道统，古代的礼制莫非古帝王
的道的表现，而孔子的经更是这个道的记载。有了这样坚实的一
元论，于是我们的历史一切被其搅乱，我们的思想一切受其统
治。无论哪个有本领的人，总被这一朵黑云遮住了头顶，想不出
有什么方法可以跳出这个自古相传的道。你若打破它的一点，就
牵及于全体，而卫道的大反动也就跟着起来。既打不破，惟有顺
从了它。古代不必说；就是革命潮流高涨的今日，试看所谓革命
的中心人物还想上绍尧、舜、孔子的道统而建立其哲学基础，就
知道这势力是怎样的顽强呢。然而，我们的民族所以堕在沈沈的
暮气之中，丧失了创造力和自信力，不能反应刺戟，抵抗强权，
我敢说，这种思想的毒害是其重要的原因之一。大家以为蓄大
德，成大功的是圣人，而自己感到渺小，以为不足以预于此，就
甘心把能力暴弃了。大家以为黄金时代在古人之世，就觉得前途
是没有什么大希望的了。下半世的太衰颓，正由于上半世的太繁
盛。要是这繁盛是真的，其消极还值得，无奈只是些想像呵！所

以我们无论为求真的学术计，或为求生存的民族计，既已发见了这些主题，就当拆去其伪造的体系和装点的形态而回复其多元的真面目，使人晓然于古代真像不过如此，民族的光荣不在过去而在将来。我们要使古人只成为古人而不成为现代的领导者；要使古史只成为古史而不成为现代的伦理教条；要使古书只成为古书而不成为现代的煌煌法典。这固是一个大破坏，但非有此破坏，我们的民族不能得到一条生路。我们的破坏，并不是一种残酷的行为，只是使它们各各回复其历史上的地位：真的商、周回复其商、周的地位，假的唐、虞、夏、商、周回复其先秦或汉、魏的地位。总之，送它们到博物院去。至于古人的道德、学术、制度，可保存于今日的，当然应该依了现代的需要而保存之，或加以斟酌损益，这正如博物院中的东西未尝不可供给现代人的使用。但这是另一事，应由另一批人去干；我们的工作只是博物院中的分类陈列的工作而已。

我自己的工作虽偏于破坏伪史方面，但我知道古史范围之大，决不能以我所治的赅括全部，我必当和他人分工合作。数年以来，我常想把《古史辨》的编辑公开，由各方面的专家辑录天文、历法、地理、民族、社会史、考古学……诸论文为专集。就是破坏伪史方面，也不是我一个人的力量所能完成；逐部的经书和子书，都得有人专治并注意到历来的讨论。能够这样，我便可不做"古史辨"的中心人物，而只做"古史辨"的分工中的一员。我的能力之小，正无碍于学问的领域之大。能够这样，古史的研究自然日趋于系统化，人们的责望也自然会得对于古史学界而发，不对于某一个人而发。一般人如能有此分工合作的正确的学问观念，学者们始可安心地从事其专门的工作而得到其应有的收获，不给非分的责望所压死，也不至发生"惟我独尊"的骄心了。

罗雨亭先生（根泽）是努力研究诸子学的一人。他著有《管子探源》、《孟子评传》诸书，对于《墨子》、《老子》、《庄子》、《荀子》、《战国策》、《尹文子》、《邓析子》、《燕丹子》、《慎子》、《孔丛子》、《新书》、《新语》、《新序》、《说苑》等书又都有考证。去年一月，他把编辑的《诸子丛考》给我看：起自唐代，讫于今日，凡辨论诸子书的年代和真伪的文字都搜罗于一集，计二百余篇。把异时异地的考辨，甚至站在两极端的主张，放在一起，读者们比较之下，当然容易获得客观的真实，于以解决旧问题，发生新问题。我见了，触动了我的宿愿，就请求他编列为《古史辨》的第四册。承他的厚意，给我以如愿的答复。惟篇幅太多，非一册所可容纳；于是先把清以上的文字删掉，继把名家和阴阳家等问题留下。然而仅仅这儒、墨、道、法四家，十余年来讨论的文字已着实可观。这些文字散在各处，大家乍尔一想，似乎没有多少，问题也没有几个。现在集合了起来，马上见得近年的文籍考订学是怎样的进步了。这可欣幸的进步，其由来有二：第一，学问上的束缚解除了，大家可以作自由的批判，精神既活泼，成绩自丰富。第二，文籍考订学的方法，大家已得到了；方法既差不多趋于一致，而观点颇有不同，因此易起辨论。"知出于争"，愈辨论则其真相亦遂愈明白。虽是有许多问题不能遽得结论，但在这条长途上，只要征人们肯告奋勇，不开倒车，必然可以达到目的地。所不幸者，时势的纷扰、生计的压迫，使人不能不分心，有的竟至退了下来。如果我们的祖国在受尽磨难之后，一旦得到了新生命，这种研究一定比现在更兴盛，因为这一重久闭的门已经打开了，可工作的题目早放在人们的眼前了，许多发展的条件是具备了。

中国的古籍，经和子占两大部分。普泛的说来，经是官书，子是一家之言。或者说，经是政治史的材料，子是思想史的材料。但这几句话，在战国以前说则可，在汉以下说则必不可。经书本不限于儒家所诵习，但现在传下来的经书确已经过了战国和汉的儒家的修改了；倘使不把他们所增加的删去，又不把他们所删去的寻出一个大概，我们便不能径视为官书和古代的政治史料，我们只能认为儒家的经典。因此，经竟变成了子的附庸；如不明白诸子的背景及其成就，即无以明白儒家的地位，也就不能化验这几部经书的成分，测量这几部经书的全体。因此，研究中国的古学和古籍，不得不从诸子入手，俾在诸子方面得到了真确的观念之后再去治经。子书地位的重要，于此可见。

不幸自汉武帝尊儒学而黜百家之后，子的地位骤形低落。儒家的几部子书，升做经了。剩下来的，以儒者的蔑视和功令的弃置，便没有人去读；偶有去读的也不过为了文章的欣赏。子书的若存若亡，凡历二千年。犹幸重要的几种尚未失传。到了清代，因为研究经学须赖他种古籍作辅佐，而子书为其大宗，故有毕沅、谢墉、孙星衍、卢文弨等的校刻，严可均、汪继培、马国翰等的辑录，汪中、王念孙、俞樾、孙诒让等的研究，而沈霾已久的东西复显现其光辉。到清末，康有为作《孔子改制考》，以为周末诸子并起创教，托古改制，争教互攻。孔子亦诸子之一，创儒教，作《六经》，托之于尧、舜、文王。以其托古而非真古，故弟子时人常据旧制相问难。他的话，现在由我们看来，也不能完全同意。因为儒教的创造，《六经》的编集，托古的盛行，都是孔子以后的事。孔子当年对于自己的工作并没有很大的计划，只是随着弟子们的性格指导以人生的任务。又《六经》中的思想制度，错杂而不单纯，必不能定为一时一人所作。但儒教发源于孔子，《六经》中的尧、舜、文王有若干出于儒教所赝托，这是无疑的。明白了这一点，则周末诸子并起创教，托古改制，儒家的宗旨与诸家异，儒家的方式与诸家同：康氏所发见的事实确已捉得了子学和经学的中心。只因他的见解是超时代的，故《孔子改制考》出版之后，发生不出什么影响。我自己，虽在《不忍杂志》里见到《改制考》的目录，惟以没见全文（未登完），也不甚注意。

自从刘歆在《七略》中规定了诸子有九家，每家都出于一个官守，学者信为真事，频加援引。郑樵的《校雠略》，章学诚的《校雠通义》，尤为宣传的中坚。诸子既是同出王官，原在一个系统之下，如何会得互相攻击？儒、墨固常见于战国书中，何以其他的家派之名竟无所见，而始见于汉代，甚至到了《七略》才露脸？这些问题，不知从前人为什么提不出来。民国六年四月，适之先生在国外作了一篇《诸子不出于王官论》。就是这年的秋天，他到北京大学授课，在课堂上亦曾提起此文；但送去印了，我们都未得见。延至年底，《太平洋杂志》把它登出，有几位同学相约到图书馆抄写，我始得一读。我那几年中颇喜治子，但别人和自己的解说总觉得有些不对，虽则说不出所以然来。自读此篇，仿佛把我的头脑洗刷了一下，使我认到了一条光明之路。从此我不信有九流，更不信九流之出于王官，而承认诸子的兴起各有其背景，其立说在各求其所需要。诸子的先天的关联既失了存在，后天的攻击又出于其立场的不同，以前所不得消释的纠缠和牴牾都消释了。再与《孔子改制考》合读，整部的诸子的历史似乎已被我鸟瞰过了。可是这种不自然的关系，家派方面虽已解除，而个人方面尚有存在，例如道家的老子为儒家的孔子之师的故事。到民国十一年的春天，梁任公先生发表其《老子》书作于战国之末的意见，始把我的头脑又洗了一下。凡古人所喷着的厚雾，所建着的障壁，得此两回提示，觉得渐有肃清的可能了。这真是学术史上应当纪念的大事！现在罗先生把这两篇文字放在本册两编的开头，使我回忆前事，生出无限的欢喜。我敢说，一个人发见的真理是大家可以承认的，一个人感受的影响也是大家直接间接，有意无意间所受到的；本册中容纳的四十余万言的讨论恐怕大部分都是从这两篇引起。如果没有这两篇，时代的飓风固然也终于吹散这堆浮云，但总要慢一些了，民国二十一年的罗先生是编不出这一册的。等到这一册书出来之后，研究诸子学的风气又推进一层了，将来他再编第二、第三册《诸子丛考》时，当然讨论得更深密了。子书方面，既无西周文字，不如经书的考订之劳，又不曾经过经学家的穿凿附会，不必多费删芟葛藤的功夫，其得到结论必较经学为速。罗先生研究诸子早定有详细的计划，我敢鼓舞赞叹以豫祝他的将来的成功！

有一点意思，我和罗先生略有出入。"考年代与辨真伪不同：辨真伪，追求伪迹，摈斥不使厕于学术界，义主破坏；考年代，稽考作书时期，以还学术史上之时代价值，义主建设"（《古史辨》第四册页六一六），这个意见，他屡屡提起。由我看来，这二事实没有严密的界限。所谓考年代，也就是辨去其伪托之时代而置之于其真时代中。考年代是目的，辨真伪是手段。所以我们的辨伪，决不是秦始皇的焚书。不过一般人确实常有焚书的误认，所以常听得人说："顾颉刚们说这部书伪，那部书伪；照这说法，不知再有什么书可读！"这真是太不了解我们的旨趣，不得不辨一下。我们辟《周官》伪，只是辟去《周官》与周公的关系，要使后人不再沿传统之说而云周公作《周官》。至于这部书的价值，我们终究承认的。要是战国时人作的，它是战国政治思想史的材料。若是西汉时人作的，它便是西汉政治思想史的材料。又如我们辟《左传》伪，也只要辟去《左传》与孔子的关系，使后人不再说"左丘明与孔子俱乘传如周，观百二十国宝书"，以及"孔子作《春秋》，丘明为之《传》"等话。至于它的历史价值，文学价值，我们何尝不承认。堪笑一般人以为我们用了刘逢禄、康有为的话而辨《左传》，就称我们为今文学家。不知我们对于春秋时的历史，信《左传》的程度乃远过于信《公羊传》。我们所摈斥的，不过"君子曰"及许多勉强涂附上去的释经之语，媚刘氏之语，证《世经》之语而已。而且所谓摈斥云者，只摈斥之于原本的《左传》（《国语》），并不摈斥之于改本的《左传》（西汉末以来的流传本）。这原是以汉还汉，以周还周的办法，有何不可。我们所以有破坏，正因求建设。破坏与建设，只是一事的两面，不是根本的歧异。

况且辨伪这件事，原不是我们几个人忽发奇想想出来的，也不是我们的态度激烈，有意打倒前人而鼓吹起来的。当"文、武之道未坠"的春秋之世，子贡已说"纣之不善不如是之甚也"。口边常提"《诗》云"、"《书》曰"的孟子，也会说"尽信《书》则不如无《书》"。凡是理智发达的人，决不会对于任何事物作无条件的信仰。班固著《汉书·艺文志》，根据的是刘向、歆父子的《七略》，其所录书名之下辄注云"依托"，"非古语"，"近世增加"。有的更直揭其作时与作者，如《神农》二十篇，不但不信为神农之书，且注云："六国时诸子疾时怠于农业，道耕农事，托之神农"。又如《黄帝泰素》，不但不信为黄帝之书，且注云："六国时韩诸公子所作。"以汉人历史观念的薄弱，刘歆又蒙有造伪书的绝大嫌疑，而其所作序录尚如此，可见是非之公自有不容泯灭者在。到东汉，有王充的"疾虚妄"的《论衡》，打破了无数不合理性的传说，其《艺增》、《儒增》等篇对于经书和子书举发了不少的疑点。到唐，有刘知幾的《史通》，对于古代的史料与史法作不容情的批判。他不信古代记载为完全的真实；他还说破学术界所以不敢疑古的心理，是"拘于礼法，限以师训，虽口不能言而心知其不可者盖亦多矣"！（《疑古》）这句话真痛快，真确切。学术界的所以平静，并不是古无可疑，也不是智不能疑，而只是受了礼法和师训的束缚，失去了言论的自由。换句话说，学者们对于古事，但有腹诽而已，哪敢说在嘴上，写在纸上。这正如专制的家庭，尊长对于卑幼凌虐万状，卑幼只有将痛苦咽在肚里，面子上依然是叩头服从。家庭如此，当然非健全的家庭。学术界如此，也当然非健全的学术界。

唐代以上，因为书卷都由抄写，一个人不能得到很多的书，不易做比较考订的工作，所以辨伪的事只限于几个特出的人。自从有了刻版，书价低廉，学者能见的书骤然增加了许多，而辨伪遂成为一时普遍的风气。我们翻开宋代人的文集和笔记，几乎可疑的古书已全被检举。例如《古史辨》第三册里，我怀疑《易传》中的观象制器的故事，似乎在今日犹为新奇之说，但叶适的《习学记言》里已早说道："十三卦亦近世学者所标指，而其说尤为不通。包牺氏始为罔罟，神农氏始为耒耨、交易，黄帝、尧、舜始为衣裳，其后乃有舟楫、马牛、臼杵、弧矢、宫室、栋宇。甚矣其不考于《易》也！《易》十三卦义详矣，乃无毫厘形似之相近者。"（卷四）又如《孝经》，是一部含有浓厚的宗教性的经典，谁敢疑它，却不道在道统中占有重要地位的朱熹反一再说它除了开头一段之外不是圣人之言，其文远不如《论语》中说孝的亲切有味；而且剿袭《左传》，文势反不通贯。（见《孝经刊误》及《语类》）《古文尚书》中，圣帝和贤臣所说的话何等光明正大，勤政爱民，真是最好的道德教条；但自吴棫发难，朱熹继之，疑者接踵，直到阎若璩而判决为伪造，这个案子再也翻不过来。他们何尝是轻蔑古代，侮圣人之言，只为用了求真理的态度来治学问，不得不如此。

现存的古书莫非汉人所编定，现存的古事莫不经汉人的排比，而汉代是一个"通经致用"的时代，为谋他们应用的方便，常常不惜牺牲古书古事来迁就他们自己，所以汉学是搅乱史迹的大本营。同时，汉代是迷信阴阳五行学说的时代，什么事都要受这学说的支配，所以不少的古代史迹已被迫领受了这个洗礼。其后隋代禁谶纬，宋代作新注，汉学早已销沈。不料清代学者信而好古，他们在"汉人近古，其说必有所据"的前提之下工作，于是汉学复兴而疑古之风为之减杀，宋人精神几于断绝。可是，他们除了汉人之说不敢献疑之外，对于魏、晋之说毕竟也做了许多有力量的辨伪工作。例如《古文尚书孔传》、《孔子家语》、《孔丛子》等书，都因代郑玄反王肃的缘故而明白宣布其伪造的证据。其后今文家起，对于古文家的几部经传，《书序》、《毛诗》、《周官》、《左传》等，又肆抨击。史书方面，考订讹误的极多，广雅书局已集为丛书；其中梁玉绳的《史记志疑》，直把汉武帝以前的史迹作一总清理，其气魄尤为伟大。可见辨伪之事既已开了头，便遏束不来。好像长江、大河挟了百川东流，势极汹涌，不到大海是不能停止的。

我们今日的工作，正是疏导它的下流，使之归于海，完成昔人未完的工作。这个工作是迟早必做的，而我们在这思想解放的潮流中读古书，更是义不容辞的时代使命。可怜一般人没有溯源寻流，不知道这是一件必然的事，竟看我们是"异军苍头特起"！又或看见我们表章郑樵、姚际恒、崔述、康有为们，而这一般人有些短处和漏洞落在人手，即以为是辨伪工作本身的危险。又或因我们提倡辨伪已有十余年了，看得厌了，便以为不必再走这老路。这都把事情看得太简单了！我们为他们悲伤，不如为中国的学术界悲伤。中国的学术界做深澈的工作的太少了，大家只见当前的时髦货色，而这些货色是过数年必须换一次的，大家看惯了，以为我们研究古史，提倡辨伪，亦是时髦的一种，有改换的必要。不知道我们的工作有源有委，既不随便而来，也不随便而去。别人的短处，我们可以修改。旁观者的厌倦，并不会影响到我们而亦厌倦。谢谢批评的人们：愿你们在了解我们的态度和我们的工作的由来之后再发言罢!

又近年唯物史观风靡一世，就有许多人痛诋我们不站在这个立场上作研究为不当。他人我不知，我自己决不反对唯物史观。我感觉到研究古史年代、人物事迹、书籍真伪，需用于唯物史观的甚少，无宁说这种种正是唯物史观者所亟待于校勘和考证学者的借助之为宜;至于研究古代思想及制度时，则我们不该不取唯物史观为其基本观念。唯物史观不是"味之素"，不必在任何菜内都渗入些。在分工的原则之下，许多学问各有其领域，亦各当以其所得相辅助，不必"东风压倒西风"才算快意。况且我们现在考辨古书，为什么成绩能比宋人好，只因清代三百年的学者已把古书整理得很清楚了，我们要用好版本，有;要用好注释，也有;要寻零碎的考证文字，也多得很。清代的学者辛辛苦苦，积聚了许多材料，听我们用。我们取精用弘，费了很少的功夫即可得到很大的效力。然而清代学者大都是信古的，他们哪里想得到传到现在，会给我们取作疑古之用! 所以然者，他们自居于"下学"，把这根柢打好了，我们就可跳一级而得其"上达"了。他们的校勘训诂是第一级，我们的考证事实是第二级。等到我们把古书和古史的真伪弄清楚，这一层的根柢又打好了，将来从事唯物史观的人要搜取材料时就更方便了，不会得错用了。是则我们的"下学"适以利唯物史观者的"上达";我们虽不谈史观，何尝阻碍了他们的进行，我们正为他们准备着初步工作的坚实基础呢! 若说我们的工作做得太慢，得到结论不知在何年，他们等不及了，可是不幸得很，任何学问都是性急不来的。我们考辨古书，须借助于语言学家、考古学家之处不知有多少;而语言学家等又各有须待借助的他种学问，不能在我们一发问之后即致一个满意的回答。我们若因他们的不能回答或回答而不能使我们满意之故，就喊出打倒他们的口号，不与他们合作，那么无非得到同归于尽的结果，有什么益处？所以，须待借助于我们的还请镇静地等待下去罢！如果等待不及，请你们自己起来干罢！如果干得不耐烦，也希望不要因材料的缺乏和填表格的需要，便把战国、秦、汉间人用了他们的方式制造出来的上古史使用于真的上古：因为将来一定可以证明，这种工夫是白费的！

正经的话说得太多了，板着面孔没有趣，我们还是同唱一首陕西的歌谣，大家乐一乐罢：

姐姐缝衣缝窟窿，

哥哥看书看不通；

两人急的满石碰，

几乎成了疯先生。

"不要急来不要慌！

慢慢看来慢慢缝，

就是功到自然成。

哪有一掀挖成井，

哪有一笔画成龙！"

（见二一年十二月十九日《大公报·小公园》）

顾颉刚。

二十二，二，十二。

论《诗经》所录全为乐歌[*]

《诗经》所录是否全为乐歌，这在宋代以前是不成问题的。墨子书中言："弦诗三百，歌诗三百，舞诗三百。"（《公孟》）司马迁在《史记·孔子世家》中也曾说过："三百五篇，孔子皆弦歌之，以求合《韶》《武》《雅》《颂》之音。"他的话是否确实（三百五篇是否皆孔子所弦歌？三百五篇是否皆可合《韶》《武》《雅》《颂》之音？）是另一问题，但他以为《诗经》所录的诗全是乐歌这一个意思是很显明的。自宋以来，始有人怀疑内有一部分诗是徒歌。前年我在《歌谣周刊》（第三十九号）中曾说《诗经》所收的民间徒歌已经全由乐工改为乐章，魏建功先生反对这个意思，著论驳了（见《歌谣周刊》四十一期）。现在我把这个问题根本讨论一下，试作一个解答。请魏先生和读者诸君指正。

我前数年搜集苏州歌谣，从歌谣中得到一个原则，即是徒歌中章段回环复沓的极少，和乐歌是不同的。徒歌中的回环复沓，只限于练习说话的"儿歌"（如《吴歌甲集》所录的《天上星》、

• 此文写于 1925 年冬，连续发表于同年 12 月 16～30 日《北京大学国学门周刊》第 10～12 期。后收入《古史辨》第三册等。

《碰碰门》等篇），依问作答的"对山歌"（如《甲集》所录的
《啥人数得清天上星》、《山歌好唱口难开》等篇）。此外，惟有两
类也是回环复沓的，一是把乐歌清唱的徒歌（如《苏州景》、《四
季相思》、《孟姜女十二月花名》等篇），一是模仿乐歌而作的徒
歌（摊子上的唱本很多这一类，例如依了乐歌的《苏州景》而作
的《留园景》、《遂园景》等；买唱本的人照着它唱了，就变成了
徒歌了）；但这两类实在算不得徒歌。除了这四类，所有的成人
的抒情之歌大都是直抒胸臆，话说完时歌就唱完，不用回环复沓
的形式来编制（如《甲集》所录的《姐妮有病在香房》、《忽然想
起皱眉头》、《俏佳人临镜把头梳》等篇）。《吴歌甲集》中有两篇
东西是从乐歌变成徒歌的，我们可以借此看出乐歌与徒歌的形式
的不同。今抄寻于下，作一比较：

甲之一　《跳槽》(乐歌)

自从一别到呀到今朝，
今日相逢改变了！
郎呀，另有了贵相好！
唅呀，唅唅唷，郎呀，另有了贵相好！

此山不比那呀那山高；
脱下蓝衫换红袍。
郎呀，容颜比奴俏；
唅呀，唅唅唷，郎呀，金莲比奴小。

打发外人来呀来请你，
请你的冤家请呀请弗到。
郎呀，拨勒别人笑！

　　哈呀，哈哈唷，郎呀，拨勒别人笑！

　　你有呀银钱有呀有处嫖，
　　小妹妹终身有人要！
　　郎呀，不必费心了！
　　哈呀，哈哈唷，郎呀，不必费心了！

　　你走呀你的阳呀阳关路；
　　奴走奴的独木桥！
　　郎呀处处去买香烧！
　　哈呀，哈哈唷，郎呀，处处去买香烧！

　　　　　甲之二　《跳槽》(徒歌)

　　自从一别到今朝，
　　今日相逢改变了！
　　女儿的贵相好，
　　此山不比那山高；
　　脱脱蓝衫换红袍。
　　人也比奴好；
　　容也比奴俏。
　　打发外人来请你，
　　请你的冤家请亦请弗到；
　　拨勒别人笑！
　　你走你的阳关路；
　　奴走奴的独木桥！
　　偕傺各处去买香烧！

乙之一　《玉美针》(乐歌)

杨柳儿青青，杨柳儿青青，

青青的早上同郎去游春，同郎去游春。

游春之后失落了玉美针，失落了玉美针。

有情的人儿哎，人儿哎，失落了玉美针，失落了玉美针。

那一个公子拾去奴的针，拾去奴的针?

有情的人儿哎，人儿哎，拾去奴的针，拾去奴的针，

轻轻巧巧送上我家门。

有情的人儿哎，人儿哎，送上我的门，送上我的门，

青纱帐里报报你的恩!

有情的人儿哎，人儿哎，公婆知道棍子打上身，棍子打上身，

有情的人儿哎，人儿哎，打来打去打不掉奴的心，打不掉奴的心!

有情的人儿哎，人儿哎，必要写退婚;

一乘小轿抬到娘家门，抬到娘家门。

有情的人儿哎，人儿哎，这是为何因?

有情的人儿哎，人儿哎，这是为何因? 这是为何因?

十二十四偷情到如今，偷情到如今。

有情的人儿哎，人儿哎，不认这门亲，不认这门亲。

一乘小轿抬到庵堂门，抬到庵堂门。

手掐佛珠念上几卷经，念上几卷经;

有情的南无观世音，南无观世音，不修今生修来生，修一修来生，

修上一个有情郎君，有情郎君，

有情的南无观世音，南无观世音，过上几十春，过上几

十春!

乙之二 《玉美针》(徒歌)

杨柳那得青青,

青青那得早起,失落了个玉美针。

谁家的公子拾了奴的针? 还了奴的针?

十三岁,要偷情;

偷到如今,终弗能称心。

刚刚称心,夫家知道一定要退婚。

叫肩小轿,抬进庵门;

先拜弥陀,慢拜尼僧;

削落两根头发,做个尼僧。

"月亮里点灯,挂啥明 (名)!"

从今以后,终弗偷情。

在以上四首里,可见乐歌是重在回环复沓的,徒歌则只要作直捷的陈述。乐歌的《跳槽》每章第一句第五字必重沓,第三句必以"郎呀"起,第四句必把第三句重沓了一下而加上"唅呀,唅唅唷";到了徒歌里,这些规则都没有了。本来的五章,到了徒歌里也并作一首了。乐歌的《玉美针》,每句必重沓,或一次,或二三次;间了一句,必以"有情的人儿哎,人儿哎"引起(此歌也必可以分成若干章的,但因石印唱本有脱误,故现在分不清;如能得到它的全文或乐谱,必可把章数整理出来);到了徒歌里也完全没有了。一篇近四百字的长歌,变到徒歌时只缩成一百字了。这是什么缘故?因为乐歌是受乐谱的支配的:(1)歌词虽很整齐(如《跳槽》,前二句为七言,后二句为五言),但乐谱并不也是这样整齐,所以歌词以外的羡声只得插进衬字(如"郎呀"),叠字(如"到呀到"),拟声(如"唅呀,唅唅唷",这是摹似乐声的，不知道应该叫做什么，姑立此名）等许多东西。有了这些东西，歌词既与歌谱密合，而歌声也愈觉得宛转可听了。(2) 乐谱是很短的，但歌却不能同它一样的短，所以乐谱要复奏，歌词便依了它的复奏而分章（例如《跳槽》，乐谱复奏五次，歌词便编制五章）。至于徒歌，则毫不受这种的束缚，所以它不必有衬字一类东西，也用不着分章；它所重的只是在发抒情感。就是从乐歌里变来的，也只要取了乐歌里面的主要意思，而把回环复沓的章句都删去了。乐歌变徒歌既如此，徒歌变乐歌当然如彼：本来没有章段的都分出章段来了，本来没有衬字的也加进衬字去了。叠章，叠句，叠字，大都由此而来。

用了这个眼光去看《诗经》，便觉得里面乐歌气味的浓重。例如《郑风》的《溱洧》：

> 溱与洧，方涣涣兮。
> 士与女，方秉蕑兮。
> 女曰"观乎"？士曰"既且"。
> "且往观乎！洧之外洵訏且乐"。
> 维士与女，伊其相谑，赠之以芍药。
> 溱与洧，浏其清矣。
> 士与女，殷其盈矣。
> 女曰"观乎"？士曰"既且"。
> "且往观乎！洧之外洵訏且乐"。
> 维士与女，伊其相谑，赠之以芍药。

这两章中，除了"方涣涣兮"，"方秉蕑兮"和"浏其清矣"，"殷其盈矣"之外是完全相同的；而这不同的地方只是两句无关紧要的话，并没有必须分成两章的需要。倘在徒歌中，只要一首也就够了。《郑风》中叠为二章，可见这是乐歌，所以乐谱复奏了一回时，歌词就复唱了一遍。至于歌词不复沓的，如《邶风》的

《谷风》，《卫风》的《氓》，也无碍其为乐歌，因为乐歌中凡是叙事的，或是意境较复杂的，乐谱虽复奏而歌词不必复沓，如摊簧、弹词、大鼓书等都是这般。

前年冬间，我应《歌谣周刊》的要求，草草写成了《从诗经中整理出歌谣的意见》一文，中说：

> 我以为《诗经》里的歌谣，都是已经成为乐章的歌谣，不是歌谣的本相。凡是歌谣，只要唱完就算，无取乎往复重沓。惟乐章则因奏乐的关系，太短了觉得无味，一定要往复重沓的好几遍。《诗经》中的诗，往往一篇中有好几章，都是意义一样的，章数的不同只是换去了几个字。我们在这里，可以假定其中的一章是原来的歌谣，其他数章是乐师申述的乐章。

下面引了《月出》一篇作例而说道：

> 这里的"皎，皓，照"，"僚，恼，燎"，"窈纠，忧受，夭绍"，"悄，懆，惨"，完全是声音上的不同，借来多做出几章，并没有意义上的关系（文义上即有不同，也非谱曲者所重）。在这篇诗中，任何一章都可独立成为一首歌谣，但联合了三章则便是乐章的面目而不是歌谣的面目了。

> 我们在这里，要从乐章中指实某一章是原始的歌谣固是不可能，但要知道那一篇乐章是把歌谣作底子的，这便不妨从意义上着眼而加以推测。虽则有了歌谣的成分的未必即为歌谣，也许是乐师模仿歌谣而做出来的，但我们的研究之力所可到的境界是止于此了，我们只可以尽这一点的职责了。

这文的大体的意思，我至今还没有变。

魏建功先生见了此文，表示反对。他和我讨论"《诗》中歌谣是否为已成乐章的歌谣问题"，他的结论是："歌谣是很注重重奏复沓的；重奏复沓是人工所不能强为的，……所以重奏复沓是歌谣的表现的最要紧的方法之一。"他的文中的理由是以下诸点：

（1）歌谣的作用与诗的作用是同样的，为的是要发泄内心的情绪；因为内心的情绪没有一定，所以发表的东西也没有一定的格调。

（2）诗的往复重沓，无论意思是否相同，都有它的不得已，并不因于奏乐的不得已。

（3）奏乐的有味无味，在于谱调的制作的好坏，并不能因往复沓好几遍而定。

（4）我们虽不能分别《诗经》中何者是歌谣与何者不是，却要相信由歌谣而成的诗的本相不能"定"是只有一个原来歌谣，其他是乐师申述的乐章。

（5）数章中改换的字句的意义或同或异；我们不能因为它意义相同，便说它有申述的糅合。

（6）改换一二字而复奏的，多少总有程度的深浅或次序的进退；就是没有分别，而作者以声音改换的复奏，不能不说他内心情绪非如此不可。

（7）就歌谣的实例看，大都用同样的语调，随口改换字句唱出来；儿歌尤其是的。

现在把我的回答的话依了这个次序写在下面：

（1）歌谣与诗的作用确是同样的，都为了发泄内心的情绪而作。内心的情绪是没有一定的，所以除了声调的谐和以外，都不应当有一定的格调。但到了乐章里，有了乐谱的束缚，便不能如此了。例如作七言绝诗的，无论内心的情绪怎样涌溢，但每首只能有二十八字，每句只能有七字，句中也只能有平平仄仄的格律。作词曲的受乐谱的束缚更甚了；作者既选定了一个词牌，总必得那样做。李煜的《浪淘沙》、岳飞的《满江红》，情绪是奔放极了，但格律却不能不与一般平庸人所作的有词无情的东西一样。要纯粹的自由发抒情感而不受固定的格调的束缚，只有现在的白话诗是可以的，但又不可入乐了（现在的白话诗也有回环复沓的，这是模仿乐歌而作，是另一事）。徒歌是什么，是里巷间妇人女子贩夫走卒发抒情感的东西，他们在形式上所要求的只在声调的自然谐和，不像士大夫与乐工们的有固定的乐律可以遵守。他们要直捷叙述时就直捷叙述，要回环复沓时也无妨回环复沓。但因徒歌中需要回环复沓的甚少，大致偏重在直捷叙述方面，所以他们的发泄内心情绪虽与乐歌同，而格调的没有一定却与乐歌异。我在上次文中曾说："乐章因奏乐的关系，太短了觉得无味，一定要往复重沓的好几遍。"魏先生质问道："为什么在这篇里复沓一遍为二章就有了意味？为什么在那篇里复沓要到三遍为四章才有意味呢？"我以为这个问题只要看现在的乐歌就可明白。现在的乐歌中，《五更调》必为五章，《十送情哥》、《十杯酒》、《十把扇子》等必为十章，《唱春调》大都为十二章，学校里的唱歌大都为二章至四章。这或者因调子上的关系，或者因习惯上的关系，都说不定。乐歌的章数虽有多少，但它的意味的一部分在重沓，也和不分章段的徒歌的形式不同，乃是很明显的。

（2）徒歌的回环复沓，自只在作者的内心情绪的不得已。乐歌的回环重沓，则乐调的不得已重于其内心情绪的不得已。例如作《五更调》的，不能因情绪已竭而缩之成三，也不能因情绪有余而衍之成七。又如作《唱春调》的，他的内心情绪也许比作《五更调》的短浅得多，但他既以十二个月编排了，则无论如何必把歌中事实凑到第十二个月而止。

（3）乐声的有味无味，确在于谱调的制作的好坏而不关于回环复沓了若干度。但这是专为品评乐谱者说的，不是为普通听歌者说。若目的重在听歌，要从听唱的歌词中得到尽兴的愉快，便不能不把乐谱回环复沓的奏上好几遍，把歌词也随着唱上好几遍了。《四季相思》的调，《五更调》的调，《唱春调》的调，《十八摸》的调，当制谱的时候原只有要求音调的谐和有味，何尝定出非四、非五、非十二、非十八首歌词不可的规则出来。但是乐工为了职业的关系，希求听歌者的尽兴，便不由得不把歌词回环复沓上四度、五度、十二度、十八度了。这种的希求与限制是唱徒歌的所没有的。

（4）我们确应相信由徒歌变成的乐歌不能在一篇中惟有一章是原来的歌词。例如《唐风》的《葛生》：

> 葛生蒙楚，蔹蔓于野。
> 予美亡此，谁与独处！

> 葛生蒙棘，蔹蔓于域。
> 予美亡此，谁与独息！

> 角枕粲兮，锦衾烂兮。
> 予美亡此，谁与独旦！

> 夏之日，冬之夜。
> 百岁之后，归于其居！

> 冬之夜，夏之日。
> 百岁之后，归于其室！

这首诗前二章的句式一律，第三章的起兴的式子与前二章不同，后二章的句式又另是一种样子。其中是否有二章是原来的徒歌词，或是否全篇经过乐工的改窜，现在已无法知道，我们决不能断定里面的某章是当时徒歌的本相了。我们只能说这首诗是富有民歌意味的乐歌。我上次所举的《月出》，这次所举的《溱洧》，都是最整齐的几章，这一章与那一章的意义是没有分别的；在徒歌中是可以不复沓的，所以我怀疑里面有一章是徒歌的本真，其余是乐工申述的乐章。但天下的事决不会整齐画一到极端，所以适用于《月出》和《溱洧》的未必便适用于《关雎》和《葛生》。

（5）这一条，魏先生引《硕鼠》的重言"适彼乐土"为证，证明这是作者要表明弃此远去的决绝的态度，词句的复沓由于情绪的不得已，不能说里面有一句是乐工申述的。这个意思，我极以为然。这样的例在徒歌中也尽有可举。例如《吴歌甲集》第六十二首重言"㪉哭哉"，第七十九首重言"小登科"，皆是。但是请魏先生不要误会我前一文的意思，以为乐歌是必须复沓的，徒歌是必不复沓的。我也知道徒歌中是可以有复沓的，但只限于作者内心情绪的不得已的宣泄，故复沓处较少，就是复沓也没有极整齐的格调。至于乐歌，则因乐谱复奏的关系，即使内心情绪的宣泄已尽于一章，但也必敷衍成为若干章，所以它的复沓是极整齐的复沓；这些复沓，有的在意境上尚可分出些深浅，有的竟是全同。《诗经》上各篇的复沓之章，都显出它的乐歌的样子，所以我有这样的话。魏先生若单举了《硕鼠》的重言"适彼乐土"来证明不能仅以复沓的句子作乐歌的证据，我当然赞同。若说《硕鼠》的全篇三章虽是意义一致，但我们还只能说它是徒歌的本相，我就禁不住要树异议了。

（6）复沓诸章在意义上虽有程度的深浅或次序的进退，但不能说这是徒歌的本相而不是乐工所申述，因为申述的人也尽有使先后各章分出深浅及进退的道理。何况实际上也并不如是。例如魏先生举的《鄘风》的《墙有茨》篇，它的原文是：

> 墙有茨，不可扫也。
> 中冓之言，不可道也。……

　　墙有茨，不可襄也。

　　中冓之言，不可详也。……

　　墙有茨，不可束也。

　　中冓之言，不可读也。……

魏先生说：

　　"扫"和"襄"和"束"是一层进一层的动作。

　　"不可道"简直是"不能说"；"不可详"就是"可说而
不可细说"；"不可读"却便是"可说而不可多说"。

照这样讲，这首诗的程度的深浅便成了下列的方式：

　　第一章——墙有茨，最浅；中冓之言，最深。

　　第二章——墙有茨，渐深；中冓之言，渐浅。

　　第三章——墙有茨，最深；中冓之言，最浅。

我真不明白，为什么"墙有茨"和"中冓之言"的程度的深浅要
反其道而行呢？这明明只取押韵罢了，有什么深意在内！（起兴
与意义无关，见《吴歌甲集·写歌杂记》。）我们还是不要这样的
深文周纳，继汉代经师的步武吧。至于魏先生说，"就是没有分
别，而作者以声音改换的复奏，不能不说他内心非再三咏叹不足
以写怀的缘故"，那是无理由的要把《诗经》归到徒歌之下，我
更不敢赞同了。

　　（7）魏先生所举的歌谣上的实例，大都是"儿歌"（如《红
云嫁黑云》、《姑娘吊孝》等）和"对山歌"（如《酉阳山歌》、
《江阴船歌》等）；至于"成人的抒情之歌"则绝少（《天吓天》一
首确属于这一类，但乐歌的气味甚重，恐是把乐歌清唱成徒歌
的，与《孟姜女十二月花名》同）。对山歌因问作答，非复沓不
可。例如《江阴船歌》既用"舍个弯弯天上天？"发问，作答的
当然说"亮月弯弯天上天"。儿歌注重于说话的练习，事物的记

忆，与滑稽的趣味，所以也有复沓的需要。例如《姑娘吊孝》一歌，一个女孩子的未婚夫死了，想去吊孝，问娘应穿什么，娘答以"红纱衫儿，红纱裙儿"；问爷，爷变说"绿纱衫儿，绿纱裙儿"；问哥，哥又说"黄纱衫儿，黄纱裙儿"；问嫂，嫂才说"白纱衫儿，白纱裙儿"而止。这样的回环复沓，是重在小儿意中的滑稽趣味和红绿等颜色的记忆，毫不带着情感的色彩。至于重在发抒情感的成人之歌，有这样的回环复沓的格调的却绝不多见，看我搜集的吴歌可知。去年适之先生也曾告我："外国歌谣大都是回环复沓的，中国歌谣中颇少此例，也是一个特异的现象。"这个问题当然不是我的学力所可讨论。我现在所要说明的，是我们今日的成人的抒情之歌极少复沓的这是事实；我们古代的成人的抒情之歌极少复沓的这也是事实（详见下）。《诗经》中带有徒歌性质的诸篇都是成人的抒情之歌；这些歌什九复沓，与现在流行及古代流行的徒歌不同。所以这很有把徒歌改为乐歌的倾向。

总以上所说，可以把我的意思做一个简单的结论：

徒歌是民众为了发泄内心的情绪而作的；他并不为听众计，所以没有一定的形式。他如因情绪的不得已而再三咏叹以至有复沓的章句时，也没有极整齐的格调。

乐歌是乐工为了职业而编制的，他看乐谱的规律比内心的情绪更重要；他为听者计，所以需要整齐的歌词而奏复沓的乐调。他的复沓并不是他的内心情绪必要他再三咏叹，乃是出于奏乐时的不得已。

《诗经》中一大部分是为奏乐而创作的乐歌，一小部分是由徒歌变成的乐歌。当改变时，乐工为它编制若干复沓之章。这些复沓之章，有的似有一点深浅远近的分别，有的竟没有，但这是无关重要的。至于《诗经》里面的徒歌和乐歌的分别，我们现在虽可用了许多旁证而看出一个大概，但已不能作清楚明白的分析了。

以上答复魏先生的话都是偏于理论方面的；但我自审对于文学原理及音乐原理没有深澈的了解，不敢自信。不过我还可以从许多事实方面证明《诗经》所录全为乐歌，在这些方面我敢于自信。

第一，我们看春秋时的徒歌可以证明《诗经》是乐歌。今就《左传》、《国语》、《论语》、《庄子》、《孟子》等书所记录的抄出若干条于下：

（1）晋舆人诵（《左传》僖公二十八年）：

原田每每，舍其旧而新是谋。

（2）宋城者讴及华元答讴（《左传》宣公二年）：

（甲）睅其目，皤其腹，弃甲而复。

（乙）牛则有皮，犀兕尚多。弃甲则那！

（丙）从其有皮，丹漆若何！

（3）声伯梦歌（《左传》成公十七年）：

济洹之水，赠我以琼瑰。归乎，归乎，琼瑰盈吾怀乎！

（4）鲁国人诵（《左传》襄公四年）：

臧之狐裘，败我于狐骀。我君小子，朱儒是使。朱儒，朱儒，使我败于邾！

（5）宋筑者讴（《左传》襄公十七年）：

泽门之皙，实兴我役。邑中之黔，实慰我心。

（6）郑舆人诵（《左传》襄公三十年）：

（甲）取我衣冠而褚之。取我田畴而伍之。孰杀子产，我其与之！

（乙）我有子弟，子产诲之。我有田畴，子产殖之。子产而死，谁其嗣之！

（7）**南蒯乡人歌**（《左传》昭公十二年）：

我有圃，生之杞乎。从我者子乎。去我者鄙乎。倍其邻者耻乎。已乎，已乎，非吾党之士乎！

（8）**宋野人歌**（《左传》定公十四年）：

既定尔娄猪，盖归我艾豭？

（9）**莱人歌**（《左传》哀公五年）：

景公死乎不与埋。三军之士乎不与谋。师乎，师乎，何党之乎！

（10）**申叔仪歌**（《左传》哀公十三年）：

佩玉櫜兮，余无所系之。旨酒一盛兮，余与褐之父睨之。

（11）**齐人歌**（《左传》哀公二十一年）：

鲁人之皋，数年不觉，使我高蹈。惟其儒书，以为二国忧！

（12）**舆人诵惠公**（《国语·晋语》三）：

佞之见佞，果丧其田。诈之见诈，果丧其赂。得国而狃，终逢其咎。丧田不惩，祸乱其兴。

（13）**国人诵共世子**（《国语·晋语》三）：

贞之无报也，孰是人斯而有斯臭也！贞为不听，信为不诚。国斯无刑，偷居幸生。不更厥贞，大命其倾！威兮怀兮，各聚尔有以待所归兮。猗兮违兮，心之哀兮。岁之二七，其靡有征兮。若狄公子，吾是之依兮。镇抚国家，为王妃兮。

（14）**楚狂接舆歌**（《论语·微子》篇）：

凤兮，凤兮，何德之衰？往者不可谏，来者犹可追。已而，已而，今之从政者殆而！

（15）**楚狂接舆歌**（《庄子·人间世》篇）：

> 凤兮，凤兮，何如德之衰也！来世不可待，往世不可追
> 也！天下有道，圣人成焉。天下无道，圣人生焉。方今之
> 时，仅免刑焉。福轻乎羽，莫之知载。祸重乎地，莫之知
> 避。已乎，已乎，临人以德。殆乎，殆乎，画地而趋。迷
> 阳，迷阳，无伤我行！吾行却曲，无伤我足！

（16）孔子听孺子歌（《孟子·离娄》篇）：

> 沧浪之水清兮，可以濯我缨。沧浪之水浊兮，可以濯我
> 足。

这些歌虽未必一定可靠（例如《庄子》上的接舆歌词与《论语》
上的大不相同，又如国人诵共世子的说了许多应验的预言），但
总可以窥见一点当时徒歌的面目。这些徒歌的形式，我们可以综
括为下列诸点：

（1）篇幅长短不等，但都没有整齐的章段。长的如《国语》
诵共世子，《庄子》接舆歌，但并不像《诗经》所录的一般分成
若干章。短的如《左传》晋舆人诵，宋野人歌，仅有两句，也是
《诗经》里所没有的。

（2）篇末多用复沓语作结。如声伯梦歌的"归乎，归乎，琼
瑰盈吾怀乎！"鲁国人诵的"朱儒，朱儒，使我败于邾！"南蒯乡
人歌的"已乎，已乎，非吾党之士乎！"莱人歌的"师乎，师乎，
何党之乎！"《论语》接舆歌的"已而，已而，今之从政者殆而！"
皆是。这或者取其摇曳有致，或者取其慨叹有力，皆未可知。

（3）篇末如不用复沓语作结，亦多变调。如郑舆人诵的甲篇
首二句皆云"取我"，末一句变为"孰杀"；乙篇首二句皆以"我
有"起，末一句变为"子产而死"，皆是。

（4）篇中用对偶的很多。如宋筑者讴的以"泽门之皙"与
"邑中之黔"对，舆人诵惠公的以"佞之见佞"与"诈之见诈"
对，又以"得国而狃"与"丧田不惩"对，孔子听孺子歌的以

"水清濯缨"与"水浊濯足"对，皆是。若《庄子》接舆歌，则几乎全篇是对偶了。但无论如何用对偶，却没有很整齐的章段，改去数字而另成一章或数章的。我很疑心徒歌里的对偶，到了乐歌里就用来分章了。

（5）《孟子》所载孺子歌是反复说正反两个意思的。魏先生曾举《江阴船歌》"结识私情勿要结识大小娘"和"结识私情总要结识大小娘"作例，证明徒歌是可以复沓的。但这正是与孺子歌一样，是两个意思的转说，不是一个意思的复说。

从以上诸条看来，古代徒歌中的复沓是可以有的，但往往用在对偶、反复、尾声，而不是把一个意思复沓成为若干章。

《左传》中也有类似《诗经》格式的歌词，如隐公元年的郑庄公母子的赋和昭公十二年的晋侯、齐侯的投壶词：

（甲）

大隧之中，其乐也融融。（郑庄公）

大隧之外，其乐也泄泄。（武姜）

（乙）

有酒如淮，有肉如坻。寡君中此，为诸侯师！（中行穆子为晋昭公）

有酒如渑，有肉如陵。寡人中此，与君代兴。（齐景公）

如果它们确是徒歌，它们的性质也等于"对山歌"。凡是对山歌，起的人先唱了什么，接的人就用了原来的格式接上什么。例如魏先生举的《酉阳山歌》和《江阴船歌》都是。如不是对上什么，即是反言什么。例如魏先生举的《江阴船歌》中的"结识私情弗要结识大小娘"和"结识私情总要结识大小娘"两首。总之，凡是两个人对唱的徒歌，总容易取同样的格式。若是一个人独唱的徒歌，把一个意思用同样的话改去数字而复沓为数章的，实很不经见。

当时的乐工采得了徒歌，如何把它变为乐歌，我们现在固然无从知道，但不妨做上一点臆测。假使我做了乐工，收得了南蒯乡人的一歌，要动笔替它加上两章，便为下式：

（一）我有圃，生之杞乎。从我者子乎。去我者鄙乎。倍其邻者耻乎。已乎，已乎，非吾党之士乎！

（二）我有圃，生之榛乎。从我者贤乎。去我者疵乎。倍其邻者颠乎。已乎，已乎，非吾党之人乎！

（三）我有圃，生之桑乎。从我者臧乎。去我者狂乎。倍其邻者亡乎。已乎，已乎，非吾党之良乎！

这是最老实的叠章法，文辞的形式全没有改变。倘使不老实一点，也可改成下列的方式：

我有圃，生之杞。子之从我，宁尔妇子。

我有圃，生之鞠。子之去我，自诒颠覆。

我有圃，生之李。子之倍邻，实维尔耻。

予口谆谆，乃不我信。已乎，已乎，非吾党之人！

这样一来，便把这首徒歌的意思融化在四章乐歌之内，乐歌的形式与也《绿衣》、《燕燕》、《新台》、《大车》等诗相似了。后人虽是知道它是从徒歌变来的，但如何在这篇乐歌之中再理出一首原来的徒歌来呢？所以我们固然知道《诗经》中有若干篇是富有歌谣的成分的诗，但原始的歌谣的本相如何，我们已见不到了，我们已无从把它理析出来了。

第二，我们从《诗经》的本身上看，可以证明《诗经》是乐歌。徒歌因为不分章段，所以只要作一方面的叙述。乐歌则不然，它因为迁就章段之故，往往把一方面铺张到多方面。例如魏先生举的《鄘风·桑中》篇的三章，即可以见出从徒歌的一方面

变为乐歌的多方面的痕迹:

> （1）爰采唐兮，沫之乡矣。云谁之思？美孟姜矣。
>
> 　　　期我乎桑中，要我乎上宫，送我乎淇之上矣。
>
> （2）爰采麦兮，沫之北矣。云谁之思？美孟弋矣。
>
> 　　　期我乎桑中，要我乎上宫，送我乎淇之上矣。
>
> （3）爰采葑矣，沫之东矣。云谁之思？美孟庸矣。
>
> 　　　期我乎桑中，要我乎上宫，送我乎淇之上矣。

这是一首情歌，但三章分属在三个女子——孟姜、孟弋、孟
庸——而所期、所要、所送的地点乃是完全一致的。我很不解，
是否这三个女子是一个男子同时所恋，而这四角恋爱是同时得到
她们的谅解，并且组成一个迎送的团体的？这似乎很不近情理。
况姜、弋、庸都是贵族女子的姓（姜为齐国贵族的姓；弋即姒，
为莒国贵族的姓；庸为卫国贵族的姓，钱大昕说），是否这三国
的贵族女子会得同恋一个男子，同到卫国的桑中和上宫去约会，
同到淇水之上去送情郎？这似乎也是不会有的事实。这种境界，
在徒歌里是没有的。拿搜集到的歌谣看，谁见有既爱了赵姑娘，
又爱了钱姑娘，又爱了孙姑娘的。惟在乐歌中则此例甚多。前曾
见一唱本，题为《十个大姐》，颇与此诗相类，惜不在手头，未
能征引。在手头的，有《时调三翻十二郎》（绍兴思义堂刻本），可
以取来作证。今节抄于下:

> （1）一位姑娘本姓王呀，私情相好十二郎呀。
>
> 　　　小呀加加，小呀尖尖，小小三来十二郎，喂喂。
>
> （2）大郎哥哥县里为皂隶呀，二郎哥哥家中当粮房呀。
>
> 　　　小呀加加，小呀尖尖，小小三来十二郎，喂喂。
>
> （3）三郎哥哥家里裁衣做呀，四郎哥哥府上做皮匠呀。
>
> 　　　小呀加加，小呀尖尖，小小三来十二郎，喂喂。
>
> （4）五郎哥哥府上糖烧饼卖呀，六郎哥哥家内开茶

坊呀。

小呀加加，小呀尖尖，小小三来十二郎，喂
喂。……

这歌虽没有写明那一种"时调"，但看"小呀加加，小呀尖尖"
等等有调无义之词，可见这是一篇乐歌。乐歌要把一个调子三反
四覆的重叠，所以它的歌词容易把一方面铺张到多方面。在徒歌
里只要说一只茶碗，到乐歌里往往要说七只茶碗了。在徒歌里只
要说一把扇子，到乐歌里往往要说十把扇子了。在徒歌里只要说
一个情人，到乐歌里往往要说十二个情人了。因此，我们可以把
《桑中》篇下一个假设：这诗在徒歌中原只有一章，诗中人的恋
人原只有一个（以地望看来，或许是"美孟庸"，又"孟庸"与
"桑中"、"上宫"均同韵）；惟自徒歌变成乐歌时，才给乐工加上
了前两章。

《郑风》的《山有扶苏》与《桑中》意味略同。《桑中》是一
男候三女，《山有扶苏》则是一女候二男。其实"子都"为美男
子的称谓是确的，"子充"则不过借来凑"狡童"的韵脚而已。
我们对此，可以假设上一章（言子都的）是原有的徒歌，下一章
（言子充的）是乐工加上的乐章。

又如《王风》的《扬之水》：

（1）扬之水，不流束薪。彼其之子，不与我戍申。
怀哉，怀哉，曷月予还归哉？

（2）扬之水，不流束楚。彼其之子，不与我戍甫。
怀哉，怀哉，曷月予还归哉？

（3）扬之水，不流束蒲。彼其之子，不与我戍许。
怀哉，怀哉，曷月予还归哉？

假使这诗确是征夫怀家的徒歌，则作歌的征夫决不会分成三身而
同时戍申戍甫又戍许。这也是乐歌的从一方面铺张到多方面的

表征。

又如《秦风》的《权舆》：

> (1) 於我乎夏屋渠渠，今也每食无余。于嗟乎，不承权舆！

> (2) 於我乎每食四簋，今也每食不饱。于嗟乎，不承权舆！

下章先言"每食四簋"，下接言"每食不饱"，着眼点都在饭食，是前后相呼应的。上章先言"夏屋渠渠"，着眼在居住上了，下却接言"每食无余"，改说到饭食上，前后就很不相称。所以我对于此篇，觉得可以下一个假设：这诗原来在徒歌中只有下一章，上章是乐工为了要重沓一章而硬凑上去的。

以上所说的话，在诗家看来，怕要说我把句义看得太死了，因为诗歌的创作是纯任主观的，不当有清楚的分析。但我所以敢于这样说，因为尚有别的方面给我们以《诗经》是乐歌的证据，我们尽可以在它的本身上寻出它从徒歌变为乐歌的痕迹。

也许有人说："《诗经》所录的既为乐歌，安知不全是乐工做出来的，何以见得必是从徒歌变到乐歌的呢？"我对于此说，也表同情。我所以说《诗经》里有一部分诗是从徒歌变为乐歌之故，因为《王制》说"命太师陈诗以观民风"，《汉书·食货志》说"孟春之月，群居者将散，行人振木铎徇于路以采诗，献之太师，比其音律，以闻于天子"，在这些话里是说《诗经》中一部分诗是从徒歌变为乐歌的。但这些话都是汉代人说的，未必一定可靠。我所以还敢信它们之故，因为汉以后的乐府也有把民间的徒歌变为乐歌的（见下）。假使这些话真是无据之谈，我所说的徒歌变为乐歌之说当然可以推翻；但推翻的只是从徒歌变为乐歌之说，而不是《诗经》所录全为乐歌之说。

第三，我们从汉代以来的乐府看，可以证明《诗经》是乐歌。《汉书·艺文志·诗赋略》中所著录的有以下诸书：

《吴楚汝南歌诗》十五篇。

《燕代讴》、《雁门云中陇西歌诗》九篇。

《邯郸河间歌诗》四篇。

《齐郑歌诗》四篇。

《淮南歌诗》四篇。

《左冯翊秦歌诗》三篇。

《京兆尹秦歌诗》五篇。

《河东蒲反歌诗》一篇。

《雒阳歌诗》四篇。

《河南周歌诗》七篇。

《河南周歌诗声曲折》七篇。

《周谣歌诗》七十五篇。

《周谣歌诗声曲折》七十五篇。

《周歌诗》二篇。

《南郡歌诗》五篇。

这些各地方的歌诗即是直接《诗经》中《国风》一部分的。但这些歌诗决不是徒歌，一因其中有"曲折"（即乐谱），二因它们都在乐府。《诗赋略》序中说：

> 自孝武立乐府而采歌谣，于是有代、赵之讴，秦、楚之风，皆感于哀乐，缘事而发。

《汉书·礼乐志》又说：

> 武帝定郊祀之礼，……乃立乐府，采诗夜诵，有赵、代、秦、楚之讴。以李延年为协律都尉。

又叙述各地方音乐的乐员道：

> ……邯郸鼓员二人，……江南鼓员二人，淮南鼓员四人，巴俞鼓员三十六人，……临淮鼓员三十五人，……沛吹

鼓员十二人，……陈吹鼓员十三人，……楚鼓员六人，……
秦倡员二十九人，……蔡讴员三人，齐讴员六人。……

那时的奏乐的样子，从《楚辞》中可以看得更明白。《招魂》说：

> 肴羞未通，女乐罗些。敶钟按鼓，进新歌些。《涉江》、
> 《采菱》，发《扬阿》些。……二八齐容，起郑舞些。……竽
> 瑟狂会，搷鸣鼓些。宫庭震惊，发《激楚》些。吴歈、蔡
> 讴，奏大吕些。

又《大招》说：

> 代、秦、郑、卫，鸣竽张只。伏羲《驾辩》，楚《劳商》
> 只。讴和《阳阿》，赵箫倡只。

在这些材料中，可见当时乐调最盛的地方，在北是代、秦、赵、
齐，在南是郑、蔡、吴、楚(《艺文志》中所载诗，邯郸是赵，淮
南是吴)。因为那些地方的乐调最盛，所以著录的歌诗也最
多。

《隋书·经籍志·总集类》中也有类似《汉志》所录的歌诗：

《吴声歌辞曲》一卷。

《乐府歌诗》二十卷。

《乐府歌辞》九卷。

《晋歌诗》十八卷。

《三调相和歌辞》五卷。

《乐府新歌》十卷。

这些书的名目上，大都写明是乐府。"吴声歌"及"相和歌"，
《晋书·乐志》上有几句记载的话：

> 凡乐章古辞，今之存者并汉世街陌谣讴，《江南可采
> 莲》、《乌生十五子》、《白头吟》之属也。

> 吴声杂曲并出江南，东晋以来稍有增广。《子夜歌》，……
> 《凤将雏歌》，……《阿子及欢闻歌》，……《团扇歌》，……

《懊侬歌》，……《长史变》，……始皆徒歌，既而被之管弦。
又有因丝竹金石，造歌以被之，魏世《三调歌辞》之类是
也。

相和歌，汉旧歌也。丝竹更相和，执节者歌。本一部，
魏明帝分为二。

吴声歌"始皆徒歌，既而被之管弦"，是由徒歌变成乐歌的。相
和歌"丝竹更相和，执节者歌"，是犹今摊簧及大鼓书之类。可
见《隋志》所录的风诗也没有不是乐歌的。

郑樵《通志·乐略》中《白纻歌》条下说：

《白纻歌》有《白纻舞》，《白凫歌》有《白凫舞》，并吴人之
歌舞也。吴地出纻，又江乡水国，自多凫鹜，故兴其所见以
寓意焉。始则田野之作，后乃大乐氏用焉。其音出入清商
调，故清商七曲有《子夜》者，即《白纻》也。在吴歌为
《白纻》，在雅歌为《子夜》。梁武令沈约更制其词焉。……

右《白纻》与《子夜》，一曲也。在吴为《白纻》，在晋
为《子夜》。故梁武本《白纻》而有《子夜四时歌》。后之为
此歌者，曰《白纻》，则一曲；曰《子夜》，则四曲。今取
《白纻》于《白纻》，取《四时歌》于《子夜》，其实一也。

这两段里，可见《白纻歌》始为田野间徒歌，后来成为乐歌，又
加上了舞。过了几时，又取了它的乐调，改制《子夜歌》；本为
一曲的，到这时便变成了四曲。即此可知徒歌的变为乐歌，是由
简变繁，由少变多的。

总括以上所说，可以写出一个从徒歌变为乐歌的程序：

（1）原为民间徒歌（如吴声歌），或民间乐歌（如相和歌）。

（2）为贵族畜养的乐工所采，被之管弦，成为正则的乐歌。

（3）贵族更制其乐（如魏明帝之于相和歌），或更制其辞
（如梁武帝之于《白纻歌》），后遂守之不变。

《诗经》中一部分诗，带着徒歌的色彩的，它的变为乐歌也许照了这个程序。它的能够列入《诗经》，与两汉、六朝的乐歌列入《汉志》、《隋志》所录的歌诗集中也许是一样的。

第四，我们从古代流传下来的无名氏诗篇看，可以证明《诗经》是乐歌。前面所举的春秋时代的徒歌，以及其他时代的徒歌，只为与政治人物发生关系，故得流传下来；这原是重在政治人物的事故，并不重在歌谣的本身。其余和政治人物没有关系的徒歌，早已完全失传，再不能寻见了。

我读《文选》中《古诗十九首》时，尝疑这些诗既无撰人名氏，如何会得流传下来。后读《玉台新咏》（卷一）所载《古诗》，其第六首开端云：

> 四座且莫喧，愿听歌一言。请说铜炉器，崔嵬象南山。

乃知流传下来的无名氏古诗亦皆乐府之辞。所谓"四座且莫喧，愿听歌一言"，正与赵德麟《商调蝶恋花》序中所说"奉劳歌伴，先听调格，后听芜词"，北观别墅主人《夸阳历大鼓书》引白所说"把丝弦儿弹起来，就唱这回"相同，都是歌者对于听客的开头语。

纳兰性德《渌水亭杂识》（卷四）说：

> 《焦仲卿妻》，又是乐府中之别体。意者如后之《数落山坡羊》，一人弹唱者乎？

这句话很可信。我们看《焦仲卿妻》一诗中，如"物物各自异，种种在其中"，如"纤纤作细步，精妙世无双"，和"云有第三郎，窈窕世无双"，其辞气均与现在的大鼓书和弹词相同。而县君先来，太守继至，视历开书，吉日就在三天之内，以及聘物车马的盛况，亦均富于唱词中的故事性。末云，"多谢后世人，戒之慎勿忘"，这种唱罢时对于听众的丁宁的口气，与今大鼓书中《单刀赴会》的结尾说"这就是五月十三圣贤爷单刀会，留下了仁义二字万古传"，《吕蒙正教书》的结尾说"明公听了这个段，凡事要忍心莫要高"是很相像的。

《汉》、《隋》两志著录的歌诗集不久都失传了。我们看《玉台新咏》中的古乐府，看《乐府诗集》中的横吹曲辞、相和歌辞、清商曲辞、杂曲歌辞、……凡是带着民歌的气息的，哪一首不是乐歌。更看元代的《阳春白雪》、《太平乐府》，清代的《霓裳续谱》、《白雪遗音》，凡是著录当代的歌曲的，里边又哪一首不是乐歌。再看现在市摊上卖的唱本，有戏本，有曲词，有模仿乐曲而做成的歌词，可是没有徒歌。我近来为孔德学校整理新购的蒙古车王府的曲本千余册，其中除了戏本之外，有大鼓书，有快书，有牌子曲，有岔曲，有马头调，有弹词，但也没有一首徒歌。这不必奇怪，因为徒歌本来不为人所注意的，本来不使人感到有搜集和保存的价值的（除了与政治人物发生关系）。

徒歌的搜集和保存，在纪录历史方面，始于明杨慎的《古今风谣》（《函海》及《艺海珠尘》本），在纪录地方方面，始于清李调元的《粤风》（《函海》本）。他们俩都是"才子"，都是才子故事的箭垛人物（杨慎的故事见于北新书局出版的《徐文长故事》，李调元的故事见于《京报》附送的《民众周刊》）。惟其是才子，所以才能超出于当代的学术潮流之外而赏鉴这类真正的民众文艺。但明清两代似乎只有他们二人而已（至多也惟有加上一个受了杨慎影响而编《古谣谚》的杜文澜，一个受了杭世骏等《续方言》的影响而编《越谚》的范寅）。直到现在，才有用了学术的眼光真正搜集民间徒歌的北京大学歌谣研究会。这种事情，在以前是绝对没有的。我们现在在北京大学里，耳闻目见的多了，不免以为搜集民间歌谣是很便当的事，《诗经》中的一部分既带着很浓重的民歌色彩，想来也是搜集来的徒歌。但我们一从历史上观察，便可知道搜集徒歌是现代学术界上的事情，以前是绝对没有这一个问题的。以前的人尽可以会唱许多徒歌，尽可以听得许多徒歌，但除了与政治人物发生关系的几首视为值得注意之外，是随它渐灭的。乐工为了搜取乐歌的材料起见，所以对于徒歌有相当的注意，但他们注意的目的不过取来备自己的应用而已，绝对不是客观的搜集和保存。西洋人的搜集徒歌的工作固然做得比我们早，但也不过早上数十年而已。总之，自人类始有文化以来，直到十九世纪的初叶，徒歌是没有一天间断的，但是全世界人对于它却是一例的不注意。《诗经》是二千年前的东西，二千年以前的人是决不会想到搜集和保存徒歌的工作的，所以我敢说这是乐歌。

以上四条，是我所以说《诗经》所录全为乐歌的理由。现在就把上面的意思括成一个简单的结论：

春秋时的徒歌是不分章段的，词句的复沓也是不整齐的；《诗经》不然，所以《诗经》是乐歌。凡是乐歌，因为乐调的复奏，容易把歌词铺张到多方面；《诗经》亦然，所以《诗经》是乐歌。两汉、六朝的乐歌很多从徒歌变来的，那时的乐歌集又是分地著录，承接着《国风》，所以《诗经》是乐歌。徒歌是向来不受人注意的，流传下来的无名氏诗歌亦皆为乐歌；春秋时的徒歌不会特使人注意而结集入《诗经》，所以《诗经》是乐歌。

主张《诗经》中有一部分是徒歌的，在魏先生以前有南宋的程大昌和清初的顾炎武。我现在乘讨论之便，把他们的议论也考量一番。

程大昌《诗论》（《艺海珠尘》本；《荆川稗编》本题《诗议》）中"《南》、《雅》、《颂》为乐诗，诸国为徒诗"篇云：

春秋战国以来，诸侯卿大夫士赋诗道志者，凡诗杂取无择。至考其入乐，则自《邶》至《豳》无一诗在数。享之用

《鹿鸣》，乡饮酒之笙《由庚》、《鹊巢》，射之奏《驺虞》、《采蘋》，诸如此类，未有出《南》、《雅》之外者。然后知《南》、《雅》、《颂》之为乐诗而诸国之为徒诗也。

《鼓钟》之诗曰："以《雅》以《南》，以籥不僭"。季札观乐，"有舞象箾南籥者"。详而推之，"南籥"，《二南》之籥也；"箾"，《雅》也；"象舞"，《颂》之《维清》也。其在当时亲见古乐者，凡举《雅》、《颂》率参以《南》。其后《文王世子》又有所谓"胥鼓《南》"者，则《南》之为乐古矣。

《诗》更秦火，简编残缺。学者不能自求之古，但从世传训故第第相受，于是创命古来所无者以为"国风"，参匹雅颂，而文王南乐遂包统于国风部汇之内。虽有卓见，亦莫敢出众拟议也。……

顾炎武《日知录》(卷三)"四诗"条云：

《周南》、《召南》，南也，非风也。《豳》谓之"豳诗"，亦谓之"雅"，亦谓之"颂"（据《周礼·籥章》)，而非风也。《南》、《豳》、《雅》、《颂》为四诗，而列国之风附焉。此诗之本序也。（宋程大昌《诗论》谓无"国风"之目。然《礼记·王制》言"太师陈诗以观民风"，即谓自《邶》至《曹》十二国为风无害。）

又"诗有入乐不入乐之分"条云：

《鼓钟》之诗曰："以《雅》以《南》。"子曰："《雅》《颂》各得其所。"夫《二南》也，《豳》之《七月》也，《小雅》正十六篇，《大雅》正十八篇(《诗谱》："《小雅》十六篇，《大雅》十八篇，为正经")，《颂》也，诗之入乐者也。《邶》以下十二国之附于《二南》之后而谓之《风》，《鸱鸮》以下六篇之附于《豳》而亦谓之《豳》，《六月》以下五十八篇之附于《小雅》，《民劳》以下十三篇之附于《大雅》而谓之《变雅》，诗之不入乐者也。（《释文》云："从《六月》至《无羊》十四篇，是宣王之《变小雅》；从《节南山》至《何草不黄》四十四篇，前儒申公、毛公皆以为幽王之《变小雅》。从《民劳》至《桑柔》五篇，是厉王之《变大雅》；从《云汉》至《常武》六篇，是宣王之《变大雅》；《瞻卬》及《召旻》二篇，是幽王之《变大雅》。"《正义》曰："变者虽亦播于乐，或无算之节所用，或随事类而歌；又在制礼之后，乐不常用。"今按，以《变雅》而播之于乐，如卫献公使大师歌《巧言》之卒章是也。）……

从以上许多话看来，我们可以归纳出他们的几项主张：

（1）"南"为乐名；"国风"之名为秦以后人所创。

（2）《南》、《雅》、《颂》为乐诗；《邶》以下诸国为徒诗。

以上程大昌说。

（3）《南》、《豳》、《雅》、《颂》为"四诗"。

（4）"国风"之名可存，但列国诗只附于四诗。

（5）《二南》、《豳》之《七月》、《正小雅》、《正大雅》、《颂》，为入乐之诗；《邶》以下十二国、《豳·鸱鸮》以下、《变小雅》、《变大雅》，为不入乐之诗。

以上顾炎武说。

我对于他们的主张，有十分赞成的（《南》为乐名），有以为可备一说的（《南》、《豳》、《雅》、《颂》为四诗），有以为可商酌的（国风之名），有以为必不然的（《邶》以下诸国及《变雅》为徒诗）。今依次叙述于下：

第一，《南》为乐名，这是惬心餍理的见解。因为《周南》、《召南》的"南"，正如《周颂》、《商颂》的"颂"：颂既为乐名，南亦当然是乐名。"以《雅》以《南》"，确是一个极好的证据。

"胥鼓《南》"一证也是重要的。从前人因为要维持一个"国风"的总名，不惜把"南"字解为"南夷之乐"（《毛传》），又把《周南》、《召南》的"南"解为"王化自北而南"（《毛诗序》），实在是极谬妄的。

第二，《豳》为四诗之一，并无确证。因为《豳》是以地名（《大雅·公刘》"于豳斯馆"）名乐声的，与《邶》、《鄘》诸名一律。独把《豳》诗示异于诸国，未见其必然。《周官》虽有"《豳诗》、《豳雅》、《豳颂》"诸名，但《周官》这书的可信的价值原不很高，我们终不能据此一言便视为定论。（就使可信，也许它说的《豳雅》是指《小雅》中的《大田》、《甫田》诸篇；《豳颂》是指《周颂》中的《载芟》、《良耜》诸篇。因为《籥章》说的"祈年于田祖，吹《豳雅》，击土鼓，以乐田畯"，分明是从《甫田篇》的"琴瑟击鼓以御田祖，……田畯至喜"等话套来的。它既以《小雅》为《豳雅》，则以《周颂》为《豳颂》亦属可能；《丰年》和《载芟》都说"为酒为醴，以洽百礼"，和"吹《豳颂》"而为"合聚万物而索飨之"的蜡祭意义亦差同。）

第三，"国风"确是后起之名，但似不是秦以后人题的。《荀子·儒效》篇中有"《风》之所以为不逐者，取是以节之也"的话，是和《小雅》的"取是而文之"，《大雅》的"取是而光之"，《颂》的"取是而通之"并列的。《乐记》记师乙的话，有"正直而静，廉而谦者宜歌《风》"，是和"宽而静，柔而正者宜歌《颂》；广大而静，疏达而信者宜歌《大雅》；恭俭而好礼者宜歌《小雅》"连着说的。《荀子·大略》篇中又有"《国风》之好色也"，是和"《小雅》不以于污上，自引而居下"并列的。如果《儒效》、《大略》诸篇与《乐记》均不出于汉人的手笔，则"风"或"国风"之名想来在战国时就成立了。看《大雅·崧高》篇说"吉甫作诵，其诗孔硕，其风肆好"，又看《左传》成九年说钟仪

"操南音"，范文子说他"乐操土风"，则风字的意义似乎就是
"声调"。声调不仅诸国之乐所具，《雅》、《颂》也是有的。所以
"风"的一名大概是把通名用成专名的。所谓"国风"，犹之乎说
土乐。

较前于《荀子》和《乐记》的有《左传》，里面没有把"风"
字概称诸国诗的（隐公三年《传》的"《风》有《采蘩》、《采
蘋》"的君子的话，是汉人加上去的）。又较前的有《论语》，里
面说及《周南》、《召南》，又说及《雅》、《颂》，但也没有说及诸
国诗。但它虽没有说"国风"，虽没有说"诸国诗"，却曾说了两
次"郑声"。《卫灵公》篇云："颜渊问为邦，子曰：'……乐则
《韶》舞，放郑声，……郑声淫。'"《阳货》篇云："恶郑声之乱
雅乐也。"孔子是正《雅》、《颂》的人，他说"郑声乱雅乐"，
"正"和"乱"正是对立之词，雅乐既即是指《雅》《颂》，则别
郑声于雅乐之外，似乎他是把"郑声"一名泛指着一般土乐（国
风）。国风乱雅是可能的事，我们只要看《小雅》中《黄鸟》、
《谷风》、《采绿》、《都人士》、《我行其野》等篇，它们的风格婉
娈轻逸，与《国风》极近而与《雅》体颇远，就不免引起了这个
怀疑。如果它们确是从《国风》乱到《小雅》里的，则它们的所
以致乱的缘故不出二端：一是由于音调的相近（如《徽调》与
《汉调》，《汉调》与《京调》），一是由于用为奏雅乐时的穿插
（如《皮黄班》中有《小放牛》和《探亲家》等小调戏）。这是我
暂时下的一个假设。

我所以有此假设之故，因为《汉书·礼乐志》中的纪事也是
把燕、代、秦、楚各地的音乐都唤做"郑声"的。《礼乐志》云：

> 河间献王有雅材，……因献所集雅乐。天子下大乐官常
> 存肄之，岁时以备数；然不常御。常御及郊庙皆非雅
> 声。……至成帝时，……郑声尤甚。黄门名倡丙彊景武之属

富显于世。贵戚五侯、定陵、富平外戚之家淫侈过度，至与
人主争女乐。哀帝……即位，下诏曰："惟世俗奢泰文巧而
郑、卫之音兴，……郑、卫之音兴则淫僻之化流。……孔子
不云乎，'放郑声，郑声淫。'其罢乐府及郊祭乐，及古兵法
武乐。在经非郑、卫之乐者，条奏，别属他官。"丞相孔光、
大司空何武奏："……楚鼓员六人，……秦倡员二十九人，
楚四会员十七人，巴四会员十二人，……齐四会员十九人，
蔡讴员六人，……皆郑声，可罢。……"奏可。然百姓渐渍
日久，……富豪吏民湛沔自若。……

读此篇，可见当时把楚、秦、巴、齐、蔡等地方的乐曲都唤做
"郑声"，而真正的郑地的乐工在西汉乐府中倒反没有。又可见此
类乐调，单言则为"郑声"，叠举则为"郑、卫之音"。"郑声"
一名如此用法，成了一个很泛的乐调的名字，正如现在所说的
"小调"。《礼乐志》中又说"贵戚与人主争女乐"，可见那时的郑
声中有一部分是女乐。说起了女乐，使我联想到《论语》上的
"齐人馈女乐，孔子行"的故事，又想起《招魂》所写的女乐
"起郑舞，发激楚，吴歈蔡讴"的词句。恐怕孔子所说的"郑声"
即是这类女乐，她们是混合了各地的乐歌而成立的班子。因为其
中的音乐以郑国为最著名，所以总称为"郑声"。正如现在无论
那地的戏班子总喜欢写"京都名班"，有一个新出道的小戏子上
台总喜欢写"北京新到"，其实里面尽多土调，或与北京全不相
干。他们所以如此，只为北京是乐曲最著名的地方呵。

凡是土乐，一定是最少绅士气的。它敢把下级社会的幼稚的
思想，粗犷的态度，淫荡的声音，尽量地表现出来。例如北方的
《嘣嘣戏》、《跑旱船》，南方的《打花鼓》、《荡湖船》，以及上海
游艺场里的《四明文戏》、《扬州小戏》、《男女化装苏滩》、《化装
申曲》（《东乡调》），都是。这些东西因为毫没有绅士气，所以最

为绅士派所厌恶。他们总想把它们完全禁绝以正风化，所以《四明文戏》已不见于宁波而《嘣嘣戏》也绝迹于北京城。岂但这班卫道的官绅呢，就是我们一辈人亦何尝不如是。我以前在上海，很想多逛游艺场，现在在北京，很想多逛天桥，不幸同志是永远难找到的。因此，使我想起了春秋时各国的土乐包罗在"郑声"一名之下而为孔子所痛绝也是很可能的。

这一条衍说得太长了，今把我对于"国风"一名的由来的解释立一假设如下：各国的土乐原是很散乱的，最先只用国名为其乐调之名，没有总名；后来同冒于"郑声"一名之下；更后乃取"风"（声调）的一个普通名词算做它们的共名；或更加"国"字于"风"字之上而成今名。

第四，《南》、《雅》、《颂》固然是乐诗，但《邶》以下诸国及《变雅》却非徒诗。这个问题很复杂，现在分为下列三事而作解答：

(1) 春秋时的赋诗与乐歌。

(2) 宗庙燕享所用的乐歌与乐歌的全部。

(3) 正变之说的由来。

对于第一问题，我以为春秋时人所赋的诗都是乐歌。在《左传》上，有下列诸种证据：

卫宁武子来聘，公与之宴，为赋《湛露》及《彤弓》。不辞，又不答赋。使行人私焉。对曰："臣以为肄业及之也。昔诸侯朝正于王，王宴乐之，于是乎赋《湛露》。……今陪臣来继旧好，君辱贶之，其敢干大礼以自取戾！"（文四年）

孙文子如戚，孙蒯入使。公饮之酒，使太师歌《巧言》之卒章。太师辞。师曹请为之。初，公有嬖妾，使师曹诲之琴；师曹鞭之，公怒，鞭师曹三百：故师曹欲歌之以怒孙子，以报公。公使歌之，遂诵之。（襄十四年）

　　叔孙穆子食庆封。庆封泛祭。穆子不说，使工为之诵
《茅鸱》。(襄二十八年)

从以上诸故事中，可见春秋时的"赋诗"等于现在的"点戏"。
那时的贵族（王、侯、卿、大夫）家里都有一班乐工，正如后世
的"内廷供奉"和"家伶"。贵族宴客的时候，他们在旁边侍候
着。贵族点赋什么诗，他们就唱起什么诗来。客人要答赋什么诗
也就点了叫他们唱。甯武子所说的"肄业"，业即版，所以纪乐
谱的(《周颂·有瞽》篇云："有瞽有瞽，在周之庭，设业设虡，崇
牙树羽")。师曹的"诵"《巧言》，穆子的工的"诵"《茅鸱》，也
许有人据了班固所说的"不歌而诵谓之赋"(《艺文志序》)和韦昭
所说的"不歌曰诵"(《鲁语注》)来证明赋诗是徒歌而不是乐歌。
但"歌"与"诵"原是互文。先就动词方面看，襄十四年《传》
说"公使歌之，遂诵之"，襄二十八年《传》说"使工为之诵"，
襄二十九年《传》说"使工为之歌"，可见是同义的。再就名词
方面看，《小雅·节南山》说"家父作诵"，《四月》说"君子作
歌"，《大雅·崧高》和《烝民》说"吉甫作诵"，《桑柔》说"既
作尔歌"，可见也是同义的。"诵"与"颂"通，颂即《周颂》、
《鲁颂》之颂，也即歌颂之颂（尝疑颂名即歌义，也是由通名变
成专名的，与"风"同）。班固和韦昭的说话，实是汉人妄生分
别的曲解。

　　我们既知道赋诗为乐歌，试再看以下许多赋诗的故事：

　　季武子如宋，……受享，赋《常棣》之七章以卒。……
归，复命，公享之；赋《鱼丽》之卒章。公赋《南山有台》。……
(襄二十年)

　　齐侯郑伯为卫侯故如晋，晋人兼享之。晋侯赋《嘉乐》。
国景子相齐侯，赋《蓼萧》。子展相郑伯，赋《缁衣》。(襄
二十六年)

郑伯享赵孟于垂陇。……子展赋《草虫》。……伯有赋
《鹑之贲贲》。……子西赋《黍苗》之四章。……子产赋《隰
桑》。……子太叔赋《野有蔓草》。……印段赋《蟋蟀》。
……公孙段赋《桑扈》。……（襄二十七年）

在第一段里，《常棣》、《鱼丽》、《南山有台》都是在他们所谓
《正小雅》之内。在第二段里，《嘉乐》在所谓《正大雅》，《蓼
萧》在所谓《正小雅》，《缁衣》在《郑》。在第三段里，《草虫》
在《召南》，《鹑之贲贲》在《鄘》，《黍苗》、《隰桑》、《桑扈》在
所谓《变小雅》，《野有蔓草》在《郑》，《蟋蟀》在《唐》。程大
昌说"春秋战国以来，诸侯卿大夫士赋诗道志者，凡诗杂取无
择"，这句话是对的。但他接说"至考其入乐，则自《邶》至
《豳》无一诗在数"，又说"然后知《南》、《雅》、《颂》之为乐诗
而诸国之为徒诗"，那就错了！照他所说，不知道何以解于赋诗
的"使太师歌"和"使工为之诵"？要是诸国诗为徒诗，不知道
是否赋《鱼丽》、《草虫》时则奏乐，赋《缁衣》、《蟋蟀》时则止
乐？要是赋诗时不用乐，又不知道是否他们认为乐歌的《南》、
《雅》在赋诗时悉当改为徒歌？顾炎武以正变分别入乐与否，不
知是否同一《小雅》，在赋《蓼萧》时则奏乐，在赋《桑扈》时
便辍乐？反复推证，觉得他们的话实在太觝牾了！

对于第二问题，我以为宗庙燕享所用的乐歌决不足以包括乐
歌的全部。这一件事是程、顾二先生的误解的根源。本来宾祭二
事是重大的典礼，所以鲁要用《禘乐》，宋要用《桑林》（见《左
传》襄公十年）。他们二人生于春秋后千六百年至二千年，在断
简残篇中找到了几篇《乡饮》、《乡射》的礼节单，看到他们行礼
时所奏的乐歌总是《风》和《雅》的头几篇，遂以为《二南》与
《正雅》是乐歌，其他是徒歌。他们的理由实在太不充分了！《乡
饮》、《乡射》诸篇之外，难道就没有别的典礼吗？典礼中不用的

诗，难道就不能入乐吗？徒歌与乐歌的界限，难道就分在典礼与非典礼上吗？孔颖达说："变者虽亦播于乐，或无算之节所用，或随事类而歌；又在制礼之后，乐不常用。"他用了正变之说及周公制礼之说来分别诗篇，虽是误谬，但他把《变风》、《变雅》看为典礼以外的乐歌，则固有一部分的合理。

现在我就用了《仪礼》所记的在典礼中的乐诗的样子，来看那时诗乐的关系。《乡饮酒》篇云（《乡射》、《燕礼》等略同，不备举）：

> 众宾序升，即席。……

> 设席于堂廉，东上。工四人，二瑟，瑟先。相者二人，皆左何瑟，后首，挎越，内弦，右手相。乐正先升，立于西阶东。工入，升自西阶，北面坐。相者东面坐，遂授瑟，乃降。工歌《鹿鸣》、《四牡》、《皇皇者华》，……

> 笙入，堂下磬南，北面立，乐《南陔》、《白华》、《华黍》。……

> 乃间歌《鱼丽》，笙《由庚》；歌《南有嘉鱼》，笙《崇丘》；歌《南山有台》，笙《由仪》。

> 乃合乐，《周南》：《关雎》、《葛覃》、《卷耳》；《召南》：《鹊巢》、《采蘩》、《采蘋》。

> 工告于乐正曰："正歌备。"乐正告于宾，乃降。……

> 主人请彻俎，……众宾皆降。脱屦，揖让如初，升，坐，乃羞。无算爵，无算乐。

> 宾出，奏《陔》。……

> 明日，宾服乡服以拜赐，主人如宾服以拜辱。主人释服，乃息司正。无介，不杀，荐脯醢，羞唯所有，……乡乐唯欲。

读了这一段，可以知道典礼中所用的乐歌有三种：（1）正歌，

（2）无算乐，（3）乡乐。正歌是在行礼时用的；无算乐是在礼毕坐燕时用的；乡乐是在慰劳司正时用的。正歌义取严重；无算乐则多量的演奏，期于尽欢，犹之乎"无算爵"的期于"无不醉"；乡乐则更随便，犹之乎"羞惟所有"，有什么是什么了。乡乐，郑玄注道："《周南》、《召南》六篇之中唯所欲作，不从次也。"他为什么这般说呢？曹公彦疏道："上注以《二南》为卿大夫之乐，《小雅》为诸侯之乐，故知《二南》也。"他这话如果是确实的，那么，乡饮酒原是卿大夫之礼，他们为什么要在正歌中奏诸侯用的《鹿鸣》诸篇呢？为什么宾出时要奏天子用的《陔》呢？所以这乡乐一名，我以为应该作乡土之乐解才对。因为慰劳司正是一件不严重的礼节，所以吃的东西只要有什么是什么，听的东西也只要点什么是什么。乡土之乐是最不严重的，故便在那时奏了。（《周礼·旄人》的"散乐"也是这类东西；郑玄注道："野人为乐之善者，若今黄门倡矣，"是不错的。）

我们在这里，可以举出些比较的例来。以前苏州的摊簧，有《前摊》（如《扫秦》、《断桥》等）和《后摊》（如《借靴》、《探亲》等）的分别。《前摊》是叙正经事，说正经话的；在宴会之际，歌者看有几桌客人便歌唱几曲（如桌数过多时，当然也有限制）。唱完了《前摊》，便请客人点唱《后摊》。《后摊》是偏重在言情及滑稽方面的，主旨在于博得听者的笑乐（近来"人心不古"，大家厌听正经话，所以《前摊》几乎是绝迹了）。用这件事来比较《仪礼》所载，《前摊》的性质就是正歌，《后摊》就是无算乐和乡乐。

我们更看清宫升平署的曲本，固然也有《姜女哭城》、《蝴蝶梦》等等社会上通行的不很吉祥的戏，但分量占得最重的是《寿山福海》、《景星协庆》、《鸿禧日永》、《万福攸同》等等典礼剧。这因为帝王家是最重典礼的，所以不得不如此。现在喜庆事的堂会戏，必用《大赐福》、《百寿图》等等祝颂戏开场，继之以《连升三级》、《满床笏》、《金榜乐》等等喜剧。排戏的人也明知座上诸公的趣味并不在此，他们所要求的乃是《梅龙镇》、《打樱桃》等等风情剧，或是《独木关》、《托兆碰碑》等等悲壮剧，但既在典礼的场面之中，便不得不请他们暂时把听戏的兴致往下一捺，等到典礼方面的应有诸剧演了之后，再由着他们点唱了。

所以我们由此可以知道：我们若因《仪礼》所记的乐歌的篇名只有《二南》和《正雅》，便以为《邶》以下诸国和《变雅》不是乐歌，这无异于因今礼（可惜没有成书，不能征引）把《前摊》为正歌，《寿山福海》、《大赐福》为正剧，便说《后摊》不是乐歌，《姜女哭城》、《打樱桃》等不是戏剧。程、顾二先生的误解点正在此处。

对于第三问题，我以为正变之说是绝对不能成立的分类。汉儒愚笨到了极点，以为"政治盛衰"，"道德优劣"，"时代早晚"，"诗篇先后"这四件事情是完全一致的。他们翻开《诗经》，看见《周南》《召南》的"周召"二字，以为这是了不得的两个圣相，这风一定是"正风"。《邶》、《鄘》、《卫》以下，没有什么名人，就断定为"变风"了（《豳》的所以见于《籥章》，恐怕即因有了周公之故）。他们翻开《小雅》，看见《鹿鸣》等篇裔皇典丽，心想这一定是文王时作的，是"正小雅"。一直翻到《六月》，忽然看见"文武吉甫"一语，想起尹吉甫是宣王时人，那么，从这一篇起，一定是宣王以后的诗了。宣王居西周之末，时代已晚，政治必衰，道德必劣，当然是"变小雅"了。再从《六月》翻下去，直到《节南山》，里面有"丧乱弘多"之句，心想宣王是不十分坏的，这诗既说得如此，当然是"虽有孝子顺孙，百世不能改"的幽王时诗了。从此直到《何草不黄》四十四篇，就都定为刺幽王的诗。但自《六月》以下很有些颂扬称美的诗，和《鹿鸣》等篇的意味是相同的，这怎么办呢？于是"复古"，"伤今思古"，"思见君子"，"美宣王，因以箴之"等话都加上去了。他们翻开《大雅》，看见《文王》、《大明》等篇，言周初立业的事，当然都是好不可攀的周初人作的，是"正大雅"。翻到《民劳》，看见里面有"无良"，"憯恢"，"寇虐"等许多坏字眼，心想从此以后一定是"变大雅"了。但"申伯""吉甫"等人名还在后面，足见《民劳》等篇是宣王以前的诗，而宣王以前最著名的暴君是厉王，那么，《民劳》以下一定是厉王时诗了。由此着眼，把《民劳》以下十三篇分配到厉、宣、幽三王，规定为"变大雅"。他们所谓正变的大道理，老实说起来，不过这一点妄意的揣测。《小雅》中何以刺幽王诗特多而厉王则没有？（郑玄嫌他寂寞，要从刺幽王诗中分出一点给他。）《大雅》中何以刺厉王诗较多而幽王则特少？这可以说都是由于"吉甫"二字的作梗！这全是闭着眼睛的胡说，不近人情的妄为，而竟支配了二千余年的经学家的心，中国的学者的不动天君由此可见了！

顾炎武虽是主张从正变的篇第去分乐诗与非乐诗的一个人，但他却不是根本相信正变之说的，因为正变之说的基础原建筑在世次上，他已把世次之说打倒了。《日知录》（卷三）"《诗序》"条云：

《诗》之世次必不可信，今诗未必皆孔子所正。且如"褒姒灭之"，幽王之诗也，而次于前；"召伯营之"，宣王之诗也，而次于后。序者不得其说，遂并《楚茨》、《信南山》、《甫田》……十诗皆为刺幽王之作，恐不然也。又如《硕人》，庄姜初归事也，而次于后；《绿衣》、《日月》、《终风》，庄姜失位而作，《燕燕》，送归妾作，《击鼓》，国人怨州吁而作也，而次于前。《渭阳》，秦康公为太子时作也，而次于后；《黄鸟》，穆公薨后事也，而次于前。此皆经有明文可

据。故郑氏谓《十月之交》、《雨无正》、《小旻》、《小宛》皆
刺厉王之诗，汉兴之初，师移其篇第耳。而《左氏传》楚庄
王之言曰："武王作《武》，其卒章曰'耆定尔功'，其三曰
'敷时绎思，我徂维求定'，其六曰'绥万邦，屡丰年'。"今
《诗》但以"耆定尔功"一章为《武》，而其三为《赉》，其
六为《桓》；章次复相隔越。《仪礼》歌《召南》三篇，越
《草虫》而歌《采蘋》。《正义》以为《采蘋》旧在《草虫》
之前。知今日之诗已失古人之次，非夫子所谓"《雅》、《颂》
各得其所"者矣。

他这一段话虽未必完全正确（因为相传的诗本事不确实的太多，
例如《武》言"於皇武王"，《桓》言"桓桓武王"，而《左传》
纪楚庄王言，竟以为武王自作），但诗篇次第的不可信，他说得
已很明白。他不信诗篇的次第，又以为《楚茨》以下十诗不是刺
诗，那么，《正雅》、《变雅》的次第是如何分别出来的呢？他的
"《正雅》为乐诗，《变雅》为徒诗"之说又如何建设起来的呢？
这实在是矛盾得可诧了！

顾炎武在"诗有入乐不入乐之分"条说，"以《变雅》而播
之于乐，如卫献公使太师歌《巧言》之卒章是也"，是他明知
《变雅》也是入乐的。他又引朱熹的话：

> 《二南》，正风，房中之乐也，乡乐也。《二雅》之《正
> 雅》，朝廷之乐也。《商》、《周》之颂，宗庙之乐也。至《变
> 雅》则衰周卿士之作，以言时政之得失，而《邶》、《鄘》以
> 下则太师所陈以观民风者耳，非宗庙燕享之所用也。

这几句话虽犹为正变之说所牵缠，但朱熹的意思以为有典礼所用
之乐，有非典礼所用之乐，义甚明显。现在我更进一步说：我们
不能分乐诗为"典礼所用的"与"非典礼所用的"，我们只能分
乐诗为"典礼中规定应用的"与"典礼中不规定应用的"。例如

《仪礼》中举的《鹿鸣》、《南陔》诸篇，以及《左传》中所说王宴乐诸侯用《湛露》、《彤弓》，是典礼中规定应用的；至于"无算乐"与"乡乐"，以及《左传》中所记的杂取无择的赋诗，是典礼中不规定应用的。规定应用的，大都是乔皇典丽的篇章；不规定应用的，不妨有愁思和讽刺的作品。这正如今日的堂会戏，除了正式的几个喜剧之外，也不妨有悲剧和滑稽剧。愁思讽刺的诗因为出于临时的点唱，没有正式的规定，所以用不着写在礼书上。《邶》、《鄘》以下和《雅》中的一部分诗所以特少见于礼书，即因此故。前人不知，就把不见于礼书的算做不入乐的，而又把正变之说硬分出它们的界限来，所以闹得触处牴牾。这全由于他们的眼光太窄，思想太拘泥所致。从实际上看来，他们所谓入乐的何尝尽是典礼所规定应用的，他们所谓不入乐的又何尝尽是典礼所不规定应用的。例如《二南》，是他们确认为入乐的，但其中《汝坟》说"王室如毁"，《行露》说"虽速我狱"，以及《小星》的叹命，《野有死麕》的诱女，这决不会成为典礼所规定应用的。而他们所谓不入乐的《变雅》，如《信南山》和《甫田》说"是烝是享"，"以介我稷黍"，倒确是应用于祭祀的；《采菽》和《白驹》说"君子来朝"，"于焉嘉客"，也确是应用于宴享的。至于《崧高》、《烝民》、《韩奕》诸篇，是为了燕享而特制的乐诗，更是明白。所以用了典礼应用之说来分别乐诗，虽多谬误，尚有一部分的理由；若用了正变之说来分别乐诗，简直是全盘错乱了！

总合以上的说话作一结论，是：

程、顾二先生之说，可以赞同的是"《南》"为乐调，与《雅》、《颂》并立；"《国风》"的一个名词是后起的。(我疑在未有国风之名时，诸国乐歌同冒于"郑声"一名之下)。至《豳》与《南》、《雅》、《颂》并立为四诗之说，并未有确证。

他们的"《邶》以下诸国及《变雅》为徒诗"之说是极谬误的。他们的症结在于误认乐歌尽于正歌，而不知道正歌以外的乐歌尽多。赋诗的杂取正歌以外的诗即是一个很好的证明。他们又用了正变之说来分别乐诗与徒诗，但正变之说固是汉人依傍了诗篇的次第而妄造出来的，全没有可信的价值。

"周公制礼"的传说和《周官》一书的出现[*]

一 《周官》的组织成书和周初的实际官制以及周公的政治工作的种种矛盾

《周官》这部书，相传是西汉的河间献王刘德（汉景帝子，公元前155年立，前129年卒）搜集来的一部先秦旧书，内分六官：1.天官冢宰；2.地官司徒；3.春官宗伯；4.夏官司马；5.秋官司寇；6,冬官司空。其中单单缺掉了最后一部分，因此用了另外一部内容相似的《考工记》补着。这书的作者相传是周朝初年"制礼作乐"的周公旦。刘德把这部书献给皇室后，不但没有得到统治阶级的重视，而且颇受当时学者们的批判。自从王莽居摄（公元6年），他一心摹仿周公的行为和制度，预备夺取汉家的皇位，国师刘歆在皇家书库里发现了这书，献给王莽，从此

* 此文写于1955年12月，原为所编《古籍考辨丛刊》第二集中《周官辨非》一篇之序，因该书未能出版，此文迟迟未刊。后至1979年，略事增改发表于同年《文史》第6辑。

它就走了红运，立于博士。等到王莽政权失败，这部"国典"当然废掉；但儒生们依然在私下里学习，直到经学方面的权威郑玄（公元 127—200 年）替它作了注解，这书就和《仪礼》、《礼记》并列于《三礼》之中。唐人既为它作"疏"，又把全部文字刻入《开成石经》，在我国的封建社会里列入《十三经》，哪一个人敢不把它看做一部煌煌法典；但到了今天，我们就该用另一种眼光来对待它了！

周人立国于渭水流域，在武王克殷和周公东征的两次胜利战争之后，周家的势力急遽地发展到河、济、江、淮诸流域，疆土的广袤远远超过了夏、殷二代。倘使他们不会好好地治理国家，那末当时殷人的潜力还存在着，殷的若干与国如徐、楚、奄等也还有些实力，少数的周人将为多数的殷人所击溃。武王既死，周公独肩大任，他在那时必然要为巩固周王室的政权而花费极大的心力去解决许多问题。《左传》说的"周公吊二叔（管、蔡）之不咸，故封建亲戚以蕃屏周"（僖二十四年），孟子说的"周公思兼三王以施四事，其有不合者，仰而思之，夜以继日；幸而得之，坐以待旦"（《离娄》下），都表现了他是如何苦心孤诣地撑拄这个新建的国家。

《尚书》里有一篇《立政》，"政"即"正"，"立政"就是设置官吏，这是周公告诫成王该如何用人行政的书。这里边载有许多官名，可以见出那时的政府组织。它开头说：

　　王左右常伯、常任、准人、缀衣、虎贲。

这些官是经常跟随在周王的左右的。其中"缀衣"即后世的"尚衣"，掌管王的衣服，"虎贲"护卫王的安全，都只是近侍小官。还有上面三位，看下文说：

　　宅乃事，宅乃牧，宅乃准，兹惟后矣。

可以知道他们都是高级的官吏："准"的意义是公平，"准人"当是司法的长官；"任"是执掌政务的长官，故云"事"；"伯"是管理民事的长官，故云"牧"。古籍简奥，它的意义固难确定，但这三个官必然是最高的行政长官，可能即是王朝的"司徒、司马、司空"，也即是金文里的"三有事"。下文又说：

> 文王、武王……立民长伯，立政：任人、准夫、牧，作三事；虎贲、缀衣、趣马、小尹、左右携仆、百司、庶府；大都、小伯、艺人、表臣百司、太史、尹伯、庶常吉士；司徒、司马、司空、亚、旅；夷、微、卢烝，三毫、阪尹。

这一张官名单子写得糊涂，很难分析。勉强说来，"任人"即常任，"准夫"即准人，"牧"即常伯，"作三事"即《诗经·雨无正》中的"三事大夫"，都是机要大臣，这是第一组。"虎贲"、"缀衣"见前；"趣马"是管马的，"小尹"是小臣之长，"左、右携仆"是持王用的器物或御车的仆夫，"百司"是在内廷分管王的事务的，"庶府"是分管王的库藏的：这些都是王的侍从，所谓宫中之官，为第二组。"大都"是管诸侯和王子、王弟们的采邑的，"小伯"是管卿、大夫的采邑的，"艺人"是居官的技术人员，如卜、祝、乐师、工师之流，"表臣百司"是在外廷分管政务的，"太史"是记事和作册命的，"尹伯"是百官之长，"庶常吉士"是许多担任常务的士，这些都是办理政务的，所谓府中之官，为第三组。"司徒"、"司马"、"司空"在这里别于"任人"、"准夫"、"牧"而言，恐是指诸侯的三卿；"亚"是位次于卿的大夫，"旅"是位次于亚的众大夫，这些人大概都是侯国之官，为第四组。"夷"、"微"、"卢"是当时的一些落后部族，"烝"是他们的君长而服属于周的；"三毫"是殷代先前的都城所在，"阪"是险要的地方，为了防止叛乱，在那里都设"尹"防守：这些都是封疆之官，为第五组。照此说来，第一组是王的枢密，第二组是王的近臣，第三组执行政务，第四组处理侯国事务，第五组处理边疆事务。这些解释是二千年来经师们的研究成果，如果不错，可见那时建官，虽没有系统的编制，而由内及外，次序秩然，也可以推测周初的政府组织是相当严密的。又这一篇的最后一段说：

> 周公若曰："太史、司寇苏公：式敬尔由狱以长我王国；兹式有慎，以列用中罚！"

文中又举出一个管理刑狱的"司寇"之官，不知道是不是尹伯中的一个，也不知道他对上级的准人或准夫又该如何分别职权？又周公说到谨慎刑罚，连带称到"太史"，似乎太史也兼监察的职务，像秦、汉时的"御史"一般。可惜当时详细的官名和职务，以及其中上下级的关系，现在我们已经无法清楚地知道了。

周公告诫成王是这样说的。如果《立政篇》确是西周传下来的，那么这里所记的当然可以实定为周初的官制。但这种政府组织并不出于周公所手创，因为文中说明了由于"文王、武王立民长伯"而有这种种的官员的。

当时周公十分费力地解决了无数困难问题，为周家奠定了长期的最高统治权，所以后世人都说"周公制礼"。《左传》记鲁国季文子的话道：

> 先君周公制周礼，曰："则以观德，德以处事，事以度功，功以食民"；作誓命曰："毁则为贼，掩贼为藏；窃贿为盗，盗器为奸。主藏之名，赖奸之用，为大凶德，有常无赦！"在《九刑》不忘。（文十八年）

照这段话看来，可以知道周公当时确有制作的礼典和刑典等书流传下来，到春秋时鲁国还保存着。

至于周公制礼的年代，则《尚书大传》说：

> 周公摄政，一年救乱，二年克殷，三年践奄，四年建侯卫，五年营成周，六年制礼、作乐，七年致政成王。（《通鉴

外纪》卷三引）

话说得这般明白，他制礼作乐在摄政的第六年，那时已没有内乱外患了；工作了一年就完成，所以在第七年上可以还政于成王了。这是战国、秦、汉间的一个极盛行的传说。若问他们有什么根据，他们可以回答说出在《尚书》里的《洛诰》，在那篇书的结尾说：

> 惟周公诞保文、武受命，惟七年。

这就是周公摄政七年的证据。按《洛诰》中间说：

> 周公曰："王肇称殷礼，祀于新邑，咸秩无文。……"

一般经师都解"殷"是盛大的意思，说是周公制定了盛大的礼节在洛邑中祭祀，一切礼节都有次序而不紊乱（"文"，即"紊"）。又《洛诰》开头说：

> 周公拜手稽首曰："朕复子明辟。……"

他们解释"复"是缴还的意思，说是周公这时对成王说："我现在缴还给您这个明君的位子。"其实这三条证据都是大成问题的。成王营洛邑，先命召公去规划，再派周公去监造；造成之后，周公复命，对成王说："我回报给您明君。""复"原是回报的意思。《周官》中屡见"复逆"字，郑众云："复，奏事也。"哪知道给后人缠错了，竟说作缴还了。这条证据取消之后，周公就根本没有返政的事；既没有返政，也就说不到摄政的事了。洛阳既造成一个新都，举行了一次落成的祭祀，这"殷礼"很可能是殷商的礼，因为殷的文化高于岐周，典章制度比较完备，祭祀的典礼场面大得很，所以周人克殷之后就大量采用了殷的文化。《康诰》里讲到刑法，叫康叔去执行"殷罚"和"殷彝"就是一些例子。洛邑中"殷士"和"庶殷"甚多，祭祀时采用了殷的仪式本是一件很平常的事。《大丰簋铭》："衣祀于王"，古"衣"、"殷"二字相通，所以"殪戎殷"会误写为"一戎衣"，被后人误解为一穿上军装就占领了"天下"了。卜辞中屡见"多后衣",知道周人的衣祭袭自商人,可以作为这里"殷礼"的旁证(李平心先生说)。至于结尾的"七年"乃是古代纪年的方式,只是说洛邑的落成典礼在成王七年举行,并不是说周公摄政有七年的经历。

"周公制礼"这件事是应该肯定的,因为在开国的时候哪能不定出许多的制度和仪节来;周公是那时的行政首长,就是政府部门的共同工作也得归功于他。即使他采用了殷礼,也必然经过一番选择,不会无条件地接受,所以孔子说:"周因于殷礼,所损益可知也。"(《论语·为政》)既然有损有益,就必定有创造的成分在内,所以未尝不可说是周公所制。不过一件事情经过了长期的传说,往往变成了过分的夸大。周公制礼这件事常说在人们的口头,就好像周代的一切制度和仪节都由他一手订定,而周公所定的礼则是最高超的,因此在三千年来的封建社会里,只有小修改而无大变化,甚至说男女婚姻制度也是由他所创立,那显然违反了历史的真实。又周初的典籍除了几篇《诗》、《书》之外,全已失传,要在现存的古书里找出周公制礼的证据,仅仅只有《左传》一条,实在是绝大的缺憾;但我们决不能因为怜惜它的缺憾而便随意用了穿凿附会的方式来替它弥补。

二 战国时代的统一希望及其实现
帝制的准备工作

到战国时代,由于农业生产和商业交换的发展,打破了地区性的割据状态,大家正在努力地创造一个新局面。它和春秋时代不同,用最简单的话来说,就是统治全局的力量,春秋时是"霸",战国初转为"王",后来又借用了上帝的位号而升为"帝"了。

西周初叶，周王室有充分的武力足以驾驭诸侯、抵抗异族。到了昭王之后，王室渐衰；有的诸侯因吞并附近的弱小国家而日益强大，脱离了周王室的羁绊；四方的异族又不断地侵袭进来，结果西周被灭于犬戎，周平王只得东迁到洛阳。东迁之后，周王室更振作不起来，诸侯和王室的关系也愈来愈趋于薄弱，北方的狄族、南方的楚族又急剧地内侵，许多周王所封的侯国一个接着一个被他们所吞并，如果当时诸夏的集团里没有一个领袖自己跳出来把在他附近的各个诸侯联结成一条坚强的战线，眼看中原就会满遭外族的蹂躏。齐桓公凭借着自己的一份好基业，又得着了一个好帮手——管仲，看准了那时的形势，毅然地提出"尊王、攘夷"的口号，号召诸侯们同心协力，拥护周王，抵抗楚、狄，于是就由他开创了一个新局面，由霸主来代替周王执行统治诸侯的大政。——"霸"即是"伯"的异写，伯者长也，即是诸侯中的领袖。

齐桓公死后，齐国内乱，霸主的地位当然要让给别国，后来就长期落在晋国人的手里，可是齐国的经济地位是晋国抢不了的。《史记·货殖列传》说：

> 太公望封于营丘，……劝其女功，极技巧，通鱼、盐，则人物归之，繦至而辐凑，故齐冠、带、衣、履天下，海、岱之间敛袂而往朝焉。

> 其后齐中衰，管子修之，设轻重九府，则桓公以霸，九合诸侯，一匡天下；而管氏亦有三归，位在陪臣，富于列国之君。是以齐富强至于威、宣也。

齐国的自然资源有鱼和盐，特种农业作物有桑和麻，手工业生产品有冠、带、衣、履，全是人生日用的必需品，所以货物成天价打包，用大量的车子运输到别国；大政治家管仲又有理财的本领，他自己就有三个库藏（三归，解释不一，今用武亿《群经义证》说）。齐国的富饶状况真是说也难尽。其后晋国武力虽强，但分于魏、赵、韩三家，力量分散；姜齐虽也变为田齐，可是它的经济依然发达，所以齐威王、宣王两世正是齐国富强达到了最高峰的日子。

当战国之初，一班强国之君虽因自己力量的充足而发生了自豪感，但对于微弱的周天子还保留着相当的敬意。吴王夫差被灭于越，越王勾践称霸中原时，《史记》说：

> 勾践已平吴，乃以兵北渡淮，与齐、晋诸侯会于徐州，致贡于周。周元王使人赐勾践胙，命为伯。（《越王勾践世家》）

齐威王呢，他也怀着和勾践同样的心情，《史记》说：

> 昔者齐威王尝为仁义矣，率天下诸侯而朝周。周贫且微，诸侯莫朝而齐独朝之。（《鲁仲连邹阳列传》）

勾践和齐威王两位希图的是什么，原来齐桓公和晋文公的霸业，实际上固由他们自己争取，而名义上则是周王所赐予的，勾践和齐威王也正盼望着周王赐给他们一个"侯伯"的名义咧。可是天下大势已经变化，这般守旧的想法，事实证明是白费心思了。《史记》接着说：

> 居岁余，周烈王崩；齐后往。周怒，赴于齐曰："天崩、地坼，天子下席。东藩之臣因齐后至，则斮！"齐威王勃然怒曰："叱嗟，而母，婢也！"（同上）

周人太不量力，仗着腐烂的臭架子，竟敢对还肯向他表示低头敷衍的大国之君斥骂一顿，甚至说要斮他的头，无怪齐威王要恶声相报了。从此以后，他看清楚连"霸"的一个名义也用它不着了，只消自己称"王"就是。可是过了些时候，局势又发展了，称"王"还觉得不够，想更爬上一层而做"帝"了。——所谓帝，就是当时大家心目中统一天下的最高君主的新称号，从天上的"皇天上帝"假借来的。

当秦孝公变法之后，秦国骤跻富强，伐魏，伐韩，伐楚，灭巴、蜀，着着胜利，所以秦惠王就自称为"王"；到秦昭王时，六国俱已称王，他觉得本国的强盛已经超过了他们，又想称"帝"，但东方还有一个富强的齐国存在，秦国虽强，一时还扩张不到那里，于是他想和齐王平分天下。《史记》说：

> 王（齐湣王）为东帝，秦昭王为西帝。苏代自燕来，入齐。……齐王曰："嘻，善，子来！秦使魏冉致帝，子以为何如？"对曰："……秦称之，天下恶之，正因勿称以收天下，此大资也！……释帝，天下爱齐乎？爱秦乎？"王曰："爱齐而憎秦。"……于是齐去帝，复为王；秦亦去帝位。
> （《田敬仲完世家》）

即此可见秦国的致帝于齐固然是它的"远交近攻"的一种策略，但在客观事实上齐的经济实力地位在六国中确是最高的，比起其他诸国各自称王来说，它实在已具有了称"帝"的资格了。

但两雄是不能并立的，在统一的要求十分高涨的时候，哪会容许东、西两方分帝而治！试看湣王的父亲宣王和孟子的一段对话：

> "……抑王兴甲兵，危士臣，构怨于诸侯，然后快于心与？"
>
> 王曰："否，吾何快于是，将以求吾所大欲也！"
>
> 曰："王之所大欲可得闻与？"王笑而不言。
>
> 曰："为肥甘不足于口与？轻暖不足于体与？抑为采色不足视于目与？声音不足听于耳与？便嬖不足使令于前与？王之诸臣皆足以供之，而王岂为是哉？"
>
> 曰："否，吾不为是也！"
>
> 曰："然则王之所大欲可知已！欲辟土地，朝秦、楚，莅中国而抚四夷也！……"（《梁惠王》上）

齐宣王之所以常常动了刀兵去侵略邻国，经孟子的层层逼询，原来是在他一身已有了满足的享受之外，还想要达到"莅中国而抚四夷"的大愿望。所以当燕王哙让国于子之，燕国人心震动的时候，他就趁火打劫，大举伐燕了。他正梦想着秦王的俯首来朝，哪里愿意和他平分天下！

齐宣王既处心积虑地想成为一个统一天下的大君，他必然想到统一之后该作些怎样的措施，并认识到这件非常伟大工作的复杂性和困难性，知道该和许多知识分子共同讨论和计划，于是他尽量把齐国有学问的人请来；还感不足，再优礼延揽别国的名士，请他们一起来参加讨论这个大问题。他这一个举动，主观的愿望固然只是想完成他的"大欲"，但是客观的成就却大大地丰富了齐国的文化，使得他在历史上留下了一个不可磨灭的业绩。

当时齐宣王在国都临淄的稷门之外建设了一个文化中心，一般人称之为"稷下"。刘向《别录》说：

> 齐有稷门，齐之城西门也。外有学堂，即齐宣王立学所也，故称为"稷下之学"。(《太平寰宇记》卷十八引)

《史记·田敬仲完世家》也说：

> 宣王喜文学、游说之士，自如驺衍、淳于髡、田骈、接子、慎到、环渊之徒七十六人，皆赐列第为上大夫，不治而议论。是以齐稷下学士复盛，且数百、千人。

又《孟子荀卿列传》也说：

> 自驺衍与齐之稷下先生，如淳于髡、慎到、环渊、接子、田骈、驺奭之徒，各著书言治乱之事以干世主，岂可胜道哉！

> 自如淳于髡以下皆命曰"列大夫"，为开第康庄之衢，高门大屋，尊宠之。览天下诸侯宾客，言齐能致天下贤士也。

从这几段材料里，可见齐宣王请到的一班名士，尊以上大夫的头衔，居以高门大屋，不把行政事务麻烦他们，只要求他们尽量议论和著书。他特别邀请的共七十六人，此外的学士还有数百千人。其中人物如宋钘、尹文（这二人在稷下，见《汉书·艺文志》注引刘向《别录》）、田骈、慎到、环渊等都有高深的哲学或法理学的造诣；淳于髡则能言善辩，偏重于政治方面，他是这一个集团的领袖。（驺衍、驺奭等都在后期，《史记》误说。）在这样一个极优越的环境里，他们摆脱了一切的顾虑，天天在讨论各种学问和政治策略，自然容易有所成就。（他们在哲学方面的贡献，见郭沫若先生《十批判书·稷下黄老学派的批判》，本文不再涉及。）

　　这班稷下先生的议论的中心，当然是建立统一帝国时代的新制度。刘向《别录》说：

　　　　《王度记》，似齐宣王时淳于髡等所说也。（《礼记疏》卷四十三引）

《王度记》本是被编入《大戴礼记》的，不幸《大戴礼记》后来亡失了四十七篇，这篇也灭没在里头，现在我们看不见了。犹幸在东汉时代，班固的《白虎通义》、许慎的《五经异义》、郑玄《三礼注》等书里都有些引用，现在钞录出来一看：

　　　　天子冢宰一人，爵、禄如天子之大夫。（《白虎通》上，《爵篇》引）

　　　　子、男三卿，一卿命于天子。（《白虎通》上，《封公侯篇》引）

　　　　臣致仕于君者，养之以禄之半。（《白虎通》上，《致仕篇》引）

　　　　百户为里；里一尹，其禄如庶人在官者。（《礼记·王制注》引）

玉者有象君子之德，燥不轻，湿不重，薄不浇，廉不伤，疵不掩，是以人君宝之。天子之纯玉尺有二寸；公、侯九寸，四玉一石也；伯、子、男俱三玉二石也。(《白虎通》下，《文质篇》引)

大夫俟放于郊三年，得环乃还，得玦乃去。(《礼记正义》四，《曲礼》下引)

天子以鬯；诸侯以熏；大夫以兰、芝；士以萧；庶人以艾。(《周礼疏》十九，《鬱人》引)

天子、诸侯一娶九女。(《白虎通》下，《嫁娶篇》引)

天子驾六；诸侯与卿同驾四；大夫驾三；士驾二；庶人驾一。(《诗正义》三之二《干旄》引《异义》引)

——以上均见清臧庸《拜经日记》七引他的高祖
　　臧琳《困学钞》中所辑本。

从这些断简残篇里看，可以窥见这部《王度记》是如何规定了天子、诸侯、大夫、士、庶人各阶级的享用和婚娶、祭祀等的等级制度，如何规定了诸侯里分别出公、侯、伯、子、男的五等爵制度（周代实际上无此分别，见郭沫若先生《金文丛考》中《金文所无考》及我所著《史林杂识》里的《繸服》篇），以及大夫在致仕中和放逐中的待遇，民间以百户为一里的组织。如果这篇文字真如刘向所说，是淳于髡等在齐宣王时代所作，我们凭了这些线索，可以断言这班"不治而议论"的稷下先生的中心任务就是议定齐宣王所设想"莅中国而抚四夷"时的具体设施。

春秋战国期间，诸侯未敢称王时，在礼制上僭越的已很多。称王之后，更可以名正言顺地实行天子之礼。所以稷下先生拟订的礼制，有些可能在齐国实行过。当时的齐王虽还没有统一寰宇，却早已把自己看成了"天子"。试看乐毅帅了五国之师伐齐，入临淄，齐湣王出亡，鲁仲连叙述这事道：

> 齐湣王将之鲁，夷维子为执策而从，谓鲁人曰："子将
> 何以待吾君？"鲁人曰："吾将以十太牢待子之君。"夷维子
> 曰："子安取礼而来吾君？彼吾君者天子也！天子巡狩，诸
> 侯辟舍，纳筦籥，摄衽抱机，视膳于堂下；天子已食，乃退
> 而听朝也。"（《史记·鲁仲连邹阳列传》）

夷维子所说的是天子巡狩时诸侯对他该行的仪节。齐本来是侯
国，哪里来的"天子巡狩礼"？这很可以猜想，该是《王度记》
的作者们替齐王所拟定的一套排场，如果平时不行这些典礼，那
末齐湣王在流亡之中是不会想到要举行这个典礼的。

《孟子》里还有一段极难解释的话，就是"明堂"的问题：

> 齐宣王问曰："人皆谓我毁明堂，毁诸，已乎？"孟子对
> 曰："夫明堂者，王者之堂也！王欲行王政，则勿毁之矣！"
> （《梁惠王》下）

明堂是王者之堂，齐宣王要在那里实行王政，这正该得着全国的
拥护，为什么竟会有许多人劝他把这座规模最大的殿堂拆毁了
呢？看赵岐的注，明堂是周天子东巡狩时朝诸侯之处，宣王是诸
侯，不该用它，所以许多人主张毁掉，这似乎赵岐竟忘记了宣王
的父亲威王早已称"王"，用不着再谦居于诸侯了。所以这个问
题的解答，要借助于《吕氏春秋》。吕氏书说：

> 齐宣王为大室，大益百亩，堂上三百户。以齐之大，具
> 之三年而未能成。群臣莫敢谏王。春居问于宣王曰："……
> 以齐国之大，具之三年而弗能成，群臣莫敢谏，敢问王为有
> 臣乎？"……王曰："春子，春子，反！何谏寡人之晚也？寡
> 人请今止之！"（《骄恣篇》；又见《新序·刺奢篇》）

明堂一名"大室"，所以这里所说的"大室"即是孟子所说的
"明堂"。我们由此可以知道，齐国人所以要毁明堂，原不是为了
顾全周与齐之间的君臣关系的矛盾，而只因建筑工程太大，糜费

国帑太多，又不切于君臣们实际生活的缘故。于是我们就该提出一个问题：齐宣王为什么会得忽发奇想要建筑这所"大益百亩，堂上三百户"的大厦来？这又可以猜想，那班稷下先生里有不少的阴阳家，他们提出一个伟大的"王者之堂"的计划，要齐王住在里面，像《月令》所说的，一个月更换一个地方，这样就可以随顺了"四时"和"十二月"的次序而颁行各种政令了。他们把这个"天人相应"的计划书奏给宣王，宣王本来是一个好大喜功的君主，一时高兴，就命工程师照着这个计划建筑起来。后来这所大厦虽因本国官吏们的反对而停止了建筑，可是这个理想却已传播开来，成为西汉以来宗教、政治、法令、学术各方面热烈鼓吹讨论的大问题。凡《管子》里的《幼官》、《吕氏春秋》里的《十二纪》、《淮南子》里的《时则》、《礼记》里的《月令》和《明堂位》、《尚书大传》里的《洪范五行传》、《逸礼》里的《王居明堂礼》以及《汉书·艺文志》里的《明堂阴阳》三十八篇等等，都是发挥这一个理想的计划；而这个大建筑到了王莽时也居然具体地实现了。

还有一项大典礼——封禅，也是从齐国鼓吹起来的。《史记·封禅书》说：

自古受命帝王曷尝不封禅！

这句话说明了凡是受有天命而做帝王的人必须到最高的山上用"封"礼来祭天，再到高山下面的小山上用了"禅"礼来祭地，作为答谢上帝任命他做"天子"的好意。为什么要在最高的山上举行这个典礼呢，因为上帝住在天上，人们惟有到最高的山上才可有"呼吸直通帝座"的功效。至于"封"和"禅"的地方，据他们说，禅地可以变动，封则只有泰山一处。所以《封禅书》记管仲（?）的话道：

古者封泰山、禅梁父者七十二家，而夷吾所记者十有二焉。昔无怀氏封泰山，禅云云；虑羲封泰山，禅云云；神农封泰山，禅云云；炎帝封泰山，禅云云；黄帝封泰山，禅亭亭；颛顼封泰山，禅云云；帝喾封泰山，禅云云；尧封泰山，禅云云；舜封泰山，禅云云；禹封泰山，禅会稽；汤封泰山，禅云云；周成王封泰山，禅社首。皆受命，然后得封禅。

可见历代受命的帝王到泰山修封已成为一定不移的典礼，所以后来秦始皇、汉武帝们也各为这件事情着忙，纷纷扰扰地闹了几百年。然而古代王者建国的地点不同，在他们的王畿里各有高山，例如周都丰、镐，那么西周附近的山推武功的太白山为最高，它拔海四千公尺。为什么周成王住在镐京，要举行确定天子身份的煌煌大典，竟会放弃这座眼前的高山，偏偏到很遥远的东方去，上那拔海才一千五百余公尺的泰山去修封呢？这又可以猜想，因为当时各诸侯国之间交通不太发达，齐国人的眼孔小，他们错认了泰山是世界上最高的山，以为它最能接近上帝，而齐威王以下已经称王，称王即是做天子，该到泰山上去答谢。稷下先生们的议论和著作本来都是为齐王朝服务的，所以古代的七十二王就都该到泰山去封禅，而传说中的管仲也就记得这十二家了。《汉书·艺文志》里有《古封禅群祀》二十二篇，恐怕就是出于他们的手笔。

从齐宣王即位到王建的灭亡约有一百年的历史，稷下之学始终继续着，这只须看驺衍、驺奭一班人都生于战国末年，而司马迁却把他们放到齐宣王时代的稷下去，这分明是他们当王建时居于稷下的误记。以齐国物质条件的优越，战国时代思想学术的辉煌，有了这样的最高学府长期存在，当然会发挥出很大的功能。就从上面举出的巡狩、封禅、明堂三个问题来说，它们就是在秦、汉时代非常活跃于君臣们的心目中的三件大事，成为当时政治界和学术界的热烈讨论的焦点，就可以懂得稷下之学，它的波澜是何等地壮阔，流泽又何等地漫长了。

鲁国人是最喜欢讲人事往来的仪节的，但他们所讲的仪节只是社会上日用的行事，绝不恢诡可喜，《史记·孔子世家》说：

> 鲁世世相传，以岁时奉祠孔子冢；而诸儒亦讲礼乡饮、大射于孔子冢。……

> 适鲁，观仲尼庙堂、车服、礼器，诸生以时习礼其家，余祗回留之不能去云。

他们所讲的只是士、大夫们的冠、昏、丧、祭、射、乡、朝、聘等仪节，这就是鲁高堂生所传的《礼经》十七篇，后世称为《仪礼》的。至于齐人所讲的礼，偏重在统一王朝的大典章，规模宏大，热闹程度远远高出于鲁人。西汉末年，刘歆要立《逸礼》三十九篇于学官，其中有《天子巡狩礼》、《朝贡礼》、《烝尝礼》、《禘于太庙礼》、《王居明堂礼》等等，实在就是齐国稷下先生们放言高论的成就和他们敞开胸怀所拟定的开国制度，也许是汉代的齐国学者传衍稷下之风而撰作的文字。这鲁、齐两种学风的本质截然不同，然而都名为"礼"，汉代齐、鲁之学既各争短长，大、小两《戴记》又都是混合编纂而成，这就使得两千余年来的学者们寻不出它们的端绪来。清代邵懿辰的《礼经通论》约略看出了这两种趋势，但还未能探本穷源。所以我现在就根据了战国时代的政治情况和齐国的学术组织与学风，写出这一章来做一个总说明。但文献散亡，直接的证据已太少，大家只该把它看做一个可能的假设就是了。

三　孟子口中的周代"王政"说

孟子是邹国人，邹与鲁是近邻，他又受业于子思的门人，所以他的学术派别应该是鲁国的；然而他的才气博大，不屑于干那些繁文缛节的仪式和辩论，又到齐国做过宣王的卿，虽不在稷下之列，而和淳于髡、宋钘一班稷下先生却都交朋友，他也希望齐宣王真能用了"仁政"而王天下，所以他的学术精神是比较偏向齐国的。他的书里大部分是发挥他的政治理论，但具体地讲述到制度的也有几处。例如北宫锜问他：

> 周室班爵、禄也如之何？

他回答道：

> 其详不可得闻也，诸侯恶其害己也而皆去其籍。然而轲也尝闻其略也。

他先讲"班爵"的制度，说是：

> 天子一位，公一位，侯一位，伯一位，子、男同一位，凡五等也。君一位，卿一位，大夫一位，上士一位，中士一位，下士一位，凡六等。

前面的五等是王国和侯国的统治阶级的领导者等级，后面的六等是王国和侯国内部的统治阶级的位次。再讲到"班禄"的制度，他说：

> 天子之制，地方千里，公、侯皆方百里，伯七十里，子、男五十里，凡四等。不能五十里，不达于天子，附于诸侯，曰"附庸"。

> 天子之卿受地视侯，大夫受地视伯，元士受地视子、男。

> 大国地方百里；君十卿禄，卿禄四大夫，大夫倍上士，上士倍中士，中士倍下士，下士与庶人在官者同禄，禄足以代其耕也。

> 次国地方七十里；君十卿禄，卿禄三大夫，大夫倍上士，上士倍中士，中士倍下士，下士与庶人在官者同禄，禄

足以代其耕也。

　　小国地方五十里；君十卿禄，卿禄二大夫，大夫倍上士，上士倍中士，中士倍下士，下士与庶人在官者同禄，禄足以代其耕也。

照他所说，从大夫到下士的禄制各国都一样，只是君和卿有分别。如果拿了下士的俸禄做单位，那么，大国的卿禄等于下士的三十二倍，君禄等于三百二十倍；中等国的卿禄等于下士的二十四倍，君禄等于二百四十倍；小国的卿禄等于下士的十六倍，君禄等于一百六十倍。天子的地比大国广十倍，他的禄就该抵得下士的三千二百倍了。再说到农夫，是：

　　耕者之所获，一夫百亩；百亩之粪，上农夫食九人，上次食八人，中食七人，中次食六人，下食五人。庶人在官者其禄以是为差。（《万章》下）

他说一个农夫的劳动力，看他的强弱勤惰程度，养活的家口可自五至九人；在官的庶人，如府、史、胥、徒之类，以及下士，都和农夫一样，他的俸入也可以养活五至九人。孟子所说的数目字似乎十分准确，可是他开头已自己说明了"诸侯恶其害己也而皆去其籍"，然则他在实际上已没有真的周制可见，所谓"轲也尝闻其略"者只是一种传闻之辞或是"想当然"的说法罢了。

　　他提到农业生产，主张用井田制度。这制度是：

　　请野九一而助，国中什一使自赋。……余夫二十五亩。……

　　方里而井，井九百亩，其中为公田。八家皆私百亩，同养公田，公事毕然后敢治私事，所以别野人也。（《滕文公》上）

在这里他说到赋税的制度，规定国中（都城和近郊）的生产十份中抽取一份；野中（远郊）行井田制，以九百亩为一井，分给八家，每家一百亩，当中的一百亩为公田，八家共同耕种；农民们应该耕好了公田之后再耕私田。他又解释"助"的意义道：

> 夏后氏五十而贡，殷人七十而助，周人百亩而彻：其实皆什一也。彻者，彻也。助者，籍也。……《诗》云："雨我公田，遂及我私。"惟助为有公田。由此观之，虽周亦助也。（《滕文公》上）

这里他没有讲得很明白。我们体会他的语意，是夏代农民每家授田五十亩，不论丰年或荒年，全都要缴出一定的赋，所以叫做"贡"；商代每家授田七十亩，以六百三十亩为一区，划成井田，八家各耕九分之一，公田则互助耕作，对于政府只把公田的收获缴上，所以叫做"助"；周代每家授田一百亩，以九百亩为一区，九家通力合作，把全部收获分作十份，一份归公，九份分给九家，所以叫做"彻"，彻者通也。因为孟子所根据的是《小雅·大田》之诗，诗中有"雨我公田，遂及我私"的话，而《小雅》是周人所作，所以他说"虽周亦助"。他觉得这三种制度中，只有助是八家同耕公田，用公田的生产来完粮，实产若干就缴纳若干，最为合理，所以引龙子的话道："治地莫善于助。"然而他举出的证据只有《大田》中的一句话，夏、商的田制得不着一点儿资料来作证，而且这一句周人的话也只能说明殷人的"助"，反而不能说明周人的"彻"，岂不是有些儿遗憾吗？

孟子喜欢说"王政"，他所谓王政固然是所谓古先圣王之政，但也就是他想像中将来统一时代的制度和当时争取统一的一个方法。他对齐宣王说：

> 昔者文王之治岐也，耕者九一；仕者世禄；关、市讥而不征；泽、梁无禁；罪人不孥。（《梁惠王》下）

"仕者世禄"是说上代做了官，子孙世世代代得受禄养，这和他在别处所说的"士无世官"（《告子》下）的意义恰好相反，在他的话里可算是一个矛盾；但这却是古代的实际情况。他说文王时的关吏和市吏的职务只在查察形迹可疑的人，并不向人民征税；湖泊和鱼梁是都归人民共有的，国家用不着设下禁令。在另一处他又说：

> 市廛而不征，法而不廛，则天下之商皆悦而愿藏于其市矣。关讥而不征，则天下之旅皆悦而愿出于其路矣。耕者助而不税，则天下之农皆悦而愿耕于其野矣。廛无夫、里之布，则天下之民皆悦而愿为之氓矣。（《公孙丑》上）

他要求齐宣王模仿文王的仁政来减轻人民的负担，可见当时各国市房有征，货物有税，关是又查察又抽捐的，农民是既服力役又出田赋的，民间是按里和按家收钱的，当时的统治阶级对于人民的压榨实在太厉害了。孟子为了维护领主和地主阶级的剥削与压迫的长远利益，反对对农民和商民进行无限制的剥削与压迫，主张让人民能够生活下去，忍受封建的统治与剥削，而不致被迫起来造反，所以用了周文王成就王业的由来来歆动当时最高统治者，说"诸侯有行文王之政者，七年之内必为政于天下矣"（《离娄》上），又说"以齐王，由（犹）反手也"（《公孙丑》上）。然而他在这些行政方面一处也举不出实际的证据来，可见他只是针对时弊而立言，并不是在他所读的书里确实找出了这些周初的历史。

孟子又劝齐宣王信任臣子们，要像手足一般地关切。他说：

> 有故而去，则君使人导之出疆，又先于其所往。去三年不反，然后收其田里。（《离娄》下）

这和《王度记》说的"大夫俟放于郊三年，得环乃还，得玦乃去"，正是同样地优待有封邑的官吏们的办法。

四　荀子的"法后王"说及其
论设官分职的大纲

荀子是孟子的晚辈，他住在稷下有很长的一段时间。《史记·孟子荀卿列传》说：

> 荀卿，赵人，年五十始来游学于齐。……田骈之属皆已死，齐襄王时而荀卿最为老师，齐尚修列大夫之缺，而荀卿三为祭酒焉。齐人或谗荀卿，荀卿乃适楚，而春申君以为兰陵令。

刘向的《荀子书录》也说：

> 方齐宣王、威王之时，聚天下贤士于稷下，尊宠之，……号曰列大夫；皆世所称，咸作书刺世。是时孙卿有秀才，年五十始来游学。……至齐襄王时，孙卿最为老师。

这两段文字在时间上均有矛盾。威王（公元前358—320年）是宣王的父亲，倘使荀卿在威王时已到稷下，他的年代必然早于孟子，不可能在威王的曾孙襄王（公元前283—265年）手里还做老师；而春申君相楚则在楚考烈王时代（公元前262—238年），如果他五十岁到齐，从齐威王时起一直到楚考烈王时才做兰陵令，那么他便非活到一百七八十岁不可，这当然不合情理。案应劭《风俗通义》说：

> 齐威、宣之时，孙卿有秀才，年十五，始来游学。至襄王时，孙卿最为老师。（《穷通篇》）

"五十"改为"十五"，缩短了三十五年，"威"字又算是误衍，则他二十岁以前游学稷下，经过宣、湣、襄三世，在齐约有四十余年，在时间上不可谓不久；他学问既好，资格又老，所以几度做了稷下学派的领袖。我们明白了他的约略的年代，就可以从他的三十多篇书里看出他的政治思想和稷下的后期学风。

荀子主张"隆礼"，希望人们"始乎诵经，终乎读礼"，所以他说：

> 人道莫不有辨，辨莫大于分，分莫大于礼，礼莫大于圣王。圣王有百，吾孰法焉？故曰，文久而息；节族久而绝；守法度之有司极礼而褫。故曰：欲观圣王之迹则于其粲然者矣，后王是也。（《非相篇》）

他所谓"辨"，就是分别上下的等级和亲疏的关系；他所谓"分"，就是上下和亲疏间的名分关系。这原是礼家讨论一切制度的中心问题。荀子说的"衣服有制，宫室有度，人徒有数，丧祭、械用皆有等宜"（《王制篇》），可以说自从《王度记》以至汉代的礼家是越讨论而越细密的，甚至细密得到了不能实行的地步，例如"宗法"和"丧服"便是。这班人把讨论出来的礼算"古礼"，实在说来，其中小部分是各时代和各地方曾经实行过而经礼家们重新整理过的，大部分则只是礼家们在纸片上排列出来的。他们所谓"亲亲以三为五，以五为九"（《礼记·丧服小记》），就是他们惯用的越分越细的排列方式。荀子时代当然已有这般倾向，但却还没有达到那般细密的程度。

在"礼"上，荀子和孟子有一点很不相同的地方，就是"法先王"和"法后王"。孟子喜欢把各种制度往上面推，说到井田是夏贡、殷助、周彻；说到学校又是夏校、殷序、周庠：总要举出古代的因革来表示他所说的是有本之谈，后来就开了董仲舒《三代改制质文》和《小戴礼记》中《明堂位》的一派，使得每一件事物在另一个朝代里必然改名换样，然而要他们找出真实的证据来却是手里空空的，所以这不能不叫它做"托古改制"。荀子则不然，他说古先圣王的一切礼制都因时间的久远而消灭了，只有"后王"的制度才是明白可据的事物，所以应当以后王为法则。他的话是正确的，慢说"诸侯恶其害己也而皆去其籍"，就是诸侯不去其籍也同样地归于消灭。试问《鲁春秋》为什么不始于伯禽而始于隐公，《竹书纪年》为什么记晋事始于殇叔而不始于唐叔虞？这没有别的原因，只为当时记载的工具——竹、木简——传了几百年之后是必然朽蠹了的。（现在的考古学者所以还能发掘到汉初的竹简和帛书，那是因为那时的葬制密不通风，才得免于腐烂的缘故。）《尚书》为什么会有几篇殷商和周初的文字，那是经过了好多次的传写而得保存的；但是经过了多次传写之后就必然有它的讹误和修改，所以我们不可能把它完全读通。西周的东西尚且传不到东周，何况西周以上的！荀子老实说要观后王的粲然之迹，那无疑是用李悝的魏文侯、用吴起的楚悼王、用商鞅的秦孝公、用稷下先生的齐宣王这一辈人所订立的各种新制度。所以孟子和荀子虽是同说王道，同救时弊，然而孟子的态度却不及荀子的坦白和合于实际。

《荀子》里有一篇《王制》，其中《序官》一章写出了各种官吏的执守。他道：

宰爵，知宾客、祭祀、飨食牺牲之牢数。司徒，知百宗、城郭、立器之数。司马，知师旅、甲兵、乘白之数。修宪命，审诗商，禁淫声，以时顺修，使夷俗、邪音不敢乱雅，大师之事也。修隄梁，通沟浍，行水潦，安水藏，以时决塞，岁虽凶败水旱，使民有所耘艾，司空之事也。相高下，视肥墝，序五种，省农功，谨蓄藏，以时顺修，使农夫朴力而寡能，治田之事也。修火宪，养山林、薮泽、草木、鱼鳖、百索，以时禁发，使国家足用而财物不屈，虞师之事也。顺州里，定廛宅，养六畜，闲树艺，劝教化，趋孝弟，以时顺修，使百姓顺命，安乐处乡，乡师之事也。论百工，审时事，辨功苦，尚完利，便备用，使雕琢文采不敢专造于家，工师之事也。相阴阳，占祲兆，钻龟，陈卦，主攘择五十，知其吉凶妖祥，伛巫、跛［击］（觋）之事也。修［採］（埰）清，易道路，谨盗贼，平室［律］（肆），以时顺修，使宾旅安而货财通，治市之事也。［抃急］（折愿），禁悍，防淫，除邪，戮之以五刑，使暴悍以变，奸邪不作，司寇之事也。本政教，正法则，兼听而时稽之，度其功劳，论其庆赏，以时慎修，使百吏［免］（勉）尽而众庶不偷，冢宰之事也。论礼乐，正身行，广教化，美风俗，兼覆而调一之，辟公之事也。全道德，致隆高，綦文理，一天下，振毫末，使天下莫不顺比从服，天王之事也。

他一口气数出了十五个官，其中级别最高的是"一天下"的天王；其次辟公和冢宰，是帮助天王宣扬教化和总理政务的；下边是司徒管内政，司马管军事，司寇管刑事，都是主要的政务；司空管水利，工师管工务，治田管农业，乡师管农民，虞师管山林和薮泽，都是主要的生产工作；此外还有治市管市政，宰爵管招待，巫、觋管占卜，大师管音乐，属于生活和文化的部门。官名虽举得不多，可说已得其要领。这些应该是战国时代的真实官制，和孟子的单说几句空话是不一样的。

荀子还有几句话极像孟子的，他说：

> 田野什一。关、市讥而不征。山林、泽梁以时禁发而不税。相地而衰政（征）。理道之远近而致贡。(《王制篇》)

这不是类似孟子所说的"文王之政"吗，荀子却只说是王者应行的事情，没有套上文王的大帽子。又孟子虽说"泽、梁无禁"，而在别的地方却说：

> 数罟不入彅池，鱼、鳖不可胜食也。斧斤以时入山林，材木不可胜用也。……是使民养生、丧死无憾也。(《梁惠王》上)

他要使山、泽在一定的时候听任人民取用，而不是终年开放，流于浪费，这正与荀子的"山林、泽梁以时禁发而不税"一说符合。至于"相地而衰政"类似《禹贡》所定的九州贡赋，按着当地的物产和规定的当地的农产量进贡到王朝，不要求各地方一致，"理道之远近而致贡"，也和《禹贡》甸服的"百里总，二百里纳铚，三百里纳秸、服，四百里粟，五百里米"含义相近，为了照顾远道人民转运的不便，让住得越远的农民输送的物产越少。

孟子道性善，荀子道性恶；孟子法先王，荀子法后王；荀子又在《非十二子篇》里大骂孟子，他们二人在学术理论上显然站在敌对的地位。然而他们为了维护地主阶级的根本利益，反对无限制地剥削压迫，使人民能够生活下去，封建王权能够长期维持下去，在这一方面，他们两人却是完全一致的。

五　《管子》书的出现及其六官说和组织人民的胚胎思想

《管子》一书是先秦诸子中的巨帙，历来相传是帮助齐桓公成就霸业的管仲所作。齐桓公的霸业，开创了春秋、战国间四百余年霸主统治的局面，这是齐国人常常引以自豪的，也就连带仰慕着管仲。《孟子》里有一段对话写出了这种情形：

公孙丑问曰："夫子当路于齐，管仲、晏子之功可复许乎？"

孟子曰："子诚齐人也，知管仲、晏子而已矣！……管仲得君如彼其专也，行乎国政如彼其久也，功烈如彼其卑也，尔何曾比予于是！……"

曰："管仲以其君霸，晏子以其君显，管仲、晏子犹不足为与?"

　　曰:"以齐王,由反手也!……当今之时,万乘之国行
　　王政,民之悦之犹解倒悬也。故事半古之人,功必倍之,惟
　　此时为然!"(《公孙丑》上)

由于时代的需要不同,统治者的愿望和办法也就不同,孟子责备
管仲只能成就霸业而不能成就王业,实际上是他自己不能认识历
史发展的必然规律。然而鼓吹王道的孟子们虽要竭力抹煞管仲,
管仲的历史地位终是打不倒的,齐国人还是纪念他,因此齐国就
有很多的《管子》书。刘向《管子书录》说:

　　臣向言:所校雠中《管子》书三百八十九篇,太中大夫
　　卜圭书二十七篇,臣富参书四十一篇,射声校尉立书十一
　　篇,太史书九十六篇:凡中、外书五百六十四。以校除复重
　　四百八十四篇,定著八十六篇。

《管子》的书已经这么丰富了,然而《史记·管晏列传》说:

　　吾读管氏《牧民》、《山高》、《乘马》、《轻重》、《九府》,
　　……详哉其言之也!

刘向解释道:

　　《九府》书,民间无有。《山高》,一名《形势》。(《管子
　　书录》)

可见司马迁读的《管子》书,随手举出的五篇名目,经历短短的
七十年,到刘向时已有缺佚,那么从先秦到汉初,缺佚的《管
子》书必然更多了。管仲本是一个干实际政治工作的人,哪会有
空闲功夫去著书,更哪会成为一位大著作家!而且管仲生于公元
前七世纪的初叶,那时谁也想不到私人可以有著作流传这一回
事,为什么他竟大著而特著,有这样丰富的遗文呢?这不用说:
从战国到汉初人所著的书,只是有话忍不住,写了出来,希望激
起别人的同情和拥护,实现自己的理想,决不会想保留著作权或

要借此留名于后世的，所以那时齐国人的著作或居留于齐的别国人的著作就大量地归到"管子"的名下了。郭沫若先生《稷下黄老学派的批判》说：

> 黄帝本是皇帝或上帝的转变。这个名称，我们在……《陈侯因资敦》里面开始看见。陈侯因资就是齐威王。那器的铭文道："……其唯因资扬皇考昭统，高祖黄帝，迩嗣桓、文，……"是说远则祖述黄帝，近则承继齐桓、晋文之霸。黄帝的存在已经为齐国的统治者所信史化了。齐威王要"高祖黄帝"，这应该就是黄、老之术所以要托始于黄帝的主要原因。……《汉书·艺文志》小说家中有《宋子》十八篇，"其言黄、老意"；《尹文子》一篇列于名家，颜师古引刘向云："与宋钘俱游稷下"。《庄子·天下篇》以宋钘、尹文为一系。宋钘既"言黄、老意"，可知尹文是以道家而兼名家。……最近我在《管子》书中发现了他们的遗著，便是《心术》、《内业》、《白心》的几篇。《心术》、《内业》是宋子书，《白心》属于尹文子，我已有《宋钘尹文遗著考》详细论证之。(《十批判书》页152—154。《宋钘尹文遗著考》收入《青铜时代》。)

从郭先生的发见看来，《管子》一书里就有宋钘、尹文的著作，他俩是稷下学派中的道家和名家。道家和名家的著作尚且会放到《管子》书里，那么政治经济学说的著作当然更该一古脑儿收进去了。因此，我很怀疑《管子》一书竟是一部"稷下丛书"，所以除了政治经济学说各篇而外，有《弟子职》、《小称》等儒家言，《七法》、《法禁》等法家言，《幼官》、《四时》、《五行》等阴阳家言，《兵法》、《制分》等兵家言，《地员》、《水地》等农家和医家言，这就因为稷下之学的方面本来即很广泛的缘故。明白了这一点，我们就可以洗出这部书的真正时代和真正价值。现在就简单地抽出它的政治计划来一看：

在"官制"方面，它第一个提出一个特殊的制度，说：

> 昔者黄帝得蚩尤而明于天道，得大常而察于地利，得奢龙而辩于东方，得祝融而辩于南方，得大封而辩于西方，得后土而辩于北方。黄帝得六相而天地治，神明至。

> 蚩尤明乎天道，故使为当时。大常察乎地利，故使为廪者。奢龙辩乎东方，故使为土师。祝融辩乎南方，故使为司徒。大封辩乎西方，故使为司马。后土辩乎北方，故使为李。

> 是故，春者，土师也；夏者，司徒也；秋者，司马也；冬者，李也。（《五行篇》）

在这一章里，第一段把蚩尤等六人分配到上、下和四方，第二段说明这六相的官职，第三段把春、夏、秋、冬四时拍合东、南、西、北四方之官。篇名《五行》，分明这篇出于阴阳家的手笔。古代的官制，本有"天子六卿"的传说（见《尚书·甘誓》），所以这里有"六相"：其中最尊的是明于天道的"当时"和察于地利的"廪者"；次一级是掌农田的"土师"，掌内政的"司徒"，掌军事的"司马"，掌刑法的"李"。其所以把它们分配于四时，因为春主生，故以土师属之；夏主养，故以司徒属之；秋主杀，故以司马属之。独有这个李却难于解释。李者理也，主刑罚，刑罚也该属于肃杀的秋天的，为什么把它归到了闭藏的冬？按古代"兵"和"刑"本来不很分清，所以《国语》记臧文仲的话道：

> 刑五而已。大刑用甲、兵，其次用斧、钺；中刑用刀、锯，其次用钻、笮；薄刑用鞭、扑：以威民也。故大者陈之原野，中刑致之市、朝：五刑三次。（《鲁语》上）

甲兵是战争的工具，也是斩杀俘虏的工具，所以执行地点在原野；刀锯以下是刑事，所以执行地点在市、朝。从后世的观念说来，这是不可能混同的，但古代竟用"刑"的一字包括起来了。
又《尚书·尧典》云：

> 帝曰："皋陶，蛮夷猾夏，寇贼奸宄，汝作'士'，五刑
> 有服，五服三就；五流有宅，五宅三居：惟明克允！"

"蛮夷猾夏"是国与国间的战争，该用军事来解决，其镇压对象
是敌军；"寇贼奸宄"则是本国的内部变乱，该用刑法作镇压，
其镇压对象是罪犯，然而在虞廷之上，这性质不同的两职竟都由
"士"这一官来担任，"五服三就"也即是臧文仲所说的五种刑罚
在原野、市、朝三处地方来执行，可见这也是兵和刑不甚分析的
一种处理。再从战神来看，《史记》说：

> 八神将自古而有之，或曰太公以来作之。……三曰"兵
> 主"，祠蚩尤。（《封禅书》）

蚩尤是战神，所以有和黄帝战于涿鹿之野的传说（《史记·五帝本
纪》）；刘邦起兵时也就"祠黄帝、祭蚩尤于沛庭而衅鼓"（《史记·
高祖本纪》），然而《尚书·吕刑篇》说到刑法的起源，则是：

> 蚩尤惟始作乱，……苗民……制以兵，惟作五虐之刑曰
> 法。

也把"法"往上推到蚩尤。从这些证据里都可见出古代兵、刑不
甚分别的制度。后来司马专主军，司寇专主刑，刑事脱离了军事
而独立，这才是一种进步的表现。所以《管子》所说的"秋者，
司马也；冬者，李也"，不但五行分配职官的学说为管仲活着的
时代所未有，就是兵、刑截然分职恐怕也是管仲时代所没有想到
的。又蚩尤本来该作"司马"或"李"而这篇中却任命他做"明
天道"的"当时"，后土该作"土师"或"廪者"而任命他做
"辩北方"的"李"，这种分配方式也使人不易解释。

至于《管子》所说的"秋者，司马也；冬者，李也"，好像
确把"兵"和"刑"分作两事，那是时代越后，分析职官越细的

证据，我们可以分作两点来讲：

其一，古代分析一年中的时间原只"春"和"秋"两个季度：春季是种植的时间，秋季是收获的时间，所以鲁国的史书尽管春、夏、秋、冬四季俱备，但书名只叫做《春秋》，表明分别这两个农业上的重要时间。到后来，人事分工细了，才从春季里分出夏季来，又从秋季里分出冬季来，因此在《尧典》有"羲、和四宅"的记载。吉林大学教授于省吾同志曾对我说："在甲骨文里只有'春'、'秋'。其'冬'、'夏'两字乃是研究甲骨文的学者从后世（东周以下）的观念里硬按上去的"（大意如此；详细证据，他必然有专文举出）。所以，"冬"是"秋"的延长，"刑"从"兵"分出也是一事分化为两事。《尧典》里，舜命皋陶的话，把"蛮夷猾夏"和"寇贼奸宄"合为"士"的一官两职是合于早期的社会思想和政府组织的，而尧命羲、和四子的宅居四方乃是较后分化的。

其二，"李"即"理"，两字同音通用。春秋时"行李"的官名、后世的"大理"、"理刑"的官名都由此来。《诗·鲁颂·泮水》云："矫矫虎臣，在泮献馘。淑问如皋陶，在泮献囚"，好像作战的"虎臣"和审讯俘虏的"皋陶"确是两个职事，正和《管子》所说："秋者，司马也；冬者，李也"相合。其实，这正和"冬"是"秋"的延长而分为两个季度一样，是一事的两种处理。在一次战事中，把在战场上斫下来的敌人的头颅和耳朵献给统治者论功定赏的是"虎臣"，这正和商鞅行法，"计首论功"一样；至于活捉来的敌人，则送到像皋陶一般"淑问"的官吏处去定罪，罪轻的作为奴隶来使用，罪重的便"推出辕门处斩"。用现在的话讲来，这位善于断案的便是"军法官"。军法官有当机立断之权，不像一般管民间讼事的法官要"三推四问"，论起职位来依然是"司马"方面的属官，不该另出一名为"李"。《管子》所以说

"秋者，司马也。冬者，李也"，就是这篇的著作者要把军法官跟一般法官分别开来，使得"天、地、春、夏、秋、冬"六官具备，正和阴阳家从秋季里分出冬季一样。试看西汉时窦婴犯了死罪，"系于船司空"（见《史记·魏其武安侯列传》），司空在《周官》里本是职掌制造的，属于冬官，可是也管死囚，这便是秋、冬两官向来不太分明的一个遗留现象。我记得清代法律，凡是犯了死罪而不是"斩立决"的人总要等待"秋后处决"。秋天本是刑杀的季节，为什么不在秋天斩而偏要迟到冬天执行呢？这就因为冬天是秋天延长出来的缘故。

在《管子》里讲到如何把全国人民组织起来的办法，是有极重要的记载的。《小匡篇》说：

> 昔者圣王之治其民也，参其"国"而伍其"鄙"。……
>
> 制国以为二十一"乡"：商、工之乡六，士、农之乡十五。公帅十一乡，高子帅五乡，国子帅五乡。参（三）国，故为三军。
>
> 公立三官之臣；市立三乡；工立三族；泽立三虞；山立三衡。
>
> 制五家为"轨"，轨有"长"；十轨为"里"，里有司（这句，看上下文，本当作"里有'里有司'"；只因后人误认"里有"二字的重文为衍文，把它删去，便与上下文不合了）；四里为"连"，连有"长"；十连为"乡"，乡有"良人"；三（按依下文当作"五"）乡一"帅"（按依下文当作"师"）。

这把全国分为"国"和"鄙"两大区："国"指都城和近郊，立三分制；"鄙"指远郊，立五分制。就国说，是士、农、工、商四类人都有的。制五家为一轨，十轨为一里，四里为一连，十连为一乡，一乡计一千家；整个的"国"区分为二十一乡，齐君自已领十一乡，齐国的贵族高子和国子两家各领五乡，组织为三军。因为一国三军，所以官、市、工、泽、山也都用了三数来分组。这个制度的好处，书上说：

> 作内政而寓军令焉：为高子之里，为国子之里，为公里，三分齐国以为三军；择其贤民使为"里君"，乡有行伍、卒长，则其制令，且以田猎，因以赏罚，则百姓通于军事矣。

可见这是把全国人民纳入于军事组织的一种办法。下文又说：

> 五家为"轨"，五人为"伍"，"轨长"率之。十轨为"里"，故五十人为"小戎"，"里有司"率之。四里为"连"，故二百人为"卒"，"连长"率之。十连为"乡"，故二千人为"旅"，"乡良人"率之。五乡一"师"，故万人一"军"，五乡之师率之。

> 三军：故有中军之鼓，有高子之鼓，有国子之鼓。春以田曰"搜"，振旅；秋以田曰"狝"，治兵。是故，卒、伍政定于里；军、旅政定于郊。内教既成，令不得迁徙，故卒伍之人，人与人相保，家与家相爱。……夜战，其声相闻，足以无乱；昼战，其目相见，足以相识。……是故以守则固，以战则胜。

这是在和敌国作战时团结起来的情况。若在平时呢，则是：

> 高子、国子退而修"乡"，乡退而修"连"，连退而修"里"，里退而修"轨"，轨退而修"家"。是故，匹夫有善，故可得而举也；匹夫有不善，故可得而诛也。政既成，乡不越长，朝不越爵；罢士无伍，罢女无家。……士莫敢言一朝之便，皆有终岁之计；莫敢以终岁为议，皆有终身之功。

靠了全国群众的力量，使得人们只能听从上级的命令，有作战的义务，而没有迁徙的自由；又只能做好事而不敢做坏事，都有长期的计划而不为一时的利益改变了职业，这样当然有利于封建统治。至于"鄙"，则有五属的制度：

> 制五家为"轨"，轨有"长"；六轨为"邑"，邑有"司"；十邑为"率"（依下文应作"卒"，下同），率有"长"；十率为"乡"，乡有"良人"；三乡为"属"，属有"帅"；五属一"大夫"。武政听属；文政听乡。

住在鄙内的全数是农民，一乡为三千家，一属为九千家，五个属设一个大夫管着。这个管"武政"的"五属大夫"的责任是这样：

> 正月之朝，五属大夫复事于公。择其寡功者而谯之曰："列地分民者若一，何故独寡功？何以不及人？教训不善，政事其不治？一再则宥，三则不赦！"……于是乎五属大夫退而修"属"，属退而修……"乡"，乡退而修"卒"，卒退而修"邑"，邑退而修"家"。是故……政成国安，以守则固，以战则强。封内治，百姓亲，可以出征四方，立一"霸王"矣！

在同书的《立政篇》里，又有相类似而不完全相同的规制：

> 分国以为五"乡"，乡为之"师"。分乡以为五"州"，州为之"长"。分州以为十"里"，里为之"尉"。分里以为十"游"，游为之"宗"。十家为"什"，五家为"伍"，什、伍皆有长焉。

> 筑障，塞匿，一道路，博出入，审里闲，慎管键，管藏于"里尉"。置"闾有司"以时开闭，闾有司观出入者以复于里尉。凡出入不时、衣服不中、圈属群徒、不顺于常者，闾有司见之，复无时。若在长家子弟、臣妾、属役、宾客，则里尉以谯于"游宗"，游宗以谯于"什、伍"，什、伍以谯于"长家"。谯敬而勿复。一再则宥，三则不赦。

这种人民的组织和监督是多么地严密！一国分作五乡，每乡设"乡师"一人；一乡分作五州，每州设"州长"一人；一州分作十里，每里设"里尉"一人；一里分作十游，每游设"游宗"一人；一游分作十（？）什，每什设"什长"一人；每什各分两伍，每伍设"伍长"一人，管着五个家。此外又有"闾有司"，管着里门，凡见有形迹可疑的人立刻向上级报告。如果人家的子弟、宾客、奴隶有可疑的，那么里尉就一路责问下去，直问到这一家。国和家这般紧紧地联系着，当然敌人再也钻不进一个空子来了。

因为有了这种严密的组织，所以政府的政策和法令一直能够贯彻到最基层。同篇中说：

> 正月之朔，百吏在朝，君乃出令布宪于国。五乡之师、五属大夫皆受宪于太史。大朝之日，五乡之师、五属大夫皆身习宪于君前。太史既布宪，入籍于太府。……

> 五乡之师出朝，遂于乡官，致于乡属，及于游宗，皆受宪。宪既布，乃反致令焉，然后敢就舍。就舍，谓之"留令"，死罪不赦。

> 五属大夫皆以行车朝出朝，不敢就舍遂行；至都之日，遂于庙，致属吏，皆受宪。宪既布，乃发使者，致令以布宪之日、蚤晏之时。……宪未布，使者未发，不敢就舍；就舍，谓之"留令"，罪死不赦。

> 宪既布，有不行宪者，谓之"不从令"，罪死不赦。考宪而有不合于太府之籍者，侈曰"专制"，不足曰"亏令"，罪死不赦。

这又是何等严格的法治手腕；他们的"布宪"和"行宪"是何等地郑重；但我们要问：这真是管仲所定的制度吗？从文中齐桓公与管仲一问一答及高子、国子与齐君统率三军的形式看来，这好像是管仲的，所以编《国语》的人就把《小匡》一篇略加压缩和修改，算作《齐语》。但在封建领主时代，大小贵族各有各的地盘和臣民，不可能打开畛域，一起交给国君作出整个的组织和分配。这一定是战国时代领主制快到了消灭的时候的计划，与其说是管仲的，实在不如说是商鞅的。《史记·商君列传》说：

> 孝公……以卫鞅为左庶长，卒定变法之令，令民为"什"、"伍"而相收司、连坐。不告奸者腰斩。告奸者与斩敌首同赏；匿奸者与降敌同罚。……有军功者各以率受上爵；为私斗者各以轻重被刑。大小僇力本业耕、织，致粟、帛多者复其身；事末利及怠而贫者举以为收孥。……于是太子犯法，卫鞅曰："法之不行，自上犯之！"……刑其傅公子虔，黥其师公孙贾。明日，秦人皆趋令。……集小都、乡、邑、聚为县，置令、丞，凡三十一县。为田开阡、陌、封疆而赋税平。平斗、桶、权、衡、丈、尺。……居五年，秦人富强。

这是把国内原有贵族的小圈子的土地封疆一齐划平了，许多封建领主自己随意规定的制度都给"国定"的制度所统一了，然后把人民完全组织起来。他的法是"令民为什、伍而相收司、连坐"，这不是和《管子》的"人与人相保"是同样的办法吗？他们的目的，都是要使"卒、伍政定于里"而后"军、旅政定于郊"，达到富强的王业。可是，商鞅固然为了适应战国时代的要求而严立这些法制，难道生在春秋前期的管仲已经能预定这个适应于战国中期的法制吗？我们可以猜想，这是在商鞅变法之后，看了他的榜样而齐国方面也兴起了一批法家，他们要为齐国订立崭新的制度而上托于管仲以自尊。因为他们所拟定的制度不止一份，所以《小匡》里"制国以为二十一乡"，而《立政》里却是"分国以为五乡"；《小匡》的乡只一千家，而《立政》的乡竟为五万家，距离得这么遥远！又《王度记》作得早，所以只说"百户为'里'，里一'尹'"，人民组织非常简单，而《小匡》则里下有"轨"，里上有"连"和"乡"，《立政》则里下有"游"、"什"、"伍"，里上有"州"和"乡"，《立政》的"里"且增多到一千家，十倍于《王度记》了。

因为这许多全是齐国人空想出来的制度，当时又没有确实数字的统计资料可以依据，所以在《乘马篇》里又有些人作出了不成样子的计划来：

方六里，命之曰"暴"。五暴命之曰"部"。五部名之曰"聚"；聚者有市，无市则民乏。五聚命之曰某"乡"。四乡命之曰"方"。"官制"也，官成而立邑。

五家而"伍"。十家而"连"。五连而"暴"。五暴而"长"，命之曰某"乡"。四乡命之曰"都"。"邑制"也，邑成而制事。

四聚为一"离"。五府为一"制"。五制为一"田"。二田为一"夫"。三夫为一"家"。"事制"也，事成而制器。

这章文字一定有大错误：第一段说五暴曰部，五部曰聚，五聚曰乡，是一乡为二十五聚，一百二十五暴；第二段说"五暴而长，命之曰某乡"，是一乡只有"五暴"；第三段说四聚一离，五离一制，五制一田，二田一夫，三夫一家，那么一家倒有六百聚之多。如果不是钞写的人大错特错，便是作者是一个低手人，连算术都不会，只会随便乱写。

如上所述，仅就《小匡》、《立政》、《乘马》三篇文字看《管子》中对于人民的组织的计划，尽管其中记载的制度非常丰富，而这种制度从实际出发的却是很少，从空想里构成的倒占了多数。但是这种空想的计划也可以表现一个时代的精神，所以我们正好从《管子》一书里看出从战国到西汉的齐国方面对于社会组织的种种设想。《周官》中对于全国人民的组织也有种种的设想，可见这两部书必然是个孪生子，所以会有这样密切的关联。

六 《曲礼》中的官制

《小戴礼记》里保存了一篇很凌乱的记载，也谈到古代的官制，篇名叫做《曲礼》，大概出于汉初人所纂辑。"曲"的意义是丛杂而不成系统的，可以把《庄子》上的"一曲之士"来比拟。但它在讲到官制方面的这段文字却有比较重要的提示。

> 天子建"天官"，先"六大"，曰：大宰、大宗、大史、大祝、大士、大卜，典司六典。
>
> 天子之"五官"，曰：司徒、司马、司空、司士、司寇，典司五众。
>
> 天子之"六府"，曰：司土、司木、司水、司草、司器、司货，典司六职。
>
> 天子之"六工"，曰：土工、金工、石工、水工、兽工、草工，典制六材。

在这段文字里，把天子的官吏分为"六大"、"五官"和"六府"三类；又把从事手工业的人民总括为"六工"，而其所典藏的原材料则是"六材"。除了司民事的"五官"外，都以六数分配，这似乎和《周官》的把"天、地、春、夏、秋、冬"分为六官的有些相像，但其实际却有根本性的差异。

差异在什么地方？是在神权思想的浓薄有异上。古人迷信上帝和祖先的在天的神灵是非常真挚的，好像人们的一举一动都看在上帝和祖先的眼睛里，"作善降之百祥，作不善降之百殃"是天经地义的反应。所以每一个新朝天子都是接受了天命（这就叫做"受命"）而革掉前朝的命的（这就叫做"革命"）。例如《诗·

大雅·大明》说：

> 维此文王，小心翼翼，昭事上帝，聿怀（来）多福。厥
> 德不回（违），以受方国。

又《大雅·皇矣》说：

> 皇矣上帝，临下有赫（显），监观四方，求民之莫
> （瘼）。维此二国（夏、商），其政不获。维彼四国（四方之
> 国），爰究（谋）爰度（居）。……乃眷西顾，此（周）维与
> 宅。

这就可见，在周人的心目中，上帝是怎样地威灵显赫，只要他不
喜欢那个大国时，就会四面去寻找替代的人。上帝觉得商王不
好，想撤换他的王位，待他走向西方时才找到了这位"小心翼
翼，昭事上帝"的周文王，于是把天下交给他了，上帝也就住到
文王那里来了。

至于祖先，也和上帝一样地威灵显赫。《书·盘庚中》载盘庚
向朝中诸臣说话时，他道：

> 古我先王暨乃祖乃父胥及逸勤，予敢动用非罚！……兹
> 予大享于先王，尔祖其从与享之。作福作灾，予亦不敢动用
> 非德！……罚及尔身，弗可悔！

这本是商王盘庚想迁都到殷地，但当时一班贵族不愿意，盘庚强
迫着他们走，想用刑罚来制裁他们，所以他就对着一班世臣说：
"从前我的先王和你们的祖和父都曾经同过着安乐和辛苦的生活，
我哪敢对你们作出过度的刑罚呢；现在我要向先王举行一回大祭
祀了，你们的祖先也一起受祭。你们的作善而得福或作恶而得
灾，都有先王和你们的祖先来处置你们！"这祖先的亡灵的威严
是何等地显赫，也就有力地保卫了盘庚自己的王权。

在这样的空气里，可见"人"和"天"是怎么地紧紧联系了
的？"人"的最高领导是"王"，他的一切行动都代表着"天"，

这可说是"王权"和"神权"的结合，实际上则是他用了"神权"来巩固他自己的"王权"。所以在这二千多年来的封建专制主义的社会里，最高统治者发布重大的命令时，开头总是"奉天承运（"天"是上帝，"运"是五德转移的规律）皇帝诏曰"，即是这种方式的继承。

《曲礼》里说："天子建'天官'，先'六大'，曰：大宰、大宗、大史、大祝、大士、大卜，典司六典"。所谓"天官"就是六种代表神的意志的官，"大宗"是主宗庙祭祀的，"大祝"是主向神们祷告的，"大卜"是主向神们询问吉凶的，这都容易看出。"大宰"呢，我看它的原始意义是掌祭祀时屠杀牲畜的一个头子，这只要到北京的"天坛"里看一下"打牲亭"，便可知道皇帝祭天时杀牲的规模是如何地巨大。后来失掉了原义，便成为"总百官"的"宰相"了。"大史"是天子的秘书，为天子向天和祖写读祝文的。"大士"该是助祭的官，像《诗·大雅·文王》里所说的"殷士肤敏，祼将（灌鬯）于京；厥作祼将，常服黼（裳）冔（冠）"一类，因为祭祀是件大事，奔走筛酒、上饭、送菜、焚帛一类的服务人员就不可不多了。这些人一多，就必然有一个司仪员管着他们，这就叫做"司士"。（依郭沫若先生说，"大士"即与"大史"为对的"右史"，说详下，也可讨论。）

这六种官之所以总名为"天官"，就因他们所做的事都是对宇宙中最高级的上帝和统治集团中的已死了的祖先打交道的事的。郭先生在整理金文中发见了《小盂鼎》的铭文中有下列几句话：

> 隹八月既望，辰在甲申，昧丧（爽），三左、三右多君入服酉（樀）。明，王各（格）周庙。

他推想这"三左、三右"即《曲礼》中的"天王六大"，因为三人站在王左，三人站在王右之故。他再用《书·顾命》文作证。

当成王死后，康王继位时，《顾命》说：

> 王麻冕、黼裳，由宾阶（西阶）隮（升）；卿士、邦君麻冕、蚁（玄色）裳：入即位。太保、太史、太宗皆麻冕、彤裳，太保承介（大）圭，上宗奉同（爵名，祭时酌酒者）、瑁（玉器名，用来冒诸侯的圭璧的），由阼阶（东阶）隮。太史秉书，由宾阶隮，御王册命。

宋蔡沈《集解》道：

> 太保受遗（成王遗命），太史奉册（新王的受命证书），太宗相礼，故皆祭服也。……太保、宗伯以先王之命，奉符宝以传嗣君，有主道焉，故升自"阼阶"。太史以册命御王，故特书由"宾阶"以升。

郭先生在《周官质疑》里又说：

> 准《顾命》文，知大宰、太宗在王之右（以阶而言由西，以位而言则在王右），大史在王之左。与大史为对之"大士"亦称"右史"（《曲礼》："史载笔，士载言"，《玉藻》："动则左史书之，言则右史书之"），自亦在王右。如是，则六大之中之太祝、太卜在王左矣。"三左"即大史、大祝、大卜；"三右"即大宰、大宗、大士。

他更绘为一图，我们复制如下（见下页图）。

这样看来，那部丛杂无绪的《曲礼》倒保存了真实的古史遗文，胜于《周官》的表面上似乎很有系统而实际上则是拼凑加伪造。即此"天官"一词，《曲礼》上讲的是神职，而《周官》上讲的却是皇帝宫中的执事之官，两者在"神"和"人"的思想上迥然不同。郑玄看了这两者的不同，他的《礼记注》硬说："此盖殷时制也，"这真是闭着眼睛的胡言，搅乱了古代思想史的进程！

至于执掌民事的"五官"，其中"司徒、司马、司空、司寇"

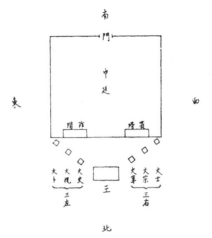

四官为载籍所常见，可不置讨论外，"司士"则仅此一见，我们可以研究。按《左传·昭十七年》郯子朝见鲁君时叙述他的家谱，而郯是东夷所建的国，东夷是多数崇拜"鸟"图腾的，所以把鸟名称呼他们的职官，而曰：

> 祝鸠氏，司徒也。鴡鸠氏，司马也。鳲鸠氏，司空也。
> 爽鸠氏，司寇也。鹘鸠氏，司事也。五鸠，鸠民者也。

杜预《集解》：

> "鸠"，聚也。治民上聚，故以"鸠"为名。

这就说明了这些处理民事的长官都把鸠集人民作为主要的任务，而其中有"司事"一名，恰和《曲礼》的"司士"同样地稀见于他书。按王国维《观堂集林·释史》云：

> 古之官名多由史出，殷、周间王室执政之官，经传作"卿士"，而《毛公鼎》、《小子师敦》、《番生敦》作"卿事"，殷虚卜辞作"卿史"，是卿士本名史也。

王氏这个发见，正可把《曲礼》和《左传》两字之异打通了。

至于"六府"一名，见于《左传·文七年》晋郤缺的一段话里：

> 《夏书》曰："戒之用休，董之用威，劝之以九歌勿使坏。"九功之德皆可歌也，谓之"九歌"。六府、三事，谓之"九功"。水、火、金、木、土、谷，谓之"六府"。正德、利用、厚生，谓之"三事"。

又《书·禹贡》里也有"六府孔修"的话。可见一切物质，最切于民生日用的是"水、火、金、木、土、谷"六种财富。有了这六种物质财富的，才可以建立起国家来，这是古人在思想中把一切物质归纳出来的一个定律。到了战国时代钻出一班阴阳家，把"水、火、木、金、土"五项物质定为"五行"，并且规定了这五行的运行和相生、相克的原则，配合于各时代里的历史，并且规定了各部门行政项目的时间，于是有《月令》一书的出现，成了发展科学的极大障碍。他们单独丢掉了最切近于民生日用的"谷"，难道他们不要吃饭的吗？真正可怜又可恨！

最后一项是"六工"，这六工所主管的项目是"土工、金工、石工、木工、兽工、草工"，都是关于农业和手工业的，担任操作的人即使不是奴隶也必然是个农奴。这倒可以把郑玄的注文和贾公彦的疏文作为说明，因为他俩都是注过《考工记》的。

> "土工"，陶、旊（作簋、簠，即饭食用具）也。"金工"，筑（书刀）、冶（煎金）、凫（钟）、㮚（量器）、段（锻；钱、镈——均农器）、桃（刃、剑）也。"石工"，玉人（圭、璧）、磬人也。"木工"，轮（车轮）、舆（车床）、弓、庐（戈戟之属）、匠（建筑）、车（大车、羊车）、梓（杯勺、笥、虡）也。"兽工"，函（甲铠）、鲍（治皮）、韗（以皮冒鼓）、韦（熟皮为衣）、裘（狐裘之属）也。"草工"（苇席、盛食之器）。

这是古代手工业的一篇总账。那时"工、商食官"（见《国语·晋语》),所以这些手工业都归官办,成为"天子之六工"。

总的说来,《曲礼》这书虽凌杂无绪,但颇合古代的政治制度,不像《周官》的真伪混杂,使读者容易上当。为了我们要对《周官》作出批判,所以先来表章《曲礼》中的官制记载的近于实际。

七　汉文帝令博士们作《王制》时　所取的资料

《小戴礼记》里又有一篇《王制》,一望这个名题就可以明白它的性质和《王度》相同,都是规定建国时的主要规划的。郑玄《三礼目录》云:

> 名曰《王制》者,以其记先王班爵、授禄、祭祀、养老之法度。此于《别录》属制度。(《礼记正义》卷首引)

其实这篇文字并不是"先王之法度",它的内容也不止于这四项,还有职官、朝聘、巡狩、田猎、赋税、学校、选举、丧祭、刑法、道路、边裔……等项,可以说这书虽然简单,而凡是建立国家的弘纲巨节都已具备了。这篇文字的著作时代,孔颖达《正义》说:

> 《王制》之作盖在秦、汉之际。知者,案下文云:"有正听之",郑云:"汉有'正平',承秦所置"。又有"古者以周尺"之言,"今以周尺"之语,则知是周亡之后也。故郑答临硕云:"孟子当赧王之际,《王制》之作复在其后。"卢植云:"汉孝文皇帝令博士诸生作此《王制》之书。"

汉代的经师们本来最喜欢把书籍的年代提向远古,而对于这篇的晚出书却没有加以回护。卢植的说法是根据《史记·封禅书》来的。《封禅书》说:

　　　　赵人新垣平以望气见上，……于是贵平上大夫，赐累千

　　　金；而使博士诸生刺《六经》中作《王制》，谋议巡狩、封

　　　禅事。

又《史记索隐》引刘向《别录》云：

　　　　文帝所造书有《本制》、《兵制》、《服制》篇。

可见汉文帝居于大一统之世，又当汉皇室的政权稳固之后，由于
方士和儒生们的怂恿，想定出许多开国制度，博士诸生们就应诏
做出这些书来以供采掇，这和稷下先生的工作非常相像。《别录》
所说的《本制》，当即《封禅书》里的《王制》。《兵制》、《服制》
等篇俱已亡佚，只有《王制》一篇传了下来，被收进了《小戴礼
记》。

　　这篇文字，照司马迁说，它的资料是从《六经》中抽取的；
其实先秦诸子它也一律选用。即如开头所讲的"分田制禄"就是
直钞《孟子》中"周室班爵、禄"一章，只是稍微有些改动。第
一，孟子把"天子"列为一等，和荀子把"天王"列在《序官》
里一样，而"子"和"男"则同列在末一等里；《王制》则说：

　　　　王者之制禄、爵，公、侯、伯、子、男，凡五等。

它没有提到"天子"的等级，想是因为到了秦、汉时代，皇帝的
地位太尊严了，人们不敢再把他和诸侯同列于五等之中了，所以
改把"子"、"男"分列为二等。其二，孟子说"天子之卿受地视
侯，大夫受地视伯，元士受地视子、男"，而《王制》则说：

　　　　天子之三公之田视公、侯；天子之卿视伯；天子之大夫

　　　视子、男；天子之元士视附庸。

这又因为汉代以丞相、太尉、御史大夫为三公，地位在九卿之
上，所以卿以下就不得不挨次推下了一位。从这些地方看来，它
的时代性是非常显明的，司马迁和卢植的话可说是绝对正确。

　　郡、县的制度，从春秋、战国以来因为大国的拓地而逐渐发

展，到秦始皇统一六国而普遍化。汉初人不瞭解这是时代的潮流，误认为秦的灭亡由于不封子弟和功臣所致，所以汉初又恢复了封国的制度。但这仅是一股反时代的逆流，所以不到几十年又逐一分化或撤消了。博士诸生是惯于读死书的，他们看不清时代的趋势，只觉得"周公封建亲戚以蕃屏周"是一个天经地义的制度，而汉初的疆土又大大地超过了周初，因此他们就在《王制》里作了极整齐和极生硬的规定：

> 凡四海之内九州，州方千里。州建百里之国三十，七十里之国六十，五十里之国百有二十，凡二百一十国。名山、大泽不以封。其余以为附庸、闲田。……

> 天子之县内方百里之国九，七十里之国二十有一，五十里之国六十有三，凡九十三国。名山、大泽不以朌。其余以禄士，以为闲田。

> 凡九州，千七百七十三国。天子之元士、诸侯之附庸不与。

作者认为整个的天下方三千里，分画成九个州，每州都是整整齐齐地方一千里；把八个州封给子弟和功臣，共计一千六百八十国；天子自己管着一个州，把它的小一半封给三公、卿、大夫，共九十三国，大一半的田产则专供给王室的开销。这真是一个称心如意的算盘；他们不想，封国是世袭的，而子弟和功臣却会一代一代地增长起来，如果在开国时已经完全封出，过了几代又该如何去安插，他们又不想，九州的地形是大有参差的，东边几州平原多而山泽少，开方计里而封国固然不太困难，但西边几州则是山岳地带，绝少平原，即经规定了"名山、大泽不以封"，试问怎样还能方方整整地每州封上二百一十国？所以这些规划分明只是纸片上的玩意儿，和现实联系不起来的。

在官制方面，《王制》所规定的王朝官吏委实太稀少了，它说：

> 天子三公、九卿、二十七大夫、八十一元士。

这从大官到小官用了"三"数乘了三次，只有一百二十人。这一个大一统的皇帝的朝廷里为什么设官会如此地稀少？这个问题连惯于附会的郑玄也觉得它太不像样了，他便注道：

> 此夏制也。《明堂位》曰："夏后氏之官百"，举成数也。

本来他认为《王制》是作于周赧王以后的，到此也感到了这个难以解释的矛盾，只好把它往前推，推到极简朴的上古去，说是夏制了。到了近代，章炳麟不客气地批评道：

> 尤渎乱不经者，以为天子之官，三公、九卿、二十七大夫、八十一元士。此非孟子所说，而与《昏义》、《尚书大传》、《春秋繁露》、《白虎通义》相扶。……是则百二十官各为正长，九卿之寺徒有正卿一人，更无僚属为之赞助，其丛脞不亦甚乎！……余以《王制》、《昏义》、《书大传》、《春秋繁露》皆不达政体者为之，名曰博士而愚莫甚焉！（《太炎文录》一，《驳皮锡瑞三书》）

真的，堂堂一个天朝的组织哪能这般地简单！如果将来真能发见夏代的制度，我想决然不止这个数目。但它说到外州的官制倒还是大模大样的：

> 千里之外设方伯。五国以为属，属有长；十国以为连，连有帅；三十国以为卒，卒有正；二百一十国以为州，州有伯。

> 八州：八伯、五十六正、百六十八帅、三百三十六长。八伯各以其属属于天子之老二人，分天下以为左、右，曰"二伯"。……

> 天子使其大夫为"三监"，监于方伯之国；国三人。

以上共五百九十四人，较中朝的官几乎多至四倍。其中地位最高

的是"左伯"和"右伯",这二伯领导着"八伯";八伯统率着
"八州";天子又派使者到各州去监察,每州三人。这个说法有几
处来源:第一,《诗经》里有《周南》、《召南》,所以《乐记》
说:"五成而分周公左,召公右",《公羊传》又说:"自陕而东
者,周公主之;自陕而西者,召公主之"(隐五年);这里也就跟
着说"二伯"了。第二,《尚书大传》说舜"元祀,巡守四岳、
八伯",这八伯的名义据它说是阳伯、仪伯、夏伯、羲伯、秋伯、
冬伯等,大概是把一年的四时和《尧典》的羲、和四子混合编制
的;这里的"八伯"当然和它有着血统的关系。第三,在《管子·小
匡》和《立政》两篇里,"属"、"连"、"卒"的组织和"长"、"帅"的官名
都已见过,这里只是把这些名词重新编排了一下而扩大到八州去。
第四,《汉书·地理志》云:"周既灭殷,分其畿内为三国。……邶以
封纣子武庚;庸,管叔尹之;卫,蔡叔尹之;以监殷民,谓之三监";这
里所说的"三监",意义虽有不同,而字面则显然是借用这件故事
的。即此可知,这外州的官制虽然比较堂皇,实际上则全由拼凑而
来。

《封禅书》说博士们作《王制》谋议巡狩、封禅事,按《王
制》文中具体说出的巡狩制度,是:

> 天子五年一巡守。

> 岁二月,东巡守,至于岱宗,柴而望祀山、川,觐诸
> 侯。问百年者就见之。命大师陈诗以观民风。命市纳贾以观
> 民之所好恶,志淫好辟。命典礼考时、月,定日;同、律、
> 礼、乐、制度、衣服正之。山、川神祇有不举者为不敬,不
> 敬者君削以地。宗庙有不顺者为不孝,不孝者君绌以爵。变
> 礼、易乐者为不从,不从者君流。革制度、衣服者为畔,畔
> 者君讨。有功德于民者加地进律。

> 五月,至于南岳,如东巡守之礼。八月,西巡守,至于

西岳，如南巡守之礼。十有一月，北巡守，至于北岳，如西巡守之礼。

归，假于祖、祢，用特。

他们规定了天子每五年该出去一整年，周游四方，把四岳之官所在地作为行辕；每到一个岳，就须祭祀山、川，朝见诸侯，访问耆老，考察风俗，执行赏罚，并统一历法、礼节、音乐、服装等等制度，这无疑是有利于政治和文化的统一。可是天热的时候偏向南行，到了天冷却要北征，似乎不近人情，无奈五行学说的排列法不能改变，《天子巡守礼》就必然该和《王居明堂礼》取得一致。至于巡狩时的种种考核制度，则和秦始皇的历次东巡大有关系。按《史记·秦始皇本纪》，二十八年刻石琅邪台，说：

维二十八年，皇帝作始。……东抚东土，以省卒士。……普天之下，抟心揖志。器械一量，同书文字。……匡饬异俗，陵水经地。……除疑定法，咸知所辟。方伯分职，诸治经易。……奸邪不容，皆务贞良。……端直敦忠，事业有常。……

又三十七年刻石会稽，也说：

皇帝并宇，兼听万事，远近毕清。……贵贱并通，善恶陈前，靡有隐情。饰省宣义，有子而嫁，倍死不贞。防隔内外，禁止淫佚，男女洁诚。……大治濯俗，天下承风，蒙被休经。……

从这两段话里，可以看出，秦始皇的巡狩不但要统一制度，把器械和文字等完全规范化，而且要定出伦理教条，使得奸邪都要改务贞良，男女间也要防隔内外，直管到寡妇不许再嫁。这就是《王制》里的观民风和正制度的由来了。

八　《周官》的出现及其和《诗》、《书》、金文中的周制以及《管子》等拟定的制度的矛盾

从以上所说的许多事实和记载看来，可以知道统一天下的制度，在秦始皇并吞六国以前早已准备了一百多年。在这一百多年里边，我们固然有理由说齐国人曾经定出了许多大计划，但我们不能说只有齐国一国在准备，因为楚在春秋初即已称王，到战国时拓地已达方五千里，而秦、魏、赵、燕诸国既都称王，就谁也怀着统一天下的雄心，既经有了这样雄心就谁也不免有所计划，这些计划用文字写出来的便是后王的制度。例如晋代在魏襄王冢里发掘出来的竹书，其中有《周食田法》一种（见《晋书·束皙传》），说不定就是魏人对于班禄的预定计划而托之于周的。又如《尚书》中的《禹贡》，其中细细地规定了九州的贡物和田赋，看它所有说到的地名最详于西北和西南，我们也可以推测，这是秦人对于统一后预定的贡赋计划而托之于禹的。等到六国完全并入于秦，六国所草的计划必然有某些部分为秦人采择施行的。例如始皇初并天下，就推"五德终始之传"，定了"水德"的制度，这五德终始说分明是齐人驺衍所创，又齐国的封禅礼当始皇东巡到泰山时就取来用了，这都是些很明显的例子。可是统一天下为郡县以及中央专制政治的出现毕竟是史无前例的，为了适应这个新环境还得作长期的摸索。从汉高祖时叔孙通定朝仪，萧何次律令，到汉文帝时贾谊、公孙臣、新垣平等计划改历法和服色，再到汉武帝时赵绾、王臧等计划立明堂、草巡狩和封禅诸仪，结果郊祀的制度成于司马谈等之手，改定历法的事情成于司马迁等之手，封禅的大典也由公孙卿等一班方士鼓吹而实现，以及置五经博士、设博士弟子员等学校制度，令郡国举孝廉的选举制度，置

刺史部十三州的监察制度，算商车、设告缗令、置均输、平准诸官等财政制度均于武帝一代中次第建立，这才具备了真正统一的规模，那时已在秦始皇并吞六国后一百多年了。这统一大业的完成竟如此地不易！

在这前后二百余年之中，国家在计划，私人也在计划，作者的本领有高有低，作出的计划当然也有精粗和美恶的等次。虽是存留的文件不过当时千百分之一二，但我们对于这些遗文坠简总应当逐一地作出个分析论定才是。

现在我举出一个最重要而又最精密的政府组织的计划——《周官》。它是一部四万五千多字的大著作，其中存在的问题非常复杂，这里不可能详细讨论，只能作一个简单的介绍。

《周官》这部书，是用官制联系着各种制度的。它的设官的系统很有些像《管子·五行篇》，也是用了天、地、四时来分配六个部门的政务。天官的首长叫做"冢宰"，他的属官六十三；地官的首长是"司徒"，他的属官七十八；春官的首长"宗伯"，他的属官七十；夏官的首长"司马"，他的属官六十九；秋官的首长"司寇"，他的属官六十六；冬官的首长"司空"，这篇亡了，不知道属官有多少。就以上的五官说来，已有三百六十六个官职，每一个官府的人员多寡不等，所以在这书中，王官和官属不下数万人，正好跟《王制》中寥寥落落的朝官作一个鲜明的对比。按《书序》里曾说：

成王既黜殷命，灭淮夷，还归在丰，作《周官》。

《伪古文尚书》的《周官篇》因此就做出文章，说：

惟周王抚万邦，巡侯、甸，四征弗庭，绥厥兆民，六服群辟罔不承德，归于宗周，董正治官。……冢宰掌邦治，统百官，均四海。司徒掌邦教，敷五典，扰兆民。宗伯掌邦礼，治神、人，和上下。司马掌邦政，统六师，平邦国。司

寇掌邦禁，诘奸慝，刑暴乱。司空掌邦土，居四民，时地
　　利。六卿分职，各率其属，以倡九牧，阜成兆民。

这篇文字可说是《周官》一书的提要。它虽是魏、晋间人所伪
作，却把六卿的执守讲得极为简明。大概说来，朝廷及宫中的事
务统归冢宰去处理，王畿内人民的教、养的事务统交给司徒，宗
教、文化的事务全归宗伯，诸侯、军旅的事务全归司马，刑狱、
治法的事务全归司寇，工程的事务全归司空。因为周成王的王业
是周公所促成的，所以在《书序》的篇次里，《周官》又紧挨着
《立政》，其时周公正住在丰邑，所以人们便根据了《尚书》学家
的说法，断定这部书是周公晚年手定的一部大结构。可是《立
政》一篇也曾叙述许多官名，它自内而外，由近及远，既不见六
卿的分职，更不见用了天、地、四时而分配六种政务。同一个时
代，同一个人物，所述的官制竟有如此的差异，这不能不说是一
个很可疑的大问题。

　　《周官》这个名题是随着这部书来的，它既题为"周"，顾名
思义，当然作者确指为周的官制。就说《尚书·立政》是第二手
的资料，未必完全可据，那么西周的史料最可信据的无疑是钟、
鼎彝器上的铭辞，郭沫若先生把这些铭辞和《周官》比较，就发
现了许多的矛盾。他著有《周官质疑》（见《金文丛考》），举出了
许多例子。有如"善夫"，即是《周官》的"膳夫"，《大克鼎铭》
说：

　　　王呼尹氏册命善夫克。王若曰："克，昔余既命女出内
　　（纳）朕命，……

《小克鼎铭》又说：

　　　王命善夫克舍命于成周，遹正八自（师）。

善夫克既出纳王命，又遹正八师，分明是参预政事的大官，可是
在《周官》里只是几个职位很卑的上、中、下士。又如"趣马"，

即是金文中的"走马",《周官》里这一职务人数甚多,位仅下士,但《师兑毁铭》说:

> 王呼内史尹册命师兑:世师龢父嗣左右走马,五邑走马。锡女乃祖巾、五章(璋)、赤舄。

即此可见他的地位并不低微。证以《诗经·十月之交篇》云:

> 皇父卿士,番维司徒,家伯维宰,仲允膳夫,聚子内史,蹶维趣马,楀维师氏,艳妻扇方处。

又《云汉篇》云:

> 鞠哉庶正,疚哉冢宰,趣马、师氏、膳夫、左右。

可见这些官吏都是天子的近臣,够得上和天子之妃并列的。虽是从字面上看来,他们只管理天子的某一部分生活,而实际上却掌握着政权,所以他们做得好时便为人民所歌颂,做得不好时便为人民所痛詈。其中"师氏"一官也是金文和《周官》都有的,但在金文里是管着征伐、戍守、射箭等的武职,而在《周官》里则属于司徒,前面说:

> 掌以嫩(美)诏王,以三德教国子,……凡国之贵游子弟学焉。

好像是贵族学校的老师;下文却说:

> 使其属帅四夷之隶,各以其兵服守王之门外,且跸朝;在野外则守内列。

那么这仍是一个武臣。一个人的才分固然可以兼资文武,但一个职位就不容兼掌文武,尤其是以《周官》分职之细,而说从事教育的师傅可以和从事战斗的师旅合为一官,这岂非失去了六卿分职的原有意义。

《毛公鼎》和《矢令彝》都有"卿事寮"之文,"卿事"即"卿士"。从上引《诗经》的两段文字看,知道卿士的地位高出于司徒和冢宰之上。可是《周官》里却没有这一官,它的兼综六官的还是冢宰。又司寇一官，据《扬毁铭》云：

> 王若曰："扬，作嗣工，官嗣量田甸，泉（暨）嗣应
> （居），泉嗣刍，泉嗣寇，泉嗣工司。……"

司甸、司应、司刍均《周官》所无。扬这位大员以司空而兼司寇
等一大套事务，足证司寇之职本来低于司徒、司马、司空，不和
他们并列。在这些地方，都可以看出《周官》这部书对于真正的
周代的官制的认识只在依稀仿佛之间，所以把金文、《诗》、《书》
和它相证都不能印合一致。至于冢宰的"天官"和司徒的"地
官"两个头衔，郭沫若先生的《金文所无考》（亦见《金文丛考》）
说：

> 金文中"天"若"皇天"等字样多见，均视为至上神；
> 与天为配之"地"若"后土"等字样则绝未有见。……是则
> "地"字当是后起之字。地与天为配，视为万汇之父与母然
> 者，当是后起之事。

按"地"与"天"为配是阴阳学说发达后的事情，"四时"分配
"四方"则是五行学说发达后的事情。《管子》和《周官》中的六
官以天、地、四时命名，分明都是由于阴阳家和五行家们的鼓吹
的结果。但阴阳、五行学说本是各说各的，并不容易树立起一个
严格统一的标准来，所以拿《周官》和《管子》相比较，则"司
徒"改居"大常"之位，"司马"改居"司徒"之位，"司寇"改
居"司马"之位，"土师"并入了"司徒"，又增加了"宗伯"和
"司空"。

《周官》中最重要的部分是地方制度，它规定：王国百里内
为"乡"，共六乡，百里外为"遂"，共六遂，是直属于王的；遂
以外唤作"稍"、"县"、"都"，是卿、大夫及王子、弟的采邑。乡
的组织，是：

> 五家为比，使之相保。五比为闾，使之相受。四闾为

族，使之相葬。五族为党，使之相救。五党为州，使之相
赒。五州为乡，使之相宾。(《大司徒》)

于是各为设官：每五家设一"比长"，位下士；每二十五家设一
"闾胥"，位中士；每百家设一"族师"，位上士；每五百家设一
"党正"，位下大夫；每二千五百家设一"州长"，位中大夫；每
一万二千五百家设一"乡大夫"，位为卿；每二乡设一"乡老"，
位为公。拿它来和《管子》合看，制度虽很相像而家数则有不
同，《小匡》的"乡"一千家，《立政》的"乡"五万家，这里的
"乡"则是一万二千五百家；《立政》的"州"一万家，这里的
"州"则是二千五百家；基层组织，这里的"比"即等于《小匡》
的"轨"。至于把人民组织起来之后：

乃会万民之卒伍而用之，五人为"伍"，五伍为"两"，
四两为"卒"，五卒为"旅"，五旅为"师"，五师为"军"，
以起军旅，以作田役，以比追胥，以令贡赋。(《小司徒》)

这是每家出一个人参加地方组织，"伍"由比来，"两"由闾来，
"卒"由族来，"旅"由党来，"师"由州来，"军"由乡来，一乡
是一万二千五百家，所以一军为一万二千五百人。因此，比长即
是伍长，闾胥即是两长（?），族师即是卒长，党正即是旅帅，州
长即是师帅，乡大夫即是军帅。这里的"伍"、"卒"、"旅"、
"师"、"军"诸名都见于《管子》书，只是人数不同而已。又
《管子》和商鞅都以二伍为什，这里独说"五伍为两"，也是不同
的一点。

《管子》书的中心问题是"作内政而寓军令"，《周官》的中
心问题也是这样，所以《管子》说"内教既成，令不得迁徙"，
这里也说：

徙于国中及郊，则从而授之。若徙于他，则为之旌节而
行之。若无授无节，则唯圜土内之。(《比长》)

所谓"授之",郑《注》说:"或国中之民出徙郊,或郊民入徙国中,皆从而付所处之吏,明无罪恶,"这是说人民因必要而迁家时,必须由这边的官吏把这一家交给那边的官吏。倘使搬到远地方去,一定要取得国家的旌节作证。如果不这样做,就要关到监牢(圜土)里了。又《管子》说:"人与人相保,家与家相爱",这里也说:

> 五家为比,十家为联;五人为伍,十人为联;四闾为族,八闾为联;使之相保相受,刑罚、庆赏相及相共,以受邦职,以役国事,以相葬埋。(《族师》)

《管子》说"匹夫有善,故可得而举也;匹夫有不善,故可得而诛也",这里也说:

> 三年则大比,考其德行道艺而兴贤者、能者,乡老及乡大夫帅其吏与其众寡以礼礼宾之。厥明,乡老及乡大夫、群吏献贤、能之书于王;王再拜受之。退而以乡射之礼五物询众庶。……此谓使民兴贤,出使长之;使民兴能,入使治之。(《乡大夫》)

> 若国大比,则考教、察辞、稽器、展事,以诏诛、赏。(《乡师》)

《管子》说"正月之朔,……君出令布宪于国,……遂于乡官,致于乡属,及于游宗皆受宪,《周官》也说:

> 大司徒之职,……正月之吉,……乃县教象之法于象魏,使万民观教象。……

> 乡大夫之职,……正月之吉,受教法于司徒,退而颁之于乡吏,使各以教其所治。……

> 州长,……正月之吉,各属其州之民而读法。……正岁,则读教法如初。……

> 党正,……及四时之孟月吉日,则属民而读邦法以纠戒

之。……正岁，属民读法。……

族师，……月吉，则属民而读邦法。……

闾胥，……凡春、秋之祭祀、役政、丧纪之数，聚众庶。既比，则读法。……

大司徒县法和乡大夫颁法之后，州长一年该向人民读法两次，党正一年读法五次，族师一年读法十二次，闾胥每逢集会的时候就读法，把"法"作为治理国家的主要工具。这样看来，《周官》明明是法家之书，而两千年来为了它有着周公这顶大帽子压在上面，而周公又是孔子所梦寐不忘的人，以致被人错认作儒家之书，这是多么地可怪又可笑的事呵！

六乡之制已如上述，再看六遂的制度：

五家为邻，五邻为里，四里为酂，五酂为鄙，五鄙为县，五县为遂，皆有地域沟树之，使各掌其政令、刑禁，以岁时稽其人民而授之田野，简其兵器，教之稼穑。(《遂人》)

这和六乡同样地组织家数，分成六级，只是名目各有不同。住在遂里的人民负有务农和备战的两项任务。其官，邻长无品级，里长是下士，酂长是中士，鄙师是上士，县正是下大夫，遂大夫是中大夫：比六乡各低一级。他们的读法虽不如六乡之勤，但督察并不稍懈，仍要"以时数其众庶而察其媺、恶而诛、赏"(《鄙师》)。

六遂以外的地区，是乡大夫们的采邑，所以设官简单得多；从《小司徒》之文看来，知道那里的人民组织在井田上：

乃经土地而井牧其田野：九夫为井，四井为邑，四邑为丘，四丘为甸，四甸为县，四县为都，以任地事而令贡赋，凡税敛之事。

这个制度是十六井为一丘，六十四井为一甸，二百五十六井为一县，一千零二十四井为一都。一夫受田百亩，每井为九百亩，故云"九夫为井"。其所以叫做"井",因为这一个字就是灌溉系统和交通系统的象形。《遂人》职云：

> 凡治野，夫间有遂，遂上有径；十夫有沟，沟上有畛；百夫有洫，洫上有涂；千夫有浍，浍上有道；万夫有川，川上有路，以达于畿。

遂、沟、洫、浍、川是大小沟渠的系统，径、畛、涂、道、路是大小行车路线的系统，看它一条河、一条路的排列，何等地有秩序！可是，问题就来了："九夫为井"是可以开方的，"十夫有沟"如何开得成方，既开不成方，又如何可以径界井田？《小司徒》和《遂人》两文所以会有这样的矛盾，我们猜想，在这些制度里一定有相当大的想像的成分在内，作者偶不经心，就留下了这个罅隙。又《考工记》里的《匠人》也说到这个问题，云：

> 匠人，为沟洫。耜广五寸，二耜为耦。一耦之伐，广尺，深尺，谓之畖。田首倍之，广二尺，深二尺，谓之遂。九夫为井，井间广四尺，深四尺，谓之沟。方十里为成，成间广八尺，深八尺，谓之洫。方百里为同，同间广二寻，深二仞，谓之浍，专达于川，各载其名。

一井方一里，一邑方二里，一丘方四里，一甸方八里，这是容易推算的。但成方十里，同方百里，和甸、县、都的广袤如何合得拢来？因为有这矛盾，所以郑玄就用调和的方式注释道：

> 方十里为成，成中容一甸，甸方八里，出田税；缘边一里，治洫。方百里为同，同中容四都，六十四成，方八十里，出田税；缘边十里，治浍。（《考工记注》）

他主观地认为治田的人和治水的人是应当分开的，所以方八里的"甸"即在方十里的"成"的中间，让方八里内的人独任田税，而缘边各一里的人担当治洫的事。"都"和"同"的关系也是这样，因为浍是专达于大川的水道，需要更多的人担任治水的工作，所以就让方八十里内的人独任田税，缘边各十里的人担当治浍的事。这原是他想像中的生产方式，作经的人可以有想像的自由，作注的人当然也可有他的自由了。

至于军事动员，《稍人》职云：

> 稍人，掌令丘乘之政令。若有会同、师田、行役之事，则以县师之法作其同徒、辇辇，帅而以至，治其政令，以听于司马。

可见都鄙的人民虽然住得较远，也同样担负着兵役和其他力役的义务了。又郑玄在注《小司徒》时，引《司马法》道：

> 六尺为步。步百为亩。亩百为夫。夫三为屋。屋三为井。井十为通。通为匹马，三十家，士一人，徒二人。通十为成，成百井，三百家，革车一乘，士十人，徒二十人。十成为终，终千井，三千家，革车十乘，士百人，徒二百人。十终为同，同方百里。万井，三万家，革车百乘，士千人，徒二千人。

十井为通，计九十家，逢到战事时由三分之一的农户担任一匹马、一个士（正兵）、两个徒（勤务）。由此累进，则方百里的同就可以出到一百辆革车、一千个士和二千个徒了。

但《周官》里还有另一种授田的办法，《大司徒》说：

> 凡造都鄙，制其地域而封沟之，以其室数制之：不易之地家百亩，一易之地家二百亩，再易之地家三百亩。

所谓不易之地，是土壤肥饶，年年可以播种，故一家百亩；一易、再易之地，土壤硗瘠，必须休息一两年再耕种方可有收获。这是很现实的计划，但对于上面整整齐齐的"一夫百亩"的井田制度来讲却不免彼此牴牾了。又《遂人》职云：

> 辨其野之土，上地、中地、下地以颁田里：上地，夫一廛，田百亩，莱五十亩；余夫亦如之。中地，夫一廛，田百

> 亩，莱二百亩；余夫亦如之。下地，夫一廛，田百亩，莱二
> 百亩；余夫亦如之。

这条的意思本来也和上条一样，但田地数目却更放宽了，本来不
易之地家百亩，现在又添上了五十亩了。至于"余夫"，本由宗
法制度来，父亲的财产不能遍给诸子，所以规定由长子承继大宗
的遗产，庶子只分得很少一点。井田制度固由国家授田，但因按
家给地，余夫仍不能多取。孟子说一夫百亩而余子只有二十五
亩，就是为着这个缘故。若如《周官》所说，不论上、中、下
地，余夫同长兄完全一样，那就是"正夫"而不成其为"余夫"
了。按商鞅之法，"令民父子、兄弟同室内息者为禁"，这是要打
破宗法组织的长、庶之分，使得每一个人民都直接隶属于国家；
在这种情形之下，余夫的名义当然取消，他们所得到的田地和长
兄不再有差别。《周官》这段文字似乎是接受了商鞅的主张，所
可诧怪的它为什么还保留着这个"余夫"的名义呢？这里虽然存
在着矛盾，但究竟也是《周官》出于法家的一个证据。

　　力役和赋税的制度是跟着土地制度来的。《均人》职云：

> 凡均力政以藏上下：丰年则公旬用三日焉，中年则公旬
> 用二日焉，无年则公旬用一日焉。

按《王制》说："用民之力，岁不过三日"，现在一旬竟要用到三
天，一年就是一百多天，榨取量岂非太高？所以郑玄只得注道：
"公，事也。旬，均也"，用另一义来解释了。

　　又《载师》职云：

> 以廛里任国中之地，以场圃任园地，以宅田、士田、贾
> 田任近郊之地，以官田、牛田、赏田、牧田任远郊之地，以
> 公邑之田任甸地，以家邑之田任稍地，以小都之田任县地，
> 以大都之田任畺地。

> 凡任地，国宅无征，园廛二十而一，近郊十一，远郊二

> 十而三，甸、稍、县、都皆无过十二；唯其漆林之征二十而
> 五。

> 凡宅不毛者有里布。凡田不耕者出屋粟。凡民无职事者
> 出夫、家之征。

愈近国都的地方征收的赋税愈少，愈远则愈多，所以都城里的住
宅是没有征的，园艺场征二十分之一，近郊的士田、贾田等征十
分之一，远郊的牛田、牧田等征二十分之三，都鄙之地就征到十
分之二，漆林竟征到二十分之五。这和孟子所说的"野九一，国
中什一"，荀子所说的"田野什一"，《王制》所说的"公田藉而
不税"都完全不同。总而言之，这是统治阶级为了扩大自己的势
力和财力的需要，尽量地加增农民的负担而已。至于住宅空地不
种桑麻的罚出里布（钱），有田不耕的罚出屋粟（三家的税票），
闲荡无业的人罚出夫、家之征（田亩的夫税和徭役的家税），这
都是督促人民从事生产，也即是当时法家重农而禁游食之民一种
坚决的方术。

《周官》最重视理财，可以说没有一个角落不曾着眼。大宰
以九职任万民，这九职是：

> 一曰三农，生九谷。二曰园圃，毓草木。三曰虞、衡，
> 作山、泽之材。四曰薮牧，养蕃鸟兽。五曰百工，饬化八
> 材。六曰商贾，阜通货贿。七曰嫔妇，化治丝枲。八曰臣妾
> （奴隶），聚敛疏材。九曰闲民，无常职，转移执事。

这件赋税的大事，既有了大宰主持于上，又有闾师主持于下：

> 凡任民，任农以耕事，贡九谷；任圃以树事，贡草木；
> 任土以饬材事，贡器物；任商以市事，贡货贿；任牧以畜
> 事，贡鸟兽；任嫔以女事，贡布帛；任衡以山事，贡其物；
> 任虞以泽事，贡其物。凡无职者出夫布。

它把人民分成三农（平地、山、泽之农）、园圃、薮牧、工、商、

妇女、臣妾、闲民等类，每一种人都得把自己所生产的提出若干贡献上去，其他没有生产的也得出钱出力。所贡的东西，《大宰》职中称为"九贡"，把郑众和郑玄的注合起来看，是：

1. 祀贡——牺牲、包茅之属。
2. 嫔贡——丝、枲等衣服原料。
3. 器贡——银、铁、石磬、丹漆等实用器物。
4. 币贡——玉、马、皮、币等物。
5. 材贡——櫄、干、栝、柏、篠、簜等竹木之材。
6. 货贡——金、珠、龟、贝等自然之物。
7. 服贡——絺、纻等衣服材料。
8. 斿贡——羽、毛等可为旌旗的。
9. 物贡——各地的特产如鱼、盐、橘、柚之类。

因为各个方面的生产品都成了贡物，都城里贡物山积，所以天子的府库特多，有"大府"、"玉府"、"内府"、"外府"等等。孟子说"泽、梁无禁"，荀子说："山林、泽梁以时禁发而不税"，到了《周官》，就有林衡、川衡、泽虞、山虞一班官吏"为之厉禁"，使其地之人守其财物，以时入之于"玉府"了。单说王室管理财政的官就有司会、司书、职内（纳）、职岁、职币等等，领着大批职员：

> 以参互考日成，以月要考月成，以岁会考岁成。（《司会》）

> 三岁，则大计群吏之治，以知民之财，器、械之数，以知田野夫家、六畜之数，以知山林、川泽之数。（《司书》）

不但进贡的东西不许有一些儿遗漏和差错，就是人民的私有财产也得一件件申报上去，在天子那里都有可以稽考的数目字。

再说关、市之征，在《周官》里也是十分注意的：

> 司门，掌授管键以启闭国门；几（讥）出入不物者；正

（征）其货贿。凡财物犯禁者举之。

> 司关，……司货贿之出入者；掌其治禁与其征廛。凡货
> 不出于关者，举其货，罚其人。

"举"就是现在所说的"充公"，司门、司关之官不但征收货税，
而且犯禁的货物要随手充公，不经过关的货物也要充公。以战国
时商业交换的发达，关门上所收的货税和没收的货物一定占了一
个很大的数量。至于市，则组织得更细致了。市官之长为"司
市"，下大夫二人为之，其属有士二十八人，府、史、胥、徒一
百四十四人，他们的职务是分划市区，平定物价，统一度量，禁
止诈伪，判决辞讼。其次有"质人"，管商品的契约；有廛人，
管收税和罚款。此外，是司市所任命的官，每二十四肆设"胥
师"一人，管着政令，又设"贾师"一人，管着物价；每十肆设
"司虣一人，禁止斗嚣和游荡；每五肆设"司稽"一人，察盗贼；
每二肆设"胥"一人，执鞭巡查；每肆设"肆长"一人，依着价
值而排列货物：真是细密到了极点。按苏秦说齐宣王道：

> 临淄之中七万户，……甚富而实，其民无不吹竽、鼓
> 瑟、弹琴、击筑、斗鸡、走狗、六博、蹴鞠者。临淄之涂，
> 车毂击，人肩摩，连衽成帷，举袂成幕，挥汗成雨。家殷人
> 足，志高气扬。（《史记·苏秦列传》）

临淄是当时各国中最大的一个都市，在这样一个大都市里，商业
的繁盛自不消说，而恶劣分子混集其间的也最多，所以有大规模
地设官管理的必要。从这一点上看，《周官》似乎是齐国人的著
作又增加了一个可能的条件。齐国固然有儒家，但法家更占势
力，因为治理这样一个殷富的大国，不用法是不行的，所以这书
里讲到关和市，就和孟、荀、《王制》的"关、市讥而不征"的
作风大不相同了。

《周官》我敢断定是齐国人所作，但今本《周官》是否即是

齐国的原本，我却不敢断定。只就这书里的封国看，《大司徒》职说：

> 凡建邦国：……诸公之地，封疆方五百里。……诸侯之地，封疆方四百里。……诸伯之地，封疆方三百里。……诸子之地，封疆方二百里。……诸男之地，封疆方百里。

又《职方氏》说：

> 凡邦国，千里，封公以方五百里则四公，方四百里则六侯，方三百里则七（"七"字讹，当作"十一"）伯，方二百里则二十五子，方百里则百男。

同样，它讲到畿服制度时也是大有开展的。《职方氏》云：

> 乃辨九服之邦国：方千里曰王畿；其外方五百里曰侯服；又其外方五百里曰甸服；又其外方五百里曰男服；又其外方五百里曰采服；又其外方五百里曰卫服；又其外方五百里曰蛮服；又其外方五百里曰夷服；又其外方五百里曰镇服；又其外方五百里曰藩服。

这样整整齐齐方一万里的疆域，远远超出了《禹贡》五服的方五千里。因为疆域广了，所以封起诸侯来，手面就阔，不能和《孟子》、《王制》等文相比。在《孟子》、《王制》里，公国方百里，现在大至二十五倍了。在《王制》里，方千里的一州要封二百一十国，现在只够封四个公国了，就是完全封男国也只够一百个了。为什么中国的土地会这般地扩大？经师们的解答，说是由于周公的武功。郑玄在《礼记·王制注》里说：

> 《春秋传》曰："禹会诸侯于涂山，执玉帛者万国。"……中国而言万国，则是诸侯之地有方百里，有方七十里，有方五十里者，禹承尧、舜而然矣。要服之内地方七千里乃能容之。夏末既衰，夷狄内侵，诸侯相并，土地减，国数少。殷汤承之，更制中国方三千里之界，亦分为九州，而达

此(《王制》)千七百七十三国焉。周公复唐、虞之旧域，分其五服为九；其要服之内亦方七千里，而因殷诸侯之数，广其土，增其爵耳。

他说在唐、虞、夏的时代，中国本来方七千里，封得下一万个国；夏末因夷狄的侵略而土地减少，又因诸侯的兼并而国数也减少，所以汤有天下之后就把中国改为方三千里的疆界，封了一千七百余国，如《王制》所说（读者应记得《王制》设官少，郑玄说它是夏制；现在又因疆界狭而说为殷制了）；等到周公东征，疆界又扩大到七千里（《职方氏》九服方一万里；《大行人》以"蛮服"当"要服"而止于此，故郑玄据之而说七千里），可是国数已少，所以诸侯们的封域不妨扩大，这就是像《周官》所说的。他有志替《王制》和《周官》两部不同的书作一个调和派，解决它们的内部矛盾，这态度对不对呢？按《礼记·明堂位》云：

> 武王崩，成王幼弱，周公践天子之位以治天下。……七年，致政于成王。成王以周公为有勋劳于天下，是以封周公于曲阜，地方七百里。

周公是特等的功臣，可封七百里，那么其他的功臣们封上四百里、五百里之地似乎也不算太广了。可是即此一事，《孟子》里就有一个极好的反证：

> 鲁欲使慎子为将军。孟子曰："……殃民者不容于尧、舜之世！……"慎子勃然不悦曰："此则滑厘所不识也！"曰："吾明告子：……周公之封于鲁，为方百里也；地非不足而俭于百里。……今鲁方百里者五，子以为有王者作，则鲁在所损乎？在所益乎？……"（《告子》下）

鲁国初封是否方百里，孟子的话或有出入；但到战国中叶，鲁境方五百里，则孟子和慎滑厘的对话必不容有错误。鲁国的疆域沿革，西周一代史料缺乏，无法知道；东周时幸而有了《春秋》和

《左传》两部书，我们可以说它疆土的开拓实由吞并邻国而来，那时被灭于鲁的国有极、须句、根牟、鄅、郳等；鲁夺自宋国的地有郜、防等；夺自邾国的地有訾娄、绎、漆、闾丘、滥、启阳、平阳等；夺自莒国的地有向、牟娄、防、兹、郓等：这是没法掩盖的事实。战国前期恐又有些发展。在周初，以周公这样的大勋劳，他的儿子伯禽的封地当然会比别国一概大，所以《鲁颂》里记载成王的话道：

> 王曰："叔父，建尔元子，俾侯于鲁；大启尔宇，为周室辅。"

然而经过了七百年的向外扩张才挣得方五百里的基业，可见《周官》里的"封公以五百里"的话是绝对不可信的。至于郑玄所说的中国疆界，殷末方三千里，周初方七千里，不但无此记载，并且无此传说，当然只是他的主观幻想所构成的曲解罢了！

于是我们要问：为什么《周官》里的疆域会得这般地扩大了呢？这当然由于秦始皇和汉武帝向北、西、南三边拓地的结果。王莽曾经说过：

> 汉家地广二帝、三王，凡十二州（按，实际是十三州，见我所作的《两汉州制考》，这里说"十二州"，是王莽依《尧典》所改定），州名及界多不应经。《尧典》十有二州，后定为九州。汉家廓地辽远，州牧行部远者三万余里。谨以经义正十二州名分界，以应正始。（《汉书·王莽传》上）

可见《周官》中说的中国疆界和封国诸条原是把西汉的疆域作为地理背景的，哪里知道竟给郑玄错认为周公时代的疆域了！《明堂位》上所以说周公受封七百里，只因王莽事事模仿周公，他封了"安汉公"之后，他的一班党羽都请元后加封他土地，因而有了《明堂位》的记载作为他应该加封的前例。这篇文字的插进《礼记》，《隋书·经籍志》上本已说明了这是东汉时的马融所干的。

《周官》这部书和现实政治发生关系是王莽和刘歆的事情。当王莽毒杀平帝，立孺子婴做他的傀儡，自称"摄皇帝"的时候，刘歆和博士七十八人上书道：

> 居摄之义，所以统立天功，兴崇帝道，成就法度，安辑海内也。……周武王既没，周道未成，成王幼少，周公屏成王而居摄，以成周道。……太皇太后则天明命，诏安汉公居摄践祚，将以成圣汉之业，与唐、虞、三代比隆也。摄皇帝遂开秘府，会群儒，制礼作乐，卒定庶官，茂成天功。圣心周悉，卓尔独见，发得《周礼》以明因监，则天稽古而损益焉。（《汉书·王莽传》上）

当成王幼年周公摄政的时候曾经制礼作乐以"定庶官"，现在王莽的环境恰巧和周公印合，于是他在秘府里发得了《周礼》（《周官》的别名），而这书是由刘歆断说为"周公致太平之迹"的（见贾公彦《序周礼废兴》），他就拿来选择应用，该损的损，该益的益，完成了他为汉制礼的大事业。文中称为"发得"，乃因久久搁置在秘府，好像古代文物埋在土里，给考古家发掘出来的一样。可是这发得的日期却在他做摄皇帝之前，因为平帝元始四年，

> 征天下通一艺、教授十一人以上及有《逸礼》、《古书》、《毛诗》、《周官》……通知其意者皆诣公车。（同上）

可见那时《周官》一书的地位已经和《逸礼》等书同等地提高起来了。刘歆是表章《古文经》最出力的一个人，当汉哀帝时，他在秘府里校书，就因争立《古文尚书》、《毛诗》、《逸礼》、《春秋左氏传》四种古文经典于学官，为博士和大臣们所拒绝，他内不自安，请求外调，那时并没有说起《周官》，似乎他还没有注意到这部书，但也许就包括于《逸礼》一名之下。《汉书·艺文志》说：

《周官经》六篇：王莽时刘歆置博士。

又可见这书从秘府中提了出来而立于学官，作为经书的一种，已在王莽摄政的时候。那时刘歆作为王莽的爪牙，典着"儒林史卜之官"，再也不怕人们反对了。因为有这一段非常明显的历史记载，所以我们可以相信那时拥护《周官》的人就是说它为周公所作，因为王莽、刘歆的宣传是如此说的；凡是不信《周官》的人则说它出于刘歆所造，因为这是王莽当政时代发得的书。其实，部份的伪造是必有的，九服和封国而外，在《春官篇》内，如昊天上帝高于五帝之制，如南、北郊之制，如五岳之制，如三皇、五帝的史统，都是西汉时代热烈讨论的问题，该是刘歆把这些资料整理好了插进去以适应时代要求的；至于全书，它是法家的著作，和西汉的儒家思想绝不相同，而迂拘的儒家也一定没有这般大的气魄建设起这个庞大帝国组织的大系统来。（刘歆争立的《古文经》，固然有些小修改，如上举的《春官》部分和《左传》的书法部分都是，但大体上还是保留原样，不曾下过大工夫。否则《左传》里的"周公制《周礼》"的一段话必然会得钞进《周官》了。）

经过我们上面的推考，知道《周官》和《管子》的文辞虽有参差，而其中心思想则同是组织人民，充实府库，以求达到统一寰宇的目的，由此可以猜测它出于齐国以及别国的法家，跟周公和儒家根本不生关系。它上面可以联系到齐宣王立稷下之学、燕昭王为郭隗筑黄金台、秦孝公尊显商鞅等等战国时代的史事，下面则可以联系到王莽的托古改制。因为这书不成于一人，也不作于一时，所以其中的制度常有牴牾和不可信的成分。然而其中也必然保存了一部份的古代的真制度（例如不用牛耕、没有铁器等事项），值得我们重视，所以需要细细地分析出来而部分地归到正确的古代史里去；就说是出于战国和西汉时代的人们的计划，那也应当分析出来而归到战国和西汉的政治经济思想史和宗教史里去。如果随手放过或随意屏斥则都是不应该的。

九　《周官》的列入经书和后人对于这书的批判

自从王莽把《周官》立于学官之后，不过十几年，他便被刘家更始的军队杀死，这书又遭到废弃。到东汉时，有一个刘歆的弟子杜子春住在终南山里，保存了这部书；郑众、贾逵听得，前往受业，各作注解，就这样地传了下来。其后郑玄把《周礼》、《仪礼》、《小戴礼记》三书一齐注了，后人称做"三礼"；《周官》巍然居首，它就稳稳地奠定了儒家的礼学。

但汉代人对于这书却有很多怀疑的。贾公彦《序周礼废兴》说：

> 然则《周礼》起于成帝、刘歆，而成于郑玄，附离之者大半。故临孝存以为武帝知《周官》末世渎乱不验之书，故作十论、七难以排弃之。何休亦以为六国阴谋之书。惟有郑玄遍览群经，知《周礼》者乃周公致太平之迹，故能答临硕之论难，使《周礼》义得条通。……是以《周礼》大行。
> （《周礼疏》首）

临硕（字孝存）引的汉武帝的批评，可惜不曾传下来，我们无法知道他的根据何在。临硕自己对《周官》作的《十论》、《七难》，当是很有条理的批判文字，也可惜失传了；连郑玄的《答难》一书也一起失传了。何休以为"六国阴谋之书"，这句话说得很中肯，所谓"阴谋"即是私下的计划，所谓"六国"是指周、秦以外的人，这和我们研究的结果大致符合；可惜他的全文现在也看不见了。从贾公彦的话里，知道《周礼》的大行于世，完全是郑玄的功劳。

《周官》的弘大的规模是具有高度诱惑力的，当宇文泰在西魏执政的时候，他的环境很像王莽的独揽大权，所以魏恭帝三年：

> 春正月丁丑，初行《周礼》建六官：以太祖（宇文泰）为太师、大冢宰、柱国；李弼为太傅、大司徒；赵贵为太保、大宗伯；独孤信为大司马；于谨为大司寇；侯莫陈崇为大司空。初，太祖以汉、魏官繁，思革前弊，大统中，乃命苏绰、卢辩依周制改创其事，寻亦置六卿官。然为撰次未成，众务犹归台阁；至是始毕，乃命行之。（《周书·文帝纪》下）

这是把理想的《周礼》实行于现实的政府组织的第一次。到唐玄宗时，又依傍了《周官》而作《唐六典》，宋陈振孙《直斋书录解题》云：

> 《唐六典》三十卷，题"御撰，李林甫等奉敕注"。案韦述《集贤记注》："开元十年，起居舍人陆坚被旨修《六典》，手写白麻纸凡六条，曰'理、教、礼、政、刑、事'典，令以类相从，撰录以进。张说以其事委徐坚思之，历年未知所适。又委毋煚、余钦、韦述始以令式入六司，象《周礼》六官之制，其沿革并入注，然用功艰难。其后张九龄又以委苑咸，二十六年奏草上；至今在书院，亦不行。"今案《新书·百官志》皆取此书，即太宗贞观六年所定官令也。……《唐志》内、外官与周制迥然不同，而强名《六典》可乎！善乎范太史祖禹之言曰："既有太尉、司徒、司空"而又有"尚书省"，是政出于二也。既有"尚书省"而又有"九寺"，是政出于三也"。本朝裕陵（宋神宗）好观《六典》，元丰官制尽用之，中书造命，门下审覆，尚书奉行，机事往往留滞；

　　上意颇以为悔云。(卷八,职官类)
汉代以下的官制明明是由秦、汉的官制演进而来,却为了好古和尊重《周官》的关系,要作削足适履式的配合,虽是很艰难地完成了使命,结果还是左冲右突地不适用。自从宇文周以后代代相沿,设吏、户、礼、兵、刑、工六部,好像《周官》的六卿分职已经成为天经地义不可改变的制度,其实仍因实际的需要,随时别设各种行政机关,可见一味地沿袭古制,尤其是计划中悬拟的制度,在实行的时候必然会碰到许多窒碍的。

　　到了北宋,王安石为了国家财力困窘,师法《周官》中的理财制度,设"制置三司条例",兴农田水利、青苗、均输、保甲、免役、市易、保马、方田诸役,号为"新法"。宋代士大夫们本是喜欢考究古书的,这时他们对于王安石所定的新制度却发生了反感,也就迁怒到《周官》,说它是一部"伪书",例如胡安国、胡宏父子就决然以为《周官》是"王莽令刘歆撰"的(《朱子语类》引),又说:

　　　　六官之所掌,辞繁而事复,类皆期会簿书之末,俗吏掊
　　克之所为,而非赞冢宰进退百官、均一四海之治者也。(胡
　　宏《皇王大纪》)
原来他们看惯了汉以下的糅合儒、道两家的所谓"政简刑清"的政治学说和实际政治,想不到另有一套法治的制度存在,所以会断说这是俗吏们的掊克行为。其余如司马光、苏辙、晁公武、洪迈、魏了翁、包恢等都有类似的批评。

　　到了清初,有万斯大的《周官辨非》、方苞的《周官辨》等书出现,他们都有高度的批判能力,超过了宋人的意气用事。我将来如果还有气力,想总辑为《周官考辨集语》一书,让大家看看各个时代的人们对于这书中曾有过哪些疑惑和不满。

　　方苞之后,又有一位杨椿,他作了一部《周礼考》;可惜这

部书没有刻出，稿本也失传了。幸而这书的序还保存在他的《孟邻堂文钞》里，可以看出一个大概。现在摘钞一段如下：

> 是书非周公作也。疑其先出于文种、李悝、吴起、申不害之徒，务在富国强兵，以攻伐、聚敛为贤；而其人类皆坚强猛鸷，有果毅不群之材，故能谋之而必行，行之而必成，而其书亦遂得传于世。遭秦之火，散亡遗佚，间有存者。后人网罗摭拾，汇为此书，……其残篇断简，亦或意为增损，故复重缺裂，自相矛盾，且以周、秦后事附入者在在有之。

我们读了这几句话，真像获得了打开千年铁门的一把钥匙：知道这原是一部战国时的法家著作，在散亡之余，为汉代的儒家所获得，加以补苴增损，勉强凑足了五官；然而由于儒、法两家思想的不同，竟成了一个"四不像"的动物标本；这就是我写这篇文字的结论。但这是一个大问题，还得做细致的分析研究，方能彻底解决，我这篇论文不过是开了一个头而已。

《尚书·大诰》今译(摘要)*

　　《尚书》这部书，相传分为虞、夏、商、周四部分，从前人都认为本书里的许多篇就是从这四个朝代直接传下来的。因为战国时有"尚贤"的说法，又有"圣道、王功"的说法，使得人们相信古代的统治者都是圣人，那时政治地位最高的人也就是道德最好的人，所以又有了"道统"的说法。尧、舜、禹都是禅让或受让的人，所以相传这书是"三圣传心"的宝典，公认它拥有无上的权威。

　　汉代有人说：《尚书》本有三千二百四十篇之多，给孔子一删，成为一百篇（一说百二十篇）的读本。可是西汉初期由伏生传下来的只有二十八篇；到了西汉中期发现了《泰誓》，到了西汉后期又出现了《古文尚书》，总共有五十七篇。伏生的本子是用汉人通行的文字写的，称作"今文"；那后出的是相传用孔子时的文字写的，被看做这部经典的真本，便称作"古文"。今文

---

　　* 作者自 1960 年 11 月始整理《尚书·大诰》，历时七年，成《大诰译证》70 万字，分校勘、解释、章句、今译、史事考证等内容。1962 年春应黎澍之邀，将以上内容摘要写为此文。发表于同年 8 月《历史研究》第 4 期。后收入《中国现代学术经典·顾颉刚卷》。

有师承传授而古文没有，为了刘歆争取把古文立于学官，曾和当时的经师们热烈辩论，于是当时学术界里有了今、古文之争。（这个问题复杂得很，不可能在这里讲清楚，容另作专文讨论。）后来经过几次战乱，西汉所出的《泰誓》和《古文尚书》都失掉了。到魏、晋之际，又出现了一部《古文尚书》，说是孔子的裔孙孔安国用隶体写定的古文，他又作了《传》（就是注）；这书除把《今文尚书》二十八篇析出五篇，共三十三篇之外，又多出二十五篇，加上《书序》一篇，总共五十九篇。这部后出的《古文尚书》是历代作为学校读本的，唐孔颖达又为《孔传》作《疏》。可是这部书漏洞百出，自从宋代人提出疑问之后，经历了八百年的研究，到清代学者加以严肃的处理，这书就被判定为《伪古文尚书》，孔安国的《传》也唤作《伪孔传》。这是我国史学界里一个最有科学性的研究成果。

《大禹谟》是《伪古文尚书》中的一篇，这篇里的"人心惟危，道心惟微，惟精惟一，允执厥中"四句相传是"三圣传心"的口诀；可是宋明以来，学者们开始对这些传统的学说提出了怀疑，许多权威经典的地位随着降落，这神圣的十六字诀也就被一一找出了娘家，判定这几句原来是杂凑起来的。既经赃证明确，无可回护，于是道统的信仰也就到了末日，成了人们嘲笑的对象。近百余年来，帝国主义急剧地侵入我国，民族前途岌岌可危，知识分子有了变法自强的要求，可是封建社会尚未解体，变法的理由也必须在经书里找出根据，方可喊得响亮，于是汉代的今、古文经学的案子重新提出，当作政治斗争的工具；加上外国历史、宗教书籍的传入，扩大了比较资料的范围，对于传统的古史有了新的估价，于是有"先秦诸子托古改制"这件重要事实的发现。既已发现了这件千真万确的史实，再来读《尚书》，于是《尧典》、《皋陶谟》、《禹贡》等等矞皇典丽的大文章都可断定为战国时人的创作，又经过汉人的涂饰，并没有保存什么虞、夏的真史料。自从进行了考古发掘的工作，得到许多真实的古代文物，我们大致可以看出，殷商以前似乎还没有使用文字（有了阶级就有国家，统治阶级压迫被统治阶级，文字是一种工具，熟练文字技巧以为统治阶级服务的是史官。夏为一个大国是无疑的，夏代该有简单的文字，但现在尚未发现过），像《虞、夏书》这般大文，可以肯定那时人必然写不出来，所以这部经典里的《虞、夏书》应当一刀割断它和虞、夏时代的关系，固然这些篇里保存了战国时代要求大一统的重要思想，还是战国史方面的重要资料。

《商书》呢，拿殷墟甲骨文来比较，那种崇拜祖先鬼魂的气氛虽然对头，但文字风格不同，恐怕不能很早，也许东周时代的史官们得到一点殷商的史料，加工写成的。只有《周书》，绝大部分是当时史官的记载，在《尚书》中史料价值是无比的高超。这些记载，有的已经三千年左右，最迟的也已二千六百年了。在古籍里，只有《诗经》和《周易》差足抗衡，这是多么珍贵！但这些文字固然真了，困难也就随着袭来，因为周民族起于渭水流域，说的是一口陕西方言，史官忠实记录了下来，固然在千难万难之中幸而保存到现在，却不容易让人们读懂。不但生在三千年后的我们不易读懂，就是距今二千年前的人们也未必能顺利读下去，这因周室东迁，在春秋、战国时期，东方和西方的关系稀少了，那时的文化中心又偏在齐、鲁这一边，语法和词汇不可能和西方一致，何况还是古代的西方语言。这只须看先秦诸子征引的《尚书》，除了"若保赤子"等平易之文以外，一般便不引《周诰》来论事，就约略可以推见这个事实。司马迁自己是陕西人，可是他作《史记·周本纪》和几篇世家时，对于周初史事，宁可引《逸周书》而不引《周诰》，难道他以为《周诰》的史料价值不及《逸周书》吗？那也无非因为当时的陕西方言和一千多年前的已有很大的距离，他为怕麻烦，不敢用力去啃了。

我这回翻译《尚书》，先从难的做起。在《周诰》八篇里，《大诰》是第一篇，又是很难读懂的一篇，可是它在周代历史里是极关重要的一篇，必须努力击破这个重点，然后可以充实周初历史的内容。所以现在就从《大诰》做起。工作的方法用的是工厂里"流水作业"的方法，分为五个工序，列举如下：

1. 校勘：语法、词性和字义的不易搞清楚，是《周诰》的本身问题；但是它有误字，有衍字，有脱字，甚至有错简，则是它的本子问题。要解决本子问题有最大的困难，就是谁也没有见到它的原本，不但周初的本子早已湮没无传，即周末的本子也找不着，我们所能得到的最早本子只是汉代的，然而已经是残缺了的，就是这一点残篇断简也因传钞了千余年，有的错误已成了定型了。所幸近代金文的研究日密，金文和《周书》时代相同，正可拿来比较，一经对照之下，就可以知道"宁王"是"文王"之误，而不是指的武王；"民献"的"献"，它的原文是"鬲"，乃是俘虏而不是贤人；"诞邻"乃是"诞以"的误文，和邻家一点没有关系。把极不好懂的几个症结解开了，意义便明了得多。汉代以来的各种本子，如西汉的《王莽大诰》，东汉的《熹平石经》，曹魏的《三体石经》，以及敦煌石室发现的《隶古定本》，日本传写的《隶古定本》，我们都尽量搜集，从此可以知道唐玄宗命卫包改的《楷体字本》虽然便于阅读，然而许多是改错了的，如"不敢瞀（瞀）"误改为"不敢替"，一个"害"字硬分作"害"和"曷"两字，又作两种解释，都是显著的事实。至于近代学者细心阅读本书，看出其中很多是用的假借字（说得明白些，就是古人写的别字），不该用本义来作解释，如"绍天明"的本字应为"卧天命"，"天棐忱"的本字应为"天匪忱"，后世人误用本义解就成了可笑的附会。又有重出的衍字，应当删掉的，如"天閟毖"只是"天毖"，"乃有友"只是"乃有"。又有因两字误倒而致文义不清，因而把两句并作一句读的，如"予不敢闭于天降威用"，"闭于"应作"于闭"，连上为句；"天降威"自为句，"用……"则属下为句。必须有了这样的纠正，方才可以顺理成章地分出章句来，完成今译的任务，所以虽然得不到完整的古本，我们也就根据了各家的研究结果而改了。其有不改的，也注明它是假借字。古籍本不该随便改字，但我们的目的是在今译，而且一开始已写出用的底本是《唐石经》，从这个基础上集合各本校勘，交代明白，所以就使我们改的不对，将来有了别的证据，要改回来时，也没有什么不方便处。

2.解释：有了校定的本子，就可以进一步作解释。两千年来经师们所作的《尚书》注释不知有几百种，可是大抵望文生义，没有什么科学性。例如《伪孔传》，它已经集合了汉代经师的说法，作了一番批判接受，可是许多处还是缭绕难通。那"越予小子考翼不可征王害不违卜"一句，本是邦君、御事们对周公说的话，他们不希望遵从了占卜的吉兆而出征，《伪孔传》却说"于我小子先卜敬成周道；若谓今四国不可征，则王室有害，故宜从卜"，照这说法，这句话应点作"越予小子考翼；不可征，王害，不违卜"，变成了周公的话，又把"曷不违卜"的否定语气变成了"故宜从卜"的肯定语气，意思恰恰相反。为了前人的注解无法信守哪一家，所以只得用"集腋成裘"的办法，汇集各家言而精选一番，凡是客观性强，合于当时的情形和语主的口气的，我们就抄下、凑集拢来，打破今、古文和汉、宋字的藩篱；而且偏重近代，因为时代越近，比较材料越多，就越能推翻前人的误说而建立近真的新说。例如古人说话有发语词和句中的衬字，如"惟"，如"诞"，如"大"，如"无"，大都是没有意义的；后来语法变了，经师们不明白这一点，就拘牵文字，把虚词当作实义讲，因此发生了很多的错误。举一个例子。"无毖于恤"这一句，从字面看，好像是"毋劳于忧"，是劝止之辞；不知道这"无"乃是发语词，"无毖于邮"即是"毖于邮"，乃是鼓励对方动脑筋；如果真是"毋劳于忧"，又哪里能"成乃文考图功"呢？又古人常用假借字，用了本谊解便错。如"丕"是"大"义，"不"是"弗"义，这是容易分别的，但"不克远省"写成了"丕克远省"，就会使人误会为"大能远省识古事"，而不知道周公说这句话的意思正是责备旧人们的不能记得前事，不能像文王时一样地振奋赴敌，所以下文便发"尔知文王若勤哉"的一问。又如"若昔朕其逝"一句，两千年来没有讲通过，现在知道"逝"是"誓"的假借字，而"誓"则即是"说话"，"其"义为"文"，那就极容易懂了。自宋人释经，注重体会语气，开了桐城文家这一派的经说，清代从王引之以来又注重语法，近来又注重甲文、金文和经典的比较研究，有了这种种方法，才可以使得整理古籍的工作出于幽暗而入光明。但我们也不可太乐观，须知这只是一篇里有若干点可以搞通而已，若要全文贯通，则因比较资料还不够多，在现今的阶段里还是不可能的。话又说回来，我们现在为了做文从字顺的今译工作，却非立刻把全文贯通不可，所以有的地方只得"强不知以为知"，把它勉强讲通。例如"考翼"解作"父兄"，"兄考"解作"兄死"，虽已有人说过，而且这样讲了文气也就通顺，可是这究竟单文孤证，是个假设，不为定论；我们为了工作的需要，暂时当作定论看待。在这一点上，希望读者们多多原谅我们所处的困境，千万不要看做问题已经完全解决才是。

3.章句：用解释好了的文字分出章节和句子，加上标点，这是比较轻松的一道工序。将来如果解释有改动，则章句自得随着改。

4. 今译：有了章句，用现代口语翻译出来，也不算太难。只是古人用的词语和今人不同，要一一把现代语言配上去也有很多困难，例如当时人自称曰"予小子"，或曰"予冲人"，都是以年轻作为自谦之词，并不是真的年轻，但现在便没有类似的词语可以对译，所以只得简单地译为"我"。又如"爽"，向来照字面解释为"明"，当然是不对的，近年曾运乾从《康诰》的"爽惟民迪吉康，……矧今民罔迪不适"和"爽惟天其罚殛我，……矧曰其尚显闻于天"，看出"爽"和"矧"是对用的连挈词，因此知道《大诰》的"爽邦由哲，……矧今天降戾于周邦"也是一气呼应的话；但到了作译文的时候，真要把这一段话译得前后呼应却是不容易做到的。又古人语简，许多该说的话往往咽了下去没有说，而在我们今天译为现代语则有必须代他补说的，例如周公在占卜前向上帝祷告，祷辞的最后一句是"我有大事"，"大事"指的军事行动，这是周公请求上帝指示可否的，如果单译这句"我准备出兵"，语气没有完足，应该补上"问问您可以不可以"才合适。像这一类补缀的句子和文字，我们就在下面加上黑点，表明在原文里是没有的。

5. 考证：我们译《尚书》，不仅要读通这一部书而已，还要知道这篇和那篇在历史上起过什么作用，占过什么地位。这就需要把每个历史事件说得一清二楚。可是春秋以前的历史，为了资料太少，所有年代、地理、民族、人物、事迹等等问题，一切不容易得到圆满的解决，而且现存的古籍都给战国、秦、汉间人所弄乱，要把许多资料汇合拢来，给它一一审定，是一件非常麻烦的工作。《大诰》一篇牵涉全部西周初年的历史，而关于西周初年的史料，伪的太多，真的太少。在春秋以下的书里，为了周王朝和儒家的长期宣传，在人们的印象里，好像文王、武王和周公都是十分仁慈的，文王又是一个对商王朝忠心耿耿的臣子，只因商王纣暴虐过度，武王救民于水火之中，才不得不出师伐纣；周公东征则是第二次救民之师。凡是他们所到的地方，殷的人民都捧了箪食壶浆来欢迎，惟恐他们来得迟了。实际上，周的疆土和势力的扩大，以文王时为主，武王只是在文王的基业上发展了的，这读了《大诰》就明白。殷、周的斗争原是东、西方两个大奴隶主国家的利益矛盾，其结果则是西方对于东方的血腥镇压，这看了周公东征以后东方各民族搬得七零八落就可以知道。为了弄明白当时情形，只有用"沙里淘金"的苦功夫，以最大的努力获得一些有限的结果，因为周初史料绝大部分都毁灭了，除了青铜器铭文外，惟有从春秋、战国的记载里寻取夹缝的资料；还不足，只得把秦、汉以下第三手的资料来补充。现在这篇考证，分列"三监人物及其疆地"、"武王的死及其年岁和纪元"、"周公执政称王"、"周公东征的胜利和东方民族大迁徙"、"东土的新封国"等章，集合二三千年中留下来的资料，加上七八百年中学者们不一致的讨论，组织成一个历史系统，希望对于周初史事的解决能起一个相当的作用。至于文王、武王的征伐事迹，还得等待将来整理《西伯戡黎》、《牧誓》两篇时再行编排考证。

以上五道工序，工作已近二年，成稿约三十万字。为了《历史研究》征稿，尽量压缩，不录原材料，只把结论在本期发表，希望读者严格地指正！如果《大诰》一篇用了这个方法做，大家还认为可以，则整理《尚书》全书以至整理其它重要古籍时也就有了一个轨范，许多复杂的古史问题也可以照着这个办法寻求近真的结论。至拙著《〈尚书·大诰〉译证》一书，今年内可在北京中华书局出版，届时更劳读者同志作第二度的指正！

本篇中所用各书及其简称和版本，说明如下：

甲、版本：

《莽诰》：王莽执政，图谋篡夺，翟义等起兵讨伐，王莽模仿了《大诰》而作新的《大诰》，他把经文生吞活剥地使用，简直达到可笑的地步，但无意中却保存了西汉时代《今文尚书》的面貌，大有利于《大诰》的研究。原文见《汉书》卷八十四《翟方进传》。

《汉石经》：东汉灵帝熹平四年（公元175年）刻，用的是汉代的《今文尚书》。原石已佚，宋洪适《隶释》著录残字。马衡《汉石经集存》著录近年出土的残石，内《大诰》共存完缺十四字。

《马本》：汉马融《尚书注》本。

《郑本》：汉郑玄《尚书注》本。

《王本》：魏王肃《尚书注》本。以上三种俱佚，其文字异同，见陆德明《经典释文》等书引。这些都是汉代的《古文尚书》。

《魏石经》：曹魏废帝正始中（240—248）刻。以其每字有古、篆、隶三体，混合《古文》、《今文》，又称《三体石经》。宋洪适《隶续》著录残字。清臧琳从其中《左传》遗字内，析出《大诰》文一百十三字，见其所著《经义杂记》，嘉庆四年（1799）家刻本。孙星衍继之，又析出十一字，见其所著《魏三体石经遗字考》，光绪十六年（1890）刻《石经汇函》本。近年出土的比较完整，陈乃乾辑为《魏正始石经残字》，1923年自印本。

《释文》：唐陆德明《经典释文》。陆氏生隋、唐之际，其时流行于世的是伪孔安国的《古文尚书》，自称是"隶古字"（用隶书写定的古文），陆氏就根据这本来校马、郑、王本。可惜《释文》已为宋初陈鄂所改，弄得非驴非马。敦煌石室中出有唐写

《释文》，仅《尧典》、《皋陶谟》二篇，约略可以推断全书。唐本有吴士鉴《校语》，印入《涵芬楼秘笈》第四集；又有龚道耕《考证》，1937年华西协合大学印本。至《释文》全书刻本有《通志堂经解》及《抱经堂丛书》两种。《四部丛刊》本即据通志堂本影印。

《云窗本》：日本所存隶古定本《大诰》，内经文存一百二十六字，见1914年罗振玉编印《云窗丛刻》中的《古写隶古定尚书残卷》。

《足利本》：日本足利学所藏古本，见山井鼎《七经孟子考文》及物观《补遗》，嘉庆二年（1797）阮元《文选楼丛书》本。

《日本定本》：日本东方文化研究所经学文学研究室《尚书正义定本》。其书集合中、日、法、德四国所藏古本校勘，日本所藏各种《隶古定尚书》已为搜集完全。昭和十四年（1939）刊本。

《唐石经》：唐文宗开成二年（837）立石，今存西安市陕西博物馆。自唐玄宗命卫包将隶古本改为楷字，《唐石经》即根据卫包改本付刻。此后各本就没有什么出入了。

《书疏》：唐初孔颖达《五经正义》的一种，为《伪孔传》作疏。固然给后人依卫包本改过，但《疏》中还保存有未改的字。阮元据各古本校勘，嘉庆二十年（1815）江西南昌府学刻本。《唐石经》有残泐处，即据此补。

乙、注释及考证：

《大传》：汉伏生（？）《尚书大传》。此书已佚，有卢文弨、陈寿祺诸家辑本；皮锡瑞后起，最为赅洽。今据光绪二十二年（1896）皮氏自刻《尚书大传疏证》本。

《毛传》：汉毛公《诗故训传》。《十三经注疏》本。

《郑笺》：汉郑玄《毛诗笺》。同上本。《诗》和《书》同出周人，其语汇多相同，故可用以比较。

《马注》：汉马融《尚书注》。《释文》等书引。王鸣盛辑入《尚书后案》。马国翰（?）辑有《尚书马氏传》，在《玉函山房辑佚书》内。

《郑注》：汉郑玄《尚书注》。《释文》等书引。宋王应麟辑有《古文尚书马、郑注》。王鸣盛辑入《尚书后案》。孔广林辑本在《郑学汇函》。袁钧辑本在《郑氏佚书》。

《王注》：魏王肃《尚书注》。《释文》等书引。王鸣盛辑入《尚书后案》。马国翰（?）辑本在《玉函山房辑佚书》。

《韦解》：吴韦昭《国语解》。黄丕烈复刻宋天圣明道本，在《士礼居丛书》。

《孔传》：伪孔安国《尚书传》，实出王肃一派人的手笔。《十三经注疏》本。日本《尚书正义定本》本。

《孔疏》：唐孔颖达等《尚书正义》。是唐以前尚书学的总结。本同《孔传》。

《左传》：《春秋左氏传》。《十三经注疏》本。

《尔雅》：不详撰人，作于西汉。《十三经注疏》本。

《郭注》：晋郭璞《尔雅注》。《十三经注疏》本。

《楚辞王注》：汉王逸《楚辞注》。汲古阁本。

《说文》：汉许慎《说文解字》。嘉庆九年（1804）孙星衍复刻北宋小字本。

《孟注》：魏孟康《汉书音义》。《颜注》引。

《颜注》：唐颜师古《汉书注》。《二十四史》本。光绪二十六年（1900）王先谦《汉书补注》本。

《李注》：唐李贤《后汉书注》。《二十四史》本。

《苏传》：宋苏轼《东坡先生书传》。明刻《两苏经解》本。

《吕说》：宋吕祖谦《东莱书说》。《通志堂经解》刻时澜增修本。

《林解》：宋林之奇《尚书全解》。《通志堂经解》本。

《蔡传》：宋蔡沈《书集传》。光绪十五年（1889）江南书局刻元邹季友《书传音释》本。

《陈传》：宋陈大猷《书集传》。仅存的一部宋刻本，藏北京图书馆善本部。

《金注》：元金履祥《书经注》。光绪五年（1879）陆心源刻《十万卷楼丛书》本。

《后案》：清王鸣盛《尚书后案》。乾隆四十四年（1779）自刻本。道光九年（1829）阮元刻《清经解》本。

《江疏》：清江声《尚书集注音疏》。乾隆五十八年（1793）自刻本。《清经解》本。

《孙疏》：清孙星衍《尚书今古文注疏》。嘉庆二十年（1815）自刻本。《清经解》本。

《述闻》：清王引之《经义述闻》。《王氏四种》本。《清经解》本。《四部备要》本。

《释词》：清王引之《经传释词》。《王氏四种》本。《清经解》本。1924年王时润点勘本。

《朱证》：清朱彬《经传考证》。《清经解》本。

《撰异》：清段玉裁《古文尚书撰异》。道光元年（1821）自刻《经韵楼丛书》本。《清经解》本。

《姚记》：清姚鼐《笔记》。同治五年（1866）省心阁重刻《惜抱轩全集》本。

《刘解》：清刘逢禄《尚书古今文集解》。光绪十四年（1888）王先谦刻《清经解续编》本。

《陈疏》：清陈奂《诗毛氏传疏》。道光二十七年（1847）自刻本。《清经解续编》本。

《补商》：清戴钧衡《书传补商》。道光末（1850？）自刻本。

《启幪》：清黄式三《尚书启幪》。光绪十四年（1888）家刻本。

《平议》：清俞樾《群经平议》。同治十年（1871）自刻本。

《字说》：清吴大澂《字说》。光绪中（1890？）广州自刻本。1918 年振新书社石印本。

《吴故》：清吴汝纶《尚书故》。光绪三十年（1904）刻《桐城吴先生遗书》本。

《斠补》：清孙诒让《周书斠补》。光绪二十六年（1900）自刻本。

《述林》：清孙诒让《籀高述林》。1916 年家刻本。

《骈枝》：清孙诒让《尚书骈枝》。1929 年燕京大学刻本。

《简疏》：清简朝亮《尚书集注述疏》。光绪三十三年（1907）自刻本。

《集林》：王国维《观堂集林》。1959 年中华书局印本。本篇所引《诗尹氏说》在《别集》一。

《谊略》：姚永朴《尚书谊略》。光绪三十一年（1905）李国松刻《集虚草堂丛书》本。

《三体石经考》：章炳麟《新出三体石经考》。《章氏丛书续编》本。1943 年成都薛氏复刻本。

《拾遗》：章炳麟《古文尚书拾遗定本》。1937 年章氏国学讲习会印本。

《集存》：马衡《汉石经集存》。1957 年科学出版社印本。

《杨述》：杨树达《积微居小学述林》。1954 年中国科学院印本。

《杨说》：杨树达《积微居金文说》。1959 年科学出版社印增订本。

《正读》：曾运乾《尚书正读》。湖南大学油印稿本。

《大系》：郭沫若《两周金文辞大系图录考释》。1956年科学出版社印增订本。

《新证》：于省吾《双剑誃尚书新证》。1934年自印本。

《解诂》：吴其昌《殷虚书契解诂》。1934年武汉大学《文哲季刊》三卷二号。

《核诂》：杨筠如《尚书核诂》。1934年自印本。1959年陕西人民出版社本。

《释丝用》：胡厚宣《释丝用、丝御》。1937年《中央研究院历史语言研究所集刊》八本三分。

《岁时考》：于省吾《岁时起源初考》。1961年《历史研究》第四期。

一　校勘

大诰

〔一〕王若曰猷大诰①尔多邦越②尔③御事弗吊天④降割⑤于我家不⑥少延洪惟⑦我幼冲人嗣无疆大历服⑧弗造⑨哲迪民康矧曰其有能格⑩知天命已予惟小子若涉渊水予惟往求朕攸济敷贲敷前人受命兹不忘大功予不敢闭于⑪天降威⑫用宁王⑬遗我大宝龟⑭绍⑮天明⑯即命曰有大艰于西土西土人亦不静越兹蠢⑰殷小腆⑱诞敢纪⑲其叙天降威知我国有⑳疵㉑民不康曰予复反鄙㉒我周邦今蠢㉓今翼㉔曰民献㉕有十夫予翼以于敉㉖宁武图功我有大事休朕卜并吉肆予告我友邦㉗君越尹氏庶士御事曰予得吉卜予惟以尔庶邦于伐殷逋播臣

①马、郑、王等本皆"猷"在"诰"下。《述闻》："'猷'，

于也。'大诰猷尔多邦'者，大诰于尔多邦也。"但《多士》说"猷告尔多士"，《多方》说"猷告尔四国多方"，并"猷"在"告"上。《诗·小旻》说"不我告猷"。可见"猷诰"或"诰猷"都是连绵字，不该作"诰于"解。《卜辞》有"囚告于大邑商"之文，"囚告"即"猷诰"。今不改《伪孔本》。

②金文作"雪"，《魏石经》作"粤"。(《杨说》)今以"越"为连及之词，通用已久，不改。

③《郑本》作"乃"，今以下文屡言"尔庶邦君"，《云窗本》亦作"尔"，不改。

④"不弔"古文应作"不𠁩"，"𠁩"即后世"淑"字，不淑就是不善。自汉人借"叔"为"𠁩"，又将"𠁩"简化为"弔"，而𠁩字的本义废。𠁩象缯弋所用短矢，以生丝系矢而射，为男子所有事，故"叔"为男子美称。(《字说》)《诗·郑风》"叔于田"可证。今以此字无可作楷体，仍书"弔"。

⑤《马本》作"害"。唐写《释文》作"剑"。《三体石经考》："'仝'乃籀文'全'字，施'刀'于'全'者为'割'，犹施'攴'于'完'者为'寇'，乃会意字。"今以无此楷字，不改。

⑥《云窗本》作"弗"。

⑦《毛公鼎》作"弘唯"。

⑧《逸周书·世俘》"馘磿亿有十(应作'七')万七千七百七十有九，俘人三亿万有二百三十"。"馘"为截耳。"馘磿"与"俘人"并举，疑"磿"为奴隶，"人"为自由民。"磿"、"歷"同声假借字，谓所执俘馘的名籍，即假为人民的通称。(《斠补》)此"历"即《大盂鼎》等器之"鬲"字，改写为"鬲"，义较显明，今改。

⑨《莽诰》作"遭"，以训诂代经文。

⑩《魏石经》三体均作"佫",即"遐"。(《三体石经考》）今改。

⑪自《孔传》至《蔡传》均读"予不敢闭于天降威用"为句。惟《莽诰》作"予岂敢自比于前人乎，天降威……"，是以"比"译"闭"，"天降威"自为一句。《平议》："疑此'于'字本在'闭'字之上，'予不敢于闭'犹下文曰'敢弗于从'，传写误倒之耳。"今为求译文的顺利，即从其说，将"闭于"乙作"于闭"，于"闭"字绝句。并于此分段。

⑫《汉石经》作"畏"，二字古通用。(《集存》）

⑬"宁"为"文"的误文。古称文王为"文人"，见《诗·江汉》；又称为"前文人"，见《文侯之命》及《兮仲钟》、《追毁》。其所以致误之故，则因"文"字古作"𢁒"（见《旂鼎》）或"𢁒"（见《师害毁》），很像"宁"字之故。(《字说》）这只须看《君奭》的"在昔上帝割申劝宁王之德"一语，《礼记·缁衣》引作"昔在上帝周田观文王之德"，便可了然。今凡"宁人"、"宁王"、"宁考"、"宁武"、"前宁人"的"宁"字都改写为"文"，下不复注。

⑭《魏石经》作"𠈃"，即"保"。古"宝"与"保"通。

⑮"绍"为"卧"的假借字，义为卜问。(《杨述》）

⑯"明"为"命"的假借字。(《杨述》）

⑰《魏石经》作"𢦏"，古文。

⑱《撰异》说本字应作"𣥺"，小主也，小主指武庚。今以用"'腆'，厚也"之训已可解通，不改。

⑲《莽诰》作"犯祖乱宗之序"，疑汉《今文经》"纪"或作"犯"。

⑳《日本定本》谓日本旧钞隶古本多无"有"字。按，此或误脱。

㉑《莽诰》作"呰"，异体字。

㉒古"鄙"、"图"字同作"啚"，或谓此字应读"图"。今以作"鄙"读亦顺，不改。

㉓《礼记·乡饮酒义》："'春'之为言'蠢'也。"春时万物萌生，故"春"与"蠢"俱得"动"义，字亦相通。《岁时考》："今蠢"为"今春"，与"今翌日"并为标时间的名词，与"蠢"之为动词的不同。今以期人易了，故依改。至"兹蠢"、"允蠢"，则以作动词为宜，不改。

㉔《尔雅·释言》："'翌'，明也。"《郭注》："书曰：'翌日乃瘳'。"今本《金縢》作"翼"，明为卫包所改。此文亦然，与下"予翼"训"佐"者本自分别。今据改。"翌日"本有"明日"和"翌祭"二义，今从后说，见解释〔三〕·12。

㉕《大传》作"民仪"，《莽诰》作"民献仪"。《撰异》谓古文作"献"，今文作"仪"，此必《莽诰》止作"仪"而后人两存之。《大系》据《令𣪘》"鬲百人"，《大盂鼎》"人鬲千又五十夫"，谓"民献"即"人鬲"，"仪"古音在歌部，"鬲"古音在支部，阴阳对转。按"鬲"为本字，"献"为引申字。"《说文·犬部》"'獻'，宗庙犬曰'羹獻'，犬肥者以獻之，从犬，鬳声。""鬳"为"鬲"之繁文。"鬲"为俘虏，于宗庙中行献俘礼则曰"献"。本篇的"民献"和《洛诰》的"献民"都是献于宗庙的俘虏。拿今语说来，就是一个民族被征服之后成为征服民族的种族奴隶。这种奴隶的领袖，从《大盂鼎》上看，称为"邦司伯"和"夷司王臣"，依然是奴隶主。本篇的"民献有十夫"就是指的这一批人。

㉖《足利本》作"抚"，下"敉宁王大命"同。然"敉"为"终"义，"抚前人成功"不若"终前人成功"义长。《陈侯因𰲚敦》："邵𣪁高祖黄帝，侎嗣桓、文"，"侎"与"敉"同字，谓齐

威王上绍黄帝的统绪，下嗣齐桓和晋文的霸业，正与此同义。

㉗《牧誓》"友邦"，《史记·周本纪》作"有国"，"友"、"有"同是假借字。这里的"友邦"原即"庶邦"，并不曾含有"友好"的意义。为了免致误会以周室的敌体国家，故改"有"。

〔二〕尔庶①邦君越庶士御事罔不反曰艰②大民③不静亦惟在王宫邦君室越予小子考翼不可征王害不违卜肆予冲人永思艰曰呜呼④允蠢鳏寡哀哉予造⑤天役遗⑥大投艰于朕身越予冲人不卬自恤⑦义⑧尔邦君越尔多士尹氏御事绥予曰无⑨毖于恤不可不成乃宁考图功已予惟小子不敢替⑩上帝命天休于宁王兴我小邦周宁王惟卜用克绥受兹命今天其相民矧亦惟卜用呜呼天明畏⑪弼我丕丕基⑫

①《日本定本》谓旧钞本多无"庶"字。

②《魏石经》作"囏"，古文。

③《荜诰》"民"下有"亦"字。《日本定本》谓旧钞本多有"亦"字。今据增。

④《魏石经》数见"乌虖"字，知今本作"呜呼"悉出卫包所改，兹复原。

⑤《荜诰》作"遭"，训诂文。

⑥《荜诰》云"予遭天役遗，大解难于予身"，与《蔡传》以"遗大、投艰"为骈列文者异。《新征》谓"役遗"二字为"彶遭"之误，"彶"即"及"，"遭"即"遣"，句义为"予遭天之谴责"。今以如此解于文为顺，据改。

⑦《说文·比部》及《魏石经》俱作"卹"，明"恤"字为卫包改。(《撰异》)今与下文"无毖于恤"并改正。

⑧《足利本》作"谊"，"义"、"谊"古字通。

⑨《足利本》作"亡"，"无"、"亡"古字通。

⑩《荜诰》云："予不敢僭上帝命"，《魏石经》三体皆作

"朁"，明此文作"替"，为卫包误改，今正。(《撰异》)

⑪《莽诰》作"威"，"威"、"畏"古字通。

⑫《汉石经》作"罕罕其"，"罕"为"丕"之古文，"其"为"基"之初文。《羌伯毀》、《师奎父鼎》均有"对扬天下子不杯鲁休"之文，疑"丕丕"原文为"不杯"，即"丕显"义。(《撰异》、《大系》)

〔三〕王曰尔惟旧人尔丕①克远省尔知宁王若勤哉天閟毖②我成功所③予不敢不极卒宁王图事肆予大化诱我友邦君④天棐⑤忱⑥辞⑦其考我民予曷⑧其不于前宁人图功攸终天亦惟用勤毖我民若有疾予曷敢不于前宁人攸受休毕

①《莽诰》作"尔不克远省"。"不"、"丕"二字古虽通用，然"丕"又有"大"义，易使人误解；而此句实为质问之辞，作"不"则其义易明，故改。

②《莽诰》作"毖劳"，《孟注》以"慎劳"释之，皆无"閟"字，"閟"盖"毖"之旁训而为后人所误入。今据《撰异》删去。

③《新证》谓金文中"所"与"匹"形似易浑，"匹"、"配"古同训，"匹天"即"配天"。存参。

④《日本定本》谓旧钞本多无"君"字，然无此字则语不完，不改。

⑤"棐"为"匪"之假借字，其义为"非"，为"不"，为"不可"，为"未及"。(《述林》)今改"匪"以免眩乱。

⑥古"忱"、"谌"通用，故《君奭》有"天难谌"句，"难谌"即此"棐忱"。

⑦《新证》："'辞'本应作'辝'，读为《汤誓》'非台小子'之'台'，训'我'。"今依改。

⑧字本作"害"，今本《汤誓》："时日曷丧"，《孟子·梁惠

王》作"时日害丧"，可证本书"曷"字皆卫包所改。(《撰异》)
今复原。下诸"曷"字同。

〔四〕王曰若昔朕其逝朕言艰日思若考作室既厎法厥子乃弗
肯堂①矧②肯构③厥父菑厥子乃弗肯播矧肯获厥考翼其肯曰予有
后弗弃④基肆予曷敢不越卬敉宁王⑤大命若兄考乃有友⑥伐厥子
民养⑦其劝⑧弗救

① 《后汉书·肃宗纪》："不克堂桓"，《李注》引《尚书》"乃
不肯堂，矧肯桓"，知汉人本子"弗肯"有作"不克"者，存参。
至"构"作"桓"乃是宋代刻书人为避宋高宗赵构的讳而改，今
不从。

② 《孔疏》："《定本》云：'"矧弗肯构"、"矧弗肯获"，皆
有"弗"字。'检《孔传》所解，'弗'为衍字。"（按此《定本》
当为唐以前之校定本，今佚。）按不增此二"弗"字，解"矧"
为"况"，义已明了；记此存参。

③ "矧肯构"下，《孔疏》引《郑本》、《王本》俱有"厥考
翼其肯曰予有后弗弃基"十二字。《孔疏》以为不应增，《撰异》、
《吴故》以为应增。今增入。

④ 本作"棄"，以中有"世"字，避唐太宗李世民之讳而改
用古文。今复原。(《撰异》)

⑤ 《日本定本》谓旧钞本多作"人"。按"宁人"即"宁
王"，文异而义不异，不改。

⑥ 《正读》："'友'，羡文。古文'有'盖作'爻'，读者误
为重文，作'乃有友'，文不成义。"今据删"友"字。

⑦ 《莽诰》作"民长"，非，见解释〔十〕·2。

⑧ 此为"观"之误文。其初文为"蘿"，至从"见"为
"觀"，从"力"为"勸"，则均后起字。"其观弗救"，即观望而
不救。(《新证》)今改。

〔五〕王曰呜呼肆哉尔庶邦君越尔御事①爽邦由②哲亦惟十人迪知上帝命越天棐忱尔时罔敢③易法④矧⑤今天降戾⑥于周邦惟大艰人诞邻⑦胥伐于厥⑧室尔亦不知天命不易予永念曰天惟丧殷若穑⑨夫予曷敢不终⑩朕亩⑪天亦惟休于前⑫宁人予曷其⑬极卜敢弗于从⑭率宁人有⑮指⑯疆⑰土矧今卜并吉肆朕诞以⑱尔东征⑲天命不僭⑳卜陈㉑惟若兹

①《足利本》作"王曰呜呼肆告我尔庶邦冢君越尔御事"。《日本定本》谓旧钞本有"告"字，"君"上或有"冢"字，"越尔"或无"尔"字。《核诂》："按'肆哉'二字不辞。古本'我尔'连文亦不可通。疑本作"我"，故以形近误作'哉'。"今据其说改定《足利本》；又因本篇他处均未见有"冢君"之称，删去其"冢"字；"尔"字仍存。

②《足利本》"由"作"用"，"由"、"用"古通用。

③《云窗本》作"敔"，为金文"𢾋"之误体。

④《莽诰》作"尔不得易定"，盖"法"古文作"佱"，与"定"相似，故误作"法"。下文"尔亦不知天命不易"，"不易"即"定"也。(《后案》)今改。

⑤《云窗本》作"敉"，古文。

⑥《莽诰》作"况今天降定于汉国"，以"定"代"戾"，训诂字。《诗·雨无正》："周宗既灭，靡所止戾"，又《桑柔》："民之未戾，职盗为寇"，"戾"皆作"定"解。

⑦《云窗本》作"厸"，古"邻"字。《新证》以为"厸"乃"以"之误，汉隶"以"作"㠯"，形相似。"诞以"乃古人语例，下文"肆朕诞以尔东征"可证。今改正。又《云窗本》"厸"下有"近"字，疑因《伪孔传》"大近相伐"而衍，今不取。

⑧《云窗本》作"𡥈"，古文。

⑨《云窗本》作"𪊨"，异体字。

⑩《云窗本》作"寥"，古文讹变。

⑪《云窗本》作"晦"，古文。

⑫《云窗本》作"岩"，古文。

⑬《云窗本》作"亓"，古文。

⑭《莽诰》作"害敢不于从"，多出一"害"字，存参。《云窗本》"从"作"刕"，古文"从"之隶写。

⑮《云窗本》作"广"，古文。

⑯《莽诰》作"旨"，《颜注》训"美"。《孔疏》亦作"旨"。知今《经》、《传》"指"字皆为卫包所改。(《撰异》)今复原。

⑰《云窗本》作"畺"，古文。

⑱《云窗本》作"目"，古文。

⑲《云窗本》作"征"，异体字。

⑳《云窗本》作"晉"，古文。

㉑《云窗本》作"敷"，按金文作"𢾰"，此盖隶省。

二　解释

〔一〕王若曰①猷②大诰尔多邦越③尔御事④弗吊天降割⑤于我家不少延⑥洪惟⑦我幼冲人⑧嗣无疆大历服⑨弗造哲⑩迪民康⑪矧⑫曰其有⑬能格知天命⑭

①"若曰"，犹言"乃曰"。(《释词》)

②"猷大诰"，犹言"猷告"。单言即"告"。见校勘〔一〕·1。"大"，语词，无义。(《朱证》)

③"越"，犹言"与"。(《释词》)

④"多邦"，是诸侯，为外官；"御事"，是朝臣，为内官。

⑤"不吊天"，为"疾威降丧之天"。

⑥"延"，是"弛缓"的意思。这是说"天的降丧于周不稍

缓慢"。(《正读》)

⑦"洪惟"，发语辞，无义。(《释词》)

⑧"冲人"本是"童子"的意思，但在这里则是统治者自谦之辞。在现代语中，这词没有适当的话可以对译，只译为"我"。

⑨"鬲"的本义是奴隶，这是泛指人民。"服"是疆土。人民和土地是统治者两宗主要的财产。

⑩"造"，是"遭逢"的意思。"哲"，指明智之人。(《莽诰》)

⑪"迪"，是"引导"和"登进"的意思。"康"，是"安康"。这句话是说"自己没有碰到明智的人，登民于安康的境界"。(《拾遗》)

⑫"矧"，是"何况"的意思。(《尔雅》)

⑬"有"，即"又"。(《江疏》)

⑭"徇"，即"退"是"很远"的意思。(《拾遗》)

〔二〕已①予惟小子②若涉渊水③予惟往求朕攸④济⑤敷贲⑥敷前人受命⑦兹不忘大功⑧予不敢闭⑨

①"已"，发端叹辞，就是"唉"。(《正读》)

②"惟"，语助词，无义。"予惟小子"即"予小子"。

③"渊"，是"深"的意思。(《毛传》)

④"攸"，是"所以"的意思。(《释词》)

⑤渡水叫做"涉"。已渡叫做"济"。"往"，是"前进"的意思。(《陈传》)

⑥"敷"，是"陈列出来"的意思。"贲"，是"龟"。"敷贲"，是"把占卜的龟兆拿出来给大家看"。(《尔雅》、《拾遗》)

⑦"前人"，是"以前的王"，即"前文人"，指周文王。"受命"，为受天命，有天下。

⑧"兹"，承上起下之词，犹言"致令如此"。"忘"即"亡"，是"失掉"的意思。(《释词》、《述闻》)

⑨ "闭"，是 "壅塞" 的意思。惟其不敢闭，所以要敷陈。(《孙疏》、《平议》)

〔三〕天降威用①文王遗我大宝龟绍天明②即命曰③有大艰于西土西土人亦不静④越兹蠢⑤殷小腆⑥诞⑦敢纪其叙⑧天降威知我国有疵⑨民不康曰予复⑩反鄙我周邦⑪今春今翌日⑫民献⑬有十夫⑭予翼⑮以于⑯敉⑰文武图功⑱我有大事⑲休⑳朕卜并吉㉑

① "用"，是 "使用" 的意思，谓 "使用文王的大宝龟来占卜"。(《骈枝》)

② "绍"，是 "卟" 的假借字。"明"，是 "命" 的假借字。"绍天明" 即 "卜问天命"。(《杨述》)

③ "即命曰"，是命龟之词。这一段是周公对上帝说的话。(《金注》、《骈枝》)

④ "西土"，指周邦。那时周都镐，在今陕西省西安市的西面。对东土言，故自称曰 "西土"。"西土人"，指管叔、蔡叔等，是周朝派往东土的官员。

⑤ "蠢"，是 "蠢动" 的意思。"越"，是 "于" 的假借字。"越兹蠢"，犹言 "于是蠢动了起来"。(《尔雅》、《释词》)

⑥ "腆"，是丰厚的意思(《说文》)。"殷小腆"，是说武王克殷之后，封禄父 (武庚) 于其旧地，到武王死时，殷的国势又小小地丰厚起来了。

⑦ "诞"，发语词，无义。(《释词》)

⑧ "纪"，是 "整理" 的意思。"绪"，指旧有的法统。(《江疏》)

⑨ "疵"，是 "毛病" 的意思。这儿指的是周室内部的不团结。(《后案》)

⑩ "复"，是 "恢复" 的意思。这里是举的武庚的话。(《林解》)

⑪ "鄙我"，是 "以我邦为边鄙之邑"，即属国。(《后案》)

⑫ "翌日"，是当时的一种祭礼。祭之明日又祭谓之"肜日"，祭后若干日又祭谓之"翌日"。(《解诂》)

⑬ "民献"是"投降过来的人民"。(《大系》) 此指当时殷方一般有力的奴隶主。

⑭ "十夫"，字面的意义是十个人，但实际的意义则是"一群人"。这些人本是殷统治集团中的奴隶主，现在愿意为周人出力，周公就利用了他们来镇压东方。

⑮ "予翼"是"翼予"的倒文。(《朱证》) "翼"，是"辅佐"的意思。(《孔传》) 按以宾词置前，动词置后，可能是受阿尔泰语系的影响。

⑯ "于"，是"往"的意思。(《毛传》、《郑笺》)

⑰ "敉"，即"弥"，是"完成"的意思。(《尔雅》)

⑱ "图"有"大"谊，"图功"即"大功"。(《释词》、《核诂》)

⑲ "大事"，指"军事"，(《左传》) 言将举兵东征。

⑳ "休"，一字一句，犹说"好呀!"(《正读》)

㉑ "卜并吉"，是当占卜之际，同时用三龟，这次一齐得到了吉兆。(《郑注》)

〔四〕肆①予告我有邦君越尹氏②庶士③御事曰予得吉卜予惟以④尔庶邦⑤于⑥伐殷逋播臣⑦

① "肆"，是"故今"的意思。(《郑笺》)

② "尹氏"，是周王的史官，掌书王命，与太师同秉国政。(《集林》)

③ "庶士"，犹说"许许多多的官员"。

④ "以"，是"率领"的意思。(《左传》)

⑤ 这里但言"庶邦"，因为邦君都有他的军队，可以带去东征。

⑥ "于"，是"往"的意思。(《毛传》)

⑦ "逋播"，双声连语。"逋播臣"，犹言"逃奴"或"叛徒"。(《江疏》、《核诂》)

〔五〕尔庶邦君越庶士御事罔不反曰艰大①民不静亦惟在王宫邦君室②越予小子③考翼④不可征王害⑤不违卜

① "艰大"，是说"困难大得很"。(《郑注》)

② 为了管叔、蔡叔们是周王的亲族，而跟武庚一起反周，不好意思明白说出，所以只说"在王宫、邦君室"。(《江疏》、《简疏》)

③ "越予小子"，犹言"惟予小子"。(《释词》)从上文"罔不反曰"起，都是邦君等反对出兵的话，这"予小子"该是邦君们自称之词。

④ "考翼"，犹言"父兄"。"考"，是"父"。"翼"，是尊贵的人，指兄。(《述林》)当时周王方面封于东土的人或被派到东土的人不在少数，邦君、御事们的父兄也有留在那里的，他们一时受了胁迫，不敢公然反抗，所以许多西土人不愿往征，说"我们的父兄们也在那里"。

⑤ "害"，就是"何不"。(《郭注》)这句话是说"王为什么不违背了卜兆，停止出征呢"。

〔六〕肆予冲人永思艰曰乌虖允蠢鳏寡①哀哉予造天及遣②大③投艰于朕身越予冲人不卬④邮自⑤乂⑥尔邦君越尔多士尹氏御事绥⑦予曰无毖⑧于邮不可不成乃文考⑨图功

① "允"，是"用"。"允蠢鳏寡"，犹言"用动鳏寡"。(《释词》)"鳏寡"，指一班伤残痛苦的人民。(《姚记》)

② "造天及遣"，是"遭逢了上天的谴责"。(《新证》)

③ "大"，是语词，无义。(《朱证》)

④ "卬"，是"我"。(《毛传》)

⑤ "邮"，是"忧"。(《说文》)这句是说"倘使我不知自忧"。

（《刘解》）

⑥ "义"，是 "宜"。（《释词》）一说是语词，无义。（《新证》）今依前一说，以 "义" 为 "绥" 的副词解，即 "应该"。

⑦ "绥"，是 "劝止" 的意思。（《韦解》）

⑧ "懋"，是 "谨慎" 的意思。（《说文》）一说是 "勤劳" 的意思。（《孔疏》）但慎者必劳，故 "懋" 得兼二训。（《撰异》）"无"，发语词，无义。"无懋" 即 "懋"，犹《诗·文王》"无念" 即 "念"。（《毛传》）

⑨ "文考"，指文王。周公为文王之子，故称文王为 "考"。

〔七〕已予惟小子不敢僭上帝命①天休②于文王兴我小邦周文王惟卜用③克绥④受兹命今天其相⑤民矧⑥亦惟卜用⑦乌虖天明威弼我丕丕基⑧

① "僭"，是 "不信" 的意思。"不敢僭"，就是 "不敢不信"。（《颜注》、《撰异》）

② "休"，是 "美好" 的意思（《尔雅》）；又同 "庥"，是 "庇护" 的意思（《启蒙》）。这两说也可统一，因为喜欢他，所以保护他。

③ "用"，是 "施行" 的意思。（《述闻》）"卜用"，即 "用此卜"。（《释丝用》）

④ "绥"，是 "继承" 的意思。（《尔雅》）这是说 "文王为了用卜，所以能承受这天命"。

⑤ "相"，是 "帮助" 的意思。（《孔传》）"民献十夫"，即是天助的征兆。

⑥ "矧"，犹 "又"。（《释词》）这是说文王因用卜而得天助，所以我现在又要用卜。

⑦这是倒语，因为周公 "亦惟卜用"，所以能知道 "今天其相民"。

⑧"弼"，是"辅佐"的意思。(《说文》) 这是说"天命可畏，你们当畏天而辅成我的伟大基业"。(《补商》)

〔八〕王曰尔惟旧人①尔不克远省②尔知文王若③勤哉天毖④我成功所⑤予不敢不极卒⑥文王图事⑦肆予大化诱⑧我有邦君天匪忱辞⑨其考我民⑩予害其⑪不于⑫前文人⑬图功攸⑭终天亦惟用勤⑮毖我民若有疾⑯予害敢不于前文人攸受休毕⑰

①"惟"，是"乃"的意思。(《补商》) 这是说"你们都是文王的旧臣"。

②"省"，是"察视"的意思。(《释文》)"尔不克远省"，是"你们不能把从前的事情回顾一下"。

③"若"是"如此"的意思，这句话是问"你们知道文王是这等地勤劳吗"。(《释词》)

④"毖"，是"诰教"的意思。(《朱证》、《集林》)

⑤这句是说"天教戒我以成功之道"。

⑥"极"读为"亟"，是"急速"的意思。(《述闻》)

⑦这句是说"赶快完成文王所计划的事情"。(《述闻》)

⑧"化诱"，亦即"诰教"之义。(《吴故》)

⑨"忱"，是"信"。"辞"，是"我"。(《新证》)

⑩"考"，是"安定"的意思。(《谊略》) 这句是说"天不是信我个人，而是为了安定我们的人民，所以来帮助我的"。(《新证》)

⑪"其"，语词，无义。(《释词》)

⑫"于"，是"为"的意思；"害其不于"即"那敢不为"。(《释词》)

⑬"前文人"，犹言"先文王"。

⑭"攸"，是"是"的意思。"攸终"即"是终"。(《核诂》) 这句是说"我哪敢不为先文王的大功得出一个结果来呢"。

⑮ "勤"，即"劳"，指征伐之事。（《补商》）

⑯ "有"，犹"为"，是"治疗疾病"的意思。（《核诂》）

⑰ "毕"，是"禳除疾病"的意思。（《骈枝》）

〔九〕王曰若①昔朕其逝②朕言③艰日思④若考作室既厎法⑤厥子乃⑥弗肯堂⑦矧肯构厥考翼其⑧肯曰予有后弗弃基厥父菑⑨厥子乃弗肯播矧肯获厥考翼其肯曰予有后弗弃基肆予害敢不越卬⑩救文王大命

① "若"，犹"惟"，语词，无义。（《释词》）

② "昔"，是"前天"或"前边"。"其"，读为"之"，与《康诰》"朕其弟"同。（按本篇无一"之"字，是很可注意的问题。）"逝"，是"誓"的假借字，亦"诰教"义。这句是说"像我前面所说过的话"。（《吕说》、《启幪》、《吴故》）

③ "言"，犹"于"。这句是说"我于艰难的事情天天在考虑"。（《核诂》）

④ 既日思艰难，必然进一步去解决这个艰难的问题，所以有下面几个譬喻。

⑤ "厎"，是"定"。（《马注》）"定法"，是指造屋的各种准备。

⑥ "乃"，犹"且"。"乃弗肯堂"，是"为堂且不肯"。（《释词》）

⑦ "堂"，是堆土以作屋基。（《平议》）

⑧ "其"，犹"宁"（《释词》），即今语"哪里会"。

⑨ 田中除草和翻土都叫做"菑"。（《郭注》）

⑩ "越卬"，是"及身"的意思。（《启幪》）

〔十〕若兄考①乃有伐厥子民养②其观③弗救

① "考"，是"死"。这里的"兄考"是周公说武王死。（《吴故》）

② "养"，是"厮养"，即奴隶。(《苏传》)

③ "观"，是"犹豫观望"。(《新证》)

〔十一〕王曰乌庠肆我告尔庶邦君越尔御事爽①邦由哲②亦惟十人③迪④知上帝命越天匪忱⑤尔时罔敢易定⑥矧今天降戾⑦于周邦惟大艰人⑧诞以⑨胥⑩伐于厥室⑪尔亦⑫不知天命不易⑬

① "爽"，犹"尚"，表命令或希望之词，和下文"矧"相呼应。(《正读》、《杨说》)

② "邦"上似有缺文。

③ "十人"，与上"十夫"同，是一个集体名词，不是整整的十个人。上面"十夫"是殷人，这里"十人"是周人。

④ "迪"，犹"用"。(《释词》)

⑤ "亦惟"至"匪忱"十三字当作一句读。"越"是"与"。"天匪忱"是"不可一味地倚赖天"的意思。这句话是说"这些人是真知道上帝的命令以及天的不可无条件倚赖的"。

⑥ "易"，是"改变"。"定"，是"天的定命"。(《后案》)

⑦ "戾"，是"定"。"降戾"是"下定"。(《吴故》)

⑧ "大艰人"，指"三监"。(《林解》)

⑨ "诞"，是语词，无义。(《释词》)"以"，是"率领"。(《左传》)

⑩ "胥"，是"相"。(《尔雅》)"胥伐"，即"相伐"。

⑪这是说"三监同谋，欲共伐周，可是他们不知道这正是天欲亡殷，有意要使他们自己相伐"。(《刘解》)"厥室"，指叛徒的家室。

⑫ "亦"，犹"乃"。(《吴故》)

⑬ "不易"，即"不变"。这是说"你们难道不知道天命是不可变易的吗！"

〔十二〕予永念曰天惟丧殷若穑夫①予害敢不终朕亩天亦惟

休于前文人予害其极卜②敢弗于从率③文人有旨疆土④矧今卜并吉肆⑤朕诞以尔东征天命不僭卜陈惟若兹⑥

①用了种田来比喻这回出师，所以说"我哪敢不顺了天意来完成我的农事呢"。(《正读》)

②"极"，是"亟"。这是说："我为什么要赶快求卜呢?"(《补商》)

③"于"，是"往"。"从"，是"遵守"的意思。(《楚辞王注》)"率"，语词，无义。(《释词》)自"敢弗"至"疆土"十一字为句，是说自己"不敢不去守着文王的大好疆土"。

④"旨"，是"好"的意思。(《颜注》)

⑤"肆"，是"所以"的意思。(《尔雅》)

⑥"惟"，是"有"的意思。(《释词》)这是说"卜兆所表示的已经有这样的清楚了。"

三　章句

大诰

〔一〕王若曰："猷大诰尔多邦越尔御事：弗吊天降割于我家，不少延。洪惟我幼冲人嗣无疆大禹服，弗造哲，迪民康，矧曰其有能俗知天命!

本节提出周武王逝世等不幸事件和自己不能好好地处理国家大政的苦闷，以自责的口吻发端，引起下文卜事。

〔二〕"已! 予惟小子若涉渊水，予惟往求朕攸济。敷贲，敷前人受命，兹不忘大功；予不敢于闭。

本节说明困难必须克服和克服困难的最有效的方法——龟卜。

〔三〕"天降威，用文王遗我大宝龟绍天明，即命曰：'有大艰于西土，西土人亦不静，越兹蠢。殷小腆，诞敢纪其叙；天降威，知我国有疵，民不康，曰："予复！"反鄙我周邦。今春，今翌日，民献有十夫予翼，以于敉文、武图功。我有大事！'休，朕卜并吉！

本节叙述得到殷人的援助后向天卜问出兵的祷辞和所得吉利的卜兆，说明已具备了天人相应的必胜之势。

〔四〕"肆予告我有邦君越尹氏、庶士、御事曰：予得吉卜，予惟以尔庶邦于伐殷逋播臣！

本节坚决地发出兴师东征的动员令。

〔五〕"尔庶邦君越庶士、御事罔不反曰：'艰大，民亦不静，亦惟在王宫、邦君室，越予小子考翼，不可征。王害不违卜？'

本节举出邦君、御事们对于出兵的几项顾虑（事情复杂而严重，王室内部存在矛盾，又有自己的父兄在内，不便征伐），引起下文的诰教。

〔六〕"肆予冲人永思艰，曰：乌虖！允蠢鳏寡，哀哉！予造天役遣，大投艰于朕身。越予冲人不卬自恤，义尔邦君越尔多士、尹氏、御事绥予曰：'无毖于恤！不可不成乃文考图功！'

本节叙述自己为国为民的苦痛心情，并代邦君、御事们设辞，表示他们应当助王提高警惕，隐隐地斥责他们的畏葸顾虑的情绪。

〔七〕"已！予惟小子不敢僭上帝命。天休于文王，兴我小邦周。文王惟卜用，克绥受兹命。今天其相民，矧亦惟卜用。乌虖，天明威，弼我丕丕基！"

本节举出文王用了占卜得受天命的事实，证明现在又得吉卜，必然同样得到天的帮助，邦君们应当畏天遵卜以辅成周家的王业。

〔八〕王曰："尔惟旧人，尔不克远省？尔知文王若勤哉？天愍我成功所，予不敢不极卒文王图事。肆予大化诱我有邦君：天匪忱辞，其考我民，予害其不于前文人图功攸终？天亦惟用勤愍我民，若有疾，予害敢不于前文人攸受休毕！"

本节明责旧臣们不该不想文王的艰苦奋斗的旧事和当前的天意，应该和自己一起去完成文王所没有完成的功业。

〔九〕王曰："若昔朕其逝，朕言艰日思。若考作室，既底法，厥子乃弗肯堂，矧肯构；厥考翼其肯曰：'予有后，弗弃基'？厥父菑，厥子乃弗肯播，矧肯获；厥考翼其肯曰：'予有后，弗弃基'？肆予害敢不越卬敉文王大命！

本节用了造屋和耕田两个比喻，举出不可不立即完成文王未竟之功的道理。

〔十〕"若兄考，乃有伐厥子，民养其劝弗救?"

本节更明显地斥责旧臣们在王室遭殃的时候不该持袖手旁观的态度，打破他们的"艰大不可征"之说。

〔十一〕王曰："乌虖！肆我告尔庶邦君越尔御事：爽邦由哲，亦惟十人迪知上帝命越天匪忱，尔时罔敢易定；矧今天降戾于周邦，惟大艰人诞以陻伐于厥室，尔亦不知天命不易！

本节再述文王时得人之盛和天命的有定，提醒邦君、御事们，应当认识现在的情况正是这样。

〔十二〕"予永念曰：天惟丧殷，若穑夫，予害敢不终朕亩！天亦惟休于前文人。予害其极卜？敢弗于从率文人有旨疆土，矧今卜并吉。肆朕诞以尔东征！天命不僭，卜陈惟若兹！"

本节总结东征的几个原因（天丧殷；天休文王；守疆土；卜并吉），说明战事的必然胜利，根本驳斥了"害不违卜"的失败主义者。

四　今译

大诰

〔一〕〔周〕王说道："我现在向你们许多国君和管理政事的官员们①讲一番话：那个严厉的天给我们王家降下了许多灾难，没有稍微间歇过。我继承了这份广大无边的人民和疆土两项产业，只为没有得着聪敏能干的辅佐，来不及让我们人民的生活达到安乐的境界，我怎可以说我自己已经远远地认识了天命呢！

①按本篇中，周王讲话的对象，第一节说"尔多邦越尔御事"，第四节说"我有邦君越尹氏、庶士、御事"，第五节说"尔庶邦君越庶士、御事"，第六节说"尔邦君越尔多士、尹氏、御事"，第十一节说"尔庶邦君越尔御事"，除"多邦"（"庶邦"）和"御事"必有外，"尹氏"和"庶士"（"多士"）则或提或不提，但这四类官员都在那里听王的讲话则是无疑的。为了我们不能太拘泥了文字来翻译，所以"尹氏、庶士、御事"总译为"管理政事的官员们"或"大大小小的官员们"。

〔二〕"唉！我好像一个站在岸边准备渡过深川的人，我必须寻求怎样渡过去的方法。〔因此，〕我应当把大龟的卜兆举出来，再把我们先王接受天命的事实讲出来，这样才可以不失掉先王所建的大功；我是一定不敢把这些重要的事情掩盖起来的。

〔三〕"自从上天降下了威严，我就用了文王传给我们的大宝龟来卜问上天的命令，我祷告说：'有很大的困难落到我们西方来，就是由西方派出去的人们现在也不安静，我们的敌人是这般地蠢动起来了。殷邦刚刚恢复了一点力量，竟敢妄想重振他们早已失掉的权位。在上天向我王家降下威严的时候，他们知道我们国内有凶丧，人民也不安乐，就夸口道："我们光复旧业的机会到来了！"他们还敢忘想把我们周邦作为他们的附属地。今年春天，我们举行翌祭的那一天，在归顺我们的殷人里有一群有力量的人自动出来辅佐我们，〔得到他们的帮助，〕一同上前线，必然可以完成文王和武王的功勋。现在，我准备出兵了，〔问问您可以不可以？〕'好呀，在我这回的占卜里果然全都得到了吉兆！

〔四〕"所以，我要告给我们的许多国君和各级官员们：我已经在上帝那里得到了吉利的卜兆，我要带着你们许多国家的军队去讨伐那些殷商叛乱集团的亡命的奴才！

〔五〕"〔想不到〕在你们许多国君和各级官员里倒有好些和我的意见相反的，这班人的意思是说：'事情是如此地艰难而严重，内部的人民又不安静，并且这些乱子就出在我们王的宫里和国君们的家里，连我们家族中的许多父兄辈也牵连在里面，都是打不得的。王呀，您为什么不违背了占卜？'

〔六〕"所以，我为了这个困难问题作了深长的思考，说道：啊哟，这个事变大大地震动了我们，使得我们人民流离失所，多悲哀呀！我不幸遭受了上天的责罚，把这样艰苦的任务压到了我的肩头。如果我还不为这件大事而忧虑，你们许多国君和大大小小的官员们正该谏劝我道：'您为什么不去仔细地考虑呢！您的先人文王的大功是不该不由您去完成的呀！'

〔七〕"唉！我决不敢不信上帝的命令。上天对于文王保护周至，才把我们小小的周邦兴盛了起来。文王为了能遵照着占卜而行事，所以会得接受这个天命。现在我们再去使用占卜时，知道上天又要来援助我们的人民了。啊哟，上天正在显示它的威严，你们都该〔顺从天意〕帮我成就这个伟大的基业才是呀！"

〔八〕王接着说道："你们这些人当中，许多是我们先王的旧臣，你们为什么不能把过去的事情想一想？你们知道文王〔为了国家是〕多么地勤劳呀！现在上天已把成功的道理付给我了，我实在不敢不急速地完成文王的大事。所以我要恳切地对你们诸位国君说：上天并不是随便信任我个人的，它为的是要安定我们的人民，〔情况这般好〕，我为什么不替文王的功业争取一个最后的胜利？〔现在，〕上天的意思又要勤劳我们的人民了①，〔我们国内〕好像忙于治疗瘟病似的，我哪敢不为先文王所受的上帝命令〔着想而坚决地〕除去了这个瘟病！"

①即指东征之事。

〔九〕王又说："像前面我对你们说过的，我正在天天考虑这件困难的工作，〔可是我知道我们不该为困难所吓倒。这可以把造屋作个比喻。〕有一个父亲想造屋子，他已经定好了规模，他的儿子连堆土打好堂基的劳力都不肯费，哪里会去搭柱装椽；〔在这般情形下，〕他老人家难道还肯说一句'我有好儿子，他不会抛弃我的基业'的话吗？〔再把种田来作比喻。〕要是有位父亲已经翻好了土地，做儿子的连播种尚且不肯，更不必要求他去收谷子，〔到了这时，〕难道他老人家还肯说'我有好儿子，他不会抛弃我的基业'吗？〔为了这个类似的原因，〕所以我就不敢不趁着我的有生之日把文王所受的大命好好地获得一个结果。

〔十〕"〔我再举一个例。〕如果有一位哥哥死了，突然有敌人来袭击他的儿子，难道他的家里的仆人们可以一齐旁观而不救吗？"

〔十一〕王又说道："啊哟！所以我要告给你们许多国君和管事的官员们知道：如果要把国家治理得好，必须由聪敏能干的人出来担当政事，前些时候我们有一群贤人，他们都能认识上帝的旨意和天命的不可无限地依赖，那时他们紧紧地守住了上帝的定命，〔我国才振兴了起来；〕到了今天，上天又要把这定命降给我们了①，眼看那些发难造反的人们必然会得互相打破他们自己的家室，难道你们不知道上帝的命令是改变不得的吗！

①前边的天的定命是指文王受命和武王克殷；这时天再给周定命的证据，是民献有十夫和吉卜。

〔十二〕"我现在经过了长久的考虑，可以对你们讲：上天早已决定了要丧亡殷邦，我们好像一群农夫似的，有一连串的农业工序在等待着我们去做，我哪敢不把它做完了呢！上天是爱护先文王的，〔那就永远会保佑我们。〕〔再说，〕我为什么要赶快去占卜？那就为了不敢不守住文王所有的大好的疆土，何况现在我们的占卜都已得到了吉兆，〔大家更可以放心了呢。〕所以我就要带着你们军队向东方进军了！天命是没有不可信的，试看占卜上所表示的是这般地清楚呀！"

五　史实

自从周太王建国岐山，渐渐强大，征服了昆夷。他的儿子有泰伯、仲雍、王季等，泰伯和仲雍率领远征军，到汉水流域征服了荆蛮，他们的后世迁到了长江下游，建立了吴国；季历承受了太王的产业，更图发展，一生和戎人斗争，势力从陕西发展到山西。王季为商王文丁所杀；子昌继位，是为文王。

文王在位五十年，附近的许多国家给他灭的灭了，降的降了，势力日大，成为"西伯"（西方的霸主）。他自己很有政治才能，又有一班好辅佐，国势日隆。为了笼络人心，他装神作鬼，说是在占卜上承受了天命，将来可以得天下。他东向进军，打到了黎国，那是在今山西的长治县，只要越过太行山就是商的王都了。那时殷朝人恐慌到极度，祖伊奔告商王纣说："恐怕我们的天命已经到了尽头了吧！"不久，文王死了，子发即位，是为武王。

武王承受了这般蓬勃的国运，带了文王的木主，自称"太子发"，堂堂正正地兴师伐殷，恰好殷王纣征伐东夷，自己既精疲力尽，又用了俘虏来御敌，奴隶们利用战争的机会起义，周师前来，在牧野里一战，取得了彻底的胜利，杀了殷王，灭了殷朝。但东方的殷人政权已有近一千年的历史，有很多的属国，他们的势力一时还不容易完全铲除，所以武王分殷王畿为三区：北面地区封给纣子武庚，东面地区封给自己的亲弟管叔，西面地区封给另一个亲弟蔡叔，是为"三监"（后人去掉武庚，加进霍叔，是不合事实的），表面上算是统一了天下。他就回归西方本土去了。

武王回国只有二年，他一病死了。他的亲弟周公立太子诵为王，是为成王。为了周朝初定天下，政权还没有稳固，成王年纪又轻，应付不了这个问题重重的局面，所以周公自己执政。他既是实际上的最高统治者，所以人们也就称他为"王"。

殷人被周人征服，只是武力一时不济，民族的仇恨是消灭不了的。他们的人民和属国一听到周武王死去，就以为恢复的时机已经来临，簇拥着武庚张起反周的旗帜。而管叔、蔡叔呢，他们虽然不和殷人一条心，可是眼看周公揽着大权，做了实际的王，也心怀嫉忌，想借着殷人的力量来打倒周公，扩张自己的势力。所以三监虽是不同民族，又是不同利益，但在反对周公政权这一点上，他们的态度是一致的。他们带着自己和属国的军队，浩浩荡荡地西向进军。

这一下可把周朝的诸侯和朝臣们吓坏了，因为武庚和他的属国以及管叔、蔡叔的联合行动，声容和实力是远远地超过周人的，而且自己的父兄亲戚们也有好多在东方，一定会被胁从到殷人集团里，"投鼠忌器"，如何抵抗得？加以文王的儿子很多，同情管叔们举动的也不免有人，他们各有徒属，为了个人的利益打算，必然和周公貌合神离。这就形成了自己阵营里的分裂。如何把他们一齐团结起来，矛头向外，确是一个非常困难的问题。

周公在这时，自己成为众矢之的，当然非常不安，但看文王打下来的基业倘然从此一败涂地，实在是一件痛心的事情，所以他定下两个政策。第一是模仿文王，用占卜来鼓舞大家，说上帝虽然降给我们许多灾祸，但现在又要爱护我们，打倒东方的叛徒了，为了服从上帝的旨意，我们不该不对敌人作迎头的痛击。第二是联络殷族的许多奴隶主们，许下他们优厚的条件，要他们帮助周朝，戡定叛乱；换句话说，就是"以殷制殷"。当周朝的许多臣子还在踌躇着不想接受这吉利的占卜的时候，许多亡国的奴隶主们却拥护周公，表示甘愿随同出兵了。这就使得周公坚定了胜利的信心，再和自己的臣属们讲一番话，很坚决地迫令他们一起东征。这回讲话经史官笔录了下来，传到现在，就是这篇《大诰》。

周公率军东征，辛辛苦苦地打了三年的仗，斧也破了，斨（方凿的斧）也缺了，结果把叛军打败。武庚北向逃亡，不知下落。管叔上吊死了。蔡叔判处了徒刑，徙到远方安置。那跟随武庚起兵的，如奄和蒲姑，都赶到了江南，另行建国；淮夷（原在潍水流域）的一部赶到了淮河流域；楚国赶到了丹水流域；徐国也赶到淮河流域，可是有一部分却赶到了汾水和渭水两流域。周公又在洛阳造了一座大城，把有力的殷人迁住那里，许他们生活，不许他们干政。大量的东方民族，闹到十室九空，流亡载道；他们的统治阶级分子更不知道被杀死了多少。

这一次残酷的东、西方民族斗争，周家完全胜利，奠下了八百年统治的基业。从此周王才真正抚有了东方的土地，于是封康叔于卫，别封康叔的儿子王孙牟于东（小东），掌管了管叔、蔡叔的原辖区；又封周公子伯禽于鲁（大东），掌管了奄国的旧地；封太公望于齐，掌管了蒲姑氏的旧地；封召公子于燕，掌管了武庚的旧地。此外，小国如邢、曹、郜、滕等，也都是周家的贵族，星罗棋布，占有了东方诸地。原来的东方民族虽有留遗，但再没有翻身的力量了。周公为了怀柔殷遗民，又封微子于宋以奉殷先王的祭祀。

我们在这里可以知道：周族向外发展，始于太王、王季，而其势盛于文王；武王的克殷，只是在他的上辈的基础上成就的结果。为了他的统治的时间太短，而且东方问题没有彻底解决，所以《大诰》里就多说文王，少说武王。等到东方民族联合反周，周公东征用残酷的手段解决了东方问题，周族才建立了统一的王朝。这篇《大诰》就是周族从飘摇不定的环境转到固如磐石的政权的一个转折点。

周公东征和东方各族的迁徙[*]

——周公东征史事考证四之一

周公出兵之后，耗费了三年的长时间，把叛军彻底打败，武庚向北逃亡，管叔自杀，蔡叔被放逐了。殷的人民或流亡到东北，跟武庚另建新国；或被迁到周的陪都洛邑，加强管制；或分与新封的各国，当了奴隶。原居在东方的许多古国大量地被灭，人民一部分当了奴隶，一部分被迫迁徙，有的南迁到淮河流域和长江流域，有的西迁到了遥远的汾水、渭水诸流域。

（1）《诗·豳风·破斧》："既破我斧，又缺我斨。周公东征，四国是皇。哀我人斯，亦孔之将！"毛《传》："隓（椭）銎曰'斧'。……'四国'，管、蔡、商、奄也。'皇'，匡也。'将'，大也。"卫《序》："《破斧》，美周公也，周大夫以恶四国焉。"郑《笺》："四国流言，既破毁我周公，又损伤我成王，以此二者为大罪。周公既反摄政，东伐此四国，诛其君罪，正其民人而已。此言周公之哀我民人，其德亦甚大也。"陈奂《诗毛氏传疏》：

---

　　[*]　此文系《大诰译证》中史事考证之一。史事考证自 1984 年起陆续在《文史》等处刊出。本篇发表于 1986 年《文史》第 27 辑。后收入《中国现代学术经典·顾颉刚卷》。

"隋銎曰'斧',……方銎曰'斨'。……銎者,斧柄之孔。……'皇',读与'匡'同。《晋语》'是之不果奉而暇晋是皇',言不暇匡晋也,亦假'皇'为'匡'。'匡'读如'一匡天下'之'匡'。《尔雅》:'"皇"、"匡",正也。'……言哀我民人遭此破缺之害,则征匡之德甚大也。"

　　按从毛公到陈奂,全把这诗说成"美周公",郑玄甚且把"斧"比周公,"斨"比成王,说管、蔡、商、奄四国既经毁伤他们二位,周公为了哀怜人民,只是大举东征,匡正他们的罪状,也表现了自己的大德。其实,我们只须涵咏白文,就可知道周公东征不但征了兵丁,还要各个兵丁带着斧、斨等自己所有的武器,打了很久,打得斧也破了,斨也缺了。"皇"固然可以解作"匡正",但也未尝不可解作"惶恐",例如《孟子·滕文公下》"孔子三月无君则皇皇如也",赵《注》"'皇皇',如有所求而不得"即是。这就是说周公东征,不但折损了自己阵营里的无数兵器,而且逼得对方的人民感到极度的惶恐不安。"四国",原是四方之国,是商、周间的一个习用的语辞,《多方》的"猷告尔四国、多方"可证。《左传》襄三十一年"公孙挥能知四国之为",杜《解》:"知诸侯所欲为。"可知这个语汇到春秋后期还沿用着,不该死死地限制在"四"的数字。毛《传》把它固定为"管、蔡、商、奄",足征西汉人已经不了解这一语义。他不想,作《多方》时管、蔡、商、奄已都不存在了,何缘再来这"四国"?而且《逸周书·作雒》明说"周公……征熊、盈族十有七国",《吕氏春秋·察微》也说"管叔、蔡叔之事与东夷八国不听之谋",那时反周之国很多,又如何只说了"四国"?至于"哀我人斯,亦孔之将",明明怨恨这回战事打得太残酷了,给人们带来的祸害太严重了,有什么"美周公"的意思在!

　　(2) 同书《豳风·东山》:"我徂东山,慆慆不归。我来自东,零雨其濛。鹳鸣于垤，妇叹于室。洒埽穹窒，我征聿至。有敦瓜苦，烝在栗薪。自我不见，于今三年。"毛《传》："'慆慆'，言久也，'濛'，雨貌。……'垤'，螘（蚁）冢也，将阴雨，则穴处先知之矣。鹳好水，长鸣而喜也。 '敦'，犹'专专'也。'烝'，众也。言我心苦，事又苦也。"卫《序》："《东山》，周公东征也。周公东征，三年而归，劳归士，大夫美之，故作是诗也。"郑《笺》："'鹳'，水鸟也，将阴雨则鸣，行者于阴雨尤苦，妇念之则叹于室也。'穹'，穷；'窒'，塞；'洒'，灑；'埽'，拚也。'穹窒'，鼠穴也。……言妇人思其君子之居处，专专如瓜之系缀焉；瓜之瓣有苦者，以喻其心苦也。'烝'，尘；'栗'，析也。言君子又久不见，使析薪，于事尤苦也。古者声'栗'、'裂'同也。"陈奂《疏》："专专者，聚之意。'专'，古'团'字。栗木为薪，故曰'栗薪'。"

按这是从征的军士在濛濛阴雨的归途中所作的抒情诗（这诗文字平顺，不像周初人所作，也许是公元前八世纪左右的人所拟作，等于《琴操》中的文王、箕子各曲），他想念他的家中妻子，想她正在为了他久不归来而哀叹，这明明是征夫、思妇们怨恨战争的呼声，所以毛《传》也只得说"言我心苦事又苦"，郑《笺》也说"瓜之瓣有苦者，以喻其心苦"。如果说这首诗确是为周公东征作的，那么它连同《破斧》都是诅咒周公的，恰好说明周公东征的不得人心，哪能像卫宏这样，在"心苦事又苦"之上加一个"美"字！这时胜利的周人尚有这种感觉，那些国破家亡的东方各国人民的心情就不言可知了。

（3）《孟子·滕文公下》："'有攸不惟臣，东征，绥厥士女，篚厥玄黄，绍我周王见休，惟君附于大邑周。'其君子实玄黄于篚以迎其君子，其小人箪食壶浆以迎其小人。救民于水火之中，取其残而已矣！"赵岐《注》："从'有攸'以下，道周武王伐纣时也，皆《尚书》逸篇之文也。'攸'，所也。言武王东征安天下，士女小人各有所执往，无不惟念臣子之节。'筐厥玄黄'，谓诸侯执玄三、纁二之帛，愿见周王望见休善，使我得附就大邑周家也。其君子、小人各有所执，以成（《考文》本作'迎'）其类也。言武王之师救殷民于水火之中，讨其残贼也。"伪孙奭《疏》："武王东征而绥抚其士女，则为之士女（似脱一'者'字）皆以箱筐盛其玄黄之帛，以昭明我之周王见休美。……武王之师众有君子，有小人，故商民有君子、有小人迎之者也。……今据《书》（《伪古文尚书·武成》）乃曰'昭我周王'，而此乃曰'绍我周王'，盖绍者，继也，民皆以玄黄之帛盛于筐，而随武王之师后而继送之也。……必言'士、女'者，以其武王所绥不特匹夫、匹妇而已，虽未冠之士，未笄之女亦且绥之。"朱熹《集注》："'有所不惟臣'，谓助纣为恶而不为周臣者。……'绍'，继也，犹言'事'也，言其士女以匪（筐）盛玄黄之币迎武王而事之也。商人而曰'我周王'，犹《商书》所谓'我后'也。'休'，美也，言武王能顺天休命，而事之者皆见休也。'臣附'，归服也。孟子又释其意，言商人闻周师之来，各以其类相迎者，以武王能救民于水火之中，取其残民者诛之而不为暴虐耳。'君子'，谓在位之人；'小人'，谓细民也。"焦循《正义》："'攸'，所也'，《尔雅·释言》文。《大戴礼·夏小正》'绥多士女'，《传》曰：'"绥"，安也。''绥厥士女'，即安天下士女也。《尔雅·释诂》云：'"惟"，思也。'……'不惟'，惟也，犹'不显'，显也；'不承'，承也：故（赵《注》）以'无不'解'不'字。《诗·商颂》'有截其所'，《笺》云：'"所"，处也。'《孟子》云'无处而馈之'。此'有攸'即'有所'，'有所'即'有处'。……其有所处也，即'惟念执臣子之节'也。……士女所以有所惟臣者，以武王东征来安之也。……《禹贡》荆州'厥筐玄、纁'。《说文·

系部》云：'"绛"，大赤也。"纁"，浅绛也。'盖赤和以黄则浅，赤合黄为'纁'，赤合黑为'玄'，故'玄黄'即'玄纁'也。《史记·鲁仲连列传》：'平原君曰："胜请为绍介而见之于先生。"'《集解》引郭璞云：'"绍介"，相佑助者。'赵氏以'愿见'释'绍'字本此，凡请见必由绍介也。……是时诸侯匪厥玄黄来请见，谓相者曰：'其介绍我周王，传我愿见之意，使我得见休而臣附于大邑周也。'曰'我周王'，亲之也，曰'大邑周'，尊之也。二句乃述诸侯请见之辞也。"

（4）《伪古文尚书·武成》："惟一月壬辰旁死魄，越翼日癸巳，王朝步自周，于征伐商。厥四月哉生明，王来自商，至于丰，……柴望，大告武成。既生魄，庶邦冢君暨百工受命于周。王若曰：'……今商王受无道……予小人既获仁人，敢祗承上帝以遏乱略。……肆予东征，绥厥士女。惟其士女篚厥玄黄，昭我周王。天休震动，用附我大邑周。……既戊午，师逾孟津。癸亥，陈于商郊。……甲子昧爽，受率其旅若林，会于牧野，罔有敌于我师。……一戎衣，天下大定。'"《伪孔传》："'旁'，近也。月二日死魄。'翼'，明；'步'，行也。武王以正月三日行自周，二十八日渡孟津。其四月，'哉'，始也。始生明月，三日，与'死魄'互言。……燔柴郊天，望祀山川。……魄生明死，十五日之后。诸侯与百官受政命于周，明一统。'仁人'，谓太公、周、召之徒。'略'，路也。言诛纣敬承天意以绝乱路。〔东征，〕此谓十一年会于孟津之时也。〔士女篚厥玄黄，〕言东国士女筐筐盛其丝帛，奉迎道次，明我周王为之除害。天之美应震动民心，故用依附我。……'衣'，服也。一着戎衣而灭纣，言与众同心，动有成功。"

按宋王偃的末年（公元前二八八——公元前二八六年），他将行"仁政"，从事争霸，齐、楚两大国恶而伐之，万章把这个消息告诉他的老师孟轲，问他该怎么办，孟子回答说："不行王政云尔。苟行王政，四海之内皆举首而望之，欲以为君，齐、楚虽大何畏焉！"孟子生在统一的前夕，当时各国人民苦于统治阶级为了争城夺地，征战不休，人民蒙受深重的生命、财产的损失，统一的呼声日高，所以他一生主张实行"王政"，所谓王政就是儒家理想中的道德统治，他游说各国的君主时，总是说"汤以七十里起，文王以百里起"，见得国土的大小和人民的多少都不是惟一的实现统一的条件，只要一位诸侯对人民实行仁惠的政治，人民自然会得跟着他走，他就有继周为天子的资格。因此，在说出他的结论之前，他先说"汤……十一征而无敌于天下，东面而征西夷怨，南面而征北狄怨，曰：'奚为后我！'民之望之若大旱之望雨霓也"，然后说及武王，提出了"有攸不为臣"以下二十八字，又加上他自己引申出来的话，说商人于纣亡之后，他们排队欢迎周师，其中的"君子"（贵族）们把玄黄的币帛送给周方的"君子"，"小人"（平民）们也各各就自己所有，捧出了一箪（小筐子）的饭、一壶的浆（粥）来送给周方的"小人"，为了纣王暴虐，他们的生活如在水火之中，太痛苦了，现在周师打了进来，他们得到解救，所以非常地高兴来迎接这些新主人，把许多礼物送给周师。殷人对周的情感好到这样，早已降服，然则"东征"之谓何！这"有攸"以下二十八字，因为文体不似战国，所以凡读《孟子》的都认为是《尚书》逸文，所惜的没有把篇名传下来。王肃编《伪古文尚书》时就把它录入《武成》，实定这段文字是武王克殷后归国，亲口向"庶邦冢君暨百工"说的话，只有"有攸不惟臣'一句妨碍了上下文气，把它删了。又因"篚厥玄黄"这句没有主词，就增"惟其士女"四字于前，见出"篚厥玄黄"的即是"士女"，这和孟子把"实玄黄于篚"是殷的"君子"送给周的"君子"的不同。又嫌"绍我周王见休，惟臣附于大邑周"不像是武王的话，所以删去"见休"二字，改"臣附于"为"用附我"。历代的解释者，无论汉、宋、清，都听信了《孟子》和《伪尚书》，把这二十八字确定为周武王时事及周武王的话。现在根据这些解释作为今译，应当是："殷的人民都念念不忘地要对于周王恪尽臣子的责任，所以当武王东征、安抚殷方的男男女女的时候，很多男男女女都把玄色和黄色的币帛盛放在筐子里，送到周人的面前，请求道：'快介绍我们去面见周王，达到我们臣属于大邑周的希望吧！'"这样翻译似乎也说得过去。可是有几点讲不通。其一，古书上说到武王的功业，只是"胜殷、克纣"，没有说他"东征"的，说到周公，则总是"东征"，这个"东"指的是一定的地点（见《"三监"人物及其疆地·管、蔡（霍）傅相武庚的传说》，《文史》第二十二辑）。为什么这里有了"东征"的字样，反而指为武王时的书呢？其二，"有攸不惟臣"这一句，释"攸"为"所"，释"不惟"为"惟"，总使人觉得有些牵强；朱熹解此句为"谓助纣为恶而不为周臣者"，这是他独具只眼提出的新义，以其不为周臣，故有"东征"之举，这不是解释得很顺利吗？然则这个"助纣为恶"的究竟是哪一个呢？千古悠悠，文献散失，更从哪里去找寻？想不到到了十九世纪末叶，在河南安阳发见了大批甲骨卜辞，七十年来不断发见，其中有几条讲到攸国的。例如一曰："癸卯卜，黄贞：王旬亡祸，在正月，王来正（征）人方（夷方），于攸侯喜啚永。"（明义士藏片）二曰："囗在正月，王来正人方，在攸。"（同上）三曰："癸酉卜，在攸，派贞：王旬亡败，王来正人方。"（《前编》二·一六）四曰："甲午，王卜贞：囗步从侯喜囗又，不苗戋，囗在祸，王乩，曰囗。"（《前编》四·一八）王襄《簠室殷契征文》释"仪"为古"攸"字，亦即"脩"的省文，举汉画"荷篠"题字作"匜"，证"攸"是"脩"的省笔字，且疑条地即"鸣条"（《征地》一九），这说甚是。(《汉书·叙传下》引《易·颐·六四爻辞》作"其欲潒潒"，颜《注》："'潒'音涤。"《子夏易传》作"攸攸"，可做旁证。)按《孟子·离娄下》："舜生于诸冯，迁于负夏，卒于鸣条，东夷之人也。"是诸冯、负夏、鸣条三地皆在东夷境内。又《吕氏春秋·简选》："殷汤登自鸣条，乃入巢门。"《淮南子·主术》："汤困桀鸣条，擒之焦门。"同书《修务》"汤整兵鸣条，困夏南巢。"《楚辞·天问》："何条放致罚而黎服大说？"洪兴祖《补注》："言'条放'者，自鸣条放之也。"在这些话里都可见关系夏、商存亡的最后一次决定性的战争阵地是在鸣条。鸣条在哪里？自从《伪孔传》注《汤誓·序》"鸣条之野"云"地在安邑（今山西夏县）之西"，皇甫谧《帝王世纪》又断言"今安邑见（现）有鸣条陌"(《汤誓·疏》引)，之后，许多人都眼向山西看去。其实不然。要解决这个问题，须先弄明白当时夏、商两国的都城在哪里。《史记·孙子吴起列传》记吴起对魏武侯云："夏桀之居，左河、济，右泰华，伊阙在其南，羊肠在其北。"《战国策·魏一》记这一事时作"伊、洛出其南"，羊肠阪在太行山上，而太行山起于河南济源县，然则河、济在东，华山在西，伊、洛在南，太行在北，不是很清楚地写出了洛阳的形势吗？又《国语·周语上》："幽王二年，西周三川皆震。伯阳父曰：'周将亡矣！……昔伊、洛竭而夏亡。'"周都镐京，"三川"是泾、渭、洛，都是在周都附近的，而伊、洛（本写作雒）则是在洛阳南的二水，这些河流的"震"或"竭"，在当时人看来，都是国家将亡的征象，这不又是很清楚地说明了夏桀都于洛阳吗？桀既都洛阳则决不都安邑，因为安邑是大河在西、华山在南、太行在东的，方向大不一致。至于汤都，前人虽很多异说，但看《孟子·滕文公下》说的"汤居亳，与葛为邻。……汤使亳众往为之耕，老、弱馈食。……有童子以黍肉饷，杀而夺之。……为其杀是童子而征之。……汤始征，自葛载（始）"，可见商和葛必然是紧邻的两国，所以汤可以派出自己的人民到葛国去耕种，而老的和弱的也都可以去送饭。葛国在今河南宁陵县，久已得到公同的承认。"亳"（bó），有时亦用同音字写作"薄"。《左传》哀十四年："宋桓魋之宠害于公（宋景公），……魋先谋公，请以鞌易薄，公曰：'不可！薄，宗邑也。'乃益鞌七邑。"杜《解》："'鞌'，向魋邑。'薄'，公邑，……宗庙所在。"《汉书·地理志》"山阳郡薄"，颜《注》引臣瓒曰："汤所都。"《清一统志·曹州府》："薄县故城在曹县南二十余里，曹南山之阳。"汉代的薄县就是春秋时代宋国的薄邑，而这薄邑是宋国"宗庙所在"的"宗邑"，说为即是汤都的亳当然可信。亳在北，渡获水而南即是宁陵，相去只数十里，所以汤的征伐从葛开始是可以理解的。此后他的势力日大，西向伐桀，从亳到洛阳也不过三百多里，然而刚走到半路就交锋了。鸣条这一战场所在，许慎《淮南子注》："'鸣条'，今陈州（'州'，当作'留'）平丘地。"（《御览》八十二引）孔《汤誓·疏》引或说云："陈留平丘县，今有鸣条亭。"汉的平丘县在今河南长垣县西。这就可见汤帅师由曹县之亳西至长垣西之鸣条，其时桀已闻讯，也帅师由洛阳东至鸣条来抵御，两军当即会战于鸣条，桀师大败，桀向东南逃亡，到淮南的巢湖区域（据《太平寰宇记》，南巢故城在今安徽桐城县南六十五里），后来就死在那里。至于平丘所隶属之陈留，这地名的取义是什么？《汉书·地理志》颜《注》引臣瓒曰："留属陈，故称'陈留'也。"是则这里本是陈的留邑。陈是怎样的一个国家呢？《左传》昭十七年："陈，太皞之虚也。"这是说陈人所居之地即是太皞的遗址。同书襄二十五年："昔虞阏父为周陶正，以服事我先王。我先王赖其利器用也，与其神明之后也，庸（用）以元女大姬配胡公而封诸陈，以备三恪。"杜《解》："'阏父'，舜之后，当周之兴，阏父为武王陶正。舜圣，故谓之‘神明’。‘元女’，武王之长女。‘胡公’，阏父之子满也。周得天下，封夏、殷二王后，又封舜后，谓之‘恪’，并二王后为三国；其礼转降，示敬而已，故曰‘三恪’。”这是说陈君是舜的后裔，受周封，娶周女，是一个特别受尊敬的侯国。太皞和舜二人都是鸟夷族的祖先或宗神，陈的统治阶级是鸟夷族的一个分支，其地域亦在鸟夷范围之内。如今回说到攸国，可知有攸即是攸，也即是条，也即是鸣条，其所以称为鸣条是鸟图腾的表现。其地在殷都今安阳和淇县的东南，为殷王帝乙和纣两代伐东夷时的东道主，当时的攸侯喜是殷王方面的得力人员。他既经在征伐中使出了大力气，当然殷王乐意赏赐他，使他成为殷东的一个大国。当武王死后，东方诸侯一齐起来反周，攸国也参加了。因为它的目标大，所以周公东征时把它当作一个主要的对象，而说“有攸不惟臣”。这“不惟臣”三字，正与《皋陶谟》的“万邦黎献共惟帝臣”的“惟臣”对照，“惟”即“为”也（见《玉篇》、《经传释词》）。为了“有攸不惟臣”，所以周公就起了“东征”之师。下文“绥多士女”怎解？按《夏小正》“二月……绥多士、女”，《传》：“‘绥’，安也；冠子、娶妇之时也”，这是说在二月里，各家成年男女都该婚嫁，使得他们各各安心，义与《孟子》各注无异。可是自从甲骨文出现之后，却要赋予新的意义。于省吾《夏小正五事质疑》云：“宋傅崧卿引关涂本，‘绥’作‘缕’。……按作‘绥’或‘缕’含义相同。……卜辞、金文均有‘妥’无‘绥’，‘绥’为后起字。‘妥’象以爪擒女之形，犹之乎古文字‘俘’本作‘孚’，象以爪擒子之形，引申之则为‘俘掠’之‘俘’。‘妥’之本义为俘女，乃古义之已湮者。再以典籍中‘绥’通‘妥’证之。《仪礼·士昏礼》‘授绥’，郑《注》：‘“绥”，所以引升车者。’《左·哀二年传》‘子良授大子绥’，孔《疏》：“‘绥者，挽以上车之索。’又《说文》：‘“绥”，系冠缨也。''绥'训为索'緌'训为缨，均属绳类；作动词用，则训为'系结'之'系'，或'缚係'之'係'，字亦通作'繫'。卜辞'係'作'夨'，象以绳索係人之颈。关涘本'绥'作'緕'者，《集韵》平声十二齐'繫'同'緕'，又去声十二霁'撌'之重文作'捀'，'襖'之重文作'袧'，是从'奚'从'系'互作之证。'緕'、'係'叠韵，故相通假。'緕'亦通作'傒'，《淮南子·本经》'傒人之子女'，高《注》：'"傒"，繫囚之"繫"。'由此可见'绥'或作'傒'，字同而义同。'士、女'乃古代青年或壮年男、女的通称，无阶级贵贱之别。《诗·氓》'女也不爽，士贰其行'，《国语·齐语》'罢士无伍，罢女无家'，这里所说的'士'与'女'指未婚者言之。《诗·女曰鸡鸣》'女曰鸡鸣，士曰昧旦'，这里所说的'士'与'女'指夫妇言之。《师寰簋》'徒馭（驱）俘、士、女、羊、牛'，又'士、女'与'羊、牛'并列，则'士、女'指被俘的壮年男、女言之，无已婚、未婚之别。《诗·甫田》的'以穀我士、女'《既醉》的'厘尔女、士'（'女、士'即'士、女'，倒文以谐韵），'士、女'均指奴隶言之。……然则……此文之'绥多士、女'，均就壮年男女之为奴隶者言之。'绥'字训为缚系，与《孟子·梁惠王》'系累其子弟'的'系累'……义训相同。在古代社会，奴隶往往是带着手铐、脚镣，在奴隶主的皮鞭监视之下，被强迫地从事劳动，其原因就在于为了防止奴隶的逃亡和反抗。马克思曾经指出'罗马的奴隶是由锁链……被系在他的所有者手里'（《资本论》卷一，七一七页）。《墨子·尚贤中》："'傅说被褐、带索，庸筑乎傅岩。《吕氏春秋·求人》：'傅说，殷之胥靡。'按'靡'与'縻'古字通，《广雅·释诂》训'靡'为'系'，《小尔雅·广言》训'縻'为'缚'。《荀子·儒效》'胥靡之人'，杨《注》：'"胥靡"，刑徒人也。"胥"，相；"靡"，系也，谓锁相联相系。'《汉书·楚元王传》：'胥靡之，衣之赭衣，使杵臼雅舂于市。'颜师古《注》：'联系使相随而服役之，故谓之"胥靡"，犹今之役囚徒，以锁联缀耳。'直至解放前，尚属于奴隶制社会的我国西南大、小凉山的彝族，对于奴隶也均施以缧绁。……《小正》二月先言'往耰黍'，又言'初俊羔'，均系叙记农田、畜牧之事；下接以'绥多士、女'，是说用被索系的许多壮年男、女奴隶，以从事于农业和牧业的劳动，这是容易理解的。"按《夏小正》的"绥多士、女"，本来解释为以婚嫁安我男、女的，经于氏以社会发展史的眼光作了文字的考证，变成了把索子锁起来、强迫从事于农、牧劳动的一大群壮年男、女奴隶，于是回转来看孟子所引《逸书》的"绥厥士、女"一段话就很容易明白是怎么一回事了。这原是周公东征攸（条）国胜利之后，大抢大掠，捆缚了他们的男、女做周人的奴隶，夺取了他们装在筐子里的币帛来给周人享受，于是周的军官们高兴地喊道："我们有好东西带回去见我们的周王，取得他的欢乐了，现在整个攸国已是我们大邑周的臣属了！"这和历代经师们的解释多么不同！本来已经装饰为被解救的人们自动地欢迎新主人的一幅非常浓郁的祥和气氛的画面，现在竟是赤裸裸地一片耀武扬威的杀伐之气了，这在古史资料的整理上岂不是一个天翻地覆的改变！这个攸国臣属于周之后，怎么样呢？《左传》定四年说："分鲁公以……殷民六族：条氏、徐氏、萧氏、索氏、长勺氏、尾勺氏，使帅其宗氏，辑其分族，将其类丑（众），以法则周公，用即命于周；是使之职事于鲁，以昭周公之明德。"杜《解》："'即'，就也。使六族就周，受周公之法制，共鲁公之职事。"原来他们已经当了种族奴隶，有担任鲁国种种"职事"的义务，只有低首俯心，听凭鲁公的驱遣了。他们做奴隶的苦痛，却昭显了周公的"明德"，这真是奴隶主的自高自大的思想！条为大国，故在六族之中巍然居诸国降酋之首。但鲁都曲阜，离陈留较远，势不驱攸国人民倾国而来，想来离陈留较近的陈、宋、曹诸国也会分得这些种族奴隶的一部分。"徐氏"，即徐戎。"萧氏"，疑即萧鱼。

又按《伪古文尚书·武成》袭用《世俘》，故有"旁死魄"、"既生魄"诸名，这是西周时代纯太阴历的记日子的专名。《说文·月部》："'霸'，月始生霸然也，承大月二日，承小月三日。从月，霍声。《周书》（《康诰》）曰：'哉生霸。'""霸"是本字，"魄"是假借字。"承大月二日，承小月三日"，即是一钩初生的新月，故曰"哉（始）生霸"。此义本极易明，不料刘歆喜欢创立新说，竟给他倒了过来。《汉书·律历志下》引刘歆《世经》云："'死霸'，朔也；'生霸'，望也。"（武王伐纣岁下）颜《注》引孟康云："月二日以往，明生魄死，故言'死魄'。"他们附会魂魄之说，把"魄"和"明"作为对立的名词，于是把月的光明面称为"明"，月的黑暗面称为"魄"，而"哉生霸"一词本来是表示月之始生的，到那时竟变成了月的始缺。《伪古文尚书》的作者不了解古代事实，偏尊信刘、孟的误说，创造出"哉生明"一词来和"哉生霸"作配，于是本是二十五日的"旁死霸"变成二日，本是八、九日的"既生魄"变成十五日之后，搅乱了历史上的时间。直到二十世纪初叶，王国维综合了西周金文的许多记载，作《生霸死霸考》，才使人清楚地认识"霸（魄）"即是"明"，《说文》之说不误，而《世经》和《伪古文尚书》之说则大误。至于"一戎衣"这话，本由《康诰》上的"殪戎殷"来，"戎"有"大"义，《诗·大雅·江汉》"肇敏戎公"，毛《传》："'戎'，大；'公'，事也。"是其证。为了殷是当时惟一的大国，所以周人在殷亡国之后，还是口口声声称它为"大邦殷"（《召诰》）或"天（大）邑商"（《多士》）来表示敬意。《礼记·中庸》说"武王缵大王、王季、文王之绪，壹戎衣而有天下"，郑玄

《注》："'衣'读如'殷',声之误也。齐人言'殷'声如'衣'。……今姓有衣者,殷之胄与?"想不到《伪武成》竟写作"一戎衣"而释作"'衣',服也。一着戎衣而灭纣,言与众同心",在这上面,又看出了它是如何地抹杀事实、狂妄地凭着自己主观而乱道!

(5)《盠鼎》:"佳(惟)周公于征伐东尸(夷),丰伯、敷古咸哉。公归,禦(荐)于周庙(庙)。戊辰,酓(饮)秦酓,公貮(赏)盠贝百朋。……"

按这是周公征伐东夷的原始资料。于省吾同志面告:"'敷古'应读为'薄姑',即周公所伐的一国。'咸哉'是已经杀伐了的意思。文云'丰伯、敷古咸哉',知道丰伯也是周公东征时的一个对象。"王引之《述闻》四:"咸者,灭绝之名。《说文》曰'"伐",绝也,读若咸',声同而义亦相近,故《君奭》曰:'诞将天威,咸刘厥敌。''咸'、'刘'皆灭也,犹言'遏刘'、'虔刘'也。"这可以解这里的"咸哉"。丰伯之国,不详所在。按《左传》哀十四年,齐简公信任阚止,使为政,陈恒和他争权,入宫把简公看管起来,"子我(阚止)归,属徒,攻闱与大门,皆不胜,乃出。陈氏追之,失道于弇中,适丰丘。丰丘人执之以告,杀诸郭关"。杜《解》但云:"'弇中',狭路。'丰丘',陈氏邑。[郭关,]齐关名。"皆不详其地所在。弇中既为狭路,自必为山地。齐都在今山东临淄县,其东其北皆无山,其南有牛山,其西南有商山,阚止失道当在此间,他所适的丰丘当在今益都、临朐两县中。是知丰伯和蒲姑氏是极邻近的两国,所以周公一下子把这两国灭了。"丘"和"虚"本是一字而有繁简的异写,所以《左传》所记的"丰丘"即是丰伯之国的遗虚。丰名亦见《小臣宅簋》。《仪礼·乡射礼》和《燕礼》都有"丰",其形如豆而矮,下像一人半跪,举头戴着盘子,用来盛放罚爵,见聂崇义等所编《三礼图》，并说明丰君以酒亡其国，故取以为戒。《今本纪年》据此，遂于成王十九年书"黜丰侯"。可是这事于古史无征，未足取信。《左传》僖二十四年记富辰数"文昭"十六国，内有"酆"，杜《解》："酆国在始平鄠县东。"《捃古录》二三有《丰伯车父毁》，系西周晚期器，大概就是这个酆国，那是国于今陕西的，和"东夷"扯不到一起。如果真有以酒亡其国的丰侯，也说不定是西方的酆国呢。现在，我们在这《盠鼎铭》上，只能知道蒲姑的邻国不但有奄，亦且有丰，丰和蒲姑是周公同时征伐的，只是此国在史籍中久已湮沉了。陈梦家《西周铜器断代》（一）："'饮秦饮'，第二'饮'字指酒浆。《说文》："秦"，禾名。''秦饮'是酒名。"

又按《史记·高祖本纪》云"高祖，沛丰邑中阳里人"，《集解》引孟康曰："后沛为郡，丰为县。"《水经注·泗水》："泡水自山阳平乐来，又径丰西泽，谓之丰水。又东，径……丰县故城南。"《清一统志》："故城，今丰县治。"现在江苏的丰县在沛县的东面，北境接着山东的金乡县。如果这个秦代的丰邑和周初的丰伯确有关系，那么我们便可以说在周公伐灭丰伯后，丰国人民便迁到今江苏北部了。

（6）《小臣单觯》："王后阪克商，才（在）成自。周公易（锡）小臣单贝十朋。……"

按"阪"，方濬益《缀遗斋彝器考释》（二十四）释"段"，云："'段'即'假'，通作'格'。……《尔雅·释诂》：''格'，至也。'《释言》：''格'，来也。'言来自克商也。"陈梦家《西周铜器代断》（一）释"圣"，云："《说文》曰：'汝、颍之间谓致力于地曰"圣"，从土、从又，读若"兔窟"。''圣'就是'掘'，此处假借作'屈'、'诎'、'绌'、'黜'：《诗·泮水》'屈此群丑'；《书序》'既黜殷命'；《诗·有客·笺》和《周本纪》作'既绌殷

命’；《秦策》‘诎敌国’，注云：‘诎，服也。’‘王后诎克商’，是
成王第二次克商，既克武庚之叛。……武王伐纣，则为‘前克
商’，即第一次克商。’“成自”，除见此铭外，《竞卣铭》亦言
“佳白（伯）懋父以成自即东，命伐南尸（夷）”，可见成自是西
周的军区之一。其地所在，陈梦家以为即《管蔡世家》“封叔武
于成”的“成”，《史记正义》引《括地志》云：“濮州雷泽县东
南九十一里，汉郕阳县，古郕伯，姬姓之国。”陈氏以为“此成
介于东、西朝歌与曲阜之间，乃是克商以后践奄途中的中点”
(《西周铜器断代》一)。作器者小臣单，受到周公十朋之赐，可见
他是一个从公东征的人。

(7)《韩非子·说林上》：“周公旦已胜殷，将攻商盖。辛公甲
曰：‘大难攻，小易服。不如服众小以劫大。’乃攻九夷而商盖服
矣。”

按“九夷”当即上节“东夷”的异称，因为他们族类甚多，
所以把最多数的“九”作为形容词。“商盖”，即“商奄”。《左
传》昭九年“蒲姑、商奄，吾东土也”，又定四年“因商奄之民，
命以《伯禽》，而封于少皞之虚”，都是“商奄”连文。《墨子·耕
柱》：“古者周公旦非关叔（管叔），辞三公，东处于商盖。”王念
孙《杂志》七之四：“‘商盖’当为‘商奄’。‘盖’字古与‘盇’
通，‘盇’、‘奄’草书相似，故‘奄’讹作‘盇’又讹作盖。
……昭二十七年《左传》‘吴公子掩馀’，《史记·吴世家》、《刺客
传》并作‘盖馀’，亦其类也。”孙诒让《间诂》：“《说文·邑部》
‘奄’作‘郓’，云‘周公所诛’。郓国在鲁。‘商奄’即奄，单言
之曰‘奄’，累言之则曰‘商奄’。此谓周公居东，盖东征灭奄，
即居其地。”按《古本纪年》“南庚更自庇迁于奄”，又“盘庚自
奄迁于殷”，是奄为商的旧都，其在商末，当为商王族的支子所
封之国，故称之曰“奄侯”，又称之曰“商奄”。因为商奄的势力

雄厚，所以周公出师时视为大敌，讨平之期亦在最后。至其字作
"商盖"，实由音转，而不是像王氏所说为草书的讹文。吴毓江
《墨子校注》十一："'盖'、'奄'一声之转。《说文》曰：'"瘄"，
跛病也，从疒，盍声，读若"胁"，又读若"掩"。'《史记·大宛
传》'奄蔡'，《正义》云：'"奄蔡"，即阖苏也。'……《后汉书
·东夷传》'掩㴲水'，即盖斯水，皆其证也。"其说是。《国语·周
语中》云："求盖人，其抑下滋甚。"《晋语一》云"彼将恶始而
美终，以晚盖者也"，《楚语下》云"以谋盖人，诈也"，此三处
韦《解》并云："'盖'，掩也。"是则"奄"与"盖"自因音同而
通用可知。

又按"九夷"，又见《论语·子罕》，云："子欲居九夷。"马
融《注》："东方之夷，有九种。"（何晏《集解》引）《淮南子·齐
俗》亦云："越王勾践……胜夫差于五湖，南面而霸天下，泗上
十二诸侯皆率九夷以朝。"九夷既为孔子所愿居，且为泗上诸侯
所率以朝越王，可见这些部族都在今山东省境内，或兼及今安
徽、江苏两省的北部。韩非此说，说周公用了辛甲的战略，为准
备击破强大的商奄，先去攻打弱小的九夷，由此可识周人进兵的
步骤。而东方夷人种类的多，"夷"为东方各族的总称，和他们
当时大都站在反周的旗帜之下，亦均由此可见。

（8）《逸周书·作雒》："周公、召公内弭父兄，外抚诸侯。元
年夏六月，葬武王于毕。二年，又作师旅，临卫政（征）殷，殷
大震溃。降辟三叔。……凡所征熊、盈族十有七国，俘维九邑。
俘殷献民，迁于九毕。"孙晁《注》："'弭'，安。……下畔其上
曰'溃'。……'俘'，囚为奴。十七国之九邑罪重，故囚之。
'献民'，士大夫也。'九毕'，成周之地，近王化也。"王念孙
《杂志》一之二："书传皆言'毕'，无言'九毕'者。《玉海》十
五引此作'九里'。……盖'里'、'毕'字相似，又涉上文'葬

武王于毕'而误。"孙诒让《斠补》二:"《韩非子·说林》篇:
'魏惠王为臼里之盟,将复立天子。'《战国策·韩策》'臼里'作
'九重',一本作'九里',盖即此。《秦策》云'梁君驱十二诸侯
以朝天子于孟津',则九里必成周畿内之地。"于省吾同志面告:
"殷民所居在成周内'上商里'(见《后汉书》),即迁殷顽民之处,
疑即九里。"

按《逸周书》这一说,是东征为武王死后第二年事。"九
里",依孔、王、孙、于四家说,是近成周之地,那就是《书序》
所说的"成周既成,迁殷顽民"的事。成周的城是殷民所筑,
《召诰》云"太保(召公)乃以庶殷攻位于洛汭,……周公……
既命殷庶,庶殷丕作"可证,知一部分殷民的西迁在筑城之前。
"献民",即俘虏;孔说为"士大夫",大概所迁的主要是社会上
层分子。由此可见,筑城前迁了一批,筑城后又迁了一批,先迁
的是平民和奴隶,后迁的是贵族。"熊"即祝融族,其国为楚、
邾等;"盈"即"嬴",为鸟夷族,其国为徐、秦等。"俘维九邑"
的"维",一般看做语词,但陈梦家在《西周铜器断代(一)》
云:"《汉书·地理志》'潍'或作'维'或作'淮'。……《作雒》
的'十七国'和'维九邑'是包括熊、盈两族的。"则是把它讲
作专有名词,俘的应是淮夷的九个邑。今存此说待考。

(9)《金縢》:"周公居东二年,则罪人斯得。"《伪孔传》:
"周公既告二公,遂东征之。二年之中,罪人此得。"孔《疏》:
"谓获三叔及诸叛逆者。……《东山》诗曰'自我不见,于今三
年',又云'三年而归'。此言'二年'者,诗言初去及来凡经三
年,此直数居东之年,除其去年,故二年也。罪人既多,必前后
得之,故云'二年之中,罪人此得'。"

按《金縢》一篇系战国时人录当时传说,甚有问题。

(10)《史记·鲁世家》:"周公……遂诛管叔,杀武庚,放蔡

叔，……宁淮夷东土，二年而毕定。"

按这是司马迁取《金縢》说入史，故东征年数不与他书同。

（11）《孟子·滕文公下》："周公相武王诛纣，伐奄三年讨其君，驱飞廉于海隅而戮之，灭国者五十，驱虎、豹、犀、象而远之，天下大悦。"赵岐《注》："'奄'，东方无道国。武王伐纣，至于孟津还归，二年复伐，前后三年也。'飞廉'，纣谀臣。……灭与纣共为乱政者五十国也。奄，大国，故特伐之。"

按诛纣是武王时事，伐奄是成王时事，《孟子》此文不加分析，致赵岐误会文中"三年"是伐纣的三年，而没有想到这乃是东征的三年。东征时伐奄是最重大的一次战役，所以把它特举出来。"灭国五十"，和《作雒》征十七国之数不同，可能是把克殷和东征两次战役的结果总合起来说的；这是我国古代史上的一个重大事件，可惜当时史料存留的太少，已无从详究。林春溥有《灭国五十考》一卷，附《武王克殷日记》后，也未能多找得些资料，辜负了这个好题目。"驱虎、豹、犀、象而远之"，是孟子的误说。殷人用象作战是真有其事，故《吕氏春秋·古乐》云："商人服象，为虐于东夷，周公遂以师逐之。"至于虎、犀等，那是武王到殷郊打猎所获得，或在殷王园圃中所掠夺，和东征毫无关系。《逸周书·世俘》云："武王狩：禽虎二十有二，猫二，麇五千二百三十五，犀十有二，牦七百二十有一，熊百五十有一，罴百一十有八，豕三百五十有二，貉十有八，麈十有六，麝五十，麋三十，鹿三千五百有八。"据石声汉同志来函的分析，虎、犀、熊、罴应为圈养，熊、罴至少有一部分为'御兽监'中物，余则是半野生。豕（野猪）、麇（四不像？）、麋、鹿为半野生乃至全野生。猫（亚洲野猫）、貉、麝、麈全系野生。半野生及槛畜两类即房掠纣圃所得，野生则为武王狩猎所获。《世俘》这篇文字本名《武成》（见《汉书·律历志》引刘歆《三统历·世经》)），孟子是读过的，所以他说："尽信《书》则不如无《书》，吾于《武成》取二三策而已矣！"(《尽心下》) 因为在他的想像里，武王克殷是仁义之师，兵不血刃，不应当有杀戮之惨和掠夺之多，如这篇所记；他不知道"仁义之师"原出于战国儒者的想像和人民的希望，古代的民族斗争本来是残酷无情的。(以上均见颉刚所作《逸周书世俘篇校注、写定与评论》，《文史》第二辑。) 为了殷人和周人作战时曾经利用过象，而在孟子读过的《武成》里有虎、犀、熊、罴等凶猛的动物，所以他就并作一谈，而云"周公……驱虎、豹、犀、象而远之"了。

(12)《保卣》："乙卯，王令（命）保及殷东或（国）五厌（侯），徝（诞）兄（荒）六品。蔑曆于保，易（锡）宾。用乍（作）文父癸宗宝障彝。遘于三（四）方迨（会）王大祀，祏（祐）于周，才（在）二月既望。"

按此器近年与《保尊》同出，两器铭文同。据上（8）节引《作雒》文，"周公、召公内弭父兄，外抚诸侯"，可知周公东征时召公亦曾参加。召公在王朝所任的官，先为保，后为太保，故这卣的"保"可定在召公的早年。这文所说的"殷东国五侯"，当即指东方反周的某五国。郭沫若《保卣铭释文》云："'及'同'逮'，即逮捕之意。此为本义，后假为'暨'、'与'之'及'，而本义遂失。然考殷、周古文，……'暨'、'与'义之联词均用'眔'，无用'及'者；用'及'为联词乃后起事。(按关于'及'为'逮'义的问题，黄盛璋《保卣铭的时代与史实》一文中有详尽的阐述。)'徝兄六品'，'徝'即语词'诞'，犹'遂'也；'兄'读为'荒'，亡也。《书·微子》'天毒降灾荒殷邦'，《史记·宋微子世家》作'亡殷国'。'六品'即六国。依金文例，玉可言'品'，《穆公鼎》'锡玉五品'是也；氏族可言'品'，《周公毁》'锡臣三品：州人、彔从、膏人'是也；土田亦可言'品'，《作册友史鼎》'省北田四品'是也。此则国亦言'品','征兄六品'者，遂亡六国也。……'蔑厤'连文，金文习见，……每与军旅有关，含嘉勉、旌伐之意。……《屯鼎》'屯蔑厤于王'（《小校经阁》二·六三），与此铭'蔑厤于保'同例。故此《保卣》乃大保瞏之下属所作，称'保'而不名，犹称'王'而不名。此句得其解，正为'保'为大保瞏之一佳证，盖器如为大保所作，则铭文无仅自称职而不称名之例。作器者为谁，铭中未言。《赵孟𠂤壶》：'遇邗王于黄池，为赵孟𠂤（介）；邗王之赐金，以为祠器。'亦未著作器者名，例与此同。'易宾'，'宾'有赠义，《𪓔卣》'王姜令作册睘安夷伯，夷伯宾睘贝、布'是也；又有赠品义，《仲幾父殷》'仲幾父史幾使于诸侯、诸监，用毕宾作丁宝殷'是也。此为赠品义，'易宾'谓大保予某以赏赐。"陈梦家《西周铜器断代（一）》云："'遘于'至铭末为以事记日，和晚殷的刻辞相同，如'才正月遘小甲彡夕，佳九祀'（《明》六一，乙、辛卜辞），'遘于武乙彡日，佳王六祀彡日'（《考古图》四、二九，晚殷金文）。……此殷所记为遘于四方会王大祀于周。依殷制，月名通常在'遘于'之前，此则在后。……'𣈆'，是《说文》古文'会'字。"按从这铭看来，在这次东征里，召公瞏曾灭了东方六国，可惜所灭的国名这铭全没举出，因此也无从知道召公行军的路线。

(13)《多方》："惟五月丁亥，王来自奄，至于宗周。周公曰，王若曰：'猷告尔四国多方！……惟我周王灵承于旅，克堪用德，惟典神天，天惟式教我用休，简畀殷命，尹尔多方。今我曷敢多诰，我惟大降尔四国民命。尔曷不忱裕之于尔多方？尔曷不夹介又我周王，享天之命？今尔尚宅尔宅，畋尔田，尔曷不惠王熙天之命？尔乃迪屡不静，尔心未爱！尔乃不大宅天命，尔乃屑播天命！尔乃自作不典，图忱于正！我惟时其教告之，我惟时其战要囚之，至于再，至于三。乃有不用我降尔命，我乃其大罚殛之。非我有周秉德不康宁，乃惟尔自速辜！'……王曰：'……尔乃惟逸惟颇，大远王命，则惟尔多方探天之威，我则致天之罚，离逖尔土！'"《伪孔传》："言周文、武能堪用德，惟可以主神天之祀，任天王。天以我用德之故，惟用教我用美道代殷，大与我殷之王命，以正汝众方之诸侯。……汝何不以诚信行宽裕之道于汝众方？……'夹'，近也。汝何不近大见治于我周王以享天之命，而为不安乎？今汝殷之诸侯皆尚得居汝常居，臣民皆尚得畋汝故田，汝何不顺从王政，广天之命，而自怀疑乎？汝所蹈行数为不安，汝心未爱我周故！汝乃不大居安天命，是汝乃尽播弃天命！……是汝乃自为不常，谋信于正道！我惟汝如是不谋信于正道故，其教告之，谓讯以文诰；其战要囚之，谓讨其倡乱，执其朋党。……我教告、战要囚汝已至再三，汝其有不用我命，我乃大下诛汝君，乃其大罚诛之。非我有周执德不安宁自诛汝，乃惟汝自召罪以取诛！……若尔乃为逸预颇僻，大弃王命，则惟汝众方取天之威，我则致行天罚，离远汝土，将远徙之！"

按这是周公东征胜利时，从奄国遗墟回到镐京，那时商朝遗留下来的许多国君已经被召而会集在那里，周公就向他们严肃地讲了一番话。《多方》在《尚书》里，编次虽后于《多士》，然而事实在前，观篇首说"王来自奄'，而《多士》说"昔朕来自奄'，便可知道《多士》应移后，《多方》应称前；《多士》应上接《洛诰》，《多方》应上接《大诰》。(《多方》的"尔乃自时洛邑，尚永力畋尔田"是《多士》的脱简错入。怎么知道？《多方》说"今尔奔走臣我监五祀"，这"五祀"就是武王的克殷二年，加上周公的东征三年的总计。洛邑建成在周公执政七年，那时已在克殷后九年了。而且《多方》一篇是周公对殷遗的诸侯讲的，他们还拥有自己的领土，不可能像殷士一般迁居洛邑，也用不着告诫他们在洛邑里"力畋尔田"。)《多士》、《多方》中的"王"本是周公,自有《书序》和《伪孔传》后就把这两篇话送给成王。至于篇首所以说"周公曰,王若曰",这原是后世史官或经师们的增字,来表明这"王"就是周公。《书序》以下都故意讲作周公奉成王命告四方,他们甚至说周公东征后奄国再叛,彻底平奄的是成王(《伪孔传》于《多方》说:"周公归政之明年,淮夷、奄又叛。鲁征淮夷,作《费誓》。王亲征奄,灭其国,五月还至镐京。"《帝王世纪》说"王既营都洛邑,复居丰、镐,淮夷、徐戎及商奄又叛。王乃大搜于岐阳,东伐淮夷"〔《艺文类聚》十二、《御览》十四引〕。这都是为了编次的先后错乱而作出的伪史),这岂非看周公太不济事而看成王太易成功了呢? 这种说法是和后世帝王的专制政治的发展密切结合的,决不是古代的真事实。我们既经说明了这个问题,就可以在这篇文字里看出周公对付当时的四国多方是怎样的面目。他说:"我们周王为了有德,受了天命,来做你们许多国家的大君。你们为什么敢于不接受天命,不靠近我们,不爱我们周朝? 我为了你们不走正道,所以用了文告来教导你们,还用了武力来讨伐你们,把你们两次、三次的禁闭起来。你们如果不听我的话,冒犯天的威严,我就要执行天罚,驱逐你们全部人民,远远地离开你们的本土! 他的话说得多么决绝。从这里可以看出,东方民族大迁徙是周公的既定的政治方针的实现,也是他铁腕政策的成果。后世的儒家把周公想像为"温、良、恭、俭、让"式的圣人,是绝对的误认。

孟姜女故事的转变[*]

孟姜女的故事，论其年代已经流传了二千五百年，按其地域几乎传遍了中国本部，实在是一个极有力的故事。可惜一班学者只注意于朝章国故而绝不注意于民间的传说，以至失去了许多好材料。但材料虽失去了许多，至于古今传说的系统却尚未泯灭，我们还可以在断编残简之中把它的系统搜寻出来。

孟姜女即《左传》上的"杞梁之妻"，这是容易知道的。因为杞梁之妻哭夫崩城屡见于汉人的记载，而孟姜之夫"范希郎"的一个名字还保存得"杞梁"二字的声音。这个考定可说是没有疑义。于是我们就从《左传》上寻起。

《左氏》襄公二十三年《传》云：

> 齐侯（齐庄公）还自晋，不入，遂袭莒，门于且于，伤股而退。明日，将复战，期于寿舒。杞殖、华还载甲夜入且于之隧，宿于莒郊。明日，先遇莒子于蒲侯氏。莒子重赂

———————

    * 此文写于 1924 年 11 月，发表于同年 11 月 23 日北京大学《歌谣周刊》第 69 号。后收入 1928 年 4 月中山大学语言历史研究所《孟姜女故事研究集》第一册。又收入 1983 年 9 月中国民间文学出版社《孟姜女故事论文集》；1984 年 2 月上海古籍出版社《孟姜女故事研究集》；《顾颉刚选集》等。

之，使无死，曰："请有盟。"华周对曰："贪货弃命，亦君
所恶也。昏而受命，日未中而弃之，何以事君？"莒子亲鼓
之，从而伐之，获杞梁。莒人行成。齐侯归，遇杞梁之妻于
郊，使吊之。辞曰："殖之有罪，何辱命焉？若免于罪，犹
有先人之敝庐在，下妾不得与郊吊。"齐侯吊诸其室。

这是说，齐侯打莒国，杞梁、华周（即杞殖、华还，当是一名一
字）作先锋，杞梁打死了。齐侯还去时，在郊外遇见他的妻子，
向她吊唁。她不以郊吊为然，说道："若杞梁有罪，也不必吊；
倘使没有罪，他还有家咧，我不应该在郊外受你的吊。"齐侯听
了她的话，便到他的家里去吊了。在这一节上，我们只看见杞梁
之妻是一个谨守礼法的人，她虽在哀痛的时候，仍能以礼处事，
神智不乱，这是使人钦敬的。至于她在夫死之后如何哀伤，《左
传》上一点没有记出。她何以到了郊外，是不是去迎接她的丈夫
的灵柩，《左传》上也没何说明。华周有没有和杞梁同死，在
《左传》上面也看不出来。

这是公元前549年的事。从此以后，这事就成了一件故事。
这件故事在当时如何扩张，如何转变，可惜我们现在已经无从知
道。

过了二百年，到战国的中期，有《檀弓》一书（今在《小戴
礼记》中，大约是孔子的三四传弟子所记）出世。这书上所记曾
子的说话中也提着这一段事：

哀公使人吊蒉尚，遇诸道，辟于路，画宫而受吊焉。
曾子曰："蒉尚不如杞梁之妻之知礼也！齐庄公袭莒于
夺（夺即隧），杞梁死焉。其妻迎其柩于路而哭之哀。庄公
使人吊之。对曰：'君之臣不免于罪，则将肆诸市朝而妻妾
执。君之臣免于罪，则有先人之敝庐在，君无所辱命。'"

这一段话较《左传》所记的没有什么大变动，只增加了"其妻迎其柩于路而哭之哀"一语。但这一语是极可注意的。它说明她到郊外为的是迎柩，在迎柩的时候哭得很哀伤。《左传》上说的单是礼法，这书上就涂上了感情的色彩了。这是很重要的一变，古今无数孟姜女的故事都是在这"哭之哀"的三个字上转出来的。

比《檀弓》稍后的记载，是《孟子》上记的淳于髡的话：

> 淳于髡曰："……昔者王豹处于淇而河西善讴，緜驹处于高唐而齐右善歌，华周、杞梁之妻善哭其夫而变国俗。有诸内，必形诸外。为其事而无其功者，髡未尝睹之也。"（《告子下》）

在这一段上，使得我们知道齐国人都喜欢学杞梁之妻（华周之妻，或在那时的故事中亦是一个善哭的人，或华周二字只是牵连及之，均不可知；但在这件故事中无关重要，我们可以不管）的哭调，成了一时的风气。又使得我们知道杞梁之妻的哭，与王豹的讴，緜驹的歌，处于同等的地位，一样的流行。我们从此可以窥见这件故事所以能够流传的缘故，齐国歌唱的风气确是一个有力的帮助。

于是我们去寻战国时歌唱中哭调的记载，看除了杞梁之妻外，再有何人以此擅名的。现在已得到的，是以下数条：

> 雍门子以哭见于孟尝君。已而陈辞通意，抚心发声，孟尝君为之增欷呜欷唈，流涕狼戾不可止。（《淮南子·览冥训》）

> 韩娥、秦青、薛谈之讴，侯同曼声之歌，愤于志，积于内，盈而发音，则莫不比于律而和于人心。（《淮南子·氾论训》）

> 薛谭学讴于秦青，未穷青之技。自谓尽之，遂辞归。秦青弗止，饯于郊衢，抚节悲歌，声振林木，响遏行云。薛谭乃谢求反，终身不敢言归。秦青顾谓其友曰："昔韩娥东之

齐，匮粮，过雍门，鬻歌假食。既去而余音绕梁欐，三日不
绝，左右以其人不去。过逆旅，逆旅人辱之。韩娥因曼声哀
哭。一里（一本作十里）老幼悲愁，垂涕相对，三日不食。
遽而追之。娥还，复为曼声长歌。一里老幼喜跃忭舞，弗能
自禁，忘向之悲也。乃厚赂发之。故雍门之人至今善歌哭，
放娥之遗声。"（《列子·汤问篇》。《列子》一书虽伪，但它原
是集合战国时诸书而成，故此条可信为战国的记载。）

这三段中，都很明白的给与我们以"齐人善唱哭调"的史实。雍
门，高诱、杜预都说是齐城门。雍门的人既因韩娥而善哭，雍门
子周（依《说苑》名周）又以善哭有名，可见齐都城中的哭的风
气的普遍。秦青、薛谭之讴，《淮南》既说其"惯于志、积于
内"，薛谭的学讴又因秦青的"抚节悲歌"而不归，又可见他们
所作的歌讴也多带有愤悱悲哀的风味的。用现在的歌唱来看，悲
歌哀哭，以秦腔为最。秦腔中用"哭头"（唱前带哭的一呼，不
用音乐的辅助）处极多，凄清高厉，声随泪下，足使听客歔欷不
欢。齐国中既通行一种哭调，而淳于髡又说这种哭调是因杞梁之
妻的善哭其夫而相习以成风气的，那么，我们可以怀疑这话的
"倒果为因"了。杞梁之妻在夫亡之后，《左传》上绝没有说到她
哭，绝没有提到她悲伤，而战国时的书上忽有她"哭之哀"的记
载，忽有她"善哭而变国俗"的记载，而战国时正风行着这种哭
调，又正有韩娥、秦青、雍门周一班善唱哭调的歌曲家出来，这
岂不是杞梁之妻的哭调中有韩娥、秦青、雍门周的成分在内吗？
又岂不是杞梁之妻的故事中所加增的哀哭一段事是战国时音乐界
风气的反映吗？《淮南子·修务训》云：

> 邯郸师有出新曲者，托之李奇；诸人皆争学之。后知其
> 非也，而皆弃其曲。

邯郸师为什么要这样呢？《修务训》在前面说明道：

世俗之人多尊古而贱今，故为道者必托之于神农、黄帝
而后能入说。乱世阍主高远其所从来，因而贵之。为学者蔽
于论而尊其所闻，相与危坐而称之，正领而诵之。

读此，可知音乐界的"托古改制"，与政治界原无二致，为的是
要引人的注意，受人的尊敬，所以杞梁之妻的哭和她的哭的变
俗，很有出于韩娥一辈人所为的可能。即不是韩娥一辈人所托，
也尽有听者把他们的哭调与杞梁之妻的故事混合为一的可能。何
以故？歌者和听者对于杞梁之妻的观念，原即是世主和学者对于
神农、黄帝的观念。

用了这个眼光去看战国和西汉人对于杞梁之妻的赞叹和称
述，没有不准的；上文所举的两段战国时的话——"哭之哀"和
"善哭而变国俗"——不用说了，我们再去看西汉人的说话。

《韩诗外传》的作者韩婴，是西汉文、景时人。《外传》上
（卷六）引淳于髡的话，作：

杞梁之妻悲哭，而人称咏。

"称咏"，即是歌吟。这是说把她的悲哭作为歌吟。

《文选》所录《古诗十九首》中的第五首，《玉台新咏》（卷
一）归入枚乘《杂诗》第一首。枚乘亦是西汉文、景时人。诗
云：

西北有高楼，上与浮云齐，

交疏结绮窗，阿阁三重阶。

上有弦歌声，音响一何悲？

谁能为此曲？无乃杞梁妻！

清商随风发，中曲正徘徊，

一弹再三叹，慷慨有余哀。

不惜歌者苦，但伤知音稀。

愿为双鸣鹤，奋翅起高飞！

这是写一个路人听着高楼上的弦歌声而凝想道："哪一位能唱出这样悲伤慷慨的歌呢，恐怕是杞梁之妻吧?"他叙述这歌声道，"清商随风发"，"慷慨有余哀"，可见这种歌声是很激越的。又说，"中曲正徘徊，一弹再三叹"（叹，是和声），可见这种歌声是很缓慢的，羡声很多的，与"曼声哀哭"的韩娥之声如出一辙。

王褒是西汉宣帝时人。他做的《洞箫赋》（《文选》卷十七）形容箫声的美妙道：

> 钟期、牙、旷怅然而愕立兮；杞梁之妻不能为其气!

钟子期、伯牙、师旷是丝乐方面著名的人，杞梁之妻是歌曲方面著名的人。他形容箫声的美，说它甚至于使得钟子期等愕立而不敢奏，杞梁之妻失气而不敢歌。在此，可见杞梁之妻的歌是以"气"擅长的。这亦即是"曼声"之义。曼声，是引声长吟；长吟必须气足，故云"为其气"。十年前我曾见秦腔女伶小香水的戏。她善唱哭头，有一次演《烧骨记》，一个哭头竟延长至四五分钟，高亢处如潮涌，细沉处如泉滴，把怨愤之情不停地吐出，愈久愈紧练，愈紧练愈悲哀，不但歌者须善于运气，即听者的吸息亦随着她的歌声在胸膈间荡转而不得吐。现在用来想像那时的杞梁妻的歌曲，觉得甚是亲切。

所以杞梁之妻的故事中心，在战国以前是不受郊吊，在西汉以前是悲歌哀哭。

在西汉的后期，这个故事的中心又从悲歌而变为"崩城"了。

第一个叙述崩城的事的人，就现在所知的是刘向。他在《说苑》里说：

> 杞梁、华舟……进斗，杀二十七人而死。其妻闻之而

哭，城为之阤，而隅为之崩。(《立节》篇)

昔华舟、杞梁战而死，其妻悲之，向城而哭，隅为之崩，城为之阤。(《善说》篇)

叙述得较详细的，是他的《列女传》(卷四，《贞顺传》)。这书里说：

庄公袭莒，殖战而死。庄公归，遇其妻，使使者吊之于路。杞梁妻曰："令殖有罪，君何辱命焉！若令殖免于罪，则贱妾有先人之弊庐在，下妾不得与郊吊！"于是庄公乃还车诣其室，成礼，然后去。

杞梁之妻无子，内外无五属之亲。既无所归，乃就(一本作"枕")其夫之尸于城下而哭之。内诚感人，道路过者莫不为之挥涕。十日(一本作七日)而城为之崩。既葬，曰："吾何归矣！夫妇人必有所倚者也：父在则倚父，夫在则倚夫，子在则倚子。今吾上则无父，中则无夫，下则无子，内无所依以见吾诚，外无所依以立吾节，吾岂能更二哉！亦死而已！"遂赴淄水而死。

君子谓杞梁之妻贞而知礼。诗云："我心伤悲，聊与子同归。"

下面颂她道：

杞梁战死，其妻收丧。

齐庄道吊，避不敢当。

哭夫于城，城为之崩。

自以无亲，赴淄而薨。

其实刘向把《左传》做上半篇，把当时的传说做下半篇，二者合而为一，颇为不伦。因为春秋时知识阶级的所以赞美她，原以郊外非行礼地，她能却非礼的吊，足见她是一个很知礼的人；现在说她"就其夫之尸于城下而哭"，难道城下倒是行礼的地方吗？

一哭哭了十天，以致城崩身死，这更是礼法所许的吗？礼本来是节制人情的东西，它为贤者抑减其情，为不肖者兴起其情，使得没有过与不及的弊病。所以《檀弓》上说道：

> 弁人有其母死而孺子泣者。孔子曰："哀则哀矣，而难为继也。夫礼，为可传也，为可继也，故哭踊有节。"（《檀弓上》）

> 子游曰："……直情而径行者，戎狄之道也。礼道则不然。"（《檀弓下》）

> 孔子恶野哭者。（《檀弓上》）郑玄《注》："为其变众。《周礼》：衔枚氏'掌禁野叫呼叹鸣于国中者，行歌哭于国中之道者'。"陈澔《注》："郊野之际，道路之间，哭非其地，又且仓卒行之，使人疑骇，故恶之也。"

由此看来，杞梁之妻不但哭踊无节，纵情灭性，为戎狄之道而非可继之礼，并且在野中叫呼，使人疑骇，为孔子所恶而衔枚氏所禁。她既失礼，又犯法，岂非和"知礼"二字差得太远了！况且中国之礼素严男女之防，非惟防着一班不相干的男女，亦且防着夫妇。所以在礼上，寡妇不得夜哭，为的是犯了"思情性"（性欲）的嫌疑。鲁国的敬姜是春秋、战国时人都称为知礼的，试看她的行事：

> 穆伯（敬姜夫）之丧，敬姜昼哭。文伯（敬姜子）之丧，昼夜哭（《国语》作暮哭）。孔子曰："知礼矣！"（陈《注》："哭夫以礼，哭子以情，中节矣。"）

> 文伯之丧，敬姜据其床而不哭，曰："……今及其死也，朋友诸臣未有出涕者，而内人（妻妾）皆行哭失声。斯子也，必多旷于礼矣夫！"（以上《檀弓下》）

> 公父文伯卒，其母戒其妻曰："吾闻之：'好内，女死之。'……今吾子夭死。吾恶其以好内闻也。二三妇……请

无瘠色，无洵涕，无摇膺，无忧容……是昭吾子也!"仲尼
闻之曰："……公父氏之妇智也夫! 欲明其子之令德。"(《国
语·鲁语下》)

由此看来，杞梁之妻不但自己犯了"思情性"的嫌疑，并且足以
彰明其丈夫的"好内"与"旷礼"，将为敬姜所痛恨而孔子所羞
称。这样的妇人，到处犯着礼法的愆尤，如何配得列在"贞顺"
之中？如何反被《檀弓》表章了？我们在这里，应当说一句公道
话：这崩城和投水的故事。是没有受过礼法熏陶的"齐东野人"
（淄水在齐东）想像出来的杞梁之妻的悲哀，和神灵对于她表示
的奇迹；刘向误听了"野人"的故事，遂至误收在"君子"的
《列女传》。但他虽误听误收，而能使得我们知道西汉时即有这种
的传说，这是应当对他表示感谢的。

从此以后，大家一说到杞梁之妻，总是说她哭夫崩城，把
"却郊吊"的一事竟忘记了——这本是讲究礼法的君子所重的，
和野人有什么相干呢!

王充是东汉初年的一个大怀疑家，他欢喜用理智去打破神
话。他根本不信有崩城的事，所以他在《论衡·感虚》篇中驳道：

传书言杞梁氏之妻向城而哭，城为之崩。此言杞梁从军
不还，其妻痛之，向城而哭，至诚悲痛，精气动城，故城为
之崩也。夫言向城而哭者，实也；城为之崩者，虚也。夫人
哭悲莫过雍门子，雍门子哭对孟尝君，孟尝君为之于邑。盖
哭之精诚，故对向之者凄怆感动也。夫雍门子能动孟尝之
心，不能感孟尝衣者，衣不知恻怛，不以人心相关通也。今
城，土也，土犹衣也，无心腹之藏，安能为悲哭感恸而崩!
使至诚之声能动城土，则其对林木哭能折草破木乎？向水火
而泣能涌水灭火乎？夫草木水火与土无异，然杞梁之妻不能
崩城明矣。或时城适自崩，杞梁之妻适哭下，世好虚，不原

其实，故崩城之名至今不灭。

他不以故事的眼光看故事，而以实事的眼光看故事，他知道"城为之崩"是虚，而不知道他所认为实事的"向城而哭"亦即由崩城而来，这不能不说是他的错误。至于"城适自崩，杞梁妻适哭下"，欲为理性的解释，反而见其多事。但我们在这里，也可知道一点传说流行，大家倾信的状况。（《变动》篇中也有驳诘的话，不复举。）

东汉的末年，蔡邕推原琴曲的本事，著有《琴操》一书。这书中（卷下）载着一段"芑（即杞）梁妻叹"的故事。《芑梁妻叹》是琴曲名，是琴师作曲以状杞梁妻的叹声的，但他竟说是杞梁之妻自做的了。原文如下：

> 《芑梁妻叹》者，齐邑芑梁殖之妻所作也。庄公袭莒，殖战而死。妻叹曰："上则无父，中则无夫，下则无子，外无所依，内无所倚，将何以立！吾节岂能更二哉，亦死而已矣！"于是乃援琴而鼓之曰：
>
> 乐莫乐兮新相知！
>
> 悲莫悲兮生别离！
>
> 哀感皇天城为堕！
>
> 曲终，遂自投淄水而死。

这一段故事虽是和《列女传》所记差不多，但有很奇怪的地方。她死了丈夫不哭，反去鼓琴，有类于庄子的妻死鼓盆而歌。歌凡三句：上二句是《楚辞·九歌·少司命》一章中语，似乎和他们夫妇的事实不切；下一句是自己说"我的哀可以感动皇天，使城倒堕"，堕城只是口中所唱之辞。歌曲一完，她就投水死了，也没有十日或七日的话。把它和《列女传》相较，觉得《列女传》的杞梁妻太过费力，而《琴操》的杞梁妻则太过飘逸了。

自东汉末以至六朝末，这四百余年之中，这件故事的中心——崩城——没有什么改变，看以下诸语可见：

> 邹衍匹夫，杞氏匹妇，尚有城崩霜陨之异。(《后汉书》
> 卷五十七《刘瑜传》)

> 臣伏以为犬马之诚不能动人，譬人之诚不能动天。崩城
> 陨霜，臣初信之；以臣心况，徒虚话耳。(《文选》卷三十七，
> 曹植《求通亲亲表》)

> 贞夫沦莒役，杜吊结齐君。惊心眩白日，长洲崩秋云。
> 精微贯穹旻，高城为陨坟。(《乐府诗集》卷七十三，宋吴迈远
> 《杞梁妻》)

以前只是说崩城，到底崩的是哪地方的城，还没有提起过。西晋
崔豹的《古今注》(卷中)首说是杞都城。

> 《杞梁妻》，杞植妻妹明月之所作也。杞植战死，妻叹
> 曰：“上则无父，中则无夫，下则无子，生人之苦至矣！”乃
> 抗声长哭。杞都城感之而颓。遂投水而死。其妹悲其姊之贞
> 操，乃为作歌，名曰《杞梁妻》焉。

这一段以杞殖作“杞植”，又忽然跑出一个妻妹明月来作曲(这
或因夫死不应鼓琴之故)，与蔡邕《琴操》说不同，暂且不论。
最奇怪的，是“杞都城感之而颓”。杞梁只是姓杞，并非杞君，
他和杞都城有什么相关。况杞国在今河南开封道中间的杞县，莒
国在今山东济宁道东北的莒县，两处相去千里，何以会得杞梁战
死于莒国而其妻哭倒了杞城？这分明是杞地的人要拉拢杞梁夫妇
做他们的同乡先哲，所以立出这个异说。

在后魏郦道元的《水经注》(卷二十六《沭水》条莒县)中，却
说所崩的城是莒城：

> 沭水……东南过莒县东……《列女传》曰：“……妻乃
> 哭于城下，七日而城崩”，故《琴操》云：“……哀感皇天，
> 城为之堕”，即是城也。其城三重，并悉崇峻；惟南开一门。

内城方十二里，郭周四十余里。

杞梁之妻所哭倒的，无论是东汉人没有指实的城，是崔豹的杞城，是郦道元的莒城，总之在中国的中部，不离乎齐国的附近。杞梁夫妇的事实，无论如何改变，他们也总是春秋时的人，齐国的臣民。谁知到了唐朝，这个故事竟大变了！最早见的，是唐末诗僧贯休的《杞梁妻》：

> 秦之无道兮四海枯，筑长城兮遮北胡。
> 筑人筑土一万里，杞梁贞妇啼呜呜——
> 上无父兮中无夫，下无子兮孤复孤。
> 一号城崩塞色苦；再号杞梁骨出土。
> 疲魂饥魄相逐归，陌上少年莫相非！

（见《乐府诗集》卷七十三，尚未检他的《禅月集》。）

这诗有三点可以惊人的：

（一）杞梁是秦朝人。

（二）秦筑长城，连人筑在里头，杞梁也是被筑的一个。

（三）杞梁之妻一号而城崩，再号而其夫的骸骨出土。

这首诗是这件故事的一个大关键。它是总结"春秋时死于战事的杞梁"的种种传说，而另开"秦时死于筑城的范郎"的种种传说的。从此以后，长城与他们夫妇就结成了不解之缘了。

这件故事所以会得如此转变，当然有很复杂的原因在内。就我所推测得到的而言，它的原因至少有二种：一是乐府中《饮马长城窟行》与《杞梁妻歌》的合流；一是唐代的时势的反映。

《饮马长城窟行》最早的一首（即"青青河边草，绵绵思远道"之篇），《文选》上说是古辞，《玉台新咏》说是蔡邕所作。此说虽未能考定，但看《乐府诗集》（卷三十八）此题下所录诗有魏文帝、陈琳、……直至唐末十六家的作品，便可知道这种曲调是三国、六朝以至唐代一直流行的。他们所咏的大概分两派，雄壮的是杀敌凯还，悲苦的是筑城惨死。建筑长城的劳苦伤民，虽战国、秦、汉间的民众作品并无流传，但这原是想像得到的。（《水经注》引杨泉《物理论》云："秦筑长城，死者相属，民歌曰：'生男慎勿举……'其冤痛如此。"杨泉是晋代人，这四句歌恐即由陈琳诗传讹的，故不举。）三国时陈琳所作，即属于悲苦的方面。诗云：

> 饮马长城窟，水寒伤马骨。……
> 长城何连连，连连三千里。
> 边城多健少，内舍多寡妇。
> 作书与内舍："便嫁莫留住！
> 善事新姑嫜，时时念我故夫子！"
> 报书往边地："君今出语一何鄙！
> 身在祸难中，何为稽留他家子！
> 生男慎莫举，生女哺用脯。
> 君独不见长城下死人骸骨相撑拄！
> 结发行事君，慊慊心意关。
> 明知边地苦，贱妾何能久自全！"

这说的是夫妇的惨别之情，虽没有说出人名，但颇有成为故事的趋势。唐代王翰作此曲，其下半篇云：

> 回来饮马长城窟，长城道傍多白骨。
> 问之耆老何代人，云是秦王筑城卒。
> 黄昏塞北无人烟，鬼哭啾啾声沸天。
> 无罪见诛功不赏，孤魂流落此城边。

这把长城下的白骨，指明是秦王的筑城卒了。《乐府诗集》又有僧子兰一诗，子兰不知何时人，看集上把他放在王建之后，或是晚唐人。诗云：

> 游客长城下，饮马长城窟。
>
> 马嘶闻水腥，为浸征人骨。
>
> 岂不是流泉，终不成潺湲。
>
> 洗尽骨上土，不洗骨中冤。
>
> 骨若不流水，四海有还魂。
>
> 空流呜咽声，声中疑是言。

这更是把陈琳的"君独不见长城下死人骸骨相撑拄"一语发挥尽致。拿这几篇与贯休的《杞梁妻》合看，真分不出是两件事了。它们为什么会得这般的接近？只因古时的乐府，原即是现在的歌剧，流传既广，自然容易变迁。《饮马长城窟行》本无指实的人，恰好杞梁之妻有崩城的传说，所以就使她做了"贱妾何能久自全"的寡妇，来一吐"鬼哭啾啾声沸天"的怨气。于是这两种歌曲中的故事就合流而成为一系了。

唐代的时势怎样呢？那时的武功是号为极盛的，太宗、高宗、玄宗三朝，东伐高丽、新罗，西征吐蕃、突厥，又在边境设置十节度使，带了重兵，垦种荒田，防御外蕃。兵士终年劬劳于外，他们的悲伤，看杜甫的《兵车行》、《新婚别》诸诗均可见。他们离家之后，他们的妻子所度的岁月，自然更是难受。她们魂梦中系恋着的，或是在"玉门关"，或是在"辽阳"，或是在"渔阳"，或是在"黄龙"，或是在"马邑、龙堆"，反正都是在这延亘数千里的长城一带。长城这件东西，从种族和国家看来固然是一个重镇，但闺中少妇的怨毒所归，她们看着便与妖孽无殊。谁人是逞了自己的野心而造长城的？大家知道是秦始皇。谁人是为了丈夫惨死的悲哀而哭倒城的？大家知道是杞梁之妻。这两件故事由联想而并合，就成为"杞梁妻哭倒秦始皇的长城"，于是杞梁遂非做了秦朝人而去造长城不可了！她们再想，杞梁妻何以要在长城下哭呢？长城何以为她倒掉呢？这一定是杞梁被秦始皇筑在长城之下，必须由她哭倒了城，白骨才能出土，于是遂有"筑人筑土一万里"，"再号杞梁骨出土"的话流传出来了！她们大家有一口哭倒长城的怨气，大家想借着杞梁之妻的故事来消自己的块垒，所以杞梁之妻就成为一个"丈夫远征不归的悲哀"的结晶体！

在这等征战和徭役不息的时势之中，所有的故事，经着那时人的感情的渲染和涂饰，都容易倾向到这一方面。我们再可以寻出一个卢莫愁，做杞梁之妻的故事的旁证。

莫愁，是六朝人诗中的一个欢乐的女子，这个意义单看她的名字已甚明白。《玉台新咏》（卷九）载歌词一首（《乐府诗集》作梁武帝《河中之水歌》）云：

> 河中之水向东流，洛阳女儿名莫愁。
> 莫愁十三能织绮，十四采桑南陌头；
> 十五嫁为卢家妇，十六生儿字阿侯。
> 卢家兰室桂为梁，中有郁金苏合香。
> 头上金钗十二行，足下丝履五文章。
> 珊瑚挂镜烂生光，平头奴子提履箱。
> 人生富贵何所望，恨不嫁与东家王！

这写得莫愁的生活豪华极了，福气极了。但试看唐代沈佺期的《古意》：

> 卢家少妇郁金堂，海燕双栖玳瑁梁。
> 九月寒砧催木叶，十年征戍忆辽阳。
> 白狼河北音书断，丹凤城南秋夜长。
> 谁为含愁独不见，更教明月照流黄？

照这样说，她便富贵的分数少，而边思闺怨的分数多了。"莫愁"尚可变成"多愁"，何况久已负了悲哭盛名的杞梁之妻呢！

所以从此以后，杞梁妻的故事的中心就从哭夫崩城一变而为

"旷妇怀征夫"。

较贯休时代稍后的马缟（五代后唐时人），他做的《中华古今注》是根据崔豹的《古今注》的。他的书不过推广崔书，凡原来所有的几乎一个字也没有改。所以他的《杞梁妻》一条（卷下）也因袭着崔书。但即使因袭，终究因时代的不同，传说的鼓荡而生出一点改变。他道：

> 《杞梁妻歌》，杞梁妻妹朝日之作也。杞植战死，妻曰："上无考，中无夫，下无子，人之苦至矣！"乃抗声长哭。长城感之颓。遂投水而死。其妹悲姊子贤贞操，乃为作歌，名曰《杞梁妻贤》……

这和崔豹书有三点不同。（一）杞梁妻妹的名字由"明月"改作"朝日"了。（二）歌名不曰"杞梁妻"而曰"杞梁妻贤"（这"贤"字或系"焉"字之误）。（三）哭倒的城不曰"杞都城"而曰"长城"。妹名和歌名不必计较，城名则甚可注意。杞梁之妻哭夫于莒、齐之间，杞城感之而倒已是可怪，怎么隔了二千里的长城又会闻风而兴起呢？杞梁战死的时候，不但秦无长城，即齐国和其他各国也没有长城，怎么因了她的哭而把未造的城先倒掉了呢？

我们在此，可以知道杞梁之妻哭倒长城，是唐以后一致的传说，这传说的势力已经超过了经典，所以对于经典的错迕也顾不得了。

北宋一代，她的故事的样式如何，现在尚没有发现材料，无从知道。南宋初，郑樵在他的《通志·乐略》中曾经论到这事。他道：

> 《琴操》所言者何尝有是事！琴之始也，有声无辞，但善音之人欲写其幽怀隐思而无所凭依，故取古之人悲忧不遇之事而以命操，或有其人而无其事，或有其事而非其人，或

> 得古人之影响从而滋蔓之。君子之所取者但取其声而已。
> ……又如稗官之流，其理只在唇舌间，而其事亦有记载。虞
> 舜之父，杞梁之妻，于经传所言者不过数十言耳，彼则演成
> 万千言。……顾彼亦岂欲为此诬罔之事乎！正为彼之意向如
> 此，不说无以畅其胸中也。

这真是一个极闳通的见解，古今来很少有人把这样正当的眼光去看歌曲和故事的。可惜"演成万千言"的"杞梁之妻"今已失传，否则必可把唐代妇人的怨思悲愤之情从"畅其胸中"的稗官的口里留得一点。

较《通志》稍后出的，是《孟子疏》。《孟子疏》虽署着北宋孙奭的名字，但经朱熹的证明，这是一个邵武士人做了而假托于孙奭的，这人正和朱熹同时。他的书非常浅陋，有许多通常的典故也都未能解出，却敢把流行的传说写在里面，冒称出于《史记》。如《离娄》篇"西子蒙不洁"章，他疏道：

> 案《史记》云："西施每入市，人愿见者先输金钱一
> 文。"

这便是《史记》上所没有的。这样著书，在学问上真是不值一笑，但在故事的记载上使得我们知道当宋代时对于西施曾有这样的一个传说，这个传说中的看西施正和现在到上海大世界看"出角仙人"一样，这是非常可贵的。他能如此说西施，便能如此说杞梁之妻。所以他说：

> 或云，齐庄公袭莒，逐而死。其妻孟姜向城而哭，城为
> 之崩。

杞梁之妻的大名到这时方才出现了，她是名孟姜！这是以前的许多书上完全没有提起过的。自此以后，这二字就为知识分子所承认，大家不称她为"杞梁之妻"而称她为"孟姜"了。

孟姜二字怎么样出来，这也是值得去研究的。周代时妇人的

名字，大家都把姓放在底下，把排行或谥法放在上面。如"孟子"、"季姬"便是排行连姓的。如"庄姜"、"敬嬴"，便是谥法连姓的。"孟姜"二字，"孟"是排行，"姜"是齐女的姓；译作现在的白话，便是"姜大姑娘"。这确是周代人当时惯用的名字，为什么到了南宋才由民众的传说中发见出来？

在《诗经》的《鄘风·桑中》篇，有以下的一章：

爰采唐矣，沬之乡矣。

云谁之思？美孟姜矣。

期我乎桑中，要我乎上宫，送我乎淇之上矣。

又《郑风·有女同车》篇二章中，也都说到孟姜：

有女同车，颜如舜华。

将翱将翔，佩玉琼琚。

彼美孟姜，洵美且都！

有女同行，颜如舜英。

将翔将翱，佩玉将将。

彼美孟姜，德音不忘！

姚际恒在《诗经通论》（卷五）里解释道：

是必当时齐国有长女美而贤，故诗人多以孟姜称之耳。

这话也许可信。依他的解释，当时齐国必有一女子，名唤孟姜，生得十分美貌。因为她的美的名望大了，所以私名变成了通名，凡是美女都被称为"孟姜"。正如"西施"是一个私名，但因为她极美，足为一切美女的代表，所以这二字就成为美女的通名。（现在烟店里的美女唤做"烟店西施"，豆腐店里的美女唤做"豆腐西施"——江、浙一带如此，未知他处然否。）又嫌但言孟姜，她的美还不显明，故在上面再加上一个"美"字唤做"美孟姜"。如此，则"美孟姜"即为美女之意更明白了。孟姜本为齐女之名，但《鄘风》也有，《郑风》也有，可见此名在春秋时已传播得很远。以后此二字虽不见于经典，但是诗歌中还露出一点继续行用的端倪。如汉诗《陇西行》（《玉台新咏》卷一）云：

> 好妇出迎客，颜色正敷愉……取妇得如此，齐姜亦不如！

又曹植《妾薄命行》（《玉台新咏》卷九）云：

> 御巾挹粉君傍，中有霍纳都梁，鸡舌五味杂香。进者何人，齐姜，恩重爱深难忘。

可见在汉魏的乐府中，"齐姜"一名又成了好妇和美女的通名，则孟姜二字在秦、汉以后民众社会的歌谣与故事中继续行用，亦事之常。杞梁是齐人，他的妻又是一个有名的女子（有名的女子必有被想像为美女的可能性），后人用了"孟姜"一名来称杞梁之妻，也很近情。这个名字，周以后潜匿在民众社会中者若干年；直到宋代，才给知识分子承认而重见于经典。孟姜成了杞梁之妻的姓名，于是通名又回复到私名了。

附记：

　　作者近日事务非常冗忙，为践专号的宿诺，勉强抽出三天功夫，匆促作成这半篇。以下半篇，得暇即做。但说不定何日有暇。续文下期如能登出，那是最好。但不能登出亦是在意料中的，请读者原谅！

　　再，读者如有材料供给我，请送本校三院研究所国学门歌谣研究会转交。

　　　　　　　　　　　　　　　　　　一九二四，十一，十九。

九州之戎与戎禹*

　　禹与九州，自来即有不可分离之关系。《长发》之诗曰："洪水芒芒，禹敷下土方，"虽未明言分州，而《海内经》则为补足之曰："洪水滔天……禹卒布土以定九州。"《禹贡》一篇，以"禹敷土"始，以"九州攸同"终，更畅演《海内经》未尽之意。《齐侯钟》，春秋齐灵公时器也，亦以"咸有九州，处禹之堵"颂汤之德。信乎此一观念深入古人之心目中也！

　　今进而溯其由来，提出一问题曰：禹与九州何以发生关系？此虽现存之材料不多，不足以资解决，然尚有可以作猜想者；科学不避臆说，许人假定，敢为断之曰：是殆与戎族之移徙有因缘。试申论之：

　　春秋时，戎族分布于中国内地：在东方者，有鲁西之戎；在北方者，有居今河北、山东、山西三省间之北戎、山戎，及无终氏之戎；在西方者，有居今陕西省之犬戎、骊戎等；至于居今河南省者，最早则有伊雒之戎。《左氏》僖十一年《传》云：

　　• 此文写于 1937 年 5 月，发表于同年 6 月 1 日《禹贡半月刊》第 7 卷第 6、7 合期。后收入《古史辨》第七册等。

扬拒、泉皋、伊、雒之戎同伐京师，入王城，焚东门，王子带召之也。秦、晋伐戎以救周。秋，晋侯平戎于王。

杜预《注》云：

扬拒、泉皋皆戎邑，及诸杂戎居伊水、雒水之间者。

由此一事，知东周王室邻近之戎颇为强暴，非赖秦、晋勤王之师，则骊山之祸固已重演，而春秋之世亦必以尊王攘夷之业不成，使霸主失其依据，而另换一番局面矣。

为戎之挚悍而难御也，故越十一年，秦、晋即迁陆浑之戎于伊川，盖以藩卫王室为名，用蛮夷以制蛮夷（顾栋高说，见《春秋大事表》卷三十九）。《左氏》僖二十二年《传》云：

初，平王之东迁也，辛有适伊川，见被发而祭于野者，曰："不及百年，此其戎乎？其礼先亡矣！"

秋，秦、晋迁陆浑之戎于伊川。

陆浑之戎何自来乎？杜预云：

允姓之戎居陆浑，在秦、晋西北，二国诱而徙之伊川，遂从戎号。至今为陆浑县也。

据杜氏说，是陆浑本为秦、晋西北之地，允姓之戎自秦、晋西北而迁于伊川，乃将此地名挟以俱来。然则陆浑旧地在何处乎？赖"允姓"一词，可于《左氏》昭九年《传》中窥见之：

周甘人与晋阎嘉争阎田，晋梁丙张趯率阴戎伐颍。王使詹桓伯辞于晋曰："……先王居梼杌于四裔以御魑魅，故允姓之奸居于瓜州。伯父惠公归自秦而诱以来，使逼我诸姬，入我郊甸，则戎焉取之？……"

其所举迁戎事实与僖二十二年《传》同，知陆浑旧地在瓜州。然不沿其旧称"陆浑之戎"而名之曰"阴戎"者，又何也？则以所迁之地在"阴地"故也。阴地者何？杜预《注》云：

阴地，河南山北，自上雒以东至陆浑。（哀四年）

是则自今陕西商县至河南嵩县一带地，伊、雒二水之流域，皆称为阴地。所谓"山"者，今之秦岭山脉也。水南曰阴，山北亦曰阴，陆浑之戎居于河南山北两阴之地，故时人易其名曰阴戎也。

陆浑之戎为旧称，而阴戎为新称，名称之变由其居地之异。阴地之名既得其实，然则其所由迁之瓜州为今何地乎？杜预《注》云：

> 瓜州，今敦煌。

杜预此注盖有所本，《汉书·地理志》敦煌县下云：

> 杜林以为古瓜州，地生美瓜。

《水经·禹贡山水泽地篇注》亦云：

> 杜林云，敦煌，古瓜州也。州之贡物，地出好瓜，民因氏之。瓜州之戎，并于月氏者也。

杜林为东汉初人，少游西州，知敦煌出瓜，因立此说。顾此说可信乎？欲究此问题，又须合《左氏》襄十四年《传》之文而共论之：

> （晋）将执戎子驹支，范宣子亲数诸朝，曰："来，姜戎氏！昔秦人迫逐乃祖吾离于瓜州，乃祖吾离被苫盖，蒙荆棘，以来归我先君。我先君惠公有不腆之田，与女剖分而食之。今诸侯之事我寡君不如昔者，盖言语漏泄，则职女之由。诘朝之事，尔无与焉；与将执女！"对曰："昔秦人负恃其众，贪于土地，逐我诸戎；惠公蠲其大德，谓我诸戎是四岳之裔胄也，毋是翦弃，赐我南鄙之田，狐狸所居，豺狼所嗥，我诸戎除翦其荆棘，驱其狐狸豺狼，以为先君不侵不叛之臣，至于今不贰。……"

按此《传》所陈事实大足补僖二十二年《传》之缺遗。当时秦人逐戎，晋人诱戎，乃得除翦荆棘而居于周郊与晋鄙。然范宣子所数之戎不曰"允姓"而为"姜戎"，何以陆浑之戎既姓允又姓姜乎？杜预知其不易解，乃强为之说曰：

> 四岳之后皆姓姜，又别为允姓。

彼以允姓为姜姓之别支，姜与允盖同为一族。此种想像之辞，未必符合事实。按《后汉书·西羌传》用《古本竹书纪年》语，周宣王时，"戎人灭姜侯之邑"，或瓜州本姜戎所居，允姓之戎灭之，因相杂处乎？姜与允明分两姓，于诸戎中自为二族；且被迁之后，姜戎居于晋之南鄙，允姓则居于王之郊甸（伊川在晋惠公时尚未属晋）亦为二地也。姜与允之纠纷既明，斯可进而论瓜州。

案两杜氏之所以定瓜州于敦煌者，原未尝有确据，只以詹桓伯之言，"先王居梼杌于四裔以御魑魅"，谅四裔为四方极远之地，而周、秦西北极远之地在汉以来之中国境者无逾于敦煌（今甘肃敦煌县），乃即以瓜州当敦煌耳。若云地出美瓜，则出美瓜之地多矣，晋有瓜衍之县，何尝不可取以为说？夫秦都于雍，即今陕西凤翔，离敦煌三千余里，所谓"风马牛不相及"者，秦以何种需要而劳师迫逐之？且其间杂居戎族至多（《史记·匈奴列传》云："自陇以西有绵诸，绲戎，翟獂之戎"），秦又安得越界而迫逐之？果有越界迫逐之举，则秦自凤翔抵敦煌，大军东来，姜戎亦当西窜今哈密等地，何以反东向秦都而逃遁，入于战胜者之腹地，乃从容为晋惠公所"诱以来"耶？窃意瓜州当在今凤翔之东，实居秦、晋之间，故秦人得而迫之，晋人得而诱之耳。

又有一事足以补证瓜州之必不甚远者，《左氏》庄二十八年《传》云：

> 晋献公……娶二女于戎：大戎狐姬生重耳，小戎子生夷吾。

此二戎女，《左氏》一著其姓曰姬，一则未著。杜预《注》云：

> 小戎，允姓之戎；子，女也。

苟杜氏此注确有所据，则是时秦人尚未逐戎，而瓜州诚在敦煌，则离晋四千余里，晋献公安得娶妻若是其远。且如杜氏说，晋惠公既为允姓之戎所出，则当因其外家为秦所逼，故迁其民而保护之；爱屋及乌，遂并迁姜氏之戎也。即此一端，亦足证瓜州之不在秦西而在晋西，故得通婚媾于晋，与献公之伐骊戎而纳骊姬，其道路为略同也。

此外戎族居今河南省者，尚有所谓蛮氏，盖在今临汝县之地，汝水流域之戎也。《左氏》成六年《传》云：

> 晋伯宗，夏阳说，卫孙良夫，宁相，郑人，伊雒之戎，陆浑蛮氏侵宋。

颇疑此蛮氏属陆浑种，故冠"陆浑"于"蛮氏"之上，而亦为晋人之力所左右也。蛮氏又称戎蛮子，《左氏》昭十六年《传》云：

> 楚子闻蛮氏之乱也，与蛮子之无质也，使然丹诱戎蛮子嘉杀之，遂取蛮氏，既而复立其子焉。

"蛮氏"称"戎"，其为陆浑之种更得一证矣。

河南山北之间，先有扬拒、泉皋、伊雒之戎，其后晋惠公迁戎，乃有陆浑允姓之戎，有姜戎氏，有蛮氏，种类甚复杂矣。然其名号之杂出犹未已也。《左氏》昭二十二年《传》云：

> 晋籍谈荀跞帅九州之戎及焦瑕温原之师以纳王于王城。

又哀四年《传》云：

> 楚人既克夷虎，乃谋北方。……单浮馀围蛮氏，蛮氏溃，蛮子赤奔晋阴地。司马起丰、析与狄、戎以临上雒，……使谓阴地之命大夫士蔑曰："晋、楚有盟，好恶同之！……"……士蔑乃致九州之戎，将裂田以与蛮子而城之，且将为之卜。蛮子听卜，遂执之，……以畀楚师于三户。

此两处"九州之戎"乃为后起之名，杜预《注》云：

> 九州戎，陆浑戎。（昭二十二年）

　　九州戎，在晋阴地陆浑者。(哀四年)

九州戎为晋之阴地大夫所统属，说为陆浑自合。且楚人围蛮，而蛮子奔晋阴地，盖即图与同种之戎相结合以自卫也。

　　九州之戎，其名何自来乎？何以称之为"九州"乎？吾人不当不一稽考之。按，通常皆以九州为天下或中国之异称，然推溯其初，则实为一固定之区域。此区域之广袤，可于《左氏》昭四年《传》中见之：

　　　　楚子……使椒举如晋求诸侯。……晋侯欲勿许，司马侯曰："不可！……"公曰："晋有三不殆，其何敌之有！国险而多马，……"对曰："四岳、三涂、阳城、太室、荆山、中南，九州之险也，是不一姓。晋之北土，马之所生，无兴国焉。恃险与马，不可以为固也，从古以然。……"

晋侯恃险与马欲不许楚子之求，司马侯谏之曰：以九州之多险，然而今已不一其姓矣；以冀北之多马，然而未尝有兴国焉：是皆不可恃也。此所称九州，即九州之戎之所在地。在此区域中，有四岳、三涂、阳城、太室、荆山、中南诸险。诸险之地望定，则九州区域之广袤亦可定矣。

　　按此诸险中，三涂在今河南嵩县，阳城、太室俱在今河南登封县，中南在今陕西武功县，自来无甚异说；独四岳与荆山则为说颇殊。荆山，《禹贡》有二：云"荆及衡阳惟荆州"及"导嶓冢至于荆山"者，南条荆山也，其地在今湖北保康县；云"荆岐既旅"及"导岍及岐至于荆山"者，北条荆山也，其地在今陕西富平县。舍此二者之外，尚别有一荆山。《史记·封禅书》云：

　　　　黄帝采首山铜，铸鼎于荆山下。鼎既成，有龙垂胡髯下迎黄帝。……后世因名其处曰鼎湖。

此荆山之所在，《水经注·河水》篇曾说明之，曰：

　　　　湖水又北径湖县东而北流入于河。《魏土地记》曰："弘农湖县有轩辕黄帝登仙处。"

汉之湖县为今河南阌乡县，与在今山西永济县之首山相隔一水，故传说中之黄帝可以采铜于彼而铸鼎于此。以予观之，上述三荆山以湖县之山为最近于司马侯所言，以其在河南山北，当三涂、中南之中道，且为九州之戎所居地也。

四岳一名，杜预《注》谓：

> 东岳，岱；西岳，华；南岳，衡；北岳，恒。

此但以汉武、宣以来所定之五岳去中岳而言之耳，古代无是说也。古代之四岳乃为一个种族之所出，上引戎子驹支之言"谓我诸戎是四岳之裔胄"，是其一证。驹支，姜戎氏也，则四岳为姜戎之祖先，亦即姜姓一族所共有之祖先。故《国语·周语下》云：

> 昔共工氏弃此道也，……欲壅防百川，堕高堙庳，……皇天弗福，……共工用灭。……其后伯禹念前之非度，厘改制量；……共工之从孙四岳佐之，高高下下，疏川导滞。……皇天嘉之，……祚四岳国，命以侯伯，赐姓曰姜，氏曰有吕。……申、吕虽衰，齐、许犹在。

在此段文中，可见四岳为共工之从孙，佐禹治水者，其姓曰姜，其氏曰吕，申、吕、齐、许皆为其后。称其人曰四岳者，当以其封国包有四岳之地之故。姜戎虽未完全华化，与齐、许诸国异，而其为四岳之裔胄，则与齐、许诸国同。然则申、吕、齐、许者，戎之进于中国者也；姜戎者，停滞于戎之原始状态者也。抑申、吕、齐、许者，于西周之世东迁者也；姜戎者，于东周之世东迁者也；由其入居中国之先后，遂有华、戎之判别，是则后迁者之不幸耳。

四岳又称为"太岳"，《左传》中有两处道及之：

> 夫许，太岳之胤也。(隐十一年)
> 姜，太岳之后也，山岳则配天。(庄二十二年)

既读《周语》之文，即知太岳与四岳是一非二。何以有此异称，则无证以明之，或四岳其全称而太岳其偏称乎？

　　四岳何以称四？由《山海经》观之，则当时盖有东、西、南、北四岳。然欲明此事，必先屏除汉以下五岳分布全国五方之成见，乃得其实。按《海内经》云：

　　　　北海之内，……伯夸（夷）父生西岳，西岳生先龙，先龙是始生氐羌。

此西岳自是四岳之一。以《国语·郑语》之文证之：

　　　　姜，伯夷之后也。

诚所谓斠若画一。姜之与羌，其字出于同源，彼族盖以羊为其图腾，故在姓为姜，在种为羌。傅孟真先生（斯年）于所作《姜原》（《国立中央研究院历史语言研究所集刊》第二本第一分）中谓"羌、姜"与鬼方之"鬼"在殷虚文字从"人"或从"女"者相同，其说是也。又《大荒西经》云：

　　　　南岳娶州山女，名曰女虔。

此以后世之眼光视之，自必定为衡霍。然南岳何以不列于《南经》而反列于《西经》，则知其仍为西方之山也。犹有可以助证者，《楚辞·天问》云：

　　　　吴获迄古，南岳是止。

此中所道故事今虽已不可知，而南岳与吴有关则可知，吴者何？吴岳也，亦即岍山也，《周官》与《尔雅》谓之岳山者也（说详下）。又《北山经》云：

　　　　又北二百里，曰北岳之山。

此似即恒山矣，然细按之则又不然。据《北山经》文，屡道其水"西流注于泑泽"（杠水，匠韩之水，敦薨之水），且于敦薨之山说明之云："出于昆仑之东北隅，实惟河原"。按《西次三经》云："泑泽，河水所潜，其源浑浑泡泡"，笺注之家俱定为盐泽，即今新疆罗布淖尔。则《北山经》之水，必由甘肃以入新疆无疑，安得东敷于汾、浍、西河间乎！又北岳之山北五百十里，有北鲜之山，云：

> 北鲜之山，是多马，鲜水出焉，而西北流注于涂吾之水。

证以《括地志》（《史记·夏本纪正义》引）云：

> 合黎水一名羌谷水，一名鲜水。

及《汉书·武帝纪》云：

> （元狩）二年……夏，马出余吾水中。（应劭注："在朔方北也。"）

是则鲜水在今宁夏界内，涂吾水在今绥远河套内，虽方向容有误记，而取以证在其南之北岳实居秦陇间，不属太行，则优足判明。是知北岳与南岳、西岳，盖峰峦相望者。观《海内经》记西岳而云在"北海之内"，可知矣。

由《山海经》与《楚辞》之提示，知最早之四岳乃西方之四山，虽以年代久远，记载缺乏，甚难确指其地，要必萃于一方，非若汉武五岳之辽隔也。然其后以四岳裔胄之远迁，此"岳"名亦遂渐被于他山。齐，姜姓也，而居东海之滨，故即以"太岳"之名名"泰山"，而又称之曰"东岳"。《山经》，西北之人所作，茫昧于东南，故于《东山经》云：

> 又南三百里曰岳山……泺水出焉。
>
> 又南三百里（岳山之南九百里）曰泰山。

误析岳山与泰山为二，而即此可知彼时"泰"与"岳"二名盖俱行者，是即姜姓之族挟旧习之名以冠其新居。《左》襄二十九年《传》云：

> 庆封……入伐内宫，弗克，反陈于岳。

杜《注》以岳为里名，是亦齐人念念不能忘岳之一证也。

《书·禹贡》云：

> 冀州，……既修太原，至于岳阳。

> 导岍及岐，至于荆山，逾于河；壶口雷首，至于太岳。

此"岳"与"太岳"在河东，今名霍太山，在山西南部，其地当殷、周间亦戎之区域也。《后汉书·西羌传注》引《竹书纪年》云：

> 太丁二年，周人伐燕京之戎，周师大败。

燕京之戎何在乎？《淮南子·坠形》云：

> 汾出燕京。

高诱注：

> 燕京山，山名也，在太原汾阳。

《水经》汾水《注》云：

> 汾水出太原汾阳县北管涔山。……《十三州志》曰，出武州之燕京山，亦管涔之异名也。

《西羌传注》又引《竹书纪年》云：

> 太丁四年，周人伐余无之戎，克之。周王季命为殷牧师。

徐文靖《竹书统笺》以为余无之戎即余吾及无皋二戎之合称，云：

> 《左传》闵二年：晋申生伐东山皋落氏。《上党记》：东山在壶关县城东南，今名无皋。成元年：刘康公败绩于徐吾氏。《上党记》：纯留县有余吾城，在县西北四十里。

洵如诸家之说，是燕京之戎居于太岳之北，余无之戎居于太岳之东。此"太岳"之名即齐、许诸国所自出之"太岳"也，然则种种之戎虽史书未留其姓，而其为姜戎一大族中之分支，从可知矣。

唐叔受封，"疆以戎索"（《左》定四年《传》），其日与戎族相周旋可知。至于西周之末，"晋人败北戎于汾隰"（《西羌传注》引

《纪年》)。至于春秋，诸戎渐同化于晋矣，而成元年尚有"王师败绩于茅戎"之事。《左传》纪其事云：

> 单襄公如晋拜成，刘康公徼戎，……遂伐茅戎。三月癸未，败绩于徐吾氏。

由此可见彼时河东之戎尚不弱。"太岳"之名之移植，盖与齐之岳山不甚先后；然其后以未受方士儒生之鼓吹，亡也忽焉，反不若太室之得称为中岳，斯亦遭际之有幸有不幸矣。

上述齐、晋二岳出于四岳之分化，其所以分化由于戎族之移徙，此为题外之文。今回复于四岳问题，问四岳果在今之何地乎？则可按《周官》、《尔雅》以作答。《周官·职方氏》云：

> 正西曰雍州：其山镇曰岳山。

《尔雅·释山》云：

> 河西，岳。

郑玄《周官注》及郭璞《尔雅注》并释岳为吴岳。吴岳者何？《史记·封禅书》云：

> 自华以西名山七，……曰：华山、薄山、……岳山、岐山、吴岳、鸿冢、渎山。

此七山中，有岳山，又有吴岳。《汉书·郊祀志》同记此事，而"吴岳"作"吴山"。依其次第，岳山在岐山之东，吴山在岐山之西，故徐广云"武功县有……岳山"（《史记·封禅书集解》引），而郑玄云："吴岳在汧。"武功固有太白山，然不闻其名岳，盖徐广望文臆测之辞。汧者，《禹贡》云"导岍及岐"，字作"岍"，是《职方》之岳即《禹贡》之岍。故《汉书·地理志》云：

> 右扶风汧：吴山在西，古文以为汧山，雍州山。

汉之汧县故城在今陕西西部之陇县南三里，旧属凤翔府；今陇县西四十里有岳山，亦作汧山。其地在今甘肃六盘山之东南，黄河西道之东。据此以读《北山经》，则篇中嚣水、伊水、鱼水、泚水俱言"西流注于河"，其方向为不误，益知《北山经》之北岳之亦必为岍山也。

岳山之地望可略识矣，顾《史记》既出吴岳，又有岳山，何也？《史记·夏本纪正义》引《括地志》云：

> 汧山……东邻岐岫，西接陇冈。

足证其延绵甚广，不以一山限也。胡渭《禹贡锥指》亦论之曰：

> 吴岳，班、郦皆谓即古之岍山。然《史记·封禅书》……又析吴岳与岳山而为二；……《陇州志》则以州西四十里之吴山为岍山，州南八十里之岳山为吴岳。诸说互异，未知孰是。愚窃谓吴山，《汉志》虽云在县西，而冈峦绵亘，延及其南，与岳山只是一山。自周尊岍山曰岳山，俗又谓之吴山，或又合称吴岳，《史记》遂析岳山与吴岳为二山，而岍山之名遂隐。其实此二山者，《周礼》总谓之岳山，《禹贡》总谓之岍山，当以《汉志》为正。（卷十一上）

胡氏所以谓"周尊岍山为岳山"者，实非确有所据，盖彼既信《禹贡》为夏时书，《职方》为周时书，斯《禹贡》有岍无岳，知夏不名岳，《职方》有岳无岍，遂忖度为周尊岍为岳耳。自今日视之，则《禹贡》、《职方》同出于战国秦汉之际，与夏、周无与，而四岳之名起源甚早，《禹贡》特未用之耳，非著作《禹贡》之时代尚未有其名也。至于胡氏谓吴山、岳山，冈峦绵亘，只是一山，借以说明四岳为相近之四山，固甚惬合。

四岳与荆山之地望定，斯可进而推测当时九州之区域。其地盖始自今陕西之极西部，或今甘肃之东南部，北由陇山（四岳），南抵秦岭（中南）；及逾潼关，则北暨崤、函（荆山），南及熊耳之东（三涂），以迄于今河南中部之嵩山（阳城、太室），包有渭、雒、伊、汝诸水之流域。安得如杜林设想，以瓜州为在敦煌哉！此九州者，自潼关以西为陆浑戎之旧居，其东曰阴地，则为晋人迁陆浑戎之新居，而亦即扬拒、泉皋、伊雒之戎之旧居。此等地既皆包罗于九州一名之下，则九州者其本为戎之区域，而与诸夏相荡相摩于是者乎？故戎之名称，以九州戎为最广，合全部而言之；次则阴戎，单举晋属；又次则陆浑戎，著其旧居；又次则姜戎，著其一姓。司马侯谓"九州……不一姓"，观是而可知矣。又九州是否为九个州，抑但为多数之称而非固定之序，今已不可知；所可知者，则瓜州当为九州中州名之仅存者也。

阴地为九州之一部，故《墨子·尚贤上》篇云：

> 禹举益于阴方之中，授之政，九州成。

前人以未尝推考此问题，故视九州为天下之异名，而阴方卒不详其所在。自今观之，则阴方者阴地之异名，而九州即今河南之西部及陕西之中部。虽《墨子》著作时代容已转变其意义，而溯其传说所由来，则必当如是也。

岂特阴方之与九州有不可分离之关系，即禹与九州亦复若是。按禹之由来虽不可详，而有兴于西羌之说。《史记·六国表》云：

> 禹兴于西羌。

《吴越春秋·越王无余外传》云：

> 鲧娶于有莘氏之女，名曰女嬉，……产高密（禹），家于西羌，曰石纽。

《后汉书·戴良传》云：

> 大禹出西羌。

《新语·术事》篇云：

> 大禹出于西羌。

《史记集解》引皇甫谧云：

> 孟子称禹生石纽，西夷人也。《传》曰："禹生自西羌。"

甚疑禹本为羌族传说中之人物。羌为西戎，是以古有"戎禹"之称。《太平御览》八十二引《尚书纬·帝命验》云：

> 修纪……生姒戎文命禹。

其注云：

> 姒，禹氏。禹生戎地，一名文命。

《潜夫论·五德志》亦云：

> 修纪……生白帝文命戎禹。

此固皆汉人之文，其可信据之程度甚低下；然任何一传说皆非无因而来，禹与戎族之关系必有可资探讨者。试更就《诗》、《书》之文而推论之：

《诗·商颂·长发》篇云：

> 浚哲维商，长发其祥。洪水芒芒，禹敷下土方，外大国是疆，幅陨既长，有娀方将，帝立子生商。

夫"禹敷下土"而"有娀方将"，按以鬼方称媿之例，娀即戎也，此亦禹与戎有关之一证。简狄者，受玄鸟之贻而生商者也，以其出于有娀，故亦谓之"娀简"（见《尚书中候》、《潜夫论·五德志》及《礼记·月令》郑《注》）。娀简一名，正与戎禹绝相似。

《书·吕刑》一篇为吕国之遗文，吕为姜姓，故其所道之苗民故事足以保存姜姓之族之神话。文云：

> 王曰："若古有训：蚩尤惟始作乱，延及于平民，罔不寇贼，鸱义奸宄，夺攘矫虔。苗民弗用灵，制以刑，惟作五虐之刑曰'法'，杀戮无辜，爰始淫为劓刵椓黥，越兹丽刑并制，罔差有辞。民兴胥渐，泯泯棼棼，罔中于信，以覆诅盟。虐威庶戮方告无辜于上，上帝监民罔有馨香德，刑发闻惟腥。
>
> "皇帝哀矜庶戮之不辜，报虐以威，遏绝苗民，无世在下。乃命重黎绝地天通，罔有降格。
>
> "皇帝清问下民，鳏寡有辞于苗：'群后之逮在下，明明

棐常，鳏寡无盖（自"群后"至"无盖"，今本《吕刑》在"皇帝清问下民"语上，今据《墨子》引文移正），德威惟畏，德明惟明。'乃命三后恤功于民；伯夷降典，折民惟刑；禹平水土，主名山川；稷降播种，农殖嘉谷；三后成功，惟殷于民。……"

在此吕王（吕侯称王，彝器铭文中其证甚多）之一篇演说辞中，畅言苗民制作刑法以乱世，鳏寡吁求上帝降神以恤民，上帝允之，乃降伯夷、禹、稷三后于下以成其地平天成之大业。伯夷者何？《郑语》固言之矣，曰："姜，伯夷之后也"，是姜姓之族之宗神也。稷者何，周人之始祖，姜嫄之所生，姬姓之族之宗神也。苗者何？即被窜于三危之三苗，《禹贡》纪其事于雍州之域，曰："三危既宅，三苗丕叙。"三危者雍州西部黑水之所经也。作乱之民定居西方，恤功之后亦降西方，述其事者又出于西方之族之王者，则此整篇故事必全以西方为其背景可知也。禹在此故事中占有重要之地位，证以禹出西羌之说，其为戎族之先人审矣。

何况禹者征苗之主帅也，《吕刑》虽未言而《墨子》则道之，《非攻下》篇云：

> 昔者三苗大乱，天命殛之，……高阳乃命禹于玄宫，禹亲把天之瑞令以征有苗。……禹既已克有三苗，焉历为山川，别物上下，乡制四极，而神民不违，天下乃静。

禹之受天命而殛苗，犹其受天命而恤民。殛苗之后，遂平水土而有天下。墨家之传说由于姜姓之族所传播，读此可知，——盖"禹……历为山川，……神民不违"亦即《商颂》所谓"禹敷下土方，……有娀方将"之义也。

三苗原据之疆域，依钱宾四先生（穆）《古三苗疆域考》（载《燕京学报》第十二期）所说，有如下之结论：

> 古者三苗疆域，盖在今河南鲁山嵩县卢氏一带山脉之

北，今山西南部诸山，自蒲坂、安邑以至析城、王屋一带山脉之南，夹黄河为居，西起蒲潼，东达荥郑，不出今河南北部山西南部广运数百里间也。

三苗既为禹克之后，**古籍皆谓已远窜三危，然则信已全窜乎？抑尚有留居中原者乎？**钱先生续论之曰：

> 近人章炳麟《检论·序种姓》谓今之苗古之髳也，与三苗异。然余考春秋河东有茅戎，"茅""髳"同字，则茅亦在北方。又有陆浑蛮氏，亦称戎蛮子，杜云：河南新城县东南有蛮城。"蛮""茅"一音之转，蛮即茅，亦即苗也。楚人筚路蓝缕以启荆蛮，此所谓蛮者，亦在河南汝水上流一带山中，……自属古者三苗遗裔。而髳与三苗，亦未见其必为二也。《尚书·吕刑》言及苗民制刑，亦以吕国河南南阳，其先本苗土，故引以为诫。

此说甚是，从可知苗族与驱苗之族皆杂居于河东河南一带。司马侯曰，"九州之险，是不一姓"，固不但陆浑之戎中有允姓姜姓之异，而征服者与被征服者亦同蒙于"戎"之一大名下也。至于范晔，于《后汉书》中作《西羌传》，乃云：

> 西羌之本，出自三苗，姜姓之别也。

且以三苗为姜姓矣。于以知种族之混同必由杂居来，而征伐者杂居之先导也。

又有一事可连类而及之者，则嵩山之称为中岳及其与鲧、禹之发生关系是也。《诗·大雅·崧高》云：

> 崧高维岳，骏极于天。维岳降神，生甫及申。

此所谓甫，即吕也（古吕甫同音，故《书·吕刑》、《礼记·表记》作《甫刑》）。既读《周语》之文，即知此为"祚四岳国，氏曰有吕"之故事。申与吕皆姜姓之国，故尹吉甫于周宣王封申伯于南土之际，作《崧高》之诗以送之，推其源而颂之：曰"崧高维

岳"者，形容岳山之奇伟也；曰"维岳降神"者，称扬其先人四
岳之灵异也。崧者，山大而高，见《毛诗故训传》及《尔雅·释
山》。其后以陆浑戎之被迁于伊川，此四岳之故事亦遂接踵而至，
于是太室被称为中岳，又别称为嵩高。此未见于春秋战国时书，
而初见于汉武帝之诏。《汉书·武帝纪》云：

> 元封元年……春正月，行幸缑氏，诏曰："朕用事华山，
> 至于中岳，……见夏后启母石，……翌日亲登嵩高。……其
> 令祠官加增太室祠，……以山下户三百为之奉邑，名曰崇
> 高。"

自是以后，九州中之太室遂正其名曰嵩高，而推厥由来则在尹吉
甫之诗，但将形容词易为名词耳。此则最后出之岳也。"嵩高"，
《汉书·地理志》作"崈高"。此"崧""嵩""崇""崈"诸名，其
异同为何如乎？王念孙论之曰：

> "以山下户三百为之奉邑，名曰崇高"，师古曰："谓之
> 崇者，示尊崇之"。又《郊祀志》"以山下户凡三百封崈高，
> 为之奉邑"，师古曰："崈，古崇字耳。以崇奉嵩高之山，故
> 谓之崈高奉邑"。念孙案，"崇高"，即"嵩高"。师古分"崇"
> "嵩"为二字，非也。诏曰："翌日亲登崇高"，《志》曰：
> "以山下户凡三百封崈高"，则崇高本是山名而因以为邑名，
> 非以崇奉中岳而名之也。古无"嵩"字，以"崇"为之，故
> 《说文》有"崇"无"嵩"，经传或作"嵩"，或作"崧"皆
> 是"崇"之异文。《地理志》颍川郡崈高下云："古文以崈高
> 为外方山"，《周语》："融降于崇山"，韦注："崇，崇高山
> 也"，是嵩高之"嵩"本作"崇"也。……后世小学不明，
> 遂以"崇"为泛称，"嵩"为中岳。（《读书杂志》四之一）

知崇山之即为嵩山，则知鲧与禹自春秋以下皆与此四岳传说之新
根据地发生关系。《周诗》云：

　　有崇伯鲧，播其淫心。

是鲧为崇伯也。《逸周书·世俘》云：

　　乙卯，篇人奏《崇禹生开》，三终，王定。

《崇禹生开》，即乐章之名而可见故事之一斑。"开"即启，启生于嵩山，故汉武至中岳而见夏后启母石（应劭注：启生而母化为石）；禹称"崇禹"，则谓彼继鲧而为崇伯矣。至于"禹辟舜之子于阳城"（《孟子·万章》）及"禹都阳城"（《汉书·地理志》颍川郡阳翟下臣瓒《注》引《纪年》）诸说，由是以观之，疑皆迁戎之后所孕育者也。

　　由戎居之九州，演化而为天下之代称之九州，更演化而为尧之十二州。由戎之先人所居之四岳，演化而为平分四方之四岳，更演出而为汉武帝之五岳。由戎之宗神禹，演化而为全土共戴之神禹，更演化而为三代之首君。州与岳随民族之疆域之扩大而扩大，"禹迹"又随州与岳之扩大而扩大：此皆向所视为纯粹之华文化者，而一经探讨，乃胥出于戎文化。且姬姜者向所视为华族中心者也，禹、稷、伯夷者向所视为创造华族文化者也，今日讨探之结果乃无一不出于戎，是则古代戎族文化固自有其粲然可观者在，岂得牢守春秋时人之成见，蔑视其人为颛蒙梼昧之流乎？夫戎与华本出一家，以其握有中原之政权与否乃析分为二；秦、汉以来，此界限早泯矣，凡前此所谓戎族俱混合于华族中矣。不幸春秋时人之言垂为经典，后学承风，长施鄙薄，遂使古史真相沈霾百世。爰就九州之戎一事寻索禹之来源，深愿后之人考论华、戎毋再牵缠于不平等之眼光也。

由"烝"、"报"等婚姻方式
看社会制度的变迁*

一

被编集在《十三经》里的若干部《经》和《传》、《记》，从它们的著作时代来说，最早的应在奴隶制社会后期的商和西周，最迟的则在封建制社会初期的战国、秦、汉，上限和下限相距约有一千四百年之久。这些记载有的出于史官之手，保存的真相比较多些；有的出于儒家之手，想像的成分大大地超过了实际的历史。这都须经过古文籍研究者一一作具体的分析，方可作出结论。这些《经》、《传》、《记》的作者，他们的说法虽有不同，然而他们的观点、立场是相同的，所以无论他们所处的时代迟或早，他们的工作地点在朝或在野，可是他们的目标是一致的，他们的眼睛都集中于当代或古代的统治集团，很少涉及被统治的人

• 此文系 1965 年 7 月应《历史研究》之邀所写，当年 9 月因病只修改了前七节，第八节未写毕。1982 年陆续发表于《文史》第 14、15 辑。后收入《中国现代学术经典·顾颉刚卷》。

民。因此，我们比较容易从这些资料里看出古代统治集团的生活，固然还须费一番分析和批判的工夫。

我们先在这儿讲一讲奴隶主贵族的婚姻制度。《诗经·大雅·韩奕》说：

> 韩侯取（娶）妻，汾王之甥，蹶父之子。韩侯迎止，于蹶之里：百两彭彭，八鸾锵锵，不（丕）显其光。诸娣从之，祁祁如云；韩侯顾之，烂其盈门。

这记的是周宣王时韩侯娶妻的一套排场。这位"韩侯"的祖先是周武王的儿子，他娶的妻名为"韩姞"，是姞姓之女，姬和姞本是世通婚姻的两族（《左传·宣公三年》记石癸的话道："吾闻姬、姞耦，其子孙必蕃。姞，吉人也，后稷之元妃也。"），这一回也是遵循着老规矩办事。韩姞的父亲叫做"蹶父"，她的舅父叫做"汾王"（许多人说这"汾王"即是周厉王，为了国人起义，把他赶到汾水旁边的彘邑，就死在那里，所以用这地名来称呼他）。下文有"蹶父孔武，靡国不到"的话，可以猜想蹶父是周宣王的重臣。那时的卿大夫都有采邑（里），所以韩侯娶妻举行亲迎的礼节，他就带着一百辆车子，在訇訇的车声里夹杂着车上鸾铃的铿锵声，直到蹶父的采邑，显出了盛大的光荣。新娘上车，她的后边跟随着一大群"诸娣"（毛公《诗传》："诸侯一取九女，二国滕之。'诸娣'，众妾也"），她们像云一般地压着一大堆；韩侯看着她们，是多么地灿烂和鲜明呀！

在这首诗里，我们可以看出大奴隶主是实行一夫多妻制的，他娶了一个正妻（夫人），同时得到了若干陪嫁的妾滕（诸娣）。《毛传》说"诸侯一取九女"，确定娣的数目是九人，但在《诗经》里却找不出"九女"的证据。又从本诗看，这随嫁的"诸娣"似乎都出于蹶父的一族。

把贵族的婚姻制度作系统的叙述的，开始于汉人。汉人离开周代固然不远，他们分该掌握丰富的历史资料，只因他们抱着浓重的主观见解，喜欢在阴阳、五行上转圈子，又喜欢用数目字来编排，要求古代的制度都有极整齐的一套，虽是茫昧的邃古也各各可以复原，反而弄得彼此的说法触处抵牾，经不起覆勘。现在，我们先来看看《礼记·昏义》所载的天子的婚制：

> 古者天子后立六宫，三夫人、九嫔、二十七世妇、八十一御妻，以听天下之内治，以明章妇顺，故天下内和而家理。天子立六官，三公、九卿、二十七大夫、八十一元士，以听天下之外治，以明章天下之男教，故外和而国治。

这条文字，一看便知道是在儒家的想像下的安置。"天下"的政事何等地繁重，用了3、9、27、81的数目字来列出一套呆板的制度必然不可能符合实际的需要。何况就用了外朝官吏的假想制度来定出内宫的后、妃的数量，使得宫内和宫外有两两相对的配称的名目，哪里可成为事实呢？天子"听天下之外治"需要这许多官，而天子之后"听天下之内治"也同样需要这许多官，"外治"是实际的政治任务，设官为何如此之少，"内治"并不落实，设官为什么要如此之多呢？在这一点上，《周礼》的作者却较《昏义》作者为谨慎，他在《天官冢宰》下但列"九嫔、世妇、女御"的官名及其职务，而不规定人数。只有食古不化的郑玄，他在《周礼注》里用了《昏义》的数字加上他自己的臆断而解释道：

> 凡群妃御见之法，月与后、妃其象也。卑者宜先，尊者宜后。女御八十一人，当九夕；世妇二十七人，当三夕；九嫔九人，当一夕；三夫人当一夕；后当一夕：亦十五日而遍云。自望后反之。

然则这些女官并不是帮助王后办理"内治"，而只是供天子发泄兽欲的工具。可是他又这般残酷地迫使天子一夕御九女，在一个月之内性交 242 度，这就是铁打的身体也会吃不消，那些养尊处优的大奴隶主，即使他荒淫无度到极点，怕也没有勇气可以接受这个短寿促命的条件。这实在只该把它当做经学史上的笑话看待。

其二，是《春秋公羊传·庄公十九年》所载的诸侯的婚制：

> 诸侯娶一国则二国往媵之，以侄、娣从。侄者何？兄之子也。娣者何？弟也。诸侯一聘九女。

何休的《公羊传解诂》说道：

> 言"往媵之"者，礼，君不求媵，二国自往媵夫人，所以一（集中）夫人之尊。必以侄、娣从之者，欲使一人有子，二人喜也；所以防嫉妒，令重继嗣也。因以备尊尊、亲亲也。"九"者，极阳数也。不再娶者，所以节人情，开媵路。

依照这说，列出一图如下：

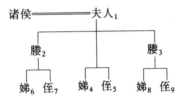

诸侯娶一位夫人，这个夫人带了两个侄、娣来，同时别的两国都送去一媵和两侄、娣，所以这一位侯爷会得到两位媵和六位侄、娣，所以叫做"一娶九女"。

为什么要立出这个制度来呢？《公羊传·隐公元年》说：

> 立適（嫡）以长，不以贤。立子以贵，不以长。

这就是说诸侯所以要立出夫人、媵、娣、侄的尊卑等级制，为的是要决定在她们所生的儿子中哪一个是自己产业的绝对继承人。

何休《解诂》对于《公羊传》这两句话有一个极细密的解释：

"適"，谓適夫人之子，尊无与敌，故以齿。"子"，谓左、右媵及侄、娣之子，位有贵贱，又防其同时而生，故以贵也。礼，適夫人无子，立右媵（之子）；右媵无子，立左媵（之子）；左媵无子，立嫡侄、娣（之子）；嫡侄、娣无子，立右媵侄、娣（之子）；右媵侄、娣无子，立左媵侄、娣（之子）。质家（说殷制的）亲亲，先立娣（之子）；文家（说周制的）尊尊，先立侄（之子）。嫡子有孙而死，质家亲亲，先立弟；文家尊尊，先立孙。其双生也，质家据见，立先生；文家据本意，立后生。皆所以防爱争。

这一篇文字替诸侯规定下一代的继承人，真是详密到极点。最好是嫡夫人有子，而立她的长子为太子，万事大吉。如果她没有儿子，那就只得把爵位传给右媵或左媵的儿子。如果她们也没有，那就只得把爵位传给侄和娣的儿子，而嫡侄、娣又尊于左、右媵的侄、娣，应该以"贵"为标准而不以"长"为标准。但侄和娣的地位，殷制和周制却有不同：殷制娣先侄，周制侄先娣。如果这位太子先他的父亲而死，而他已有子（孙），那么殷制和周制又有不同，殷制是立太子之弟，周制是立太子之子。如果双胎呢，殷制立先生的，周制立后生的。这种决定可以杜绝一切"争立"的纷纭纠缠，使得统治集团可以永久地安定下来。

这个制度倘使真是殷、周之际的定制，那么出现违反这种定制的现象是不应当有的，商朝就不会"自中（仲）丁以来，废適而更立诸弟、子，弟、子或争相代立，比九世乱"（《史记·殷本纪》）了；一部东周王朝史里也不会出现王子克之乱（《左传·桓公十八年》）、王子颓之乱（《左传·庄公十九年》）、王子带之乱（《左传·僖公七年——二十五年》）、王子朝之乱（《左传·昭公二十五年——定公八年》）这类事情了。从诸侯方面说，如果真有这部法典，鲁庄公临终时也不必"问后于叔牙"（《左传·庄公三十二年》）了；齐桓公晚年也不会有"五公子皆求立"的事(《左传·僖公十七年》)了;晋献公也不会因听信骊姬的话杀太子、逐群公子、立奚齐为后(《左传·僖公四年——九年》)了。一部《左传》里记着各国统治阶级的内部矛盾,哪一件不是为了抢家当而激起了大屠杀?所以尽管汉儒替他们安排得怎么妥当,总不能改变这无情的客观现实。

一个夫人带了侄、娣随嫁是事实,一国嫁女儿时别国来送媵也是事实,在《春秋》和《左传》都有很多的实例可举。但《公羊传》和《毛诗传》说的"诸侯一取九女"和何休《解诂》说的"诸侯不再娶"似乎都不是事实。试看《左传·隐公元年》记的鲁惠公的婚姻:

> 惠公元妃孟子。孟子卒,继室以声子,生隐公。宋武公生仲子,仲子生而有文在其手,曰"为鲁夫人",故仲子归于我,生桓公。

惠公第一次娶于宋,夫人名"孟子",她先死了,她的侄或娣"声子"是有儿子(隐公)的,代她当了家;可是惠公第二次又娶于宋,名"仲子",仲子是他的续弦夫人,又生下一个儿子(桓公)。这可见诸侯是有再娶的习惯的,并不因侄、娣已生儿子就感满足。又看《僖公十七年》所记齐桓公的妻、妾:

> 齐侯之夫人三:王姬、徐嬴、蔡姬,皆无子。齐侯好内,多内宠,内嬖如夫人者六人:长卫姬生武孟,少卫姬生惠公,郑姬生孝公,葛嬴生昭公,密姬生懿公,宋华子生公子雍。

他有三个"夫人",六个"如夫人",好象真是一娶九女;其实不然。一娶九女,只容许有一个夫人,而他有三个夫人,则必然娶了三次。《左传》说他"多内宠",可见他的后房人数很多,这里不过举出六个有儿子、其待遇有些像夫人的媵妾,其他还多着哩。这不是大不合于《公羊传》的叙述吗?

再看卿大夫一级的传统。《左传·襄公二十三年》说：

> 初，臧宣叔娶于铸，生贾及为而死。继室以其侄，穆姜之姨子也，生纥，长于公宫，姜氏爱之，故立之。臧贾、臧为出在铸。

臧孙氏出于鲁孝公，是鲁国的贵族。臧宣叔娶于铸，他的夫人生了两个儿子，长臧贾，次臧为。她先死了，她的侄继室，生了一个儿子，名臧纥。因为臧纥的母亲是鲁宣公的夫人穆姜的姨甥女，他又长于鲁公宫，受到了穆姜的宠爱，所以臧宣叔死后，臧纥就立为臧孙氏之后，而夫人所生的臧贾、臧为则避到他们的外祖家去了。这可见春秋时的家族财产并没有一成不变的继承法，夫人的儿子和侄、娣的儿子也没有绝对的贵贱的区别。那时是奴隶制社会的末期，那些奴隶主们在自己的家族内有绝对的支配权，他们爱怎么办就怎么办，受不到社会的谴责。

到了封建社会，中央集权制加强了，家长在家庭里的权力降低了，又有一大批封建学者有鉴于前代争立的惨祸，表面上为古人而实际为今人出主意，严格划定妻和妾的界限、嫡长子和庶子的界限，于是有"立適以长，不以贤；立子以贵，不以长"的继承法，为封建社会里减少许多争端。这就是"托古改制"的一个显明的例子。

再说，诸侯娶于一国而二国往媵呢？关于这个问题，在《春秋经》里又可以找到反证。鲁成公的姊妹"伯姬"，为她嫁给宋共公，因此又称做"宋共姬"。她为了守当时贵族妇女的礼法，火烧到宋宫时，保母、傅母不来，她不肯走，竟被烧死，因此，《春秋经》的编纂者竭力表扬她，作为"贞顺"的标准人物。《经》中有下列各条：

《成公八年》："卫人来媵。"《公羊传》："媵不书，此何以书？录伯姬也。"何休《解诂》："伯姬以贤闻诸侯，诸侯争欲媵之，故善而详录之。"

《成公九年》："二月，伯姬归于宋。夏，季孙行父如宋致女。晋人来媵。"《公羊传》："未有言'致女'者，此其言'致女'何？录伯姬也。"《解诂》："古者妇人三月而后庙见称'妇'，择日而祭于祢，成妇之义也。父母使大夫操礼而致之。"

《成公十年》："齐人来媵。"《公羊传》："媵不书，此何以书？录伯姬也。三国来媵，非礼也。曷为皆以'录伯姬'之辞言之？妇人以众多为侈也。"《解诂》："伯姬以至贤为三国所争媵，故侈大其能容之。"

鲁伯姬嫁宋共公时，卫、晋、齐三国来媵，这就足破《公羊传·庄公十九年》的"诸侯娶一国则二国往媵之"的说法；《公羊传》的作者也看出了这个漏洞，他就急忙在这里补一句"三国来媵，非礼也"，见得二国来媵才是合礼的。可是《春秋经》的规矩是"媵不书"的，书媵的只有伯姬之嫁，我们既已见不到《鲁之春秋》（即《不修春秋》），怎么可以知道二国来媵才合礼呢？

在这个制度上，头脑冬烘的郑玄又要为诸侯的"房事"乱出主意了。他在《礼记·内则·注》说：

> 五日一御，诸侯制也。诸侯取九女，侄、娣两两而御，则三日也；次两媵，则四日也；次夫人专夜，则五日也。

他要把一个月分作六分，使得这九个女子在一月中每人轮到六次；只苦了这位诸侯，每个月要依照礼节，性交至 54 次之多。

其三，是《白虎通·嫁娶》所载的天子、诸侯的婚制：

> 天子、诸侯一娶九女者何？重国〔家〕、广继嗣也。……一娶九女，亦足以承君之施也。九而无子，百亦无益也。《王度记》曰："天子、诸侯一娶九女。"……
>
> 或曰：天子娶十二女，法天有十二月，万物必生也。
>
> 必一娶何？防淫泆也，为其弃德、嗜色，故一娶而已，

人君无再娶之义也。

备侄、娣从者，为其必不相嫉妒也。一人有子，三人共之，若己生之也。……

娶三国女何？广异类也，恐一国血脉相似，俱无子也。

侄、娣年虽少，犹从適人者，明人君无再娶之义也。还待年于父母之国者，未任答君子也。……《公羊传》曰"叔姬归于纪"，明待年也。

二国来媵，谁为尊者？大国为尊。国同，以德；德同，以色。……

这里说明了大贵族阶级所以娶多女的意义：1. 为了必有继承人来保持这分家业，所以一娶九女，如果九女尚不能生，那么就是娶百女也无用了。2. 一次娶九女，以后不再娶，是为防止贵族的弃德而嗜色的淫泆行为。3. 夫人和媵都带着侄、娣从嫁，是为了一女生子，三女可以共同抚养，不致有因嫉忌而致贼害继嗣的行为。4. 所以要娶三国的女子，是为"广异类"，用今语来说，是为要求血统上的不同型，来取得优生的效果。(当鲁伯姬嫁到宋国时，姬姓的卫、晋和姜姓的齐都来媵，即是"广异类"的一个证据。) 5. 侄、娣们如果没有成年，可以推延出嫁的时间，例如《春秋·隐公二年》书"伯姬归于纪"，到《隐公七年》才书"叔姬归于纪"，见得叔姬是伯姬的娣，当伯姬嫁为纪君的夫人时，叔姬年龄还小，不能同时嫁去，所以在母家等待了五年。6. 媵的地位，用母国的大小来定高下的等级，如果两国同样大小，就用她们的德或色来作区别的标准。这些说法固然都是封建制社会的儒者们为奴隶制社会的大贵族婚姻制追想出来的理由，但也是他们细心研究古代典籍的结果，值得我们参考。可是他们还留下一个难以解决的问题，就是：诸侯固然一娶九女，而天子呢，是娶九女还是娶十二女？

上面三种说法都曾在社会上发生过影响。《汉书·王莽传下》说：

> 莽……进所征天下淑女杜陵史氏女为皇后，……亲迎于前殿两阶间，成同牢之礼于上西堂。备和嫔、美御、和人三，位视公；嫔人九，视卿；美人二十七，视大夫；御人八十一，视元士：凡百二十人，皆佩印、韍，执弓、韣。（弓衣，颜师古注"带之者，求男子之祥也"。）

这真算实现了《昏义》作者的想像，可是在历史上仅此一见。其余封建社会的帝王，所纳的妃嫔虽有多少，大体上以娶十二女为限度。试看明、清时代遗留下来的故宫，皇帝住乾清宫，皇后住坤宁宫，此外则有景仁、承乾、锺粹、延禧、永和、景阳的"东六宫"，永寿、翊坤、储秀、启祥、长春、咸福的"西六宫"，表明在封建社会里，人们容许帝王拥有一后、十二妃。至于王、侯和大官僚以及大地主、大富豪，纳妾至九人左右的，当时的人们也并不以为不道德。

婚姻的进化是社会进化的一个方面，自从有了母系氏族公社才脱离了原始人群的生活。母系氏族规定了外婚制，本氏族的男子必须出嫁到互相通婚的氏族里去。自从农业、畜牧业和手工业有显著发展之后，男子在生产中占了主导地位，促成母系氏族公社转变到父系氏族公社，本氏族的女子必须出嫁到互相通婚的别个氏族里去了。随着社会生产力的提高，男子拥有更多的财产，使得公社解体，私有制日益扩展，父权日益升高，于是父系血统的确定和财产继承权的确定成为社会的主要问题，对于女子要求她们严守一夫制，而男家长自身则可以实行多妻制。这就是上面叙述的作为天子、诸侯们配偶的后、妃和娣、侄人数问题的由来。娣随着姊，侄随着姑，嫁给一个丈夫，是古代群婚制的遗留和当时的一夫多妻制在奴隶制社会中的结合。奴隶制社会进为封建制社会，生产变了样子，但特权阶级的家庭组织的变化并不太多，所以经典上所记的婚姻制度能够延续二三千年。

这是中国历史上的正常的婚姻关系。下面再说些不正常的婚姻关系。

二

在我国古书里，有一种使后世人用封建思想看来非常刺眼的婚姻状态，就是当一个大奴隶主死后，他的儿子或侄儿可以娶除了自己的生母以外的诸母为妻，甚至他的庶出的孙子可以娶他的嫡祖母为妻。这在后世唤做"乱伦"，是大逆不道的事情，而在那时却安之若素，甚至得到旁人的拥护。这种记载集中在《左传》里，尤其集中在春秋前期。

《左传》中关于这类事情的最早记载，在《桓公十六年》：

> 初，卫宣公烝于夷姜，生急子，属诸右公子。为之娶于齐而美，公取之，生寿及朔，属寿于左公子。夷姜缢。

原来卫宣公是卫庄公的儿子，夷姜是卫庄公的次妃。庄公死后，经过一番争夺君位的动乱，宣公继立，就收他的庶母夷姜作为自己的妻室；生下一个儿子，名叫急子（这个名字，《史记·卫世家》和《汉书·古今人表》都作"伋"，"急"、"伋"同音通用；"子"是附带的词，可出可不出），为了有意把急子立为太子，所以将他交给右公子辅导。等到急子成年，宣公替他聘了一位齐君的女儿为妻；可是这位新娘子一到卫国，却给她的公爹看中了，纳作宣公自己的夫人（在这里，可见那时诸侯可以再娶，汉儒的说法是不符合古代实际情况的），他们生下了两个儿子，长的名为寿，小的名为朔。宣公为了宠爱宣姜，又有意立寿为太子，把他交给左公子辅导。夷姜一看这形势对她和急子都很不利，就上吊死了。

这个继位的诸侯把自己父亲的群妻收作自己的妻子，《左传》上有个固定的名词，叫做"烝"，可见这在当时是个通行的制度。"烝"是祭名，例如甲骨文记"甲辰卜，贞王宾烝亡尤"（《殷虚书契前编》4.20），《诗经》记"为酒为醴，烝畀祖妣，以洽百礼"（《周颂·丰年》），《左传》记"烝、尝、禘于庙"（《僖公三十三年》）和"（晋）平公即位，……烝于曲沃"。很可能卫宣公在开始烝于夷姜的时候要行一个祭祀祖先的礼，向祖先报告这回收房的事实。

可是这种事情已随着社会的变迁而消灭，到了封建社会，人们的思想变了，更不容许有这种反封建礼教的事实发生。因此，东汉时的服虔在写他的《左传解谊》时，就直断之曰：

> 上淫曰烝。（原书已佚，见《毛诗·雄雉·疏》引）

"淫"，当然是一件破坏社会的行为，应当贬责的；何况是"上淫"，目无君父，更该诛绝。卫宣公上纳父妾，下夺子妇，只顾自己贪欢纵欲，一切辈分伦理全不放在心上，真可说是一个荡检逾闲的罪恶分子。因此，东汉初年的卫宏，在他所作的《毛诗序》（今日所传的《毛诗序》作于卫宏，《后汉书·儒林传》有明文；后人过于看重它，或说为国史所作，或说为子夏所作，或竟说为孔子所作，这全是不顾事实的胡说）里就狠狠地批判了他。文云：

> （《邶风》）《雄雉》，刺卫宣公也。淫乱不恤国事，军旅数起，大夫久役，男女怨旷，国人患之而作是诗。

> 《匏有苦叶》，刺卫宣公也。公与夫人（郑玄说是夷姜）并为淫乱。

> 《谷风》，刺夫妇失道也。卫人化其上，淫于新昏而弃其旧室，夫妻离绝，国俗伤败焉。

《新台》，刺卫宣公也。纳伋之妻（宣姜），作新台于河上而要之，国人恶之而作是诗也。

（《卫风》）《氓》，刺时也。宣公之时，礼义消亡，淫风大行，男女无别，遂相奔诱；华落色衰，复相弃背。或乃困而自悔丧其妃耦（配偶），故序其事以风（讽）焉，美反正，刺淫泆也。

他把本来不是刺诗的说成了刺诗（如《匏有苦叶》），又把许多不满现状的诗（如《雄雉》、《新台》）说成了刺卫宣公，又把许多民间夫妇关系过得不好的说成了卫宣公造成的全国淫风。东汉末年的郑玄，在他的《毛诗笺》里又解释《雄雉序》道：

淫乱者，荒放于妻、妾，烝于夷姜之等。国人久处军役之事，故男多旷、女多怨也。

唐初孔颖达所作的《毛诗正义》更把卫宏、郑玄的意思发挥尽致，他道：

"淫"谓色欲过度；"乱"谓犯悖人伦。故言"荒放于妻妾"，以解"淫"也。"烝于夷姜"，以解"乱"也。（《周礼》）大司马职曰"外内乱，鸟兽行，则灭之"，《注》引《王霸记》曰："悖人伦外、内，无以异于禽兽。"然则宣公由上烝父妾，悖乱人伦，故谓之"乱"也。《君子偕老》、《桑中》皆云"淫乱"者，谓宣公上烝夷姜，下纳宣姜，公子顽通于君母，故皆为"乱"也。……言"烝"者，服虔云"上淫曰烝"，则烝，进也，自进上而与之淫也。《左传》曰"文姜如齐，齐侯通焉"，服虔云"傍淫曰'通'"，言"傍"者，非其妻妾，傍与之淫，上下通名也。《墙有茨》云"公子顽通于君母"（按此指《诗序》），《左传》曰"孔悝之母与其竖浑良夫通"，皆上淫也。"齐庄公通于崔杼之妻"，"蔡景侯为大子般娶于楚，通焉"，皆下淫也。以此知"通"者总

名，故服虔又云"凡淫曰'通'"是也。……(《周礼》)大司
徒云："以阴礼教亲则民不怨"，怨者男、女俱兼，是其通
也。此 (按指《雄雉》作者) 男女怨旷，不违于礼，故举以
刺宣公。

在这些文字里，除使我们知道卫宣公是一个十恶不赦的淫棍之
外，又使我们知道"自进上而与之淫"叫做"烝"，其他的乱搞
男女关系叫做"通"。

可是在《左传·闵公二年》里却出现了下面一件怪事：

初，(卫) 惠公之即位也少，齐人使昭伯烝于宣姜。不
可，强之，生齐子、戴公、文公、宋桓夫人、秦穆夫人。

在这段记载里，女主角依然是那位卫宣姜。她在宣公死后，又被
宣公的庶子、惠公 (朔) 的庶兄公子顽 (昭伯) 所烝了。然而公
子顽烝于这位嫡母确实不出于他自己的意图，而是由于卫宣姜的
母家"齐人"所指定。齐人 (当然是齐君) 命令卫公子顽烝他的
嫡母，他起初不答应，经不起这个大国的强有力的逼迫，他才无
可奈何地成就了他和宣姜的夫妻关系，在长期同居中生下三男和
二女。那时宣姜的亲生儿子朔 (惠公) 正做着卫国的君主，他对
于母亲的再嫁却恬然不以为怪。宣姜的母家齐人可以强迫卫国的
公子烝寡居的嫡母，卫国的君主也不嫌自己的母亲为庶兄所烝，
而且宣姜和这位后夫所生的儿女，两个男的后来都做了卫国的君
主，两个女的都嫁给大国做了夫人，并不因为他们是烝生的儿女
而降低了社会地位。从这三方面来看，可以知道"烝"这一事在
春秋时代自有它的一定的社会基础，换言之，这是春秋时代被人
公认的一种家庭制度，所以这种行为并不为当时舆论所贬责，而
且寡妇的母家可以在男方家庭中任选一人作为她再嫁的对象。

可是到了汉代，正值封建社会定型时期，那时的统治阶级严
格地讲父子间的尊卑，男女间的有别，所以《礼记·曲礼上》说：

　　夫唯禽兽无礼，故父、子聚麀（牝；父兽和子兽共同和
一个母兽交配）。是故圣人作为礼以教人，使人以有礼知自
别于禽兽。

在这种意识形态下决不容许"烝"制的存在。于是《毛诗序》中
继续说：

　　（《鄘风》）《墙有茨》，卫人刺其上也。公子顽通乎君母，
国人疾之而不可道也。

　　《君子偕老》，刺卫夫人（宣姜）也。夫人淫乱，失事君
子之道，故陈人君之德、服饰之盛，宜与君子偕老也。

　　《桑中》，刺奔也。卫之公室淫乱，男、女相奔，至于世
族在位相窃妻、妾，期于幽远，政散民流而不可止。

　　《鹑之奔奔》，刺卫宣姜也。卫人以为宣姜鹑鹊之不若
也。

郑玄的《毛诗笺》说：

　　宣公卒，惠公幼，其庶兄顽烝于惠公之母。……卫之公
室淫乱，谓宣、惠之世，男女相奔，不待媒氏以礼会之也。

孔颖达在《毛诗正义》里说：

　　（《周礼》）《媒氏》云："凡男女之阴讼，听之于胜国之
社。"（郑）《注》云："阴讼，争中冓之事以触法者。胜国，
亡国也。亡国之社，奄其上而栈其下，使无所通。就之以听
阴讼之情，明不当宣露。"即引此诗（《墙有茨》）以证之。是
其（指公子顽与宣姜）冓合淫昏之事，其恶不可道也。

　　作《君子偕老》诗者，刺卫夫人（宣姜）也，以夫人淫
乱，失事君子之道也。毛以为由夫人失事君子之道，故陈别
有小君，内有贞顺之德，外有服饰之盛，德称其服，宜与君
子偕老者，刺今夫人有淫佚之行，不能与君子偕老。偕老
者，谓能守义贞洁以事君子，君子虽死，志行不变，与君子

俱至于老也。

他们尽管毒詈宣姜和昭伯通淫，以致造成公室的淫乱，人民的流散，其实他们全不了解古代社会的真相。在父权家长制下，女子已失掉了自由。到了奴隶制社会，就是贵族的女子也仅比奴隶高一级。当宣姜从齐国嫁到卫国时，她意中的新郎原是那位太子急子，哪知到了卫国，给她的公爹看中，也就只得做宣公的夫人了。宣公死后，她的母家要她嫁给公子顽，她也只得再醮了。她何尝有什么自由，可以抵抗夫家和娘家的两位家长的命令？就是公子顽，对这婚姻也是十分不愿意的，只缘齐国是东方的大国，他也没有反抗的力量。这种两不相悦的强迫婚姻，正是奴隶制社会里的惨剧，他们哪里能负起公室淫乱、人民流散的责任！

把卫国这两回"烝"的事实，用图表出如下：

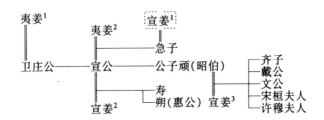

此外，在《左传》里记载的"烝"有下列诸条：

"晋献公娶于贾，无子。烝于齐姜，生秦穆夫人及太子申生。"（《庄公二十八年》）杜预《集解》："齐姜，武公妾。"（武公，献公父。）

"晋侯（惠公）烝于贾君。"（《僖公十五年》）《集解》："贾君，晋献公次妃，贾女也。"（献公，惠公父。）

"楚之讨陈夏氏也，庄王欲纳夏姬。申公巫臣曰：'不可！……'王以予连尹襄老。襄老死于邲，……其子黑要烝焉。"（《成公二年》）《集解》："邲战在宣十二年。黑要，襄老子。"

在上面的几条里,可以知道"烝"这婚制,不但卫国有,晋国也有,楚国也有。卫在北,晋在西,楚在南,而处于东方的齐也曾强令人行这婚制,可知这原是春秋时代一种很普遍的礼俗。汉儒为了说教,想把这个实际存在的制度用了主观的丑诋一笔抹煞,其实是抹不了的。

《左传·文公十六年》里又有一段极奇怪的故事:

> 宋公子鲍礼于国人。宋饥,竭其粟而贷之。……公子鲍美而艳,襄夫人欲通之,而不可,乃助之施。昭公无道,国人奉公子鲍以因夫人。……昭公将田孟诸,未至,夫人王姬(襄夫人)使帅甸攻而杀之。……文公(公子鲍)即位。

杜预的《左传集解》关于这文的解释是:

> 鲍,昭公庶弟文公也。(襄夫人,)鲍适(嫡)祖母也。(不可,)以礼自防闲也。襄夫人,周襄王姊,故称"王姬"。帅甸,郊甸之帅也。

按宋襄公的夫人是周襄王的姊姊(见《左传·文公八年》),他们的生年虽不详,但周襄王在位为前651~前619年,宋襄公在位为前650~前637年,假定他们都是二十岁左右即位,则到鲁文公十六年(前611年)已有六十岁左右,这位王姬还是襄王之姊,也该是六十以上的人了。她看到她的庶孙公子鲍生得漂亮,忽然动心,要和他成双作对,可是公子鲍却不愿把自己的青春送给这位白发婆婆,他表示不接受她的爱情。那时恰值宋国歉收,公子鲍把自己家里的藏粟发贷给国人,襄夫人就趁这机会,连忙拿出私房,帮他施放,赚得了国人的好感,大家明白她的意思,就公同助成好事,推戴公子鲍做了襄夫人的丈夫,实现了她的心愿。于是这位庶孙公然跟嫡祖母同居了。这真是《周易》所说的"枯杨生华,老妇得其士夫"(《大过·九五》)。她利用了政治上有类于后世所谓"皇太后"的地位,取得婚姻的主动权,而把男方压服。

她和当时在位的嫡孙昭公本有很大的矛盾，到这时候，就趁着昭公到孟诸泽打猎的机会，叫人把他杀了，立她的新丈夫公子鲍为宋君，是为文公。这个奇怪的婚姻是为"国人"所拥护的，可见他们的结合不会受社会的谴责。这种婚姻叫做"因"，《左传》中仅此一见，也从来没有人为这一字作过解释，我们姑且假定是"烝"的同义字吧。

这事和宋国统治阶级间的关系，具如下图：

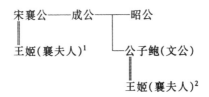

卫宣公是庄公的儿子而纳庄公妾夷姜，公子顽是卫宣公的儿子而纳宣公妻宣姜，晋献公是武公的儿子而纳武公妾齐姜，晋惠公是献公的儿子而纳献公妃贾君，楚黑要是襄老的儿子而纳襄老妻夏姬，这一类子娶父的妻、妾的婚制叫做"烝"。公子鲍是宋襄公的孙子而纳襄公妻王姬，这一类孙娶祖的妻的婚制叫做"因"。这些行为都是在直系的亲属间发生的。

再有一种是在旁系的亲属间发生的，叫做"报"。《左传·宣公三年》说：

（郑）文公报郑子之妃，曰陈妫，生子华、子臧。

杜预解释道：

郑子，文公叔父子仪也。汉律：淫季父之妻曰"报"。

原来郑庄公有九个儿子，他死后太子忽继立，不久因兄弟争位被杀。公子亹继立，才一年即为齐人所杀。子仪继立，立十四年而又被杀，没有替他定谥，只称为"郑子"，表示他没有成君。子突继立，是为厉公，此后的郑国君主都属于厉公一系。文公是厉公的儿子,郑子是文公的伯父或叔父。文公即位后,取郑子之妃陈妫为妻。因为伯父和叔父都是旁系亲属,所以和他们的妻子发生婚姻关系时有一个特定名词叫做"报"。

这"报"也是祭名。《史记·殷本纪》说:"微卒,子报丁立。报丁卒,子报乙立。报乙卒,子报丙立。"而甲骨文有"𠙴"、"𠙴"、"𠚊"三字为祭祀的对象(《殷虚书契后编·上·8》),王国维谓即"报丁"、"报乙"、"报丙",其在"𠃊"、"𠃊"中为郊宗石室之制(《殷卜辞中所见先公先王考》)。又《国语·鲁语上》云:"幕,能帅颛顼者也,有虞氏报焉。杼,能帅禹者也,夏后氏报焉。上甲微,能帅契者也,商人报焉。高圉、太王,能帅稷者也,周人报焉。"可见"报"是一种隆重的祭祀。可是到了汉朝,这"报"字就堕落而为"淫季父之妻",是应该判罪的了。

郑文公和郑子的关系,如下图:

此外,还有一种后世称为"叔接嫂"的婚姻形态。《左传·哀公十一年》云:

> 冬,卫大叔疾出奔宋。初,疾娶于宋子朝,其娣嬖。子朝出,孔文子使疾出其妻而妻之。疾使侍人诱其初妻之娣,置于犁,而为之一宫,如二妻。文子怒,欲攻之。仲尼止之,遂夺其妻。或淫于外州,外州人夺之轩以献。耻是二者,故出。卫人立遗,使室孔姞。

杜预的解释是:

> 子朝,宋人,仕卫为大夫。娣,所娶之女之娣。出,

奔。犁，卫邑。外州，卫邑。轩，车也，以献于君。遗，疾
之弟。孔姞，孔文子之女，疾之妻。

这件事情的大概是：卫有世家大叔氏，又有孔氏，大叔疾和孔文
子（圉）都是卫国的大夫。大叔疾的元配是宋国公子朝的亲属，
但当公子朝出奔之后，孔文子为了她已失去政治靠山，强迫大叔
疾离婚，把自己的女儿孔姞嫁给他。想不到大叔疾虽肯把原配休
掉，但他对于随着原配嫁来的娣感情很好，割舍不了，无可奈
何，把她放在犁邑，自己往来两地。孔文子看他有了两个家，盛
怒之下，想发兵攻他。托赖孔子的劝告，仅把孔姞接回家来。大
叔氏有人在外州胡闹，外州人夺下他的车子献给卫君。为了有这
两件可耻的事，大叔疾只得逃奔到宋国。于是卫人立大叔疾的弟
弟大叔遗，承继大叔氏的地位和产业。那时孔文子又把孔姞送到
大叔氏，做了大叔遗的妻子。

　　在这件事情上，可以看出：那时贵族的婚姻对象，不在乎某
一个人而在乎某一家族的地位和产业。孔文子把自己的女儿孔姞
嫁与大叔疾，并不是真正嫁与大叔疾，乃是嫁给大叔氏作主妇。
她既是大叔氏的主妇，那末大叔疾出奔他国、卫人立了大叔遗作
大叔氏的家长的时候，孔姞当然可以转作大叔遗的妻子，因为她
的主妇的地位是不变的。

　　把这件事情画出图来，是：

　　以上共从《左传》中抄出八件事。其中写明是"烝"的五
件，又"因"一件，"报"一件。独有最后一件，弟弟娶哥哥的

妻子的婚姻，《左传》里却没有提出专用的名词，但在实际上这件事最为普遍，自从象想"二嫂使治朕栖"（《孟子·万章上》）起，一直到现在不曾断过。我年轻时住在苏州，听说乡间"叔接嫂"的事情很多；到了抗日战争时期，住在四川，听得川北方面有"大转房"的风俗，假如一家兄弟四人，各有妻室，不幸大嫂子死了，小弟也死，那么大哥和二嫂同居，二哥和三嫂同居，三哥和四弟妇同居，成为完整的三对；倘使大哥死了，四弟妇也死，那就大嫂嫁与二哥，二嫂嫁与三弟，三嫂嫁与四弟，也互相换成三对；如果老二、老三的夫妇有先死的，也循序转房，务使一家人没有一个向隅悲叹的。弟兄之间，年龄比较相近，"叔接嫂"或"伯接弟妇"，不烦外求而自谐伉俪，在封建社会里比较勉强寡妇守节或殉夫的，可以说是很近人情的一件事。就是比较娶庶母、伯叔母以至嫡祖母为妻子的也顺当得多。《左传》里所以不为这种婚姻现象特定一个名词，怕就因为这种婚制太通行了，不烦特定。

在上举诸例中，有出于女方主动而得到国人拥护的，如宋襄夫人和公子鲍；有寡妇的娘家人主动的，如齐人勉强卫公子顽娶宣姜；有父亲主持女儿的婚事，令她转嫁与夫家的小叔的，如孔姞和大叔遗。这可见这类行为本是那时社会所许可的，是一种公认的婚姻制度，而不是由于某一个人的荒淫无度、荡检逾闲。当然个人的动机也有纯粹出于好色的，例如夏姬是春秋时代有名的美妇人，到处有人争娶她，所以连尹襄老一死，他的儿子黑要就把她烝了。

再从这些事情发生的时间来看。依据《春秋经》、《左传》、《史记·十二诸侯年表》的记载，合以公元，那么，卫宣公在位为前718～前700年；公子顽烝宣姜当在前699～前679年这二十年中间；晋献公在位为前676～前651年；晋惠公在位为前650

～前637年；宋襄夫人立公子鲍为宋君在前611年；郑文公在位为前672～前628年；楚襄老死于邲之战在前597年；卫孔文子令大叔遗室孔姞，在前484年。除最后一事不是烝、报外，所有烝、报的事情都发生在前七世纪至前六世纪，迄前五世纪初而绝迹。一部《春秋经》，起于前722年，迄于前481年，我们可以说：烝、报的婚姻制度盛行于春秋前期，而消失于春秋后期。这不是一个偶然的现象，应该看出，这是社会制度在起变化。

烝、报制度的流行必然远在春秋时代以前，春秋前期只是它的尾声。幸而传下了一部《左传》，我们可以在这里边窥见一些迹象；至于这制度的全盛时代的历史，则已澌灭净尽了。提到它为什么会在春秋后期消失，固然没有具体的资料可作证明，但是我们不妨根据那时期的社会变化的主流而加以推测。

中国古代社会发展史，因为材料不太丰富，分划时代有很多的争论。郭沫若同志掌握了考古、甲文、金文、经典等现有的资料，断定奴隶制的下限在春秋与战国之交（《奴隶制时代》），就是说春秋前期奴隶制的色采比较浓厚，但由于社会生产的发展和阶级关系的变化，到了春秋后期就逐渐由量变而进展到质变，奠定了战国、秦、汉以下封建制的基础。本来土地归最高奴隶主周天子所有，诸侯和卿大夫只有占有权而没有所有权，称为"公田"。到了春秋时代，许多荒地被大量开辟，农业生产提高了，"私田"的数量不断增加。《春秋经·宣公十五年》"初税亩"，这就意味着鲁君合法地承认公田和私田的私田权而一律取税。这就是地主制度的正式成立。那时是前594年，上距周平王东迁已经一百七十六年了。此后，到前547年，楚蒍掩为司马，就"书土田"（《左传·襄公二十六年》）。到前538年，郑子产就"作丘赋"（《左传·昭公四年》）。从这些资料里可以看出，在公元前第五纪里，奴隶制正在过渡给封建制。

有了这封建的经济基础，自然会反映到上层建筑。本来婚姻不讲辈分的，现在人们渐渐懂得要受辈分的限制了。本来没有寡妇应为死夫守贞操的观念的，现在人们渐渐有这要求，感到妇女应当从一而终了。这种思想日在冒头，"烝"、"报"制度便从礼制而跌成了讪笑的对象；"叔接嫂"的制度也只保留在农村里，被城市居民斥为不道德。

三

如果我们孤立地看问题，那么我们读了《左传》和《毛诗》，自该跟着卫宏、服虔、郑玄、杜预等一班经师们的脚步，痛骂卫宣公、郑文公等实行烝、报者为淫人。但我们要尊重事实，要搜罗生产和文化上落后的少数民族的历史来作比较，说明处在哪一阶段的社会里会出现哪一种的制度。

我们试从和汉朝最多发生关系的匈奴说起，其次及于乌孙、西羌等古老的民族。

《史记·匈奴列传》说：

> 匈奴，其先祖夏后氏之苗裔也，曰淳维。(《索隐》："张晏曰：'淳维以殷时奔北边。'又乐彦《括地谱》云：'夏桀无道，汤放诸鸣条，三年而死，其子獯鬻妻桀之众妾，避居北野，随畜迁徙，中国谓之匈奴。'")……贵壮健，贱老弱。父死，妻其后母。兄弟死，皆取其妻妻之。

这个制度到了王昭君嫁给呼韩邪单于而有详细的记载。《汉书·匈奴传下》说：

> 竟宁元年(汉元帝末年，前33年)，单于复入朝，……自言愿婿汉氏以自亲。元帝以后宫良家子王嫱——字昭君——赐单于，单于欢喜。……王昭君号"宁胡阏氏"，生

一男伊屠智牙师，为右日逐王。……呼韩邪死，雕陶莫皋（呼韩邪单于的大阏氏的儿子）立，为复株絫若鞮单于。复株絫若鞮单于立，……复妻王昭君，生二女，长女云为须卜居次，小女为当于居次。（颜师古《注》："'须卜'、'当于'，皆其夫家氏族。"沈钦韩《补注》："以'常惠与乌孙兵获单于嫂居次'验之，'居次'是其王侯妻号，犹今王妃称'福晋'也。"）

《后汉书·南匈奴传》对于这事有大同小异的记载：

元帝时，……呼韩邪来朝。帝敕以宫女五人赐之。……昭君丰容靓饰，光明汉宫。……难于失信，遂与匈奴。生二子。及呼韩邪死，其前阏氏子代立，欲妻之。昭君上书求归，成帝敕令从胡俗，遂复为后单于阏氏焉。

雕陶莫皋是呼韩邪的儿子，他嗣了父位之后，就把他父亲的另一阏氏作为自己的妻子。自从呼韩邪与汉亲密，他看到汉帝皆谥为"孝"，心中羡慕，匈奴语"孝"为"若鞮"，所以此后的单于称号都带着"若鞮"字样。雕陶莫皋既称为"复株絫若鞮单于"而又娶庶母为妻，这就可以见到，"孝"和"烝"在原则上是互不相妨的。

把这两代匈奴单于和王昭君的夫妻关系图解出来，如下：

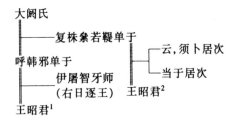

这不是宛然和卫宣公烝于夷姜、晋献公烝子齐姜出于一型吗？

王昭君只嫁两代，而嫁到乌孙去的江都公主细君则兼及三代，楚主解忧则结婚了三次。《汉书·西域传下》说：

> 乌孙昆莫击破大月氏，大月氏徙西臣大夏，而乌孙昆莫居之（大月氏故地）。……武帝即位，令（张）骞赍金币往，……谕指曰："乌孙能东居故地，则汉遣公主为夫人，结为昆弟，共距匈奴，不足破也。"……乌孙以马千匹聘。汉元封（前110～前105年）中，遣江都王建女细君为公主以妻焉，……乌孙昆莫以为右夫人。匈奴亦遣女妻昆莫，昆莫以为左夫人。公主至其国，自治宫室居；岁时一再与昆莫会，置酒饮食。……

> 昆莫年老，欲使其孙岑陬尚公主。公主不听，上书言状。天子报曰："从其国俗，欲与乌孙共灭胡。"岑陬遂娶公主。昆莫死，岑陬代立。"岑陬"者，官号也，名军须靡。"昆莫"，王号也，名猎骄靡；后书"昆弥"云。

> 岑陬尚江都公主，生一女少夫。公主死，汉复以楚王戊之孙解忧为公主，妻岑陬。

> 岑陬胡妇子泥靡，尚小。岑陬且死，以国与季父大禄子翁归靡，曰："泥靡大，以国归之。"翁归靡既立，号"肥王"，复尚楚主解忧，生三男、两女。长男曰元贵靡；次曰万年，为莎车王；次曰大乐，为左大将；长女弟史，为龟兹王绛宾妻；小女素光，为若呼翎侯妻。……

> 元康二年（宣帝十年，前64年），乌孙昆弥……上书："愿以汉外孙元贵靡为嗣，得令复尚汉公主，结婚重亲，畔绝匈奴。愿聘马、羸（骡）各千匹。"……上乃以乌孙主解忧弟子相夫为公主。……送少主至敦煌，未出塞，闻乌孙昆

弥翁归靡死，乌孙贵人共从本约，立岑陬子泥靡代为昆弥，号"狂王"。惠（常惠，汉使）上书："愿留少主敦煌，惠驰至乌孙，责让不立元贵靡为昆弥，还迎少主。"……天子从之，征还少主。

狂王复尚楚主解忧，生一男鸱靡，不与主和，又暴恶失众。汉使卫司马魏和意、副侯任昌送侍子，公主言狂王为乌孙所患苦，易诛也，遂谋置酒会，罢，使士拔剑击之，剑旁下，狂王伤，上马驰去。……

初，肥王翁归靡胡妇子乌就屠，狂王伤时，惊与诸翎侯俱去，居北山中，扬言母家匈奴兵来，故众归之。后遂袭杀狂王，自立为昆弥。……

初，楚主侍者冯嫽能史书，习事，……号曰"冯夫人"，为乌孙右大将妻。右大将与乌就屠相爱，都护郑吉使冯夫人说乌就屠，以汉兵方出，必见灭，不如降。乌就屠恐，曰："愿得小号。"宣帝征冯夫人自问状，遣……冯夫人锦车持节，诏乌就屠诣长罗侯（常惠）赤谷城，立元贵靡为大昆弥，乌就屠为小昆弥。……大昆弥户六万余，小昆弥户四万余。

为了汉帝贪得乌孙的马匹，并希望乌孙和汉共同抵抗匈奴，几次三番把宗女嫁去，渐渐地插手干涉乌孙的内政，终于将乌孙分立两君，而汉的外孙做了大昆弥。在这一大段文字里，汉公主和乌孙昆弥的夫妻关系，可用下图揭出：

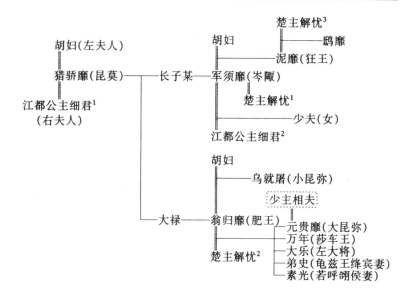

为了古书的难读，现在再把他们的事情作一简单的叙述。当乌孙
昆莫（亦称昆弥，王号）猎骄靡年老的时候，汉武帝把年轻的江
都公主名叫细君的嫁与他。她虽然做了乌孙昆莫的右夫人，但独
住在一所屋子里，每年和昆莫不过聚会一两次。昆莫自顾年老，
要把这位右夫人让给他的孙儿岑陬（官号）军须靡，她觉得这太
不合乎中国的伦理了，把她不愿意的情况报告给汉帝，汉帝为了
要达到汉和乌孙共灭匈奴的目的，命令她照着乌孙的风俗办，于
是这位江都公主就从祖母的地位降作了孙媳，这和宋襄夫人嫁给
庶孙公子顽，虽然主观上有愿与不愿的区别，在年龄上也有老年
和少年的差异，但在形式上则是一致的。及至这位江都公主死
后，汉帝又把楚主名为解忧的嫁与岑陬。她们两人都没有为岑陬
生下儿子，而岑陬所娶的匈奴夫人则生下一子，名叫泥靡，还在
他幼小的时候，岑陬就死了。他临终的时候，为了国家不可没有
长君，所以传位给他的叔父大禄的儿子翁归靡，并且谆谆地嘱咐

他：等待泥靡长大之后就把君位传给泥靡。翁归靡立后，即把楚主解忧收作自己的夫人，他们同卫昭伯烝于宣姜之后一样，生下了三男、二女。到那时候，翁归靡心就变了，上书汉帝，要把他的长子即是汉的外孙元贵靡立为太子，复娶汉公主，作为汉和乌孙共灭匈奴的一个条件。这件事汉帝当然乐从，就把楚主解忧的侄女儿相夫作为公主，命常惠送去。不料他们行到敦煌，接得消息，知道翁归靡已死，乌孙的贵族共同遵守岑陬的遗言，立泥靡为王，泥靡是匈奴的外孙，这位公主就给汉朝迎接回来，再也没有到乌孙。泥靡既立，又收了楚主解忧，这是她第三度结婚，她的对象虽有弟兄和子侄的不同，但是她的乌孙昆弥的夫人的地位是不变的，这又同孔姞先后做大叔疾和大叔遗的妻子一样。泥靡死后，翁归靡的胡妇之子乌就屠和他的汉妇之子元贵靡争立，汉朝用军事力量压迫他们，立元贵靡为大昆弥，乌就屠为小昆弥。娘家的势力足以支配婿家的承继权，又使我们想起了"齐人使（卫）昭伯烝于宣姜，不可，强之"的故事，知道外祖或舅父是可以替外孙或外甥当家作主的。

为了匈奴、乌孙都和汉朝通婚姻，所以汉朝嫁去的女子不得不随着他们的礼教跟他们的统治者逐个发生"烝"、"报"的关系，而对于他们"烝"、"报"的情况有这般详尽的记载；其他诸国，中国人虽也知道他们有这般风俗，但只是淡淡地着了些笔墨。例如《汉书·西域传上》提到楼兰，说：

楼兰王后妻，故继母也。

《后汉书·东夷传》说：

夫余……俗用刑严急，……男女淫皆杀之。……兄死，妻嫂。

用杀来禁淫，说明了这一族是怎么地崇尚贞节，可是他们还是"兄死，妻嫂"，可知他们的妇女在丈夫死后转嫁给小叔乃是合法

的,而且是势在必行的一件事,"妻嫂"和"淫"有绝对隔离的
鸿沟在。同书《西羌传》说:

> 父没则妻后母,兄亡则纳釐(嫠)嫂,故国无鳏寡,种
> 类繁炽。

则更道出了"烝"、"报"这些事对于种族的有利的效果,这就是
要把每一部"生育的机器"长期地开动着,直到它不能生产为
止。《三国志·乌桓传》注引《魏书》说:

> 乌桓者,东胡也。……父、兄死,妻后母、执嫂。若无
> 执嫂者,则已。子以亲之次妻伯叔焉(此句不易解,当有讹
> 文)。死则归其故夫。

被烝、报的妇女死后虽然得和原配的丈夫同穴,但在她生存的时
候必该和子、侄们发生性行为。《晋书·西戎传》说:

> 吐谷浑……据有西零已西甘松之界,极乎白兰,数千
> 里。……父卒,妻其群母;兄亡,妻其诸嫂。

又举出他们的统治阶级的一个实例:

> 视连……有二子,长曰视罴,少曰乌纥堤。视罴……在
> 位十一年,年三十三,卒,子树洛干年少,传位于乌纥堤。
> ……树洛干九岁而孤,其母念氏聪慧有姿色,乌纥堤妻之,
> 遂专国事。洛干十岁便自称世子,年十六嗣立。

《隋书·西域传》说:

> 附国者,蜀郡西北二千余里,即汉之西南夷也。……
> (父、兄死,)妻其群母及嫂;儿、弟死,父、兄亦纳其妻。

可见他们男、女间是不讲辈分的,一个男子上可以妻他的群母和
嫂子,下可以妻他的儿媳和弟妇。这又使我们想到了卫宣公的上
烝夷姜,下夺宣姜。附国的礼教如此,那么春秋初年的礼教就一
定不该如此吗!

当汉族已进入封建制社会时,我们四围的少数民族还停滞在

奴隶制社会的阶段，所以他们的婚姻制度和我们春秋以上恰好相当，因此，我们公元前五世纪以上通行的烝、报和叔接嫂的事情，在公元后若干世纪，他们还是这样。这些存在的资料，一时搜罗不尽，姑且举出以上诸条作为例子。

关于金国的风俗，徐炳昶同志曾著有《金俗兄弟死，其妇当嫁于其弟兄考》一文（《北平研究院史学集刊》第三期），兹节录如下：

于金史中得三事。其一，《建炎以来系录》（卷九）载："太祖·旻之正室生二子：宗浚、宗朝。宗浚早死。……其庶长子曰宗干。……时宗浚已死，其妻为宗干所纳，故其子梁王·亶养于宗干家。金主·晟遂以亶为安班贝纳。"此事金史·不载。……然详考之，……"宗浚"之为"宗峻"，……为清四库馆臣所改。……熙宗为宗峻子。……熙宗之立也，所追谥之两皇后，一为"圣穆皇后·唐括氏"，宗峻母也，他一为"光懿皇后·裴满氏"，即为宗干母（见《后妃传》），……熙宗立而宗干之母追谥"皇后"，则二人之关系必有异乎寻常者矣。二，金世宗初立，檄数海陵之罪，内有一事，曰："太皇太妃并子任王·喂阿并以无罪尽行杀戮。"（《三朝北盟会编》二三三）……此"太皇太妃"为太祖妃萧氏，其子"喂阿"，《金史》作"偎喝"或"隈喝"，却非太祖子。……《后妃传》"崇妃·萧氏"条下，明载"并杀所生子任王·隈喝"。太祖妃生子为昊子（太祖弟辽王昊），则妃之下嫁于昊自无疑问。施国祁知隈喝非太祖子，而对于"所生子"之"生"字无法解释，乃拟改为"养"字，未知婚姻制度蕃、汉固不同也。……三，《金史·海陵王纪》："天德四年十月，杀太祖长公主·兀鲁，杖罢其夫平章政事徒单恭；封其侍婢忽挞为国夫人。恭之兄定哥初尚兀鲁，定哥死，恭强纳焉，而不相能，又与侍婢忽挞不协，忽挞得幸于后，遂谮于上，故见杀而并罢恭。"定哥之死未知何时。兀鲁在太祖时为皇帝亲女，太宗时为皇帝亲侄女，熙宗及海陵时则为皇帝亲姑。以时间度之，定哥死似不在太祖时。以帝侄女或帝姑之尊而不免于其夫弟之"强纳"，则一妇人当夫死后，对于其夫之兄或弟有不可回避之义务彰彰明矣。

这三件都是"叔接嫂"的事。以金朝最高统治阶级也行这个风俗，则金族的人民当然也是这般。《诗序》说的宣公淫乱，"卫人化其上"，这是不明当时习俗的说法。实际上，那时的社会风俗普遍如此。

如果有甘心自外的，那必然在自己的族里失掉了他的固有地位。现在就在金国史里举出两件事情。其一，《金史·贞懿皇后传》说：

> 皇后李氏，世宗母，辽阳人。天辅间（太祖年号，公元1117~1123），选东京士族女子有姿德者赴上京，后入睿宗（太祖子宗尧，卒后追封潞王；其子世宗即位，追尊为帝）邸。七年，世宗生。天会十三年（熙宗年号，公元1135），睿宗薨。……旧俗，妇女寡居，宗族接续之。后乃祝发为比丘尼，……归辽阳，营建清安禅寺，别为尼院居之。

这位贞懿皇后·李氏虽生长在东北，但她是汉人，濡染于汉族的礼教，和汉代的江都公主一样，不愿改嫁，虽是没有受到强迫而重婚，毕竟只好离开这家族，削发为尼，在清磬下度过残年。还举一个男的。宋楼钥《北行日录》说：

> 是日，闻接伴使之兄左丞安礼罢为沧州刺史。初，安礼娶金主之妹；妹死，欲妻以女，辞以不当复娶妻侄。强之，不可。金主怒，以抗敕坐之。

这位安礼先生为了妻死（以下原缺）

四

我们应该怎样解释"烝"、"报"、"叔接嫂"等等在后世人的眼光中一切不顺眼的现象呢?

这类事情,汉人中行说已作出了初步的解释。《史记·匈奴列传》说:

> 老上稽粥单于初立,孝文皇帝复遣宗室女公主为单于阏氏,使宦者燕人中行说傅公主。说不欲行,汉彊(勉强)使之。说曰:"必我行也,为汉患者!"中行说既至,因降单于。……
>
> 汉使或言曰:"匈奴俗贱老。"中行说穷汉使曰:"而(你们)汉俗屯戍从军当发者,其老亲岂有不自脱温厚肥美以赍送饮食行戍乎?"汉使曰:"然。"中行说曰:"匈奴明以战攻为事,其老弱不能斗,故以其肥美饮食壮健者,盖自以为守卫。如此,父、子各得久相保,何以言匈奴轻老也!"
>
> 汉使曰:"匈奴父、子乃同穹庐而卧。父死,妻其后母。兄、弟死,尽取其妻妻之。无冠带之饰,阙庭之礼。"中行说曰:"匈奴之俗,人食畜肉,饮其汁,衣其皮。……故其急则人习骑射,宽则人乐无事,其约束轻,易行也。……父、子、兄、弟死,取其妻妻之,恶种姓之失也。故匈奴虽乱,必立宗种。今中国虽详(佯)不取其父、兄之妻,亲属益疏则相杀,至乃易姓。……夫力耕、桑以求衣、食,筑城郭以自备,故其民急则不习战功,缓则罢于作业。嗟,土室之人(中国人)顾无多辞!……"

中行说本是汉朝的宦官,为了强迫他送公主到匈奴,他表示反抗就投降了匈奴。他从汉文化和匈奴文化的比较中,认识了匈奴文化的优点。所以当汉朝使者到匈奴，根据汉文化来批评匈奴文化时，他就处处为匈奴文化辩护。汉文化是敬老的，而匈奴文化贱老，他说匈奴靠战争掠夺立国，老年人不能参加战斗，所以应当把高级的吃穿送给年轻人，只要他们打仗胜利，老年人也同样得到好处。汉文化是严别男女关系的，而匈奴人则全家住在一个包里，性行为很随便，他说这是为保存他们的宗种打算，不能不这样，如果像汉人那样，亲属以"有别"而疏远，各不相保，就容易使自己的种姓消失。

关于前一点颇易了解，后一点则必须寻出一点比较的资料方才可以看明白。恰好《旧约全书·申命记》第二十五章"弟宜为兄立嗣"可作说明，录出如下：

> 弟兄同居，若死了一个没有儿子，死人的妻子不可出嫁外人，他丈夫的兄弟当尽弟兄的本分娶她为妻，与她同房。妇人生的长子必归死兄的名下，免得他的名在以色列中涂抹了。那人若不愿意娶他哥哥的妻，他哥哥的妻就要到城门长老那里说："我丈夫的兄弟不肯在以色列中兴起他哥哥的名字，不给我尽弟兄的本分！"本城的长老就要召那人来问他。他若执意说"我不愿娶她"，他哥哥的妻就要当着长老到那人跟前脱了他的鞋，吐唾沫在他脸上，说："凡不为哥哥建立家室的，都要这样待他！在以色列中，他的名必称为'脱鞋之家'！"（翻译原文"他"字男女性不别，意义不明。这里把属于女性的地方改为"她"字。）

这是说兄死无子而弟又不肯纳嫂，则兄的名字就此消失，大大地违反了以色列人"立宗"的制度，做嫂子的就可以到长老面前去控告他，用社会力量去压制他，强迫他接受这"兄死妻嫂"的任务。如果他肯，那么将来生出的儿子归到死兄的名下，兄虽无子而依然有后；如果他硬是不肯，那么这位嫂子就可以当着长老的面前脱他的鞋，吐他的脸，使得他失去了社会地位。这就使我们懂得了中行说的"恶种姓之失，……必立宗种"这句话，也使我们回忆起《左传》中"齐人使昭伯烝于宣姜，不可，强之"这件事，知道汉儒把这种行为看做"淫乱"确是冤枉了古人。

匈奴是在和外族战争之中立国的，以色列也是这样，就是春秋时割据的列国也是这样。人民，尤其是男子，是战争的本钱。战争中必然有死亡，所以应该为每一男子立后，使得过去有这样多的人，现在和将来至少还有这样多的人，当然比过去增加人口是更好，所以要鼓励生育，把不生育的寡妇减少到最低度，把妇女的生育期拉长到最高度。《国语·越语上》记越王勾践为吴王夫差败于夫椒之后，回到本国时，乃致其父兄、昆弟而誓之：

> 命壮者无取老妇，命老者无取壮妻。女子十七不嫁，其父母有罪（罪）；丈夫二十不取，其父母有罪。将免（娩）者以告，公令医守之。生丈夫，二壶酒，一犬；生女子，二壶酒，一豚。生三人，公与之母（乳母）；生二人，公与之饩（粮食）。当室者（长子）死，三年释其政（征）；支子（庶子）死，三月释其政：必哭泣葬埋之，如其子。令孤子、寡妇、疾疹、贫病者，纳宦（仕）其子。

这就是《左传·哀公元年》伍员所说的"越十年生聚而十年教训，二十年之外，吴其为沼乎"的实际情形。为什么长子死了要三年不征收他家的赋税？就因长子在平时是壮劳动力，在战时是主要的战斗力。

至于中行说所说的"宗种"的"宗"，那就是在封建社会的汉文化里也是社会组织的主要部门，它是以血缘关系组织起来的共财制的大家庭，然而这有异于原始社会没有剥削制的大家庭，而是已进入阶级社会之后保存下来的共有制的大家庭，以父权和族长权为其特征的家族制度。例如《左传·定公四年》：

> 分鲁公以……殷民六族：条氏、徐氏、萧氏、索氏、长
> 勺氏、尾勺氏，使帅其宗氏，辑其分族，将其类醜，……使
> 之职事于鲁。

这六族本是商奄地方的统治阶级，自从殷人叛周，周公东征取得
胜利之后，已把他们一齐降为种族奴隶。自从伯禽立为鲁公，又
把他们划给伯禽管理，叫他们供奉鲁公的职事。但六族各有他们
的"宗氏"（宗子、族长），又有他们的"分族"（一族的分支，
例如《左传·昭公三年》，叔向说："肸之宗十一族。"），又有他们
的"类醜"（原来受奴役的人民），可见"宗氏"虽为鲁臣，但他
在本族里还握有族长权。同年《左传》里又说"分唐叔以……怀
姓九宗"，杜预《集解》说："怀姓，唐之余民。九宗，一姓为九
族。"是"九宗"也即是前面所说的"分氏"。一部《左传》中，
关于"宗"的记载很多，不可能在这里详叙，现在只举出两例，
以见族长的政治权和经济权。其一，鲁宣公十二年（前597年），
晋、楚战于邲，晋师大财，荀罃被楚人所俘。到鲁成公三年（前
588年），两国交换俘虏时，楚共王和荀罃作了一次对话：

> 王曰："子归何以报我？"……对曰："以君之灵，纍臣
> 得归骨于晋，寡君之以为戮，死且不朽。若从君惠而免之，
> 以赐君之外臣首（荀罃的父亲荀首，称于异国君曰'外
> 臣'），首其请于寡君而以戮于宗，亦死且不朽。若不获命而
> 使嗣宗职（宗子的职务），次及于事（军事），而帅偏师以修
> 封疆，虽遇执事（指楚王），其弗敢违（避），其竭力致死，
> 无有二心，以尽臣礼，所以报也。"

荀罃这番答话是他不怕死的表现。他说：这次回去，若是晋君杀
我，我虽死犹不死。若是晋君免了我的罪，把我送给我的父亲，
我受宗的处分而死，我一样高兴。若是晋君不许杀我，叫我继承
宗职，临到两国交战的场面，我碰到您也不敢避免，我只有拼了

命来尽我对您的臣礼。他在这番话里两次提到"宗"，可以知道君权、父权之间还有族长权，它有处死族中人的权力。其二，《左传·宣公二年》说：

> 初，丽姬之乱，诅无畜群公子，自是晋无公族。及成公即位，乃宦卿之適（嫡）而为之田，以为公族。……赵盾请以括（赵括）为公族，……公许之。冬，赵盾为旄车之族，使屏季（赵括，屏是他的封邑）以其故族为公族大夫。

晋献公宠爱骊姬，她就施展手腕，尽逐晋国的公子，立自己所生的儿子奚齐为太子，从此晋的卿大夫有族而晋君反无族。到晋灵公为赵穿所杀，晋国的权力集中于赵盾，所以晋成公为了讨好他，分出若干田，命卿的嫡子为公族。先前，赵盾的父亲赵衰从晋公子重耳（文公）出亡在外多年，在狄国时娶了叔隗为妻，生子赵盾；重耳归国，又把自己的女儿嫁给他，是为赵姬，生子赵括。赵姬谦让，把赵盾立为赵氏的嫡子，为晋卿。到这时，赵盾又把公族大夫让给赵括，自己成为旄车之族。赵括是晋文公的外孙，这时既做了公族大夫，当然是赵氏的宗子了。《左传》所云"以其故族"的"其"指赵盾言，本来赵盾是族长，到晋成公"宦卿之適"的时候，赵括就转到了赵盾原有的地位。《左传·成公四——五年》又说：

> 晋赵婴通于赵庄姬。五年春，原、屏放诸齐。婴曰："我在，故栾氏不作。我亡，吾二昆其忧哉！……舍我，何害？"弗听。

杜预《解》道：

> 赵婴，赵盾弟。庄姬，赵朔妻。朔，盾之子。……原同、屏季，婴之兄也。作，作乱也。亡，出亡也。言我若出亡，原、屏必为栾氏所害。

那时赵盾子赵朔死了，他的妻是晋成公之女（《史记·晋世家》说

她是"成公姊",那就是晋文公之女了,难道晋文公之女一个嫁
与赵衰,一个嫁与赵衰的孙子赵朔,有这样漫长的时间?),称为
庄姬;自从她守寡之后,她的夫叔赵婴和她通奸了,那时赵婴的
两个哥哥赵同(一称"原同",原是他的封邑)和赵括不以为然,
把他驱逐到齐国去。但赵婴说:栾氏是我们赵氏的冤家,我在
晋,压得住他;我一出走,你们两位就危险了。赵同、赵括不听
他,他毕竟离开了本国。赵括做出这件事情,当然是他站在族长
的地位上发号施令。在这里,我们可以看出,族长有赶走他的族
人的权利。到了《成公八年》,果然应验了赵婴的预言:

> 赵庄姬为赵婴之亡故,谮之于晋侯,曰:"原、屏将为
> 乱。"栾、郤为征。六月,晋讨赵同、赵括。武(赵武)从姬
> 氏畜于公宫。以其田与祁奚。韩厥言于晋侯曰:"成季(赵衰)
> 之勋、宣孟(赵盾)之忠而无后,为善者其惧矣!……乃立武而
> 反其田焉。"

杜预《解》道:

> 栾氏、郤氏亦征(证)其为乱。赵武,庄姬之子。庄
> 姬,晋成公女。畜,养也。

赵庄姬为了夫叔赵同、赵括夺去了她的情人赵婴,仗着自己是晋
君的姑母(那时的晋君是成公之子景公),跑到宫里为她的两个
夫叔造谣言,说他们将作乱,栾氏、郤氏又替她作了假证人,于
是晋君为国讨贼,把他们杀了,把他们的田给予祁氏。那时,赵
朔的儿子赵武还小,赵括既死,赵氏没有了"收族"的宗子,他
得不到"宗"的保护,无以为生,只得跟随他的母亲住在公宫
里,抚育成人。过了些时,韩厥为了哀怜赵氏无后(即是没有掌
握田产的宗子),替他说公道话,于是晋君归还赵氏的田产,立
赵武为赵氏的宗子。这就是小说和戏剧里著名的"八义图"的故
事,然而这件故事已作了极大的改造。从这件历史事实上,我们

可以知道，那时的统治阶级，每家都有个"宗"，这"宗"有政治权，有经济权；主持这"宗"的是"宗子"，他是小型的国君，他有支配全族人的权力。

可是这种和君权相冲突的强大的宗权固然可以拥护君权，但也可以推翻君权。最显著的是韩、赵、魏三家的分晋，陈氏（即田氏）的篡夺姜齐。现在试把齐国的事情讲一讲。《左传·庄公二十二年》记陈国有乱，陈公子完奔齐，齐桓公使为工正之官，从此他们这一宗渐渐地在齐国长大起来。那时是公元前672年。到昭公三年（前539年）齐卿晏婴说：

> 齐其为陈氏矣。公弃其民而归于陈氏。齐旧四量：豆、区、釜、锺，四升为豆，各自其四，以登于釜；釜十则锺。陈氏三量，皆登一焉，锺乃大矣。以家量贷，而以公量收之。

杜预《解》道：

> 四豆为区；区斗六升。四区为釜；釜六斗四升。登，成也。（锺）六斛四斗。登，加也。加一，谓加旧量之一也。以五升为豆，五豆为区，五区为釜，则区二斗，釜八斗，锺八斛。贷厚而收薄。

这是说陈氏为要取得齐国人民的好感，他们把谷子放贷给人民时，用自己加大的量器；在收回贷谷时，则用公家制定的小的量器，所以豆、区、釜、锺的名词虽同而容量不同。用五升的豆发贷的，到收回时只取四升。从此推上去，放出时八斛的锺，到收回时却只有六斛四斗了。人民占得了便宜，陈氏买得了人心。他们用这个方法逐个打倒了齐国原有的贵族，取得齐国的中央政权。晏婴说这话的时候是在公元前539年。又过了五十八年，到哀公十四年（前481年），陈氏和齐君的矛盾就公开地暴露了：

> 齐简公（壬）之在鲁也，阚止有宠焉。及即位，使为

政。陈成子惮之,骤顾诸朝。诸御鞅言于公曰:"陈、阚不可并也,君其择焉。"弗听。子我(阚止)夕(暮见公),陈逆杀人,逢之,遂执以入。陈氏方睦,使疾(使陈逆诈病),而遗之潘(米汁)沐,备酒肉焉,飨守囚者,醉而杀之而逃。子我盟诸陈于陈宗。

初,陈豹欲为子我臣,使公孙言(介绍)己。……子我……使为臣。他日与之言政,说(悦),遂有宠。谓之曰:"我尽逐陈氏而立女(汝),若何?"对曰:"我远(疏远)于陈氏矣,且其违(回邪)者不过数人,何尽逐焉!"遂告陈氏。子行(陈逆)曰:"彼(子我)得君,弗先,必祸子。"子行舍于公宫。

夏五月壬申,成子(陈恒,陈氏宗子)兄弟四乘如公。子我在幄,出逆之。遂入,闭门(成子入,闭门不纳子我)。……公(简公)与妇人饮酒于檀台,成子迁诸寝。公执戈将击之,……成子出舍于库,闻公犹怒,将出。……子行抽剑曰:"需(迟疑),事之贼也。谁非陈宗!所不杀子者,有如陈宗!"乃止。

子我归,属徒攻闱(宫的旁门)与大门(宫的正门),皆不胜,乃出。……丰丘人执之以告,杀之郭关。……庚辰,陈恒执公于舒州。……(六月)甲午,齐陈恒弑其君壬于舒州。

由于陈氏在齐国已有根深柢固的势力,所以齐简公即位,使自己的心腹阚止为政之后,激起了极大的矛盾。阚止为了得君的信任,所以他敢于捉住杀人的陈逆,然而陈氏用计使陈逆逃了出来。阚止失了陈逆,怕他闹事,所以在陈氏的宗子陈恒那里和陈氏一族人结盟。那时阚止有臣陈豹正得他的主子的宠信,阚止不谨慎,对他说:我想完全赶走陈氏一族,立你作陈氏的宗子。那陈豹却是陈氏派去的间谍，忙把这话通知陈氏。这时陈恒觉得时机紧急，马上联合弟兄们冲进公宫，把简公和阚止隔离开来。简公一发怒，陈恒暂时退了下来，陈逆就抽剑喝道：哪一个不可代你作宗子！迟疑误了大事，是陈宗所不赦的；只要有陈宗在，你就活不了。陈恒给陈逆一激，鼓足了勇气，先杀了阚止，又杀了简公，陈齐代姜齐的局面就表面化了。在这件事情上，可见强大的宗族如何不利于国君的统治。

然而这种局面乃是为中央集权的专制政治做准备，由于这些权臣们打破了诸侯的割据政治，又由于各国的国境线若干年中都用武力向四方开拓，设立了郡、县制度，就逐步走向大一统的道路。本来诸侯的领土不大，都城叫做"国"，城外近处叫做"郊"，远处叫做"野"，也就够了；但为了无限制的扩大，"野"的外边不能不更立"县"，县的外边也不能不更立"郡"。国、郊和野是国君所直接控制的，可是县和郡便不一样，如楚国，就设置"县尹"（《左传·襄公二十六年》"此子为穿封戌，方城外之县尹也"），代表国君去治理；如晋国，则县和郡也分封给大夫们（《左传·哀公二年》"克敌者上大夫受县，下大夫受郡"，又《昭公二十八年》"魏献子为政，分祁氏之田以为七县，分羊舌氏之田以为三县"）。然而到了战国时代，各国就一色地派遣流官治理郡、县，各国的中央政府都用中央集权的方式治理郡、县，所有的卿大夫们分立的"宗"竟不见于记载了，那一定是给集权的中央打下去了。就是王的弟兄们，固然有遵循周代的方式设置封君的，然而都不能久长了。《战国策·赵策四》记左师触詟说赵惠文太后的事：

> 赵太后新用事，秦急攻之。赵氏求救于齐，齐曰："必以长安君（太后的少子）为质，兵乃出。"太后不肯，大臣强谏。太后明谓左右："有复言令长安君为质者，老妇必唾

其面!"左师触詟愿见太后,太后盛气而揖之。……左师公
曰:……"老臣窃以为媪之爱燕后贤于长安君。"曰:"君过
矣,不若长安君之甚!"左师公曰:"父母之爱子,则为之计
深远。媪之送燕后也,持其踵为之泣。……已行,非弗思
也,祭祀必祝之,祝曰:'必勿使反。'岂非计久长,有
(为)子孙相继为王也哉?"太后曰:"然。"左师公曰:"今
三世以前,至于赵之为赵,赵主之子孙侯者,其继有在者
乎?"曰:"无有。"曰:"微独赵,诸侯有在者乎?"曰:"老
妇不闻也。""此其近者祸及身,远者及其子孙。岂人主之子
孙则必不善哉?位尊而无功,奉(俸)厚而无劳,而挟重器
多也。今媪尊长安君之位,而封之以膏腴之地,多予之重
器,而不及今令有功于国,一旦山陵崩,长安君何以自托于
赵?老臣以媪为长安君计短也。……"太后曰:"诺,恣君
之所使之!"于是为长安君约车百乘,质于齐,齐兵乃出。
在这段文字里可以看出,战国时的封君和春秋时的诸侯名义虽
同,本质上则有显著的差别。春秋时的诸侯和卿大夫,都是仗着
他们的祖先和王、侯们有同宗或姻戚的关系而受到封地,从此以
后,子孙世袭这块封地,他们在这块封地上有绝对的政治支配权
和经济支配权。若不是内讧被灭,谁也动他不了。他们这个特权
的地位是不劳而获的。到了战国时代就不同了,必须有功的人才
得封国,那些"凤子龙孙"都降为平民了。就是已封国的,也传
不到子孙手里。试看《战国策·齐策四》,那位善于替孟尝君作长
期打算的冯谖,他设下的"狡兔三窟"的策略,第一是烧了债券
买得孟尝君食邑薛的民心,第二是西游于梁为孟尝君做好了国外
的联系,最后则是:

冯谖诚孟尝君曰:"愿请先王之祭器,立宗庙于薛。"庙
成,还报孟尝君曰:"三窟已就,君姑高枕为乐矣!"

请得了先王的重器，立宗庙于薛，这就是春秋时代取得"宗子"地位的老一套，分该给他的嫡子和嫡孙永远做着宗子，保持这份阖宗共有的产业。然而如何，他一死不就完了吗？魏冉立秦昭王而相之，封为穰侯。到了晚年，《史记·穰侯列传》说：

> 免相国。……穰侯出关，辎车千乘有余。穰侯卒于陶，而因葬焉。秦复收陶为郡。

这样一个富贵到了极步的人，等到一死之后，偌大的产业就给国家收回去了。宗子制度是根本不存在了！

为了讨论烝、报问题而牵涉到中国古代的"天子建国，诸侯立家"（《左传·桓公二年》）的制度，是不是扯得太远了呢？不，正因为要解决这个问题，不得不先讲清楚这个制度。在那时，天子是最大的大家庭的家长，诸侯是次大的，卿大夫是又次大的。除了天子尊无与比之外，诸侯一方面是天子的臣子，一方面又是自己宗族的宗子；卿大夫一方面是天子或诸侯的臣子，一方面又都是自己宗族的宗子。他们在朝廷上固然要遵守礼制，但在自己的宗族里则可以凭着他们的特尊地位而为所欲为。所以凡古代所曾有的婚制，群婚、对偶婚等现象都可以出现，社会上不但不加裁制，而且拥护他们这样干。但是春秋时代是一个社会性质转变的枢纽，它在政治上既走向统一，那就必然要求全国人民只服属于国家而渐渐使他们脱离宗族的束缚。为要使每个人都直接和国家发生统属的关系，第一步必须打破大家庭制度，建立小家庭制度，换言之，就是要确实建立一夫一妻制的家庭。解散了"宗"的组织，取消了"宗子"的把头，才好制定成文的法律，把人民统一管理。即使不能马上实现这个愿望，也得在逐渐解散和取消的情况下，发展法律的权力。《左传·昭公六年》说：

> 三月，郑人铸刑书（杜《解》"铸刑书于鼎，以为国之常法"）。叔向使诒子产书曰："始吾有虞于子（杜《解》

'虞，度也。言准度子产以为己法'），今则已矣！……民知
争端矣，将弃礼而征于书（杜《解》'以刑书为征'），锥刀
之末（喻小事）将尽争之。乱狱滋丰，贿赂并行。终子之
世，郑其败乎？……"复书曰："若吾子之言，侨（子产）
不才，不能及子孙。吾以救世也。……"

这是公元前 536 年的事。郑国南当楚，东可至齐，北可至晋，西
可至周、秦，是当时的交通枢纽，《左传》中记及商贾事的仅有
三条，但都是郑国的商人，可见郑国商品经济的发达。商人抬
头，一方面在奴隶主贵族之外另起了一个据有经济势力的阶级，
一方面则因郑国处于晋、楚两大国之间，职贡繁重，必须对商人
多抽捐税以供国用。商人纳税既多，说话就有力量，郑国的统治
阶级不得不顾到这实际的势力，给以一定的社会地位。因此，商
人和贵族的矛盾，商人和农民的矛盾，以及商人之间相互的矛
盾，要处理得好，必须有法律的规定。子产在这客观的迫切要求
下，就把刑书刻在鼎上，使争讼的案子有一定的解决办法。晋国
的叔向是一个守旧派，他觉得人民一向是给贵族统治惯的，这是
先王的礼制，现在颁定了法律，就是夺去了贵族的实权。人民根
据了法律和贵族斗争起来，那还了得！所以他写信给子产，表示
反对。子产复信说：我诚然不好，使我传不到子孙；但为了"救
世"，我不得不这样做。从子产的话看，那时社会的性质已到了
必须转变的阶段了，子产正是对症下药，所以他坚决执行，不怕
贵族们的反对。

想不到只过了二十三年，晋国自身也在铸刑鼎了。《左传·昭
公二十九年》说：

冬，晋赵鞅、荀寅帅师城汝滨，遂赋晋国一鼓铁（鼓是
量名，《管子·地数》："武王令重泉之戍，令曰：'民自有百
鼓之粟者不行。'"尹知章注："鼓，十二斛。"又有作权名

的，《孔子家语·正论》："赵简子赋晋国一鼓钟以铸刑鼎。"
王肃注："三十斤谓之钧；钧四谓之石，石四谓之鼓。"依王
肃说，是一鼓四百八十斤），著范宣子所为刑书焉。仲尼闻
之曰："晋其亡乎，失其度矣！夫晋国将守唐叔之所受法度
以经纬其民，卿大夫以序守之，民是以能尊其贵，贵是以能
守其业。贵、贱不愆，所谓度也。……今弃是度也而为刑
鼎，民在鼎矣，何以尊贵？贵何业之有？贵、贱无序，何以
为国！……"

这是公元前 513 年的事。晋国人和郑国一样把法律铸在鼎上，反
对这事的也有一个权威人士——孔子。他说的话非常明白：贵族
们必须守住自己的产业，人民则必须尊敬贵族，分出贵和贱的阶
级来，方能树立起国家的秩序（度）。现在丢开了这个秩序，在
法律前面，贵族和人民一律平等，还成什么国家！孔子这话，如
果我们站在贵族的立场，要求保持贵族的利益，那是对的。可是
不容情的时代潮流冲激上来，奴隶制已不再容许存在，那么孔子
的话真可说是反动透顶。这话是否真出孔子，固然还有讨论的余
地；但当铸造刑鼎的时候，其激起大小奴隶主的反对则是无疑
的。再过十二年，《左传·定公九年》又记着一件事：

郑驷歂杀邓析而用其竹刑。

杜预《解》：

邓析，郑大夫。欲改郑所铸旧制，不受君命而私造刑
法，书之于竹简，故言"竹刑"。

邓析是一个法律学家，他看出子产所铸的刑鼎已经不适合于当代
形势，所以他根据目前需要，自己编成一部新的法律，写在竹简
上。不知道他犯了什么罪，郑国的执政驷歂杀了他；可是把他所
著的"竹刑"行用了。从此郑国有了新的法律，这足以说明时代
变化的急剧，那时是公元前 501 年，离子产铸刑书才三十五年，

旧律已经不适用了。到了战国，社会变化愈亟，《唐律疏义》说：

> 周衰刑重，战国异制。魏文侯师于李悝（一作李克），
> 集诸国刑典，造《法经》六篇：一盗法，二贼法，三囚法，
> 四捕法，五杂法，六具法。商鞅传授，改"法"为"律"。

可惜这些保护封建主利益的法律书全失传了，我们现在只有在残存的《汉律》里窥测一点大概。然而就在这零星的资料里，也可以看出人民在法律前总算是平等的，比较奴隶主社会里，国君、卿大夫以及各氏族的"宗子"可以任意杀人、驱逐人的现象都归到处罪的条文下了。男女间的关系也严肃了，女子固然还是被压迫者，但在男子方面，除了正名定分的妻、妾之外，也不许乱跟女子交接了，就是奴隶制遗留下来的家内奴隶——婢女，在法律上也不许主人和她发生性行为了。

宗种的观念在后世还是有的，例如每一个男子娶妻而无子的，必要替他立嗣；以及集合同族立祠堂、设家法、置庄田、修家谱等等都是。然而除了立嗣之外，国家的法律是不作保障的。

从父系氏族社会直到奴隶制社会，妇女都是氏族和宗族里的一笔财产。在生产不发达的社会里，氏族和宗族要守住一笔财产是不容易的，所以从别的族里嫁来的女子不可任她流失，她的丈夫既死，弟、兄可以娶她，子、侄辈可以娶她，甚至孙辈也可以娶她。从当时说，也是团结同族的一个方法。自从社会走向封建制，封建地主的数目远比奴隶主为多，每一个家长占有的土地少了，养不起一大群人，势必发展为一夫一妻制，原来大家庭中的人只得日就疏远。这于中央集权的专制主义政府是有利的，所以他们所定的法律也趋向这方面，于是烝、报制度消灭，宗子制也消灭了。

五

从春秋到战国，是我国社会从奴隶制走向封建制的时期，只是为了诸侯的割据，各国的生产力和生产关系不都是一样，所以各国间的制度不同，风尚不同，思想也不同。我们只能选择其中有代表性的、资料丰富些的分开说明。

因为那时各国的社会发展是不平衡的，有的保留前一社会的遗存多些，有的则是孕育后一社会的成分多些。即就婚姻制度而言，群婚、对偶婚、一夫一妻制诸种现象都有例可举，但是它的主流总是向着严格的一夫一妻制过渡，则是一件无疑的事实。

《诗经·鄘风·柏舟》的第一章：

> 泛彼柏舟，在彼中河。髧（发垂貌）彼两髦（《毛传》：
> "发至眉，子事父母之饰。"按这是指已死的少年男子），实
> 维我仪（匹配）。之死矢靡它！母也天只，不谅人只！

这是一个少年寡妇的呼声。她为了坚守对于死去的少年丈夫的爱情，不愿意再嫁。可是那时还没有守节的风俗，她的父母逼她再嫁时，她呼号道：我誓死不到别人家去了！你们为什么这样地不体贴我呀！这位寡妇不知道是谁，作《毛诗序》的卫宏，他因为《邶》、《鄘》、《卫》三风都是卫国的乐歌，就说：

> 《柏舟》，共姜自誓也。卫世子共伯蚤死，其妻守义，父
> 母欲夺而嫁之，誓而弗许，故作是诗以绝之。

这番话粗一看有些像，仔细一想却不合事实。依照《史记·卫世家》的叙述，卫釐侯死后，太子共伯馀嗣位，没有几天就给他的弟弟武公和杀了，篡了他的位。共姜既嫁到一个大奴隶主的家庭里，她少年丧夫，正是武公"叔接嫂"的对象，她的父母就不可能逼她改嫁。这当然是卫国民间的诗。夫死而自愿守节，在当时

是极个别的事情。其所以然之故，王夫之在他所著的《诗广传》里说得明白：

> 古者无少寡之妇；夫死而田归，无以养之，则嫁之也。惟老而无夫曰寡，遗秉滞穗以为利（按《小雅·大田》："彼有遗秉，此有滞穗，伊寡妇之利。"秉，把也。这是说在丰收的年成里，刈割既多，不免有些狼藉，就让没有依靠的寡妇来捡取），抑无以养之也。《柏舟》之"靡它"，数十年之间，见之《诗》、《书》者一人而已，而固诸侯世子之妃也。……夫死而无适，族无与收之，官无与奖之，仆仆然拾毯（穗）于南亩，非耄以赢不至是矣。苟有可适者，无不听其移志矣。

这段话说的很有道理，一个妇女守节，固然表现了她对于死夫的坚贞不渝的情操，但也需要有守节的经济条件。如果她是贵族家庭的妇女，那自有宗子供给她的生活费用，或者用烝、报的方式和夫家的族人结婚。如果她是平民，得不到别人的照顾，那只有改嫁别家的一条路。《柏舟》诗作者的父母所以逼这位新丧夫的女儿改嫁，就为考虑她终身的生活问题，觉得不该随着她一时的冲动的感情而任她守节。

在"秉礼"的鲁国，情形有所不同。《春秋经》里曾经表彰一个典型的守节的妇女，就是我们在第一章里提起的"宋共姬"，从她的母家方面说也称做"伯姬"，她是鲁宣公的女儿，鲁成公九年（前582年）嫁给宋共公，结婚了才七年，宋共公就死了。她幽居守节三十余年。到鲁襄公三十年（前543年），《春秋经》书：

> 五月，甲子，宋灾（火灾），宋伯姬卒。……秋七月，叔弓如宋，葬宋共姬。

《公羊传》说：

外夫人不书葬，此何以书？隐之也。何隐尔？宋灾，伯姬卒焉。其称谥何？贤也。何贤尔？宋灾，伯姬存焉。有司复曰："火至矣，请出！"伯姬曰："不可。吾闻之也：妇人夜出，不见傅、母不下堂。"傅至矣，母未至也，逮乎火而死。

这件事情，在汉刘向所作的《列女传》里写得更生动些：

恭（共）公卒，伯姬寡。至景公（应作平公）时，伯姬尝遇夜失火。左右曰："夫人少避火！"伯姬曰："妇人之义，保、傅不俱，夜不下堂；待保、傅来也。"保母至矣，傅母未至也，左右又曰："夫人少避火！"伯姬曰："妇人之义，傅母不至，夜不可下堂。越义求生，不如守义而死！"遂逮于火而死。

她这般地甘居寂寞，一向不和外边接触，如今火烧到了住房还是不动，听任它烧死，"古井不波"，直到了泥塑木雕的境地。《春秋经》如果真出于孔子的手笔，那末孔子便是这种泥塑木雕的妇女道德典型的赞扬者了。

然而我们如果要根究所以会得出现这一事故，原有它在鲁国的积渐的舆论力量。试看《春秋经·桓公十八年》：

春，王正月，公（鲁桓公）会齐侯（齐襄公）于泺。公与夫人姜氏（文姜）遂如齐。

《左传》说：

公将有行，遂与姜氏如齐。申繻曰："女有家，男有室，无相渎也，谓之有礼。易此，必败。"

鲁桓公和文姜是夫妻，齐是文姜的母家，当桓公和齐襄公在泺（济南市）相会之后，带了文姜到齐都（临淄县）去，从现代社会看来可说是一件极平常的事情。可是那时的鲁人就说：女有女的家，男有男的室，是不该弄乱的，这就叫做"有礼"。现在桓公如齐，文姜随行，这就叫做"相渎（乱）"，这就不会得到好的结果的。固然鲁桓公就在这一次旅行里死在齐国，中了这个预言，但鲁国的风气，不容许夫、妻一块儿出门，是因为有"夫、妇有别"的一条原则存在，这从申繻的几句话里可以看出来。

和这样事差不多相同的，是《春秋经·宣公五年》：

> 秋九月，齐高固来逆子叔姬。……冬，齐高固及子叔姬来。

《公羊传》说：

> 何言乎高固之来？言叔姬之来而不言高固之来则不可。子公羊子曰："其诸为其双双而俱至者与？"

何休的《公羊解诂》说：

> 礼，大夫妻岁一归宗。叔姬属嫁而与高固来，如但言"叔姬来"而不言"高固来"，则鲁负教戒（秋七月嫁而冬间即归宁，不合"岁一归宗"之礼），重不可言；故书"高固"，明失教戒重在固。言"及"者，犹"公及夫人"，（公羊子）言其双行匹至，似于禽兽。

这话真骇人了。已嫁之妇和她的丈夫同回母家省亲，"双双而俱至"就犯了"似于禽兽"的罪恶，这在现代生活中简直是不可想像的一种道德教条。

难道这是汉人的曲解吗，然而有春秋时代传下来的直接资料可作证明。《国语·鲁语下》说：

> 公父文伯卒。其母戒其妾曰："吾闻之：好内，女死之；好外，士死之。今吾子夭死，吾恶其以'好内'闻也，二三妇之辱共（供）先祀者，请无瘠色，无洵涕，无搯膺，无忧容；有降服，无加服。从礼而静，是昭吾子也！"仲尼闻之，曰："……公父氏之妇知也夫，欲明其子之令德也！"

韦昭的《国语解》说：

　　（瘠色，）毁瘠之色。无声涕出为"洵涕"也。"揗"，叩也；"膺"，胸也。轻于礼为"降"；重于礼为"加"。……凡妇人之情爱其子，欲令妻、妾思慕而已。今敬姜乃反割抑欲以明德，此丈夫之知，故曰"知也夫"。

鲁季氏的分支公父氏，他们的家长文伯死了，遗下一群妻、妾，他的母亲敬姜谆嘱她们：为了表示文伯生存时不曾喜欢过女色，所以你们不要穿重丧的衣服，不要露出毁瘠的颜色和忧伤的容貌，不要号啕地叩胸而哭，也不要没有声音地流泪，而只消像平常日子一样。孔子听得了，就夸奖她的"明智"。《鲁语下》里还有一段：

　　公父文伯之母朝哭穆伯而莫（暮）哭文伯。仲尼闻之曰："季氏之妇可谓知礼矣，爱而无私，上下有章！"

穆伯是敬姜的丈夫，他死了，敬姜早晨哭；文伯是她的儿子，他死了，敬姜晚上哭。为什么？《礼记·坊记》说："寡妇不夜哭。"郑玄的《礼记注》："嫌思人道。"又《淮南子·说林》说："邻之母死，往哭之。妻死而不泣，有所劫以然也。"高诱的《淮南子注》："嫌于情色。"郑玄所说的"人道"，高诱所说的"情色"，都是"性欲"的同义词。寡妇不敢在夜里哭，为的是怕人笑她到了临睡的时候性欲发动了。妻死而不泣，也同样表示自己是没有性欲的。敬姜在早晨哭丈夫，就没有这个嫌疑了。儿子不是发泄性欲的对象，所以他死了放在晚上哭。孔子听到她遭遇的两回丧事分出两种哭法来，就夸她爱夫与爱子有分别，表示出她的不及于"私"的爱，即有情而无欲的爱，她真是一个"知礼"的标准人物。

　　因为鲁国人有这般矫揉造作的风气，所以《礼记·内则》的作者就搜集了一套鲁国妇人所特有的礼节，说：

　　礼始于谨夫妇。为宫室，辨外、内；男子居外，女子居

内。深宫固门，阍寺（宦官）守之。……男、女不同椸
（竿）、枷（架）。不敢县（悬）于夫之楎、椸（都是衣架），
不敢藏于夫之箧、笥（都是箱笼）。不敢共湢（浴室）浴。
夫不在，敛枕箧簟席（这句话传写错了，应当作"箧枕，敛
簟、席"，是说丈夫出门时，妻子该把他的枕头放到箧中，
原来铺在床上的簟和席都收藏起来。这个错误是俞樾发见
的，见他所著的《群经平议》）。

不但在房屋制度方面要把夫和妻隔绝，而且晾衣竿子要分开，挂
衣架子要分开，浴室要分开，枕、席也要分开。他们客气到这
样，直把我们弄模糊了，不知道他们的孩子是怎么生出来的。

夫、妻之间既要像犯传染病似地严格隔离，那么不是夫、妻
的男人和女人之间，他们的隔离程度一定会像分水岭一般地用高
峻的山峰把双方划分开了。这个隔离的制度，《内则》里规定得
很详细：

男不言内，女不言外。非祭、非丧，不相授器。其相
授，则女受以篚。其无篚，则皆坐，奠之（放在地上），而
后取之。外、内不共井，不共湢浴，不通寝席，不通乞假。
男、女不通衣、裳。

内言不出，外言不入。男子入内，不啸，不指；夜行以
烛，无烛则止。女子出门，必拥（障）蔽其面；夜行以烛，
无烛则止。

道路，男子由右，女子由左。

这篇文章说，男人和女人之间是一切分离的，只有在丧事和祭事
中才有共同的生活，然而这个共同生活的限制可严了，碰到必须
给对方送一件东西时，女子只该用篚子来接受，不许用手来接
受。倘使手头没有篚子，那只有放在地上，让对方从地上来收
取。男、女之间不得借用任何东西。男子有必要进内室时，不得

出声（啸），也不得指东点西，免得挑起了女人的注意。女子出门时就必须把面孔蒙住。无论男、女，晚上走路都得点蜡烛，免得在黑暗里偷偷摸摸。在街道上行走，男子应走右边，女子则应走左边。这个行路的制度，《礼记·王制》也说过："道路，男子由右，妇人由左，车从中央。"这见得每条街道都划成三部分，男、女走在路上是给车子隔开的。那部为王肃所增加的《孔子家语》，在《相鲁》篇中说："孔子初仕，为中都宰，制为养生、送死之节，长、幼异食，强、弱异任，男、女别涂。"照这所说，这个"男、女别涂"的制度在孔子作鲁的中都宰时是曾经实行过的。

为了要把女子训练得百依百顺，安心和外界隔绝，《内则》的作者又说：

> 女子十年不出；姆（女师）教，婉（言语柔婉）娩（容貌妩媚）听从。执麻、枲（牡麻），治丝、茧，织纴（缯帛）、组紃（粗绳），学女事以共（供）衣服。观于祭祀，纳酒、浆、笾、豆、菹（咸菜）、醢，礼相助奠。十有五年而笄（安发的簪，梳髻了）；二十而嫁。有故（遭父母丧），二十三而嫁。

女子从小关在家内，一关就是十年。在女师教导之下，言语和容貌都非常地柔和。她们都会织东西，会烧饭、做菜。训练好了，就嫁出去了。所以她们的一生，在母家，是受奴隶教育的时期；到夫家，是过奴隶生活的时期。

《礼记》中的《曲礼》是记载人们生活上的许多繁文缛节的一篇书。这里也谈起"男、女有别"的生活，如下：

> 男、女不杂坐，不同椸、枷，不同巾、栉；不亲授。嫂、叔不通问；诸母不漱（浣）裳（下衣）。外言不入于梱（门槛），内言不出于梱。

女子许嫁，缨（系缨以表示已许嫁）；非有大故（灾变、疾病等），不入其门。姑、姊、妹、女子子（女性的子，即女儿）已嫁而反，兄弟弗与同席而坐，弗与同器而食。……

寡妇之子非有见（表现）焉，弗与为友。

这除了和《内则》相同的几点之外，又特别提出了几点：

其一，嫂子和小叔是不相通问的。这可取《仪礼·丧服》来作证明。《丧服》中详细规定了至亲、同堂、同族、外姻的丧服制度，以及女子为其私亲（母家人）之服、妇人为其夫党（夫家人）之服等等，说明每一个人和周围许多人的亲疏关系，目的在巩固宗族制度以卫护封建统治，规定的制度非常细密，然而嫂、叔是不相为服的，就是双方的某一方死了，不戴一些些孝，和路人一个样子。这就说明了定出这项制度的人们如何立下决心，把嫂和叔远远地分开，要从根本上消灭"叔接嫂"的不正常的婚姻状态。当孟子以儒家的身份在齐国活动的时候，齐国有一位有名的辩论家淳于髡曾就嫂、叔关系上和他开过一次玩笑。《孟子·离娄上》说：

淳于髡曰："男、女授受不亲，礼与？"孟子曰："礼也。"曰："嫂溺，则援之以手乎？"曰："嫂溺不援，是豺狼也。男、女授受不亲，礼也。嫂溺援之以手者，权也。"

齐国是男、女社交公开的社会（见下章），男、女之间绝没有像鲁国一样的一套拘忌。淳于髡看鲁国的"男、女授受不亲"、"嫂、叔不通问"、"嫂、叔不相为服"这些过度的防闲太可笑了，所以他提出这个问题，说："如果嫂子不幸掉到水里，做小叔的难道不拉她一把吗？"孟子是一向鼓吹"无恻隐之心，非人也"的，他主张就是毫不相干的人到了危险的境界也该飞奔上前去救援，嫂和叔究竟有一点家族的关系，如何能斩钉截铁地说不救呢，所以他只得说男、女授受不亲是"经"，嫂溺援之以手是

"权"，"经"是"礼"的标准，"权"是"仁"的运用，勉强应付了淳于髡的质问。在这个对话里，正见得鲁国人为了排除"叔接嫂"的婚姻而定出来的礼节是非常生硬的。

其二，"诸母"是庶母，即父妾，家庭的洗衣工作是该由她们担任的。做了家长的男子当然可以脱下衣衫交给她们去洗，但只可令她们洗上衣，不可令洗下衣，因为下衣是猥亵的。所以就从"诸母不漱裳"这句话里，又可见出鲁国人有意消灭"烝"、"报"制度，竭力把男家长和一群父妾分开，凡是可以象征两性的东西都两不关涉。一部《左传》里所以没有鲁国的烝、报记载，也许就因为鲁人早把这方面的两性关系尽量冲淡了。

其三，这里说的"女子许嫁，缨"和《仪礼·士昏礼》在合卺、说（脱）服之后"主人入，亲说（脱）妇之缨"是可以合拢来看的。郑玄注："妇人十五许嫁，笄而礼之，因著缨，明有系也，盖以五采为之。"在她著缨之后，她的身子已有一定的归宿，所以她的家中如果没有什么重大事情，别家的男子就应避开嫌疑，不再进她的家门。自己的姑母、姊妹、女儿，已经出嫁的，在回到家门时，本家的男子就不得和她们一块儿坐、一块儿吃饭。防微杜渐之严，于此可见。

其四，寡妇之家是个是非窝，轻易去不得。她的儿子如果没有特殊的表现，得到社会地位，为众人所熟知，也不得和他交朋友，以免受到旁人怀疑，批评他借口访问朋友而实际上则是觊觎这个朋友的母亲。从这句话里，可以看出两件事情。其一，一个寡妇抚孤成名，至少已到五十岁左右，在这以前，她的一家是被社会所封闭的，不但她没有交际的自由，就是她的儿子也为她所累而得不到交际的自由。其二，从这话里知道鲁国多寡妇，其所以多的原因，是社会上对她们有了守节的要求。《礼记·郊特牲》说："信，妇德也。壹与之齐，终身不改，故夫死不嫁。""齐"，王引之《经义述闻》卷十五说应读为"醮",因声近而假借。"醮"的意义是喝干一杯酒,夫、妻在结婚的时候是要一块喝酒的,妻子已经和丈夫喝过一回酒,就终身不能改变了,不但在丈夫的有生之年里应该承担着妻子的义务,就是丈夫早死,也该为死掉了的丈夫承担守节的义务,直到她自己的死亡。那位《柏舟》的作者自愿守节而父母不谅,我们当然同情她;等到守节成了道德教条,不出于自愿而社会的压力逼着她不能不这样干时,我们就该反对这封建伦理了。试看《列女传》中,把这句"名言"扩大到何等地步:

> 女宗者,宋鲍苏之妻也,养姑甚谨。鲍苏仕卫三年而娶外妻(停妻再娶),女宗养姑愈敬,因往来者请问(问候)其夫,赂遗(赠送东西)外妻甚厚。女宗姒(妯娌)谓曰:"可以去矣!"女宗曰:"何故?"姒曰:"夫人(那一个人)既有所好,子何留乎!"女宗曰:"妇人一醮不改,夫死不嫁,……岂以专夫室之爱为善哉!……"宋公闻之,表其闾曰"女宗"。(《贤明传》)

这就是说妇人一次和丈夫醮了之后就永远不能改,可是丈夫对妇人则一醮之后尽可再醮、三醮……,不负任何责任,而且妇人对于丈夫的外妻还应当厚加赂遗,讨她的欢心,然则《列女传》所称道的"贤明"、"贞顺"等等好名词岂不都是加上糖衣的奴隶道德!

鲁国的统治阶级在"男、女之别"上身体力行的,还是那位公父文伯之母敬姜。《国语·鲁语下》云:

> 公父文伯之母如季氏,康子在其朝(厅),与之言,弗应。从之,及寝门,弗应而入。康子辞于朝而入见,曰:"肥(季康子名)也不得闻命,无乃罪乎?"曰:"子弗闻乎?天子及诸侯合民事于外朝(大厅),合神事(祭祀)于内朝

> （二斤）。自卿以下，合官职于外朝，合家事于内朝。寝门之
> 内，妇人治其业焉；上、下（自天子至大夫）同之。夫外
> 朝，子将业君之官职焉；内朝，子将庀（治）季氏之政焉：
> 皆非吾所敢言也。

敬姜是季康子的叔祖母，她到季孙家里，季康子在外朝遇见她，
向她招呼，她不理；跟上前去，到寝门，和她说话，她还是不
理。康子奇怪了，到内室问她：是不是我得罪了您呢？她说：不
是。你在外朝应当办鲁国的事情，在内朝应当办季氏的事情，都
不是和妇人说话的地方，所以我不敢回答你。这就是《曲礼》上
所说的"外言不入于梱，内言不出于梱"的实际事例。因为妇人
只该管寝门以内的事，而外朝是讨论国事的地方，内朝是讨论宗
族事务的地方，她就坚决地假作没有听见，不出声地走过去了。

还有一件事也是记在《鲁语下》的：

> 公父文伯之母，季康子之从祖叔母也，康子往焉，闑
> （开）门（寝门）与之言，皆不逾阈（门限，即阃）。祭悼子
> （季悼子，敬姜的公爹，康子的曾祖），康子与焉；胙（酢）
> 不受，彻俎不宴，宗（宗臣）不具不绎，绎不尽饫则退。仲
> 尼闻之，以为别于男、女之礼矣。

这里说是：有一次，季康子到公父氏去见敬姜，她开了寝门和他
讲话，以门槛为限，她不肯走出门槛，康子也不敢走进门槛，这
就是《内则》所说的"为宫室，辨外、内"。及至公父氏行一回
家祭，为了祭的是季康子的曾祖，所以他也前去参加祭礼。在行
礼时，照例，宾要向主人劝酒，叫做"酢"，而敬姜不亲受酢；
照例，祭毕彻俎后要行家宴，敬姜不与宴；照例，祭后又要祭一
次，叫做"绎"，而敬姜因宗臣不具在而不与绎；照例，绎祭后
又要大家喝一回酒，而敬姜恐在醉饱后有失措，就先退出来了。
这都说明她虽和男人同祭而又处处和男人分开，所以孔子听得了

这事又夸奖她"别于男、女之礼"。这都是"男、女授受不亲"和"男、女不杂坐"的实际例子。

这些鲁国创造出来的礼教，敬姜都努力去实行，而伯姬且为它献出了自己的生命，这就使得鲁的"君子之国"的牌子愈来愈升高，在封建社会里成为惟一的崇高的典范。

然而人类毕竟是生物里的一种，既是生物就得有传种的要求，有了这要求就自然而然地懂得爱恋异性。鲁国的统治者和学者们，无论设下了千百道防线，终究会有人在强烈的生理冲动下把它摧破。这在《春秋经》里就找得到证据。《僖公十四年》有一位叛逆的女性，凭了她个人的勇气，向这个所谓"庄严"的礼教宣战：

> 夏六月，季姬及鄫子遇于防，使鄫子来朝。（十有五年九月）季姬归于鄫。

《公羊传》说：

> 鄫子曷为使乎季姬来朝，内辞也。非使来朝，使来请己也。

何休的《公羊解诂》说：

> 据"使"者，臣为君衔命文也。使来请娶己以为夫人，下书"归"是也。礼，男不亲求，女不亲许。鲁不防正其女，乃使要遮鄫子淫泆，请来请己，与禽兽无异，故卑鄫子使乎季姬，以绝贱之也。

一位鲁君没有出嫁的女儿季姬，她偶然到防邑游玩，碰上了鄫国的君主，互相爱上了，季姬就教鄫君朝见鲁僖公，直接向僖公请婚，果然得遂心愿，下年嫁去了。这种自由恋爱的行为竟然实现于守礼的鲁国，怪不得《春秋》学家要施以贬绝，斥鄫君为季姬所使是"贱"，又斥他们的婚姻"与禽兽无异"。婚姻不该以爱情为基础，这是鲁国人脱离实际的梦想。而且看那高固和子叔姬已经成婚了的夫妻，为了同行而被批评为"似乎禽兽"，那么季姬和鄐子为了恋爱而结婚，得到的"无异禽兽"的评语也就不足介意了。

半奴隶主半封建主的统治者和封建学者们想用道德宣传来造成社会上的舆论压力，来强迫人们接受这种改造人性的礼教，对于一般的弱者而言固然可以生效，但决不能普遍收效。在这方面，《礼记·坊（防）记》的作者已经看出礼教防制的结局不合理想而发出了悲叹的声音。他写道：

> 子云："夫礼，坊（防）民所淫（贪），章（明）民之别，使民无嫌，以为民纪者也。"故男、女无媒不交，无币不相见，恐男、女之无别也。以此防民，民犹有自献（进）其身。

这说的就是季姬一类，自献其身于所爱的人，不经由媒氏的介绍，币帛的致敬。又说：

> 子曰："礼，非祭，男、女不交爵。"以此坊民，阳侯犹杀缪侯而窃其夫人。故大飨废夫人之礼。

这就是敬姜在祭季悼子的时候所以不受酢的缘故。不知道在什么时候，缪侯行祭礼，阳侯为宾客，他看到缪侯夫人的美色，就杀死了缪侯，把这位夫人抢走，以致贵族间相互告诫，就在请诸侯赴宴的大飨中废掉了夫人出面的礼节。这可见祭祀时就是"男、女不交爵"还不足以防闲，只有"大飨废夫人之礼"才是根本的解决。又说：

> 诸侯不下渔色（不内取于国中），故君子远色以为民纪。故男、女授受不亲；御妇人则进左手（郑注"御者在右，前左手，身微背之"）；姑、姊、妹、女子子已嫁而反，男子不与同席而坐；寡妇不夜哭；妇人疾，问之，不问其疾（郑注"嫌媚，略之也，问增损而已"）。以此坊民，民犹淫泆而乱

于族（郑注"乱族，犯非妃匹也"）。

作者的这一番悲叹，可见这样防也不好，那样防也不是，着实害苦了一班设计的礼家。他们不懂得，礼教是改变不了生理要求的。在《国语》里，不是有周厉王监谤，召穆公说的"防民之口甚于防川"（《周语上》）吗？不是有周灵王要壅谷水，太子普就胪列共工、伯鲧等"壅防百川"的失败事迹（《周语下》）吗？为什么只知道水不能防，而不知道性欲也是不能死死地防御的呢？

一部《礼记》，每篇的著作者是谁，我们无法决定，每篇的著作时代也不易决定，但各篇都是出于儒家之手则是可以决定的，其作于战国到西汉约四百八十年里也是可以决定的。儒家师法孔子，保存宗法，以鲁国为中心，所以《礼记》所说的足以代表鲁国人的思想，其中所记的许多制度，当然有其想像的部分，但是也有更多的结合实际的部分，这只须把《春秋经》、《国语》、《左传》三部史书比较着看就可知道。

在二千数百年的漫长的封建社会里，统治阶级把孔子捧成圣人，把儒家保守下来的几部经典立为国定的教科书，儒家思想在中国社会里，尤其是汉族社会里，十分的根深蒂固，君权、族权、父权、夫权都在这个基础上发展起来。现在为了研究奴隶制社会里的烝、报等制度，就不得不说到在转变期内的"男、女有别"和"夫、妇有别"等的反烝、报的封建制度及其思想，以及残酷地在禁锢妇女、迫害妇女的制度下所造成的无限痛苦。这些痛苦，长期由妇女承担，不知道曾流出了多少血泪，送掉了多少生命。封建制度无疑是为害人民的；但如果一分为二地看，它也有一些些的好处，就是一夫一妻制被它固定下来了，除了法定的妻和正名定分的妾之外，一个男子倘使和别的女性发生关系时，就被社会上看做不道德，在法律上也得受处分了。

六

隔了一座泰山，就分成两个世界。鲁国的领土在泰山之南，它在农业的基础上发展了封建文化；齐国的领土在泰山之北，它在工商业的基础上发展了萌芽状态的资本主义文化。

《史记·货殖列传》说：

> 太公望封于营丘，地潟卤（盐碱地），人民寡，于是太公劝其女功，极技巧，通鱼、盐，则人物归之，缯至而辐凑，故齐冠、带、衣、履天下，海、岱之间敛袂而往朝焉。其后齐中衰，管子修之，设轻重九府，则桓公以霸，九合诸侯，一匡天下。而管氏亦有三归，位在陪臣，富于列国之君。是以齐富疆（强）至于威、宣（威王、宣王）焉。

司马贞《史记索隐》解释道：

> 言齐既富饶，能冠、带天下，丰厚被于他邦，故海、岱之间敛衽而朝齐，言趋利者也。

因为齐国的土壤盐碱重，不利于发展农业，所以它的统治者把手工业作为立国的经济基础，一方面利用天然环境，鼓励渔业和盐业；另一方面组织女工，从事织作和织品加工，制成冠、带、衣、履等穿着物。东方各国的人民为了做生意，相率跑到齐国去贩买货物，推销到各地。这里所谓"轻重"等于说"贵贱"。凡物多则供过于求，它的价格自然降低，这就叫做"轻"。物少则求过于供，价格就被哄抬起来，这叫做"重"。掌握经济的统治阶层调查生产量的多寡来平衡物价，这就叫做"轻重"。"九府"是储藏物产的若干个仓库，"九"是一个虚数。《周礼·天官》有"大府"、"玉府"、"内府"、"外府"等职，《地官》又有"泉（钱）府"职，都是在"九府"范围内的。管仲有三归而富于列

国之君,这件事前人没有作出适当的解释。按《论语·八佾》说:

> 管氏有三归,官事不摄,焉得俭!

"官事不摄"是说管氏家臣众多,各职均备,不用兼职或代理。至于"三归"是什么,二千多年来还是一个谜。汉刘向《说苑·善说》云:

> 桓公谓管仲:"政卒归子矣。政之所不及,惟子是匡。"仲故筑三归之台以自伤于民。

清武亿《群经义证》从这"台"字上获得了解决问题的钥匙,他道:

> 台为府库之属,古以藏泉布。……《管子·山至篇》"请散棧台之钱,散诸城阳;鹿台之布,散诸济阴",是齐旧有二台,以为贮藏之所。……《晏子春秋·内篇》云"管仲恤劳齐国,身老,赏之以三归,泽及子孙",又一证也。

这个解释是妥贴的。管仲以一个诸侯的大夫,而能据有三个钱库,可见他的豪富。大夫这样,国君之富就可想而知了。

司马迁虽然把齐国的生产和富饶的情况作了一个系统的叙述,可是他并没有顾到全面:齐国的生产不止于鱼、盐和冠、带、衣、履,齐国的劳动者也不止于妇女。

远在宋代就发现了《齐侯钟》,著录于《博古图录》等书,经过许多人的研究,知道这是公元前567年齐灵公灭了莱夷之后,分封给他的臣子叔夷,叔夷就把灵公诰命的话刻在钟上,表示他的光荣。钟铭说:

> 公曰:"尸(夷),女(汝)敬共(恭)𤔲(予)命,余易(锡)女(汝)釐(莱)都䣄、剔,其县三百。余命女(汝)𤔲(司)𤔲(予)釐(同时铸的镈文作"鄩",同莱),遟(造)铸(铁)徒四千,为女(汝)敵(嫡)寮。"(郭沫若《两周金文辞大系图录考释》)

齐灵公把莱的鄑、剧两邑封给叔夷，而有三百个县，可见这些县是很小的。如果他们那里的"县"只是"书社"的同义词，那么一个书社二十五家，三百个书社该是七千五百家。这些家本是莱夷的人民，如今作了齐的种族奴隶而被分配给叔夷。此外，齐灵公还给叔夷四千名造铁徒，作为他的直系（嫡）的徒属。叔夷是一个大夫，乍得封地，而有四千名造铁徒，从事采铁和冶炼，那么齐君所有的造铁徒可知必然十倍或数十倍于此。这铁器的制造业便是齐国的主要工业，做这工作的必然都是男工。

《周礼》是一部假想的天子六官职掌的书，偏缺着"冬官司空（工）"一篇。汉代的人取《考工记》来补它。这篇《记》里记着"攻木之工七，攻金之工六，攻皮之工五，设色之工五，刮摩（制造玉器）之工五，抟埴（制造陶器）之工二"，见得那时手工业的分工已到了很细密的程度。郭沫若同志在《考工记的年代与国别》一文中，从方言、量制等方面考定它是春秋末年齐国人所纪录的官书。《记》中有"段氏为镈器"的话，按《诗·周颂·臣工》讲到种田时，说："命我众人，庤（具）乃钱（铫，刈草器）、镈（锄），奄（淹，义为久）观铚（镰）艾（刈，收割）。"可见"镈"是重要的农具，"段"即"锻"字的简写，段氏一职是掌管制造铁质的农具的。《管子·小匡》说：

> 美金以铸戈、剑、矛、戟，试诸狗、马。恶金以铸斤、斧、锄（锄）、夷（芟器）、锯、欘（当作"櫙"，斤柄，举柄以目其刃。《齐语》作"劚"，斫器），试诸木、土。

它所谓"美金"指的青铜，用来作武器；"恶金"指的是铁，用来作农具和断木的工具。齐国有大量的工人制造大量的铁器，所以设有"铁官"（见《管子·轻重》诸篇）。在这上面，就见出齐国手工业生产的发达，实以制造铁工具为中心。

手工业者必须集中在大城市，所以齐的国都临淄人口众多，随着文娱活动也特别发达。《战国策·齐策一》记苏秦为赵合纵六国，说齐宣王道：

> 临淄之中七万户。臣窃度之，下户三男子，三七二十一万，不待发于远县，而临淄之卒固以（已）二十一万矣。临淄甚富而实，其民无不吹竽、鼓瑟、击筑、弹琴、斗鸡、走犬、六博、蹹踘（蹴踘，打球）者。临淄之途，车毂（毂，车轴）击，人肩摩，连衽成帷，举袂成幕，挥汗成雨。

这固然说得夸大些，但齐都临淄是当时七个大国中最繁华的城市是无疑的。其中尽情享乐的当然是奴隶主、地主和工商业者，但一般的工人也必有适当的娱乐。

单就妇女的工作说，《管子·海王》中有下面的话："一女必有一针、一刀，若（于是）其事立。"同书《轻重乙》又说："一女必有一刀、一锥、一针、一铢（长针），然后成为女。"这都可见齐国妇女参加劳动的普遍；如果不参加，简直成为社会上所谴责的游荡分子。同书《问篇》说："问男、女有巧技能、利备用者几何人？处女操工事者几何人？"这篇文章是齐国政府在作社会调查时所提出的询问地方当局的问题。从这里抄下的两个问题中，可以看出齐国妇女和男子同样是"有巧技能、利备用"的人，而处女没有妇人所担负的哺育孩子的重任，所以她们的劳动量尤大，更为政府所注意。又同书《揆度》说：

> 上农挟五，中农挟四，下农挟三。上女衣五，中女衣四，下女衣三。农有常业；女有常事。一农不耕，民有为之饥者；一女不织，民有为之寒者。

"挟"字通"浃"，是周遍的意思。上农能养活五人，上女也能养活五人，足见齐国妇女的劳动力抵得过男子。又齐女的织跟鲁女是不同型的，鲁女生产的只供应本家的需要，而齐女则是供应四海的商品。

从上面的材料里，我们认识了齐国妇女的工作能力。她们所得的收入既不亚于男子，她们的经济力量自然稳固。她们在经济上既已取得了独立的地位，所以她们便有不出嫁的自由。《汉书·地理志》说：

> 始（齐）桓公兄襄公淫乱，姑、姊、妹不嫁，于是令国中民家长女不得嫁，名曰"巫儿"，为家主祠；嫁者不利其家。民至今以为俗。

齐国的长女不嫁是事实，但她们之所以不嫁是由于自己握有经济权，决不是由于齐襄公为了想掩饰自己的淫行而发下的命令；如果竟如班固的"想当然"之说，试问齐君能不能长期供应大量妇女的衣食费用？就说长女能够承继父亲的遗产，然而有长女的往往又有长子，一经分家是不是可以确保终身的生活呢？

齐国妇女可以"为家主祠"，在《公羊传·哀六年》里是有证据的：

> 诸大夫皆在朝。陈乞曰："常之母有鱼、菽（豆）之祭，愿诸大夫之化我也。"诸大夫皆曰："诺!"于是皆之陈乞之家坐。

何休《解诂》说：

> "常"，陈乞子。重难言其妻，故云尔。齐俗，妇人首祭事。言鱼、豆者，示薄陋无所有。（化我）言欲以薄陋餕福共宴饮。

齐国的大夫陈乞为了拥立公子阳生为君，把阳生藏在家中，他上朝时，把诸大夫骗到他家，托言自己的儿子陈常（恒）的母亲（犹今天说"阿大的娘"）有祭事，要他们到他的家里吃一顿家常饭，就此逼他们一齐参加拥立的政治活动。何休说："齐俗，妇人首祭事。"祭事，在父权社会里是由男子掌握的，但齐国的风俗却由妇人主管，那么齐国妇女的握有家中经济实权可以想见。

齐国女子的不嫁,和鲁国妇女的禁欲有本质的不同。《战国策·齐策四》在无意中漏出了一件事实:

> 齐人见田骈曰:"闻先生高议,设为不宦,而愿为役。"田骈曰:"子何闻之?"对曰:"臣闻之邻人之女。……臣邻人之女,设为不嫁,行年三十而有七子。不嫁则不嫁,然嫁过毕矣。今先生设为不宦,訾(资)养千钟,徒百人。不宦则然矣,而富过毕也。"田子辞。

这从后世的观点看来,可算是一个有力的讽刺。可是当时的齐国妇女,她们既有独立生活的能力,则嫁与不嫁固无所谓。当某一女子有性生活的需求时,不妨和某一男子暂时结合,像古代的对偶婚一般,只是不承认也不要别人承认这个男子是她的家庭中的一位成员而已。

齐国开展了这般自由恋爱的风气,不但摆脱未婚女子的束缚,就是已婚的妇人也敢于放纵起来,不坚守对于丈夫的贞操责任,而做她的丈夫的也就不坚持她必须对他严守贞操。《战国策·齐策三》道:

> 孟尝君舍人(门下士)有与君之夫人相爱者。或以问孟尝君曰:"为君舍人而内与夫人相爱,亦甚不义矣,君其杀之!"君曰:"睹貌而相悦者,人之情也。其错(措,放下来)之,勿言也!"……

乍一看,这位孟尝君太慷慨了,太放任了。但这事发生在齐国,便知道这个意识形态一定有它的社会基础。平常时候既容许"睹貌",就不能禁止两性间的"相悦"。

齐国的女子不但有不嫁的,而且还有招婿上门的。《战国策·秦策五》说:

> 太公望,齐之逐夫。

《说苑·尊贤》也说:

> 太公望，故老妇之出夫。

这固然不是信史，因为太公望是周室的战将，又是周室的姻亲，他不可能遥远地到东方的齐国来做这位老妇的赘婿。但齐国的女子可以赘夫则是社会上公认的一种婚姻方式。女子既可赘夫，则男子由得女子选择，选择者的年龄可以远远地超过被选择者，选择者对于被选择者也有"招之即来、呼之即去"的权利。为了她们已有独立的经济，作家庭的主人，所以她们不嫁也可，招婿也可，"逐夫"、"出夫"也就无所不可。《史记·滑稽列传》说：

> 淳于髡者，齐之赘婿也。

《史记索隐》说：

> 赘婿，女之夫也。比于子，如人疣赘，是馀剩之物也。

"赘"是多余的意思，这个受赘的男子虽已被承认为她的家庭中的成员，但究竟是个可有可无的东西。这位从淳于氏嫁过来的男子，名之曰"髡"，正因为他剃掉头顶周围的须发，如汉代奴隶的"髡钳、衣褐"（见《汉书·季布传》）一般，在家庭中被看做低贱的一级，什么事情都得听妻子的支配，没有自由。

可是这位赘婿——淳于髡，靠着他的"滑稽多辩"，后来居然跳出了奴隶环境，爬上统治集团，几次代表齐威王出使诸侯，不曾辱命。有一回，威王置酒后宫，召他赴宴，问他酒量有多少，他就讲出一段很有趣味的话来。《滑稽列传》说：

> 赐酒大王之前，执法在傍，御史在后，髡恐惧俯伏而饮，不过一斗径醉矣。……若乃州、闾之会，男、女杂坐，行酒稽留，六博、投壶，相引为曹，握手无罚，目眙（直观）不禁，前有堕珥，后有遗簪，髡窃乐此，饮可八斗而醉二参（三，这句话是说喝了八斗的酒有两三分的醉意）。日暮酒阑，合尊促坐，男、女同席，履舄交错，杯盘狼藉，堂上烛灭，主人留髡而送客，罗襦襟解，微闻芗（香）泽，当

此之时，髡心最欢，能饮一石。故日：酒极则乱。……

在这段话里，可以清楚地看出齐国男、女社交公开的情况。在州和间（照郑玄《周礼注》的解释，二千五百家为州，二十五家为间）的集会中，异性们可以杂坐，可以握手，可以直视，一切不受礼教的束缚。当某一女主人请客的时候，大吃大喝，直到晚上，堂上点着的蜡烛已经烧残，客人也都散尽，这位主人就扶着他进房了。在这段文字里，惟妙惟肖地写出了齐国女性的豪放生活。这种举动，真使得规行矩步的鲁国人看了吓一跳。怪不得宣扬禁欲主义的孔子要希望"齐一变，至于鲁"（《论语·雍也》）了！

比"州、间之会"扩大的，是齐国的"社"。当齐君祭社时，组织了大量的群众性活动的节目，让国都中的男、女一起出来欣赏玩乐，好像明、清时代的"迎神赛会"，罗陈宝物，表现技艺，假借宗教来鼓舞人心。《墨子·明鬼下》说：

> 燕之有祖，当（如）齐之社、稷，宋之有桑林，楚之有
> 云梦也，此男、女之所属（聚合）而观也。

这种盛会引诱邻国的鲁君也热辣辣地欣然愿往。《春秋经·庄公二十三年》：

> 夏，公如齐观社。

《谷梁传》说：

> 常事日"视"（如"视朔"）；非常日"观"（如"观
> 鱼"）。观，无事（无朝会之事）之辞也。以是为尸女也。

什么叫做"尸女"呢？晋范宁的《谷梁传集解》说：

> "尸"，主也。主为女往尔，以观社为辞。

这是说鲁庄公这回到齐，并不是尊敬齐的宗教，他的目的只是想借这个机会去观看齐国的女人。因为庄公的动机不合于鲁国的礼法，《国语·鲁语上》就记下了曹刿谏劝的话：

> 严（庄，避汉明帝讳改）公如齐观社。曹刿谏日："不

可！夫礼，所以正民也，……无由荒怠。夫齐弃太公之法而观民于社。君为是举而往观之，非故业（事）也，何以训民！土发而社，助时也。收攟（拾）而烝，纳要也。今齐社而往观旅（众），非先王之训也……。"公不听，遂如齐。

这是说：在春分之前开始农耕，举行"社"祭，是助时求福；等到秋天收割庄稼，把重要的五谷都积聚（纳）起来，举行"烝"祭，是报天地的恩德。这些才是正经事，是君主应当做的。现在齐的社祭，集合了很多的观众，是"弃太公之法"。鲁君不务正业，去趁热闹，是"非先王之训"。

齐的社祭怎么热闹，没有记载传下来。但从鲁庄公的兴致勃勃地去参加，曹刿苦苦地劝止而不听从，《谷梁传》直斥他为的看女人，就想得到这一定是齐国的一个狂欢节；在这个十分热闹的节日里，齐都中的男人和女人一定比"州闾之会，男、女杂坐，……握手无罚，目眙不禁"的情况更加放纵，这是可以断言的。

鲁庄公既这般地欣赏齐国的社祭，鲁国也是有社祭的（《春秋经·庄公二十五年》"鼓用牲于社"），为什么不照样来一下呢？这因鲁国的生产不同于齐国的生产，鲁国的社会风气不同于齐国的社会风气，他是号召不起来的。

在齐国的空气里，齐国妇女敢于自由自在地走出家门，同不相识的男子交际，甚而至于对自己的君主也敢侃侃而谈，不受任何拘束。《左传》中记有几件故事，趁这机会一述。其一，《左传·成公二年》载：晋、齐战于鞌，齐师大败，齐顷公几乎被获，幸而逢丑父冒充了齐君，顷公才得脱险。当他进入徐关时：

辟女子（令女子避开）。女子曰："君免乎？"曰："免矣。"曰："锐司徒（主锐兵者）免乎？"曰："免矣。"曰："苟君与吾父免矣，可若何！"乃奔（走避君）。齐侯以为有

礼。既而问之，辟司徒（主垒壁者）之妻也，予之石窌
（邑）。

当"兵败如山倒"的时候，这位女子出来探访消息，看到退回来
的人，就上前询问她的君和父的安全，等到问明白了才让路，她
的态度多么地大方？她是锐司徒的女儿，辟司徒的妻子，本身是
一个命妇，而竟在兵荒马乱之中独身走上大街，这比了火烧到住
屋时还要等待保母、傅母而不肯下堂的鲁国妇女，思想和行动解
放到怎样？其二，《左传·襄公二十三年》记齐将杞梁在莒国战死
之后：

　　齐侯（庄公）归，遇杞梁之妻于郊，使吊之。辞曰：
"殖（杞梁名）之有罪，何辱命焉！若免于罪，犹有先人之
敝庐在，下妾不得与郊吊！"齐侯吊诸其室。

杞梁之妻得到自己的丈夫战死的消息，到郊外去迎丧，碰到齐庄
公，庄公就要向她行吊，但她却坚决不受吊，抗议道：我的丈夫
如果有罪，就不必吊！如果没有罪，还有老家在，也不须在郊外
行吊！话说得这般决绝，庄公没有办法，只得依照她的话，到她
的家里行了吊礼。上面说的辟司徒之妻还是不知道面对的是君，
她敢说敢笑可以理解；至于杞梁之妻，她明明面对着自己的君，
而且致吊是出于君命，她却这般爽快俐落，给他挡了回去，这又
哪里是别国的妇女所能望其项背的？

　　齐国妇女的勇敢、豪迈、泼辣的作风，不但超过了奴隶制社
会，怕也超过了封建制社会。以妇女为财产的烝和报的现象当然
是消灭无余了。

　　不但烝、报现象消灭，就是宗族制也寝寝在没落之中。除了
大贵族阶级为了承袭遗产、必需建立宗庙、聚合族人之外，其他
的宗法组织和宗法思想都失去了控制力。《左传·襄公二十八年》
记有下列一事：

　　齐庆封好田而耆（嗜）酒，与庆舍（庆封子）政，则以
其内实（妻妾、宝物）迁于卢蒲嫳氏，易内而饮酒。数日，
国迁朝焉（人们到卢蒲氏朝见庆封）。使诸亡人得贼者（庆
封灭了崔杼一家之后，凡是以前为了反对崔氏而逃在外边，
得有"贼"名的人），以告而反之（以实情告，就可召回
来），故反卢蒲癸。癸臣子之（子之，庆舍字；卢蒲癸臣于
庆舍），有宠，妻之（庆舍以己女嫁卢蒲癸）。庆舍之士（门
客）谓卢蒲癸曰："男、女辨姓。子不辟（避）宗，何也?"
曰："宗不余辟，余独焉避之。赋《诗》断章（《诗经》中每
一首诗分数章，但赋《诗》的人可以只选取一章），余取所
求焉，恶识宗!"

庆氏和卢蒲氏都是齐君宗族的分支，都姓姜。同姓不相婚娶，是
氏族社会一直传下来的制度。《礼记·大传》说："虽百世而昏姻
不通者，周道然也。"这原是宗法的一条根本规则，为周人所严
守。庆封杀了崔杼一家，夺取了齐的政权，可是他腐化透顶，把
政治事物交给他的儿子庆舍处理，自己则搬家到卢蒲嫳那里，把
两家的妻子交换了，陪着饮酒作乐。那时齐国下了一道命令，
说：凡是以前的政治犯都可以回国。卢蒲癸回来，做了庆舍的家
臣；他得到主人的宠信，庆舍便把自己的女儿嫁给他。庆舍的门
客对卢蒲癸说：男、女的婚姻应该分别姓。你们两家都姓姜，你
为什么要违犯这个宗法的老规矩而娶她呢? 卢蒲癸爽快地回答
道：我们的老宗（庆舍）不避开我，我为什么要避开他呢! 我正
有求于庆氏，好像赋《诗》的断章取义，只取某一点，还管什么
宗! 庆氏父子一样地风流洒脱，庆封的家迁到卢蒲嫳那里，"易
内而饮酒"，庆舍把自己的女儿嫁给宠臣卢蒲癸，卢蒲癸也安然
地接受：双方都不管旧习惯里的宗法那一套，足见宗法的约束，
在春秋时的齐国已经没有力量了。到了战国，商品经济更发达，

人民的眼界更广远，谁还顾到这些"有百世不迁之宗"(《大传》)，"百世而昏姻不通"的束缚人性的古礼!

七

秦国僻在西陲，交通不便，文化不易提高，他们的奴隶制社会保存得最长久。看《史记·秦本纪》说：

> 三十九年（前621年），缪（穆）公卒，葬雍。从死者百七十七人，秦之良臣子舆氏三人，名曰奄息、仲行、针虎，亦在从死之中。秦人哀之，为作歌《黄鸟》之诗。

在我国历史上，除了奴隶制极盛时代殷朝，全国最大的奴隶主殷王，有过大量的"人殉"（抗日战争前，前中央研究院在河南安阳侯家庄发掘到九个殷王陵，人殉多至2000左右）外，在东、西两周时代要算这一回是最多的了。

就是婚姻事件，也表现出奴隶主的排场来。《左传·僖公二十三年》记晋公子重耳为了骊姬之乱逃奔狄国时，娶了一位季隗；后来到了齐国，齐桓公又把姜氏嫁他；但他最后到秦国时：

> 秦伯纳女五人，怀嬴与焉，奉匜（沃盥器）沃盥，既而挥之。怒曰："秦、晋，匹也，何以卑我!"公子惧，降服而囚。

重耳是逃亡的贵族，然而一走到秦，秦穆公就很慷慨地送给他五个女儿（《史记·晋世家》说是"宗女五人"）。其中之一称做"怀嬴"的，是当晋惠公的儿子（即重耳的侄子）子圉作为抵押品到了秦国时，秦穆公已把她嫁给子圉；子圉后来作了晋君，谥为"怀公"，所以她也得了"怀"号。这位怀嬴原是重耳的侄媳妇，现在却转嫁给她的伯公了。为了她出身贵族，有高傲的习性，所以她捧了匜伺候时，因重耳一不小心把水洒到她的身上，她生气了，开口就骂，害得这位新郎连忙脱掉上衣，安心地受她的责罚。在这件事情上，可见秦国的贵族女子是没有地位的，哪个贵族男子来就供给他使用；固然怀嬴脾气不好，使晋公子一时受屈，但这正同于《红楼梦》里的晴雯一样，她尽可以撒娇，"撕扇子作千金一笑"，逼得宝玉软了下来，然而终不能改变她的奴隶的阶级成分。

直到战国前期，秦简公七年(前408年)"初租禾"(《史记·六国表》)，才走上鲁宣公"初税亩"的阶段，可是已比鲁国迟186年了。又过了48年，到秦孝公三年（前359年），卫鞅说孝公变法，然后为秦国建立了一套彻底的、系统的顺应时代要求的封建制度。《史记·秦本纪》说：

卫鞅说孝公变法、修刑，内务耕稼、外劝战死之赏罚，……百姓苦之。居三年，百姓便之。乃拜鞅为左庶长。……十二年（前350年），作为咸阳，筑冀阙，秦徙都之。并诸小乡、聚，集为大县，县一令；四十一县(《六国表》及《商君传》均作"三十一县"，此"四"字当误)。为田，开阡陌。……十四年（前348年），初为赋。……

鞅之初为秦施法，法不行，太子犯禁。鞅曰："法之不行，自于贵戚。君必欲行法，先于太子。"太子不可黥，黥其傅、师。于是法大用，秦人治。及孝公卒，太子（惠文君）立，宗室多怨鞅，鞅亡，因以为反，而卒车裂以徇秦国。

他的"为田，开阡陌"是废掉奴隶制社会的井田制度，改变农民的生产关系，使得秦国突然进于正式的封建社会。《战国策·秦策三》记蔡泽的话道：

夫商君为孝公平权、衡，正度量，调轻重，决裂阡陌，教民耕战，是以兵动而地广，兵休而国富，故秦无敌于天下，立威诸侯。

这是说在商君的计划下，使秦无事时通国皆农，有事时则通国皆兵，做到"兵动而地广，兵休而国富"的地步，所以能战无不胜，奠定了统一的基础。这些人民直接属于国家而不再属于各个奴隶主。他所立的法，不分什么阶级，平等执行，这便是谚语所说的"王子犯法，庶民同罪"，可是这就在封建社会中也是很难实现的，但他却仗了孝公的信任和他自己的坚强的魄力而做到了。他虽然由于结怨了太子和贵族，结果牺牲了自己，但在中国的"法家"中他是最特出的一个人物，这个历史上的地位是推不倒的。

《秦本纪》中记载卫鞅的事实不多，《商君列传》里说得比较详细，现在抄在下面：

孝公……以卫鞅为左庶长，卒定变法之令。令民为什、五(伍)，而相收司连坐，不告奸者腰斩。……民有二男以上不分异者，倍其赋。有军功者，各以率受上爵。为私斗者，各以轻重被刑。大小僇力本业，耕、织致粟、帛多者复其身。事末利及怠而贫者，举以为收孥。宗室非有军功论，不得为属籍。明尊卑爵秩等级，各以差次名(占)田宅、臣妾、衣服，以家次。有功者显荣，无功者虽富无所芬华。……令民父子、兄弟同室内息者为禁。而集小都、乡、邑、聚为县，置令、丞，凡三十一县。为田开阡陌封疆，而赋税平。平斗、桶(斛)、权、衡、丈、尺。……居五年，秦人富强。……既破魏还，秦封之于、商十五邑，号为商君。商君相秦十年，宗室、贵戚多怨望者。

后来赵良和商君谈话时，商君又自己说：

始秦戎翟(狄)之教，父子无别，同室而居。今我更制其教而为其男、女之别。

这些记载虽然写得杂乱无章，但我们还可以从这里归纳出卫鞅变法的四件主要的事项来：

第一，他把秦国的奴隶主一起打倒，把他们私有的全部土地都收归国有。许多"小都、乡、邑、聚"，向来不直属于秦君的，现在都已组织起来成为"县"，由秦君派去"令、丞"作主管者了。因此，秦的宗室、贵戚都失去了"宗子"的名义和实力，把商君恨得要命。

第二，他把秦国的人民解除了奴隶主的束缚，把他们都组织起来。作为"什、五"之法，就是五家为保，十家相连，令群众自相监督。如果有一家为非作歹而相连的各家不举发它的，都处以腰斩的重刑，这使得秦的每一个人民都直接隶属于秦君，管得非常严紧。

第三，他把秦国的人民都用在农业和军事两条战线上。凡是劳动力强的、生产丰富的，都免除他们的赋税（复）。凡是经商剥削为生的和因怠惰而致贫困的，都没收他的全家人为奴隶，强迫他们劳动。人民只许为国家而参加战争，凡是私下里打架的，都量情节的轻重，给以一定的刑罚。凡是要得到高级社会地位的，只有立军功一条路，秦君的宗室也不例外。他们的享受一切依照着级别，不许有越级的行为。

第四，他严格规定了小家庭制度，凡是人民有两个以上儿子而不把他们分出去的，就令出加倍的赋税。起初秦民的生活和戎狄同样，全家住在一块，不分父、子，不别男、女；到这时清楚地规定，每一家只许有一夫、一妻和他们所生的一个儿子；等到这个儿子结婚后，也只许留一个孙子在身边。这就是说：每一个家庭至多只许有五个人，即父、母、子、媳、孙，就是两代的一夫一妻，这就强迫他们互守着严格的贞操。

总的说来，除了贵族家庭许可有一定的家内奴隶（臣、妾）

之外，所有秦的人民只有一个主人，就是秦君，他们都在秦君的土地上种田，听秦君的命令而作战。他绝对抛弃了古代的宗法，而吸取了鲁国的"男、女有别"的思想。他禁止了工商业者（末利）。除了家务，女子的劳动只限于自给自足的织布，她们没有一点经济权。他决不走齐国的路子，对鲁国的路子也只批判地接受。他为中国历史开始建立了专制主义的中央集权的封建制度。

商君说的"始秦戎翟之教"究竟是怎么样的，为了资料的缺乏，我们无法举出民间证据。但商君以后，秦的贵族阶级的行为，我们还可以举出几件事实，说明"戎翟之教"的遗留。

《史记·匈奴列传》说：

> 秦昭王时，义渠戎王与宣太后乱，有二子。宣太后诈而杀义渠戎王于甘泉，遂起兵伐残义渠。

宣太后是秦惠文王的妻子，秦昭王的母亲，她公然和义渠戎王姘度，生下两个儿子。等到一朝翻脸，她就把这位戎王杀了，昭王跟着起兵灭了义渠。这个国际阴谋开的玩笑真不小。《战国策·秦策二》又说：

> 秦宣太后爱魏丑夫。太后病将死，出令曰："为我葬，必以魏子为殉！"魏子患之。庸芮为魏子说太后曰："以死者为有知乎？"太后曰："无知也。"曰："若太后之神灵，明知死者之无知矣，何为空以生所爱葬于无知之死人哉？若死者有知，先王（秦惠王）积怒之日久矣，太后救过不赡，何暇乃私魏丑夫乎？"太后曰："善！"乃止。

这位宣太后在杀了义渠戎王之后又同魏丑夫姘度了。她对义渠戎王并不爱，只是扩张国土的一个手段；至于对魏丑夫则是真爱。在她临终的时候，定要把这个情人殉葬，幸而庸芮善于说话，才免除了魏丑夫的死。如果用了后世的道德教条看，当然可以骂她"无耻"，但在本来"男、女无别"的秦国社会里，一个寡妇玩玩男人可说是不算什么的。这是卫鞅死后七十三年的事情。

秦始皇有意识地走商君的道路，要把封建制度实行到自己的宫廷里，他不能像昭王一样放任他的母亲。《史记·秦始皇本纪》说：

> 秦始皇帝者，秦庄襄王子也，……名为政。……年十三岁，庄襄王死，政代立为秦王。……八年，……嫪毐封为长信侯，……事无小大皆决于毐。……九年，长信侯毐作乱而觉，……车裂以徇，灭其宗。及其舍人轻者为鬼薪（罚为徒役，给宗庙取薪），及夺爵迁蜀四千馀家。……十年，相国吕不韦坐嫪毐免。

《史记》这文是根据秦史官所写的《秦记》，所以没有详记它的内幕，人们读了只可知道始皇年二十一岁时曾经发动一次政变，他取得了胜利。在同书《吕不韦列传》里，方把这事的内幕揭出：

> 太子政立为王，尊吕不韦为相国，号称"仲父"。秦王年少，太后时时窃私通吕不韦。……始皇帝（此据后称之，实应称"秦王"）益壮，太后淫不止，吕不韦恐觉，祸及己，乃私求大阴人嫪毐以为舍人，……诈令人以腐罪告之。……太后乃阴厚赐主腐者吏诈论之，拔其须眉为宦者，遂得待太后。太后私与通，绝爱之，有身。太后恐人知之，诈卜当避时，徙宫居雍，嫪毐常从。……九年，有告嫪毐实非宦者，常与太后私乱，生子二人，皆匿之；与太后谋曰："王即薨，以子为后。"于是秦王下吏治，具得情实，事连相国吕不韦。九月，夷嫪毐三族，杀太后所生两子，而遂迁太后于雍。……十年十月，免相国吕不韦。及齐人茅焦说秦王，秦王乃迎太后于雍，归复咸阳，而出文信侯（吕不韦）就国河南。……吕不韦自度稍侵恐诛，乃饮酖而死。……十九年，太后薨，谥为"帝太后"与庄襄王会葬茝阳。

秦庄襄王名子楚，本是秦昭王的庶孙，为质于赵，赵国人并不看重他；靠了吕不韦到秦国替他奔走，多方送礼游说，得立为安国君（其后为秦孝文王）的嫡嗣，又把自己的爱姬送给他，生子政，后来就嗣为秦王。庄襄王即位，以吕不韦为丞相；太子政立为王，又尊他为相国。这位太后寡居之后，不甘寂寞，就和吕不韦继续旧好。可是吕不韦怕出事，介绍了一个阳具壮伟的嫪毐给她，太后满足了，和嫪毐连生了两个儿子。这个作风，本和她的曾祖姑宣太后一贯。然而就在这六七十年里，秦王宫廷中的气氛已改变了。宣太后爱魏丑夫，并不做偷偷摸摸的行为，所以临死时公然要使丑夫殉葬；到了始皇时，要送进一个太后的玩意儿，就不得不"诈令人以腐罪告"，"拔其须眉为宦者"了。宣太后和义渠戎王生二子也是不瞒人的，如今太后怀了私胎，也不得不"诈卜当避时，徙宫居雍"了。及至事情发觉，嫪毐三族受诛，吕不韦饮酖而死，连私生的两弟也一齐装在囊里扑杀了（见《说苑·正谏篇》茅焦说秦始皇语）。这可见秦国的寡妇有为死夫守节的义务，不容许有私生子，自从商鞅变法到这时候约历一百二十年，已成为固定的风俗习惯了。这位少壮的秦始皇能够做出决断，这般勇猛地打击生身的母亲，又可见秦人的封建礼教已经推进到封建法律。

当秦始皇统一六国之后，他努力发展了商君的治国方案。看《史记·秦始皇本纪》，"分天下为三十六郡，郡置守、尉、监"，这是发展了商君的第一个方案。"适（谪）治狱吏不直者，筑长城及南越地"，"非博士官所职，天下敢有藏《诗》、《书》、百家语者，悉诣守、尉杂烧之。有敢偶语《诗》、《书》，弃市。以古非今者，族。吏见知不举者，与同罪"，这是发展了商君的第二个方案。"有海内而子弟为匹夫"，这是发展了商君的第三个方案。这些且不管它，我们试再看看他对于商君的第四个方案怎么处理。

他依照处理他的母亲事件的思想，首先提倡的是妇女的贞节。《史记·货殖列传》说：

> 巴、蜀（《汉书·货殖传》无"蜀"字）寡妇清，其先得丹穴而擅其利数世，家亦不訾（资财众多，不可訾量）。清，寡妇也，能守其业，用财自卫，不见侵犯。秦皇帝以为贞妇而客之，为筑"女怀清台"。

张守节《史记正义》引《括地志》说：

> 寡妇清台山，俗名贞女山，在涪州永安县东北七十里也。

这位贞妇名清，住在今四川省南部的涪陵县，离秦都咸阳甚远，然而为了她肯守节，秦始皇竟以客礼相待，并且替她造起一座"女怀清台"，表章她遵守一夫一妻制的理想道德。其实她既是一个"擅丹穴之利"的大富豪，生活不成问题，倘使她再嫁时反而要失去这份产业，何苦来！推想秦始皇所以要表彰她的缘故，大概因为巴、蜀地方所居的少数民族很多，根本上想不到有守节这回事，所以特地提出她来做一个典型，向当地妇女作一回有力的宣传。

秦始皇巡狩全国各地，每到一处就刻石颂秦德，固然有些夸大的宣传，但也可看出他对统一事业的政策。三十七年（前210年），他到浙江，知道了越俗的男、女无别，就狠狠地在刻石里批评了他们一顿。《会稽刻石》说：

> 皇帝并宇，兼听万事，远近毕清。运理群物，考验事实，各载其名。贵、贱并通，善、否陈前，靡有隐情。饰省宣义，有子而嫁，倍（背）死不贞。防隔内、外，禁止淫泆，男、女絜诚。夫为寄豭，杀之无罪，男秉义程。妻为逃嫁，子不得母，咸化廉清。大治濯俗，天下承风，蒙被休

经。皆遵度轨，和安敦勉，莫不顺令。黔首修洁，人乐同
则，嘉保太平。

在上面的句子里，我们可以知道他非常具体地看出了越族家庭的
几个重大问题。其一，丈夫死了，虽然有子，寡妇是可以再嫁
的。其二，他们不分内、外，这家和那家常有不正常的男女关
系。《索隐》说：

> 豰，牡猪也。言夫淫他室，若寄豰之猪也。

要弄清楚"寄豰"这个名词，就该先读《左传·定公十四年》记
的卫灵公的家事：

> 卫侯为夫人南子召宋朝，会于洮。大子蒯聩献盂（地
> 名）于齐，过宋野。野人歌之曰："既定尔娄猪，盍归吾艾
> 豰。"大子羞之。

宋朝是宋国的公子，春秋时有名的美男子（见《论语·雍也》）。卫
灵公的夫人南子爱上了他，要他到卫国来。灵公迁就她，召他到
卫，在洮地会见。当卫太子蒯聩经过宋国境界时，宋国的乡下人
就唱歌来嘲笑他，说："你们的母猪已经交配过了，为什么还不
把我们的少壮的公猪送回来呢？"弄得这位太子羞愧难当。拿
《左传》这文比拟"会稽刻石"，可知"寄豰"是男子外淫的意
思。其三，虽然结婚了，但女方对男方不满意，常有逃跑的事
情。秦始皇对于这三种越俗都定出了对付的方法：（一）丈夫死
后，如其有子，做妻子的就应当尽抚育的责任，不得再嫁；（二）
家庭中如有外来男子和妇女勾搭，就可把他杀了，这在国家的法
律上是不算犯罪的；（三）如果妻子逃走，做儿子的不得再把她
当做母亲，换句话说，做丈夫的也就不得再收留她了。这都是稳
定一夫一妻制的家庭的办法。

自从秦始皇这样做了之后，贞节就成了妇女们最高的责任，
"壹与之齐，终身不改，故夫死不嫁"，成为有自尊心的妇女所坚

守的礼法。这种封建教条一直控制了中国女性达二千余年之久，除了夫权的严重压迫外，有的"抱牌位成亲"，有的"抱了木头人睡觉"（像《红色娘子军》里表演的海南岛的风俗），其中的痛苦自不消说，然而"烝"、"报"等等的父权家长制下所遗留下来的习惯，靠着礼教和法律的威权，就把它铲除净尽了！

八

刘邦凭借了人民对于秦朝的残暴统治的反抗起义，夺取了政权，建立汉朝，虽是对于人民的压迫减轻了些，但一切制度都依照秦的老样子。只有郡县制和分封制同时存在，是调和周、秦两代的制度的一个特例。其所以有这特例，是他看见了秦的"有海内而子、弟为匹夫"，外郡一起兵，皇帝得不到援助，统治基础不巩固，在很短的时间内即可崩溃；不像周的"封建亲戚以屏藩"，西周虽为犬戎所灭，但晋、郑等侯国可以拥护周平王即天子位于东都洛邑，绵延五百多年的寿命。

这固是刘邦私天下之心的表现，但也是东方的儒者所同有的想望。儒家推尊古帝王为圣人，又崇信敬祖和收族的宗法，以为是"不可得变革"的制度。《礼记·大传》说：

> 上治祖、祢，尊尊也。下治子、孙，亲亲也。旁治昆、弟，合族以食，序以昭、缪（穆），别之以礼义，人道竭（尽）矣。

> 立权、度、量，考文章，改正朔，易服色，殊徽号，异器械，别衣服，此其所得与民变革者也。其不可得变革者则有矣！亲亲也，尊尊也，长长也，男、女有别，此其不可得变革者也。

因为凡做帝王的人必须"上治祖祢，下治子孙，旁治昆弟"，先

从自己的家族出发，然后可以治天下，所以他必须视宗族的亲疏
定出分封诸侯的标准。（以下原缺）

《汉书·夏侯婴传》：

> 沛公为汉王，赐婴爵列侯。……传至曾孙颇，尚平阳公
> 主。坐与父御婢奸，自杀，国除。

《汉书·霍光传》：

> 昭帝崩，亡（无）嗣。……即日承皇太后诏，……迎昌
> 邑王贺。贺者，武帝孙，昌邑哀王子也。既至即位，行淫
> 乱。……光即与群臣俱见白太后，具陈昌邑王不可以承宗庙
> 状。皇太后……召昌邑王伏前听诏。光与群臣连名奏王，尚
> 书令读奏曰："……《礼》曰：'为人后者，为之子也。'昌
> 邑王宜嗣后，……亡悲哀之心。……始至谒见，立为皇太
> 子，……游戏掖庭中，与孝昭皇帝宫人蒙等淫乱。……"太
> 后曰："止，为人臣子，当悖乱如是邪？"……太后诏归贺昌
> 邑。

《汉书·王尊传》：

> 初元（汉元帝年号，公元前48—44年）中，……转守
> 槐里，兼行美阳令事。春正月，美阳女子告假子（前妻之
> 子）不孝，曰："儿常以我为妻，妒（当作'诟'）詈我。"
> 尊闻之，遣吏收捕验问，辞服。尊曰："《律》无妻母之法，
> 圣人所不忍书，此《经》所谓'造狱'者也！"尊于是出坐
> 廷上，取不孝子县（悬）磔（张开）著树，使骑吏五人张弓
> 射杀之。

这里所说的"造狱"，晋灼《注》说："欧阳《尚书》有此造狱事
也。"颜师古《注》说："非常刑名，造杀戮之法。"这可见烝父
后妻，在《汉律》里是没有条文的。王尊说这是"圣人所不忍
书"，只得特定出一种残酷的杀法。美阳女子告她的前妻子是在

"春正月",依照汉制,春天是应当助天生育,不该行刑,因为这是一件非常的罪恶,不能等待到秋冬,所以王尊命令立刻执行死刑。执行的方式,是把这个"不孝子"吊在树枝上,命令骑吏五人放箭射杀。用这毒辣的手段来禁绝前子烝后妻,这是春秋前期人所不能想像的,而在汉代也是编订法律的人所没有预料到的,因为在城市里早绝迹了,想不到在乡里间还有这一风俗的留遗,倒不是像王尊说的,是"圣人所不忍书"。但王尊既用了汉代人的眼光对待这件事,就不得不在《汉律》之外自己来"造狱",处理这个"乱伦"的大逆案,他想出一个处死他的新方法。王尊是汉元帝时人,那时《左传》还没有流行,他当然是不可能知道春秋时的事情的。

谢承《后汉书》(此书已佚,本条见《太平御览》卷 231 引)说:

> 范延寿,宣帝(依《汉书·百官公卿表》,当作"成帝")时为廷尉。时燕、赵之间,有三男共娶一妻,生四子。长,各求离别,争财分子,至闻于县。县不能决断,谳之于廷尉。于是延寿决之,以为悖逆人伦,比之禽兽,生子属其母。以子并付母,尸三男于市。奏免郡太守、令、长等,无师化之道。天子遂可其言。

这是母系氏族社会的遗留。到了西汉时代,绝对确定了一夫一妻制,看着这种一妻多夫的事件,就觉得这是可耻的"聚麀",所以范延寿就判了这三个父亲以死刑,而把四个儿子还给这位母亲。《易林·蒙之节》云:

> 三人(一本作"夫")共妻,莫适为雌。子无名氏,翁(一本作"公")不可知。

也许说的就是这件事,也许那时的贫苦农民一家兄、弟不可能各娶一妻,三个男子的收入只可能供给一个妻子,因而兄、弟三人合娶一妻，成为不公开的风俗。然而这是地主政权的伦理观念所不许可的，所以不发觉则已，一发觉就以死刑来示戒。

男女关系上是如何处理的，幸而《汉律》还有些留遗，我们看：

> 齐人（平民）予（与）妻婢奸，曰"姘"。(《说文·女部》引《汉律》)

实际的处理怎样呢？《汉书·景武昭宣元成功臣表》说：

> 博成侯张章。……侯三千九百一十三户。……五凤元年，侯（张）建嗣。十二年，建始四年，坐尚阳邑公主，与婢奸主旁，……免。

在领主制社会里，婢女本是奴隶，生、杀由主人，奸通更算不了一回事。但到了汉代，男女关系严肃起来了，法律上只承认一夫一妻制，至多丈夫可以纳妾，凡是妻、妾以外的女子都不许接近，接近了就犯罪。张建以四千户的领主，又是阳邑公主的女婿，但为了与婢通奸，他就丢失了侯爵。这是同自己的妻的婢女奸所受到的罚，至于和父亲的婢女奸，那罚就更重了。《史记·樊郦滕灌列传》说：

> 汝阴侯夏侯婴……（曾孙）颇尚平阳公主，立十九岁，元鼎二年，坐与父御婢奸罪，自杀，国除。

这还是畏罪自杀的。《史记·淮南、衡山传》说：

> 衡山王赐……病，太子时称病不侍。……王大怒，欲废太子，立其弟孝。王后知王决废太子，又欲并废孝。王后有侍者善舞，王幸之。王后欲令侍者与孝乱以汙之，欲并废兄弟而立其子广。……王奇孝材能，乃……使孝客……作枲车（战车）、镞矢。……孝闻律"先自告，除其罪"。……即先自告，告所与谋反者。……宗正、大行与沛郡杂治：孝先自告反，除其罪；坐与王御婢奸，弃市。

衡山王刘赐想和淮南王刘安一起谋反，而要他的次子刘孝作居间人，衡山王后徐来希望她的丈夫废掉前妻的两个儿子而立她所生的儿子刘广为太子，因此在王的面前尽说太子刘爽的坏话，而引诱刘孝和王的侍女通奸。在这双重夹攻之下，刘孝只得依照"先自告，除其罪"的法律，自己出首。在宗正等大员审问之下，刘孝的造反罪免除了，但与王的御婢通奸这个罪名抹不掉，不管造意的是谁，他还是被绑到法场砍了头，他做了王后阴谋布置下的牺牲品。通奸的罪办得这样严厉，这哪里是把"烝、报"看做等闲事的春秋时人所能想像得到的。这就是两种社会的性质的比较实例。

作者著述要目

专　　著

《中国上古史研究讲义》，1929
～30。燕京大学油印；又中华书
局，1988。其中：第 25 章，又刊
《燕大月刊》6 卷 3 期，1930，题
《论〈易系辞传〉中观象制器的故
事》；又刊《古史辨》第三册等。
第 32 章，又刊《史学论丛》2 期，
1935，题《王肃之五帝说及其对于
郑玄之感生说与六天说之扫除工
作》。第 33 章，又刊《文澜学报》
2 卷 1 期，1936，题《三统说的演
变》；又刊《古史辨》第七册。第
34 章，又刊《史学集刊》3 期，
1937，题《潜夫论中的五德系统》；
又刊《古史辨》第七册。其中第二
学期讲义序目，又刊《古史辨》第
五册。

《汉代学术史略》，1933。燕京
大学讲义；又上海亚细亚书局，
1935；中国文化服务社，1936；上
海东方书社，1941；成都东方书
社，1944；台北启业书局，1972；
东方出版社，1996。又题《秦汉的
方士与儒生》，上海群联出版社，
1955；上海人民出版社，1957、
1962；上海古籍出版社，1978、
1983。又日文，小仓芳彦译，题
《中国古代的学术和政治》，日本大
修馆书店，1978。

《春秋三传及国语之综合研
究》，1942～43。巴蜀书社，1988；
又中华书局香港分局，1988。

《**西北考察日记**》，1944。合众图书馆油印，1949；又日文并中文，小仓芳彦译，日本学习院大学东洋文化研究所，1982；中国社会科学院中国边疆史地研究中心，1983；又刊《甘青闻见记》，甘肃文史资料选辑28辑，1988。其中：前部又刊《文讯》新1、2、6～9号，1946。中部又刊《国防月刊》1卷3、4期，1946，题《洮州视察记》；2卷1、3期，1947，题《拉卜楞游记》；4卷1、2合期，1947，题《河州视察记》。

《**浪口村随笔**》，1949。合众图书馆油印，1949。

《**中国历史地图集**》（与章巽合编），1953。地图出版社，1955。

《**史林杂识初编**》，1961。中华书局，1963。

《**中国史学入门**》（何启君整理），1965～66。中国青年出版社，1983；又王煦华修订，1986；又增订，1993；又日文，小仓芳彦等译，日本研文出版社，1987。

《**顾颉刚读书笔记**》，1919～79。台湾联经出版事业公司，1990。

编　　著

《**古史辨**》第一册，朴社，1926；又香港太平书局，1962；又台湾明伦出版社影印朴社版，1970；上海古籍出版社，1982；上海书店出版社，1996。

《**古史辨**》第二册，朴社，1930；又同上。

《**古史辨**》第三册，朴社，1931；又同上。

《**古史辨**》第五册，朴社，1935；又同上。

《**辨伪丛刊**》：

《诸子辨》，朴社，1926。

《子略》，朴社，1928。

《四部正讹》，朴社，1929。

《古今伪书考》，景山书社，1930。

《诗疑》，景山书社，1930。

《诗辨妄》，朴社，1933。

《左氏春秋考证》，朴社，1933。

《书序辨》，朴社，1933。

《**吴歌甲集**》，北京大学研究所国学门歌谣研究会，1926；又上海文艺出版社，1990。

《**妙峰山**》，中山大学语言历史

研究所，1928；又上海文艺出版社，1988。

《孟姜女故事研究集》第一、二、三册，中山大学语言历史研究所，1928～29；又增订，上海古籍出版社，1984。

《崔东壁遗书》，亚东图书馆，1936；又重编，上海古籍出版社，1983。

《史记》（白文本，与徐文珊合校点），北平研究院，1936。

《尚书通检》（与童书业等合编），哈佛燕京学社，1936；又书目文献出版社，1982。

《古籍考辨丛刊》第一集，中华书局，1955。

《诗经通论》，中华书局，1958。

《顾颉刚古史论文集》第一、二、三册，中华书局，1988～1996。

《尚书文字合编》（与顾廷龙合编），上海古籍出版社，1996。

论　文

《〈古今伪书考〉跋》，1914。刊《古史辨》第一册；又刊本书末；又刊《古籍考辨丛刊》第一集。

《清代著述考》，1916。部分刊《国立中山大学图书馆周刊》1卷1期～6卷5、6合期，1928～29，《国立中山大学图书馆报》7卷1～6期，1929。

《对于旧家庭的感想》1918～20。刊《新潮》1卷2号、2卷4、5号，1918～20。

《中国近来学术思想界的变迁观》，1919。刊《中国哲学》11辑，1984；又刊《中国现代经典丛书·顾颉刚卷》，河北教育出版社，1996。

与胡适讨论《红楼梦》通信，1921。刊《中华文史论丛》1981年4辑。

与俞平伯讨论《红楼梦》通信，1921。刊《红楼梦学刊》1981年3期。

《郑樵著述考》，1922～23。刊《国学季刊》1卷1、2号，1923。

《郑樵传》，1922。刊《国学季刊》1卷2号，1923。

《〈非诗辨妄〉跋》，1922。刊《北京大学研究所国学门周刊》6期，1925；又刊《诗辨妄》附录。

《〈诗经〉在春秋战国间的地位》，1923。刊《小说月报》14 卷3、5 号，1923，原题《〈诗经〉的厄运与幸运》；又刊《古史辨》第三册等。

《与钱玄同先生论古史书》，1923。刊《读书杂志》9 期，1923；又刊《古史辨》第一册；又刊《顾颉刚古史论文集》第一册等。

《〈红楼梦辨〉序》，1923。刊本书首，商务印书馆，1923；此文初稿刊《中国文化》5 期，1991。

《论〈今文尚书〉著作时代书》，1923。刊《古史辨》第一册。

《答刘胡两先生书》，1923。刊《读书杂志》11 期，1923；又刊《古史辨》第一册；又刊《顾颉刚古史论文集》第一册等。

《讨论古史答刘胡二先生》，1923。刊《读书杂志》12、14～16 期，1923；又刊《古史辨》第一册；又刊《顾颉刚古史论文集》第一册等。

《从〈诗经〉中整理出歌谣的意见》，1923。刊《歌谣》39 号，1923；又刊《古史辨》第三册。

《我的研究古史的计划》，1924。刊《古史辨》第一册。

《东岳庙游记》，1924。刊《歌谣》61 号，1924；又刊《顾颉刚选集》，天津人民出版社，1988。

《纣恶七十事的发生次第》，1924。刊《语丝》2 期，1924；又刊《古史辨》第二册；又刊《顾颉刚古史论文集》第二册。

《孟姜女故事的转变》，1924。刊《歌谣》69 号，1924；又刊《孟姜女故事研究集》等。

《宋王偰的绍述先德》，1924。刊《语丝》6 期，1924；又刊《古史辨》第二册；又刊《顾颉刚古史论文集》第二册。

《〈盘庚〉中篇的今译》，1925。刊《语丝》11 期，1925；又刊《古史辨》第二册等。

《〈盘庚〉上篇今译》，1925。刊《北京平民中学半月刊》1、2 期，1925；又刊《古史辨》第二册。

《论古史研究答李玄伯先生》，1925。刊《现代评论》1 卷 10 期，1925；又刊《古史辨》第一册，题《答李玄伯先生》。

《妙峰山的香会》，1925。刊1925《京报附刊》157～210 号；又刊《妙峰山》。

《虞初小说回目考释》，1925。刊《语丝》31 期，1925；交韩叔信增改，又刊《史学年报》3 期，1931；1972～75 大量增改，又刊《顾颉刚古史论文集》第二册，中华书局，1988。

《〈金縢篇〉今译》，1925。刊《语丝》40 期，1925；又刊《古史辨》第二册。

《论〈诗经〉所录全为乐歌》，1925。刊《北京大学研究所国学门周刊》10～12 期，1925；又刊《古史辨》第三册等。

《答柳翼谋先生》，1925。刊《北京大学研究所国学门周刊》15、16 合期，1926；又刊《古史辨》第一册；又刊《顾颉刚古史论文集》第一册。

《〈北京大学研究所国学门周刊〉一九二六年始刊词》，1925。刊本刊 13 期，1926。

《〈古史辨〉第一册自序》，1926。刊本书首；又刊《顾颉刚古史论文集》第一册等；又英文，恒慕义译，荷兰莱顿的布尔出版公司，1931，题《一位中国历史学家的自传》；又日文，平冈武夫译，创元社，1940，题《古史辨自序》；又改译，岩波书店，1953，1987，题《一位历史学家的成长——古史辨自序》；又台湾远流出版事业公司，1989，题《走在历史的路上》。

《孟姜女故事研究》，1926。刊《现代评论第二周年纪念增刊》，1927；其中（一）先刊《现代评论》3 卷 75～77 期，1926，题《孟姜女故事之历史的系统》；又刊《孟姜女故事研究集》。

《瞎子断匾的一例——静女》，1926。刊《现代评论》3 卷 63 期，1926；又刊《古史辨》第三册。

《秦汉统一的由来和战国人对于世界的想像》，1926。本年在华语学校讲演；刊《孔德旬刊》34 期，1926；又刊《古史辨》第二册等。

《苏州的歌谣》，1926。刊日本《改造杂志》8 卷 8 号，1926；又刊《民俗》11、12 合期，1928；又刊《吴歌·吴歌小史》，江苏古籍出版社，1999。

《〈诸子辨〉序》，1926。刊本书首；又刊《古籍考辨丛刊》第一集。

《春秋时的孔子和汉代的孔子》，1926。刊《厦大周刊》160～162 期，1926；又刊《古史辨》第二册；又刊《顾颉刚古史论文集》第二册等；又英文，施奈德译，1965。

《国立广州中山大学购求中国图书计划书》，1927。中山大学图书馆研究会，1927；又刊《文献》8 辑，1981。

《悼王静安先生》，1927。刊《文学周报》276 期，1928；又刊《中国文化》11 期，1995。

《〈民俗〉发刊词》，1928。刊本刊 1 期，1928。

《圣贤文化与民众文化》，1928。刊《民俗》5 期，1928；又刊《中国现代学术经典·顾颉刚卷》。

《〈四部正讹〉序》，1929。刊本书首；又刊《古史辨》第三册；又刊《古籍考辨丛刊》第一集。

《〈周易卦爻辞〉中的故事》，1929；刊《燕京学报》6 期，1929；又刊《古史辨》第三册等。

《〈诗疑〉序》，1930。刊本书首；又刊《古史辨》第三册；又刊《古籍考辨丛刊》第一集。

《〈古今伪书考〉序》，1930。刊本书首；又刊《古籍考辨丛刊》第一集。

《五德终始说下的政治和历史》，1930。刊《清华学报》6 卷 1 期，1930；又刊《古史辨》第五册；又刊《顾颉刚古史论文集》第三册。

《〈古史辨〉第二册自序》，1930。刊本书首；又刊《顾颉刚古史论文集》第一册。

《辛未访古日记》，1931。刊《开明书店二十周年纪念文集》，开明书店，1947。

《〈尧典〉著作时代考》，1931。燕京大学石印；又刊《文史》24 辑，1985。

《〈古史辨〉第三册自序》，1931。刊本书首；又刊《顾颉刚古史论文集》第一册。

《从〈吕氏春秋〉推测〈老子〉之成书年代》，1932。刊《史学年报》1 卷 4 期，1932；又刊《古史辨》第四册。

《三皇考》（与杨向奎合写），1932～35。燕京学报专号之八，哈佛燕京学社，1936；又刊《古史辨》第七册；又刊《顾颉刚古史论文集》第三册。

《读〈周官·职方〉》，1932。刊《禹贡》7 卷 6、7 合期，1937。

《〈古史辨〉第四册序》，1933。刊本书首；又刊《顾颉刚古史论文集》第一册。

《州与岳的演变》，1933。刊《史学年报》1 卷 5 期，1933；又刊

《顾颉刚选集》。

《读〈尚书·禹贡篇〉之伪〈孔传〉与孔氏〈正义〉》，1933。刊《禹贡》7 卷 1～3 合期，1937。

《〈五藏山经〉试探》，1934。刊《史学论丛》1 期，1934。

《两汉州制考》，1934。刊《庆祝蔡元培先生六十五岁论文集》，中央研究院历史语言研究所，1935。

《战国秦汉间人的造伪与辨伪》，1934。刊《史学年报》2 卷 2 期，1935；又刊《古史辨》第七册，开明书店，1941；又刊《崔东壁遗书》首，上海古籍出版社，题《崔东壁遗书序》。

《读〈尔雅·释地〉以下四篇》，1934。刊《史学年报》2 卷 1 期，1934。

《〈禹贡半月刊〉发刊词》（与谭其骧合写），1934。刊本刊 1 卷 1 期，1934。

《古史中地域的扩张》，1934。刊《禹贡》1 卷 2 期，1934；又刊《顾颉刚选集》。

《王同春开发河套记》，1934。刊 1934，12，28《大公报》；1935 改作；又刊《禹贡》2 卷 12 期，1935；又平绥铁路管理局，1935；

又日文，武田泰淳译，刊《中国文学》64 号，1940，题《绥远的王同春》。

《〈古史辨〉第五册自序》，1934。刊本书首；又刊《顾颉刚古史论文集》第一册。

《禅让说出于墨家考》，1936。刊《史学集刊》1 期，1936；又刊《古史辨》第七册；又刊《顾颉刚古史论文集》第一册。

《夏史三论》（与童书业合写），1936。刊《史学年报》2 卷 3 期，1936；又刊《古史辨》第七册；又刊《顾颉刚古史论文集》第二册。

《吴歌小史》，1936。刊《歌谣》2 卷 23 期，1936；又刊《顾颉刚选集》等。

《墨子姓氏辨》（与童书业合写），1936。刊《史学集刊》2 期，1936。

《苏州近代乐歌》，1937。刊《歌谣》3 卷 1 期，1937。

《九州之戎与戎禹》，1937。刊《禹贡》7 卷 6、7 合期，1937；又刊《古史辨》第七册等。

《春秋时代的县》，1937。刊《禹贡》7 卷 6、7 合期，1937。

《鲧禹的传说》（与童书业合写），1937。刊《古史辨》第七册；

又刊《顾颉刚古史论文集》第二册。

《上古史讲义》，1939。云南大学铅印；又刊《顾颉刚古史论文集》第二册。其中：《中国一般古人想像的天和神》，又刊 1939，4，23《益世报》。《商王国的始末》，又刊《文史杂志》1 卷 2 期，1941。《周人的崛起及其克商》；又刊《文史杂志》1 卷 3 期，1941。《周室的封建及其属邦》；又刊《文史杂志》1 卷 6 期，1941。《渐渐衰亡的周王国》，部分又刊《文史杂志》1 卷 9 期，1941，题《西周的王朝》。《齐桓公的霸业》，又刊《文史杂志》3 卷 1、2 合期，1944。

《中华民族是一个》，1939。刊 1939，2，13《益世报》；又刊《中国现代学术经典·顾颉刚卷》。

《古代巴蜀与中原之关系说及其批判》，1941。刊《三大学研究所中国文化研究汇刊》1 期，1941；又刊《论巴蜀与中原的关系》，四川人民出版社，1981。

《秦汉时代的四川》，1942。刊《学思》1 卷 8 期，1942；又刊《论巴蜀与中原的关系》。

《〈诗经通论〉序》，1944。刊《文史杂志》5 卷 3、4 合期，1945；

又刊《上游集》，合众图书馆油印，1949；又刊本书首。

《〈文史杂志〉复刊词》，1947。刊《文史杂志》6 卷 1 期，1948。

《昆仑传说与羌戎文化》，1950。其中：《三千多年来的羌戎》，刊《社会科学战线》1980 年 1 期，题《从古籍中探索我国的西部民族——羌族》。《〈山海经〉中的昆仑区》，刊《中国社会科学》1982 年 1 期。《〈庄子〉和〈楚辞〉中的昆仑》，刊《中华文史论丛》1979 年 2 辑，题《〈庄子〉和〈楚辞〉中昆仑和蓬莱两个神话系统的融合》。《〈穆天子传〉与〈竹书纪年〉中的昆仑》，刊《文史哲》1 卷 2 期，1951，题《〈穆天子传〉及其著作年代》。《〈禹贡〉中的昆仑》，刊《历史地理》创刊号，1981。《昆仑和河源的实定》，刊《历史地理》3 辑，1983。《邹衍以后的世界观——神州和昆仑》，刊《中国古代史论丛》，1981 年 1 辑，题《邹衍及其后继者的世界观》。《〈水经〉中的河源》，刊《文史集林》1 辑，1985。《酒泉昆仑的实定》，刊《中国史研究》1981 年 2 期，题《酒泉昆仑说的由来及其评价》。《伪东方朔书的昆仑说》，刊

《中国历史地理论丛》2 辑，1985。

《〈尚书·周诰〉校释译论》，1951。其中：《酒诰》篇刊《文史》33 辑，1990。《多士》篇刊《文史》40 辑，1994。《梓材》篇刊《文史》42 辑，1997。《无逸》篇刊《文史》44 辑，1998。《召诰》篇刊《文史》1999 年 1 辑。

《〈尚书·顾命〉节译》，1952。刊李亚农《欣然斋史论集》，上海人民出版社，1962。

《〈子略〉序》，1955。刊《古籍考辨丛刊》第一集。

《〈周官辨非〉序》，1955。刊《文史》6 辑，1979，题《"周公制礼"的传说和〈周官〉一书的出现》。

《〈礼经通论〉序》，1955。刊《文史》38 辑，1994，题《〈仪礼〉和〈逸礼〉的出现与邵懿辰考辨的评价》。

《〈周官辨〉序》，1955。刊《文史》37 辑，1993，题《方苞考辨〈周官〉的评价》。

《息壤考》，1957。刊《文史哲》1957 年 10 期；又刊《顾颉刚古史论文集》第二册。

《〈禹贡〉评注》，1959。刊《中国古代地理名著选读》1 辑，科学出版社，1959；又刊《顾颉刚选集》。

《武王的死及其纪元》，1961。刊《文史》18 辑，1983。

《〈尚书·大诰〉今译》（摘要），1962。刊《历史研究》1962 年 4 期。

《〈逸周书·世俘篇〉校注、写定与评论》，1962。刊《文史》2 辑，1963；又刊《顾颉刚古史论文集》第二册。

《由"烝"、"报"等婚姻方式看社会制度的变迁》，1965。刊《文史》14、15 辑，1982；又刊《中国现代学术经典·顾颉刚卷》。

《〈大诰〉译证》，1960～66。其中史事考证分刊：《文史》22 辑，1984，题《"三监"人物及其疆地——周公东征史事考证之一》。《文史》23 辑，1985，题《周公执政称王——周公东征史事考证之二》。《文史》26 辑，1986，题《三监及东方诸国的反周军事行动和周公的对策——周公东征史事考证之三》。《文史》27 辑，1986，题《周公东征和东方各族的迁徙——周公东征史事考证四之一》。《文史》29 辑，1988，题《康王以下的东征和北征——周公东征史事考证四之二》。

《文史》30 辑，1988，题《三监的
结局——周公东征史事考证四之
三》。《文史》31 辑，1988，题《奄
和蒲姑的南迁——周公东征史事考
证四之四》。《文史》32 辑，1990，
题《徐和淮夷的迁留——周公东征
史事考证四之五》。《燕京学报》新
8 期，2000，题《祝融族诸国的兴
亡——周公东征史事考证四之六》。
《史前研究》（2000），题《鸟夷族
的图腾崇拜及其氏族集团的兴亡
——周公东征史事考证四之七》。
《中国史学集刊》1 辑，江苏古籍出
版社，1987，题《周公东征胜利后
东土的新封国》。

　　《〈尚书〉校释译论》（与刘起
釪合写），1978～79。其中：《牧
誓》篇，刊《中国史研究》1979 年

1 期。《盘庚》篇，刊《历史学》
1979 年 1、2 期。《西伯戡黎》篇，
刊《中国历史文献研究集刊》1 集，
1980。《汤誓》篇，刊《郑州大学
学报》1980 年 1 期。《微子》篇，
刊《社会科学战线》1981 年 2 期。

　　《我是怎样编写〈古史辨〉
的?》，1979～80。刊《中国哲学》
2、6 辑，1980～81；又刊《古史
辨》第一册，上海古籍出版社；又
英文，吴素乐译，刊西德《东亚文
明：对于理解传统的新尝试》2 号
《民族与神话》，1983，题《我是怎
样走上疑古之路的》；又日文，小
仓芳彦译，刊《抗日战下的中国知
识人——顾颉刚与日本》，筑摩书
房，1987。

作者年表

1893 1岁 5月8日（夏历三月二十三日）生于江苏省苏州市。

1894 2岁 始在家中由祖父、母亲、叔父教识字、读书。

1898 6岁 始入私塾，读《四书》毕，又读《诗经》、《左传》毕，读《礼记》未毕。于此期间根据《四书》中之历史系统及祖父所讲天地开辟的神话，串联成一篇《小史》。

1906 14岁 考入长元吴公立高等小学校，接受新式教育。入校不久，因患足疾在家养病两月，阅《汉魏丛书》及《二十二子》，略识古书全貌。病愈返校，英文、算学遂不及人，故益致力国学。

1908 16岁 考入苏州公立第一中学堂。受师友影响，极爱诗文，并常到玄妙观旧书肆阅览。二年级时，每晚由祖父教读《尚书》、《周易》、《礼记》，半年余读毕。

1913 21岁 考入北京大学预科，因报农科，编入二部。制图、数学功课吃力。12月，每晚到化石桥听章太炎讲学。嗜观京戏。

1914 22岁 因欲改入文科，休学半年，每日看戏，由此认识到戏剧故事的变迁。秋后入预科一部，始正式用功。听马裕藻国文课、沈兼士文字学课，甚得益。自读八种书，依次按日圈点诵读，其中从夏曾佑《中国历史教科书》里得知上古有"神话时代"和"传疑时代"。记《寒假读书记》，此为毕生所记200册读书笔记之首。

1915 23岁 因病休学在家。始读康有为《新学伪经考》、《孔子改制考》。

1916 24岁 作《清代著述考》，成稿20册。编《学览》、《学术文钞》。夏，考入北京大学文科中国哲学门。听陈汉章中国哲学史课、崔适春秋公羊学课、陈大齐西洋哲学史课。

1917 25岁 蔡元培任北大校长，聘陈独秀、胡适任教。听章士钊逻辑课，胡适中国哲学史课、修辞学课，胡适所讲在学生中产生极大震动。又读胡适《诸子不出于王官论》。从胡适学作白话文。

1918 26岁 因妻病故而患失眠，休学在家。北大教授征集歌谣并在《北京大学日刊》陆续发表，读后感耳目一新。冬，参加北大同学傅斯年等发起成立之新潮社，为首批社员。

1919 27岁 在家养病，搜集歌谣，方知歌谣也和小说戏剧中的故事一样，会随时随地变化。又将搜集范围扩大到方言、谚语、谜语、唱本、风俗、宗教各种材料。9月，到校复学。

1920 28岁 夏，北大毕业。留校任助教，为图书馆编目员。读胡适《水浒序》及辨论井田的文字，认识到故事的来历和演变有许多层次，研究古史也可以应用研究故事的方法。冬，应胡适嘱，搜集姚际恒辨伪资料，标点《古今伪书考》，欲总结前人辨伪的成绩。

1921 29岁 任北大图书馆职，兼管国文系参考室。秋，兼任北大预科国文讲师，授作文课，旋辞。11月，北大研究所国学门开办，任助教，兼图书馆事。与胡适、钱玄同讨论辨伪书、伪事，计划编辑《辨伪丛刊》。始有推翻古史的明了的意识和清楚的计划，提出《伪史考》设想。标点《四部正讹》、《诸子辨》等，辑录《诗辨妄》，决定标点《崔东壁遗书》。助胡适搜集曹雪芹家世资料，与胡适、俞平伯讨论《红楼梦》。自本年起，始记《颉刚日程》，历60年。

1922 30岁 因祖母病，请长假归苏。为商务印书馆编中学语文、历史教科书，由此研究《诗经》、《尚书》、《论语》中古史资料，从尧、舜、禹的地位的演变发现古史是层累造成的，发生的次序和排列的系统恰是一个反背。由郑樵诗说启发了对《诗经》的怀疑，并敢于以歌谣去研究《诗经》。始识王国维，与之通信讨论《尚书》。始标点《崔东壁遗书》。

1923 31岁 在《努力周报》上发表《与钱玄同先生论古史书》，提出"层累地造成中国古史"观，引起一场古史大辩论。在辩论中又提出打破民族出于一元、地域向来一统、古史人化、古代为黄金世界四个观念。标点姚际恒《诗经通论》。与友人成立朴社，欲自行出书。12月，回北大研究所复职。年底，赴河南参观新郑出土文物。

1924 32岁 任北大研究所国学门助教，编辑《国学季刊》、《歌谣周刊》。作神道、风俗文多篇入《歌谣》。又作《孟姜女故事的转变》入《歌谣》，引起巨大反响，一时成为数十位学者共同的课题；编《孟姜女专号》。前几年所集《吴歌甲集》被北大歌谣研究会作为该会歌谣丛书第一种，先刊于《歌谣》，遂整理之。兼任孔德学校教员，作《国史讲话》。为《语丝》、《现代评论》作文。

1925 33岁 《歌谣周刊》扩张为《北京大学研究所国学门周刊》后，继续编辑。受北大风俗调查会之托，与同人到妙峰山调查进香风俗，归后编辑《妙峰山进香专号》，作《妙峰山的香会》入专号。作《吴歌甲集附录·写歌杂记》发表。作《尚书》单篇译文发表，受到学术界好评。"五卅"惨案发生，承北大同人推作文字向民众宣传，因以通俗文字作传单，效果甚好。又任北大救国团出版股主任，编辑《救国特刊》刊于《京报》。与友人在京重组朴社，任总干事。开门市部景山书社，预备出书。

1926 34岁 编著之《古史辨》第一册由朴社出版，作长篇自序，说明自己研究古史的方法和所以有这种主张的原因。此书在学术界及社会上引起轰动。《崔东壁遗书》大致编讫，交上海亚东图书馆待印。《吴歌甲集》由北大出版。到华语学校讲演，始识恒慕义（A. W. Hummel）、博晨光（L. C. Porter）。8月，抵厦门。任厦门大学国学研究院史学研究教授，编《国学研究院周刊》；兼国学系名誉讲师，授"经学专书研究"课，讲《尚书》，编《尚书讲义》。

1927 35岁 4月，应中山大学之聘，抵广州。校中派往江浙一带购书，作《购求中国图书计划书》。10月，返校，任中山大学史学系教授兼主任，授"中国上古史"、"书经研究"、"书目指南"课及文史导课，编讲义《中国上古史》、《尚书学》。又主编《国立中山大学语言历史学研究所周刊》，编《图书馆周刊》。在中大语言历史学研究所内发起成立民俗学会，议决刊行丛书。

1928 36岁 又任中大语言历史学研究所事务委员会常务委员、出版物审查委员会委员、图书馆委员会委员、图书馆中文旧书整理部主任。编《民俗周刊》，办民俗学传习班。编《妙峰山》、《孟姜女故事研究集》三册、《苏粤的婚丧》，作为民俗学会丛书出版。9月，任"古代地理研究"、"春秋研究"、"孔子研究"、"中国上古史实习"、"三百年来思想史"课，编讲义。12月，任中大语言历史学研究所主任。应中央研究院院长蔡元培邀，与傅斯年等共同筹办该院历史语言研究所，后因与傅意见不合退出筹办。校点《子略》。

1929 37岁 任中央研究院历史语言研究所特约研究员。2月，离广州北返。9月，任燕京大学国学研究所导师研究员及学术会议委员。又任燕大历史学系教授，授

"中国上古史研究"课，编讲义。又任《燕京学报》编辑委员会委员。在朴社议决出版《辨伪丛刊》，标点《诗疑》。始识钱穆。

1930 38岁 任燕京大学国学研究所研究员及学术会议委员，研究《尧典》、《禹贡》之著作时代问题，《周易》经传之著作时代问题，三皇五帝之系统问题。任《燕京学报》编辑委员会主任，主编此刊第七、八期。仍授"中国上古史研究"课，并就讲义所论"帝系考"扩展而写成《五德终始说下的政治和历史》，专门研究王莽时代的五帝说，揭露古史体系层累构成的经过。任燕大图书馆中文国学书籍审购委员会委员。编著之《古史辨》第二册由朴社出版。陆续编校《书序辨》、《诗辨妄》、《左氏春秋考证》等书。始与徐文珊合作整理《史记》。任北平研究院史学研究会会员，兼北平志编辑委员。

1931 39岁 因燕大国学研究所结束，则任哈佛燕京学社研究员。春，与燕大同人组成考古旅行团，到河北、河南、陕西、山东四省调查古物古迹，其中专去大名访问崔东壁故里，归作《辛未访古日记》。8月始，作《〈尧典〉著作时

代考》。9月，授"尚书研究"课，讲《尧典》，编《尚书研究讲义》。编辑《尚书学》。9月，始任北京大学史学系兼课讲师，授课同燕大。编著之《古史辨》第三册由朴社出版。任北平图书馆购书委员会委员。

1932　40岁　1月，赴杭省亲，以淞沪抗战，交通阻隔，留杭五月。在杭为燕大图书馆购书，于一藏书家处发现姚际恒《仪礼通论》抄本，乃借抄之。9月，在燕大、北大授"中国古代地理沿革史"课，讲《禹贡》，编《尚书研究讲义》，至1934年。又任北大"中国通史"课，讲神话中的古史、秦汉宗教等。据燕大《中国上古史研究讲义》所论三皇部分始撰写《三皇考》。

1933　41岁　2月，又在燕大历史系代"秦汉史"课，据《五德终始说下的政治和历史》及上年在北大所讲编讲义，此讲义后以《汉代学术史略》出版。9月，又任两校"春秋战国史"课，编讲义。《古史辨》第四册由罗根泽编著，由朴社出版。为此书作序，提出拟写帝系、王制、道统、经学四考的设想，欲分别打破古史中种族、政

治、伦理、学术的偶像。请人绘制《地图底本》，至1937年止。任燕大教职员抗日会宣传干事，发起征集抗日鼓词，以"三户书社"名义出版，又办金利书庄销售之。后书社改名为通俗读物编刊社，任主任。

1934　42岁　2月，因授"中国古代地理沿革史"课，便以学生课作为基础，创办《禹贡半月刊》，与谭其骧合写发刊词。夏，与燕大同人去绥远参观，了解到边疆和民族问题的危机，归后便将《禹贡半月刊》的方向转到了这方面。至七七事变时，此刊共出七卷八十一期，造就了"禹贡学派"。编辑《大公报·史地周刊》，至1936年。任故宫博物院理事。

1935　43岁　以燕大规定教书满五年者可休假一年，3月，应北平研究院聘任史学研究会历史组主任。10月，任北大"春秋史"课，编讲义。编著之《古史辨》第五册由朴社出版。

1936　44岁　主编北平研究院《史学集刊》。7月，任燕大历史系主任。9月，任两校"春秋史"课，重编讲义，童书业助之。又在燕大新开"古迹古物调查实习"课，为

养成学生自动搜集材料之兴趣，俾所学不受书本限制，率领学生调查北平及涿州、宣化等地古迹古物。5月，成立禹贡学会，任理事。8月，任理事长。5月，与胡适、钱玄同等发起成立风谣学会。9月，与冯家升在燕大发起成立边疆问题研究会，任理事。11月，与北平研究院同人赴陕西出席考古会年会。

1937　45岁　始识平冈武夫。4月，西北移垦促进会成立，任主席理事。5月，风谣学会开年会，被选为会长。七七事变后，与通俗读物编刊社迁绥远。8月，应管理中英庚款董事会聘，任补助西北教育设计委员。9月，抵兰州，考察甘肃省及西宁市教育。任甘肃青年所办"老百姓"社社长，出版《老百姓》旬刊，以西北民歌方式做抗敌宣传。

1938　46岁　至甘肃临洮、渭源办小学教员讲习班，至陇西十余县考察。10月，抵昆明，任云南大学教授，授"经学史"、"中国上古史"课。北平研究院在昆明重组史学研究所，仍任历史组主任。在昆明《益世报》创办《边疆周刊》。罗根泽编著之《古史辨》第六册由上海开明书店出版，七七事变后朴

社停业。

1939　47岁　在云南大学以语体文编《上古史讲义》，并将专题研究结果以注语形式附正文后。住昆明北郊浪口村，尽力读书，记笔记《浪口村随笔》。9月，抵成都，任齐鲁大学国学研究所主任，任齐大"中国古代史"课。

1940　48岁　上半年任齐大"中国古代史"、"古代史实习"课。秋，在研究所任"目录学"、"春秋学"、"经学"、"古物古迹调查实习"、"编辑方法实习"课。创办《责善半月刊》及《齐大国学季刊》。任教育部史地教育委员会委员。

1941　49岁　3月，中国边疆学会成立，任理事长，后该会与重庆等地边疆学会合并，任总会副理事长。6月，抵重庆，任文史杂志社副社长，主编《文史杂志》，至1949年。11月，至中央大学兼课，授师范学院国文系"古代文学"课、文学院史学系"中国古代史研究"课。《古史辨》第七册由吕思勉、童书业编著，上海开明书店出版。

1942　50岁　任中央大学专任教授，秋，授文学院史学系"春秋

战国史"课、师范学院国文系"史记研究"课。任中大出版委员会委员，出版部主任。代理边疆语文编译委员会副主任委员。

1943 51岁 辞边疆语文编译会、中央大学职。4月，与人合办中国史地图表编纂社，任社长。11月，大中国图书公司成立，以史地图表社为编辑所，任所长。主编《中国名人传》。3月，中国史学会成立，任常务理事。

1944 52岁 3月，任复旦大学史地系教授，授"史记研究"课。秋，授"春秋战国史"、"历史地理"课。任北碚修志委员会常务委员。齐鲁大学又邀任国学研究所主任，11月，抵成都，任齐大"中国地理沿革史"、"春秋史"课。后以校中起风潮，即返重庆。

1945 53岁 秋，在复旦授"历史地理"、"方志实习"课。任北碚修志委员会主任委员。11月，任文通书局编辑所所长，编《文讯》。

1946 54岁 2月，抵北平，查寻为日人所掠去之藏书。拟恢复禹贡学会，主编《禹贡周刊》。7月，大中国图书局在沪开办，任总经理。8月，任苏州社会教育学院教授，授图书博物馆系"中国目录学"课、社会事业系"中国古代社会史"课。11月，任复旦大学"中国史学名著选读"、"商周史"课。任兰州大学教授兼历史系主任。编辑《益世报·史苑》。文通书局编辑所迁苏。

1947 55岁 1月，辞复旦大学职。春，在社会教育学院授"民众读物"、"考古学"课。秋，授"中国社会史"课。又创办《民众周刊》。6月，民众读物社成立，任理事。7月，任理事长。与丁君匋主编《中国历史故事小丛书》。《文史杂志》改由文通书局出版。

1948 56岁 在社会教育学院又授"上古史料研究"课。3月迁居至沪，课由人代。6月，抵兰州，就兰州大学职。授"上古史研究"课，编讲义。12月，返沪。当选为中央研究院人文组院士。

1949 57岁 理《西北考察日记》、《上游集》、《浪口村随笔》交合众图书馆油印。5月，任诚明文学院教授，授"目录学"、"春秋左传"课。8月，任该校中文系主任。9月，授"校勘学"、"传记研究"、"中国文学史"课。12月，任震旦大学教授，授"专书选读"课。

1950　58岁　在诚明文学院又授"史记比较研究"、"尚书研究"课。在震旦大学又授"考证学"课。8月，任上海市文物管理委员会委员。任中国新史学研究会上海分会干事。

1951　59岁　8月，诚明文学院并入上海学院。秋，授"古籍整理"课。

1952　60岁　任复旦大学兼任教授，授"中国民族史料"课。9月，上海学院被取消，任复旦大学专任教授，请假一年。任中国史学会上海分会理事。

1953　61岁　春，与复旦大学师生到苏州考古。

1954　62岁　8月，抵京，任中国科学院历史研究所研究员。此后任职未再变。11月，任标点《资治通鉴》之总校对。

1955　63岁　任历史研究所学术委员会委员。校点《资治通鉴》毕。始校点《史记》。将《辨伪丛刊》十种编为《古籍考辨丛刊》第一集，本年由中华书局出版。又编第二集。结束禹贡学会。

1956　64岁　始整理读书笔记。

1957　65岁　应中国科学院地理研究所邀，编《中国古代地理名著选读》。

1958　66岁　校点《史记》毕。2月，出席国务院科学规划委员会古籍整理和出版规划小组成立会。3月，应北大邀任朝鲜留学生李址麟导师。任中国民间文艺研究会常务理事。

1959　67岁　着手整理《尚书》。5月，任全国政协文史资料研究委员会副主任委员。

1960　68岁　始整理《尚书·大诰》，其中校勘、注释、章句、今译四部分一、二稿毕。

1961　69岁　编定《史林杂识》初编。《大诰》之史事考证初稿毕。研究《逸周书·世俘》及古代历法。

1962　70岁　改定《史林杂识》初编。继续撰写《大诰译证》，至1966年。调刘起釪为助手，整理《尚书》。

1964　72岁　春，至北大为中文系古典文献专业讲"经学通论"，编提纲。

1965　73岁　因病，手术后至疗养所，为何启君讲中国历史。

1966　74岁　8月，《大诰译证》被迫暂停，此项工作历时7

年，成70万字。

1971　79岁　始主持标点二十四史工作，至1978年此部书出齐。

1976　84岁　与刘起釪继续《尚书》整理工作。

1978　86岁　调王煦华为助手，整理积稿。9月始，将旧稿陆续付刊。拟三、五、八年工作规划。与钟敬文等倡议建立民俗学及有关研究机构。

1979　87岁　任中国社会科学院研究生导师。任中国民间文艺研究会副主席。

1980　88岁　审定《顾颉刚古史论文集》目录。任中国史学会理事。12月25日，逝世于北京。